Stephan Lamby

ENTSCHEIDUNGS-
TAGE

Stephan Lamby

ENTSCHEIDUNGS-TAGE

Hinter den Kulissen des Machtwechsels

C.H.Beck

www.chbeck.de
Umschlaggestaltung: Rothfos & Gabler, Hamburg
Umschlagabbildungen: Olaf Scholz © Florian Gaertner / picture alliance;
Annalena Bearbock und Armin Laschet © ullstein
Satz: Fotosatz Amann, Memmingen
Druck und Bindung: Pustet, Regensburg
Gedruckt auf säurefreiem, alterungsbeständigem Papier
(hergestellt aus chlorfrei gebleichtem Zellstoff)
Printed in Germany
ISBN 978 3 406 77433-1

myclimate

klimaneutral produziert
www.chbeck.de/nachhaltig

«Wahlen allein machen noch keine Demokratie»

Barack Obama, 2009

INHALT

PROLOG: LAUFEN LERNEN

Angela Merkel hat einen Plan. Es ist Montagfrüh, kurz vor halb neun, die ersten Präsidiumsmitglieder sind bereits im Konrad-Adenauer-Haus eingetroffen. Die Kanzlerin geht über den Flur im fünften Stock, dort, wo die überlebensgroßen Fotos früherer CDU-Vorsitzender an der Wand hängen. Vorbei an Adenauer, Erhard, Kiesinger, Barzel, Kohl, Schäuble. Dann betritt sie das Büro der Generalsekretärin. Ihre Vertraute soll die Nachricht als Erste erfahren, vor allen anderen.

Was Annegret Kramp-Karrenbauer da zu hören bekommt, verschlägt ihr die Sprache. Es kann ihr Leben verändern. Und auch die politische Landschaft in Deutschland. Merkel bittet sie, die Nachricht noch eine Weile für sich zu behalten. Sie will zunächst, ebenfalls vertraulich, die übrigen Präsidiumsmitglieder unterrichten, dann den Parteivorstand. Das, was Merkel zu verkünden hat, muss sorgsam erklärt werden.

Zu diesem Zeitpunkt sitze ich in meinem Büro in Hamburg und bereite meinen Arbeitstag vor. Es geht um Recherchen für einen Film, im Hauptberuf bin ich Dokumentarfilmer. Um 9:53 Uhr meldet der erste Tweet die Neuigkeiten aus der CDU, vorsichtig noch, wie ein Gerücht. Dann der nächste Tweet. Nachrichtenagenturen und Online-Medien ziehen nach.

Kaum etwas verachtet Angela Merkel mehr als Durchstechereien, die Indiskretionen des politischen Betriebs. Also wird sie diesen Montag hassen. Und ich muss mich schnell entscheiden: Was ist dran an den Gerüchten? Wenn ich jetzt zum Bahnhof eile und den nächsten Zug erwische, kann ich in zwei Stunden in Berlin sein, pünktlich zur Pressekonferenz in der CDU-Zentrale. Als ich schließlich im Zug sitze, verdichten sich die Gerüchte zu Fakten: Der frühere Unions-Fraktionsvorsitzende Friedrich Merz erklärt via *BILD.de*, dass er für die Nachfolge von Merkel bereitstehe, Kramp-Karrenbauer reagiert prompt und bekundet ebenfalls ihr Interesse, kurz darauf Jens Spahn. Es geht rasend schnell. Was ist da los in Berlin, an diesem 29. Oktober 2018?

Ich treffe einige Minuten zu spät ein. Ein paar dutzend Journalistinnen und Journalisten, dazu zahlreiche Kamerateams haben sich im Foyer der Parteizentrale versammelt. Es ist zu spüren, dass dieser Montag ein historischer Tag ist. Die seit vielen Jahren fein ausbalancierte Architektur der deutschen Politik gerät ins Wanken. Wird sie einstürzen?

Angela Merkel ist gerade auf die kleine Bühne gestiegen und verkündet nun das Ende einer Ära, ihrer Ära: «Ich habe mir immer gewünscht und vorgenommen, meine staatspolitischen und parteipolitischen Ämter in Würde zu tragen und sie eines Tages auch in Würde zu verlassen. Zugleich weiß ich, dass so etwas in einer politischen Ordnung nicht gleichsam am Reißbrett geplant werden kann.»

Dann wird Merkel konkret: «Auf dem nächsten Bundesparteitag der CDU im Dezember in Hamburg werde ich nicht wieder für das Amt der Vorsitzenden der CDU Deutschlands kandidieren. Diese vierte Amtszeit ist meine letzte als Bundeskanzlerin der Bundesrepublik Deutschland. Bei der Bundestagswahl 2021 werde ich nicht wieder als Kanzlerkandidatin der Union antreten [...]. Für den Rest der Legislaturperiode bin ich bereit, weiter als Bundeskanzlerin zu arbeiten. Und, ja, damit weiche ich in einem ganz erheblichen Maße von meiner tiefen Überzeugung ab, dass Parteivorsitz und Kanzleramt in einer Hand sein sollten. Das ist ein Wagnis, keine Frage.»

Ein Wagnis, keine Frage. Aber auch eine Chance. Drei Jahre später, nach einem turbulenten Wahlkampf und einer für die Union desaströsen Bundestagswahl, gibt Angela Merkel auch die Kanzlerschaft, die Führung des Landes, in andere Hände. Ein tiefer Einschnitt. Deutschland wurde sechzehn Jahre lang von einer Frau regiert, die im Grunde nicht viel mehr wollte als regieren. Bei allen Verdiensten, die der pragmatischen Krisenkanzlerin zukommen: Merkel konnte sich vor allem durch fortgesetzte Ambitionsarmut vier Legislaturperioden lang an der Macht halten. Die Abwesenheit von Gestaltungswillen, von Reformehrgeiz kennzeichnete ihren reaktiven Regierungsstil, der im Nachhinein auch eine Bürde für die nächste Generation von Spitzenpolitikerinnen und Spitzenpolitikern darstellt. Besonders in den beiden letzten Jahren ihrer Regierungszeit wurden Versäumnisse und Schwächen erkennbar. Spätestens das zeitliche Zusammentreffen der Pandemie mit Merkels zähem Abschied von der Macht offenbarte die Defizite ihres jahrelangen Auf-Sicht-Fahrens, ihrer Politik der kleinen Schritte. Merkel agierte in der Coronakrise unsicherer und erfolgloser als gewohnt. Und das Debakel beim dilettantisch geplanten Abzug der Bundeswehr aus Afghanistan setzt – nach vielen Erfolgen – einen überaus hässlichen Schlusspunkt ans Ende von sechzehn Jahren Außenpolitik unter ihrer Führung.

Wenn im Frühjahr der Schnee schmilzt, kommt auch der liegengebliebene Müll zum Vorschein. Was sehen wir? Deutschland hat enormen Nachholbedarf bei der Digitalisierung. Der Kampf gegen die seit langem bekannte Klimakrise kommt nur schleppend in Gang, die Infrastruktur für E-Fahrzeuge sowie der Zustand des Schienennetzes sind unzureichend, teilweise erbärmlich. Die Ausstattung vieler Schulen ist miserabel. Die schlechte Kommunikation zwischen Bund und Ländern zeigt, dass das einstige Erfolgsmodell des deutschen Föderalismus schwere Funktionsmängel hat. Viele Behörden haben in der Pandemie ihre Rückständigkeit offenbart, etwa durch ihre schlechte Vernetzung mit kommunalen Gesundheitsämtern. Der Wirtschaftswissenschaftler Moritz Schularick schreibt mit Recht vom «entzauberten Staat». Und zu Beginn der 2020er Jahre ist nicht zu übersehen, dass viele Menschen in Deutschland immer noch an der Armutsgrenze leben, nämlich jeder sechste, Tendenz steigend, darunter Millionen Kinder.

Manches ist Angela Merkel anzulasten, gewiss nicht alles. In der Rückschau fällt auf, dass eine Bundeskanzlerin, die nie viel mehr wollte als regieren, von politischen Gegnern herausgefordert wurde, die ebenfalls nicht viel mehr wollten als: regieren. Mit welchen markanten Forderungen und programmatischen Ideen haben sich die Kanzlerkandidaten Steinmeier, Steinbrück und Schulz im kollektiven Gedächtnis der Deutschen festgesetzt? Hätte sich das Land unter ihnen wesentlich anders, besser entwickelt?

Die Wahlkämpferin Angela Merkel hat sich drei Mal – 2009, 2013 und 2017 – erfolgreich auf die gleiche Strategie verlassen: Sie hat politisch weitgehend inhaltsleere Wahlkämpfe geführt, um dem Gegner keine Angriffsflächen zu bieten. Bei einer Feier zum 80. Geburtstag von Hans-Dietrich Genscher im Jahr 2007 bekannte sie, wie die rhetorische Schwammigkeit des früheren Außenministers und Vizekanzlers sie geprägt hat: «Die aus meiner Sicht in seinen Äußerungen vorhandene Unbestimmtheit und die daraus gleichwohl resultierende Zufriedenheit der Journalisten haben auf meinem politischen Lernweg eine große Wirkung entfaltet.» Merkel hat die Methode Genscher zur Staatskunst veredelt. Martin Schulz machte das im Wahlkampfsommer 2017 derart rasend, dass er der Bundeskanzlerin vorwarf, ihr Politikstil sei ein «Anschlag auf die Demokratie». Aus den verzweifelten Worten des SPD-Kandidaten sprach allerdings auch das Eingeständnis, dass es ihm nicht gelang, die Kanzlerin in einen inhaltlichen Diskurs zu zwingen.

In diesem schläfrigen Zustand wurden die Bundeskanzlerin und die politische Klasse eiskalt erwischt, als das Land im Frühjahr 2020 mit ungeheurer Wucht von einer Seuche heimgesucht wurde. Seither muss politische Kommunikation völlig neu gedacht werden. Nicht zuletzt im Wahlkampf. Ohne Veranstaltungen in vollen Hallen, ohne spontane Begegnungen außerhalb der eigenen Blase. Das hautnahe Erleben von Politik wird zunehmend ersetzt durch virtuelle Formate im Internet. Die Entfremdung zwischen den politischen Entscheidungsträgern und dem Rest der Bevölkerung nimmt weiter zu.

Gleichzeitig verlieren politische Inhalte auf einmal ihre Abstraktheit, sie werden sehr handfest. Politikerinnen und Politiker werden plötzlich daran gemessen, wie schnell sie Masken, Wattestäbchen und Impfdosen organisieren können. Wie schnell sie Menschen aus Bürgerkriegsregionen evakuieren. Und sie werden auch danach beurteilt, ob sie bei Katastrophen die richtigen Worte finden und einen passenden Gesichtsausdruck. Ihr Ansehen schwankt innerhalb kurzer Zeit zwischen zwei Extremen: Held und Loser. Jens Spahn kann ein Lied davon singen.

Und wie schon während der Flüchtlingskrise wächst das Misstrauen gegenüber Politik und Presse. Bei Querdenker-Demonstrationen schlägt Kritik erschreckend oft in Hass und Gewalt um. Kurzum: Das Land verändert sich – und somit auch die Erwartungen, die an Spitzenpolitikerinnen und -politiker gestellt werden. Und auch an diejenigen, die über Politik berichten.

Als Dokumentarfilmer habe ich vielleicht einen etwas anderen Blick auf die Berliner Ereignisse als Hauptstadtjournalisten, die Tag für Tag über die und aus der Berliner Blase berichten. Ich muss nicht jeden Abend einen Beitrag senden, sondern konzentriere mich ausschließlich auf Langzeitbeobachtungen. Monatelang, manchmal jahrelang. Seit 1998 habe ich alle Bundestagswahlkämpfe als Filmemacher begleitet. Seit Helmut Kohls letztem Versuch, sich an die Macht zu klammern. Ich konnte mit den Amtsinhabern Interviews führen, auch mit Gegenkandidaten und anderen Spitzenpolitikern. Ich konnte hinter die Kulissen der Kampagnen blicken.

So war es auch diesmal. Ein knappes Jahr lang habe ich für eine ARD-Dokumentation und für dieses Buch die Parteien und Personen beobachtet, die den Ehrgeiz und die Chance hatten, das Kanzleramt zu erobern und die Zeit nach Angela Merkel zu prägen.

In Deutschlands Entscheidungsjahr konnte ich mit Armin Laschet und Paul Ziemiak, mit Annalena Baerbock, Robert Habeck und Michael Kellner, mit Olaf Scholz und Lars Klingbeil immer wieder exklusive Gespräche führen und sie oft aus der Nähe beobachten. Auch viele andere standen für lange Interviews zur Verfügung, etwa Markus Söder, Christian Lindner, ebenso Politikerinnen und Politiker der AfD und der Linken, außerdem zahlreiche Kolleginnen und Kollegen der Hauptstadtpresse.

So konnte ich den Kampf ums Kanzleramt miterleben – und auch das Personal verstehen lernen, das die Bundesrepublik in den nächsten Jahren führen wird. Daneben kommen in diesem Buch weitere Stimmen aus der deutschen Politik und Gesellschaft zu Wort, die eine wichtige Sicht auf den Übergang in die Post-Merkel-Ära haben. Sie stehen auch für die Bruchlinien im Land, die durch die Pandemie zu Tage getreten sind.

Außerdem blicke ich auf frühere Kampagnen und Machtkämpfer zurück, von Kohl über Schröder und Merkel bis Steinbrück und Schulz. Man kann, mit zeitlichem Abstand, allerhand von ihren Wahlkämpfen lernen.

Sobald sie gewählt sind, üben Politikerinnen und Politiker ihre Macht meistens in Büros und Konferenzräumen aus und lassen sich von unabhängigen Journalisten dabei höchst ungern über die Schulter blicken. In Wahlkampfzeiten verlassen sie dagegen ihre gesicherten Räume. Wenn man nah genug dran ist, erkennt man ihre innersten Überzeugungen, gelegentlich lassen sie zwischen all den Floskeln und Phrasen sogar in ihr Seelenleben blicken.

Zu Beginn einer Kampagne gehen die Kandidaten mit den allerbesten Vorsätzen ins Rennen, sie haben ein Bild von sich in der Öffentlichkeit im Kopf. Einige versuchen, dieses Bild zu korrigieren, sie verpassen sich einen neuen Haarschnitt, ein neues Brillengestell oder nehmen ein paar Kilo ab. Berater machen sich an die Arbeit. Aber je länger eine Kampagne dauert und je mehr Probleme auftreten, desto brüchiger werden die Fassaden.

Ich habe Redner gesehen, Helmut Kohl etwa und Joschka Fischer, die erst dann in Form kamen, wenn sie auf Marktplätzen von wütenden Demonstranten ausgepfiffen wurden. Für sie war Politik Kampfsport. Ich konnte beobachten, wie einem gestandenen Politiker vor hunderten Anhängern die Tränen in die Augen schossen, nicht vor Rührung, sondern weil er den Druck aus der eigenen Partei nicht mehr aushielt. Ich habe mit einem Kandidaten über seine Minderwertigkeitskomplexe und Alkoholprobleme in der Jugend gesprochen.

Und ich habe in mehreren Interviews eine Bundeskanzlerin erlebt, die jedes Wort abwägte und aus lauter Vorsicht viel sprach, aber kaum etwas sagte. Als ich mich einmal nach ihren Gefühlen erkundigte, nachdem auch sie bei einem Wahlkampfauftritt von Störern niedergebrüllt worden war, antwortete sie, dass sie solche Situationen gut aushalten könne: «Wir sind doch Profis.» Aber selbst der hochprofessionellen Wahlkämpferin Angela Merkel sind Fehler unterlaufen. Von einigen werde ich berichten. In einem Fall nahm ich sogar unfreiwillig eine Nebenrolle ein.

In diesen Wochen wird wieder das Bonmot von Joschka Fischer hervorgekramt, wonach das Kanzleramt «die Todeszone der Politik» sei. Und es stimmt ja: Wer da rein will, braucht nahezu unmenschlich viel Kraft und Ausdauer. Und Risikobereitschaft. Man kann aufsteigen oder abstürzen. Die meisten stürzen ab. Auch das wird Thema des Buches sein.

In Wahlkämpfen lässt sich aber nicht nur der Homo Politicus studieren. Man kann auch viel über das eigene Land erfahren. Die Themen, die Reden, die Plakate spiegeln die Befindlichkeiten der Bevölkerung wider. Wenn Konrad Adenauer 1957 mit dem Slogan «Keine Experimente» warb, die Grünen 1983 «Wir haben die Erde von unseren Kindern nur geborgt» plakatieren ließen und Guido Westerwelle 2002 mit seinem Guidomobil in den Spaßwahlkampf zog, dann offenbarten die Kampagnen immer auch Entwicklungsschübe der Republik.

Wo steht Deutschland heute?

Bei meinen Besuchen in den Parteizentralen in den letzten Monaten war auffällig oft zu hören, man müsse Politik weit über die nächste Legislaturperiode hinaus neu ausrichten; das Land, Europa und die Welt stünden vor Aufgaben von historischen Dimensionen. Noch vor vier Jahren hatten die Kampagnen einen anderen, dezenteren Zungenschlag. Was ist seitdem passiert? Wieso fällt Politikerinnen und Politikern erst jetzt der gewaltige Reformstau des Landes auf? Im Wahljahr 2021 geht nicht nur eine Ära zu Ende. Eine politische Kultur stößt an ihre Grenzen.

Im Winter 1999/2000, auf dem Höhepunkt des Parteispendenskandals, schrieb die damalige CDU-Generalsekretärin Angela Merkel in einem viel beachteten Gastbeitrag für die *Frankfurter Allgemeine Zeitung*, dass ihre Partei «laufen lernen» müsse. Sie hatte die Emanzipation von der politischen Überfigur Helmut Kohl im Sinn, natürlich. Zwei Jahrzehnte später muss die CDU wieder laufen lernen. Aber auch die anderen Parteien müssen sich fragen, welchen Anteil sie an der Stagnation der letzten Jahre haben – und ob ihre politischen Geschäftsmodelle noch zeitgemäß sind.

Im Ausgang der Bundestagswahl stecken Chancen, wie sie Deutschland lange nicht mehr hatte: Angela Merkel wird künftig nicht mehr als Argument, auch nicht mehr als Ausrede herhalten. Fast alle im Bundestag vertretenen Parteien sprachen wegen der enormen politischen Herausforderungen von der Notwendigkeit eines Politikwechsels.

Olaf Scholz verkündete «Zukunftsmissionen» und nannte den notwendigen Ökoumbau der Wirtschaft eine «Jahrhundertaufgabe». Annalena Baerbock sprach von der «Aufgabe einer Generation», Armin Laschet verlangte einen «Kulturwandel». Christian Lindner warb mit dem Spruch: «Nie gab es mehr zu tun». Ralph Brinkhaus, der des radikalen Gedankenguts unverdächtige Unionsfraktionschef, hielt wegen des Reformstaus «vielleicht sogar eine Revolution» für unausweichlich. Das alles klang in Wahlkampfreden mutig und visionär. Sind die großen Worte ernst gemeint?

Die neue Regierung wird sich von Merkels Politik der kleinen Schritte verabschieden müssen. Sie muss anders laufen lernen. Sie muss große Schritte gehen.

Eine Bundestagswahl kann weit mehr bewirken als einen Personalaustausch an den Schaltstellen der Macht. Eine Bundestagswahl kann ein Land in Bewegung setzen.

AUFBRUCH ODER WEITER SO

DREI MÄNNER AUS NORDRHEIN-WESTFALEN

Es fängt mit den Fäusten an. Wenn sich Politikerinnen und Politiker zur Wahl stellen, ballen sie gerne ihre Hände zu Fäusten, wie Boxer. Sie glauben dann, entschlossen und tatkräftig zu wirken. Nach den Fäusten kommen die Hände, die sanft ein Halbrund bilden. Eine Geste, die Gestaltungswillen zeigen soll und an Töpfer erinnert, wenn sie eine Vase formen. In den letzten Wochen vor dem Superwahljahr beginnt also die Zeit der Boxer-Fäuste und der Töpfer-Hände.

An diesem Montag Mitte Dezember sind es noch zehn Tage bis Weihnachten, noch zwei Tage bis zum harten Lockdown. Deutschland und die Hauptstadt Berlin sind tief verunsichert. Die Gefühle der Bürgerinnen und Bürger bewegen sich irgendwo zwischen der Vorfreude auf das Fest und der Angst, sich am Glühweinstand den Tod zu holen. Die Fernsehsender zeigen unentwegt Aufnahmen von überfüllten Intensivstationen in den Krankenhäusern, von Patienten an Beatmungsgeräten.

Auch die CDU, die Deutschland seit mehr als eineinhalb Jahrzehnten regiert, ist in einem beängstigenden Zustand. Noch immer hat sie keinen neuen Parteivorsitzenden. Und der Parteitag wurde schon zwei Mal verschoben. Ab heute gibt es immerhin einen neuen Termin, Mitte Januar 2021 soll die Führungsfrage geklärt werden. Endlich. Für heute Abend hat die Übergangsführung der Partei eine Kandidatenrunde organisiert, die drei Bewerber um die Nachfolge Annegret Kramp-Karrenbauers – Friedrich Merz, Armin Laschet und Norbert Röttgen – sollen sich in einer Diskussion den Parteimitgliedern und darüber hinaus dem Land vorstellen. Aber das Land will sich während der Pandemie nicht so recht für das Gerangel in der CDU interessieren. Nur ein paar tausend Menschen klicken die Kandidatenrunde auf der Website der Partei an, die außerdem noch von dem Spartensender Phoenix im Fernsehen übertragen wird.

Die Partei führt die Runde als physische Präsenzveranstaltung der drei Kandidaten im Konrad-Adenauer-Haus durch. Und das ist nicht leicht. Überall auf dem Boden sind mit rot-weißen Klebebändern die Positionen der Kameraleute markiert. Die CDU gibt sich viel Mühe, die Abstands- und Hygieneregeln einwandfrei durchzusetzen. «Wir wollen nicht, dass uns die *BILD*-Zeitung anschwärzt, wir würden Corona nicht ernst nehmen. Wir sind schließlich Regierungspartei, da müssen wir die Maßnahmen besonders ernst nehmen», flüstert mir ein Parteisprecher zu.

Der Zugang zur Veranstaltung ist auf die drei Kandidaten, ihre Presseleute, zwei Maskenbildnerinnen und die Personenschützer beschränkt, darüber hinaus sind noch ein paar Fotografen und Kameraleute anwesend. Die allermeisten Journalistinnen und Journalisten bleiben außen vor. Einige von ihnen sind dennoch hergekommen. Sie können sich aber nur an den großen, bodentiefen Außenfenstern an der Klingelhöferstraße 8 im Berliner Ortsteil Tiergarten die Nasen plattdrücken.

Nach und nach kommen die Kandidaten durch die Schiebetür am Haupteingang der CDU-Bundesgeschäftsstelle, in schwere Wintermäntel gehüllt, vorschriftsmäßig mit Mund-Nasen-Bedeckungen. Einer kommt nicht: Jens Spahn. Der Gesundheitsminister ist gerade der Star der Partei, der politische Gewinner der Pandemie. Seine Umfragewerte sind ausgezeichnet, er ist beliebter als Angela Merkel. Ein Umfrageinstitut ermittelt, dass sich 52 Prozent der Befragten «eine möglichst große Wirkung» von ihm im kommenden Jahr wünschen. Parteifreunde fordern offen, dass Jens Spahn ins Rennen um den Parteivorsitz einsteigt. Auch als Kanzlerkandidat kommt er in Frage. Er selbst sondiert in vertraulichen Gesprächen seine Chancen. Doch Spahn zögert – und erscheint nicht zur Kandidatenrunde.

So sind es nur Merz, Laschet und Röttgen. Im Eingangsbereich treffen sie auf andere Maskenträger. Eine Atmosphäre wie aus einem schlecht ausgestatteten Katastrophenfilm. Voller diffuser Angst.

Aber wofür der Aufwand? Die Diskussion der drei Politiker erinnert mehr an Schattenboxen als an einen echten Kampf. Keiner wagt sich aus der Deckung, die Wortbeiträge sind glattgeschliffen, in tausenden Reden und Interviews erprobt, variiert, weiterentwickelt. Alle drei haben dasselbe Ziel: Sie wollen Parteichef werden, Kanzlerkandidat und dann, natürlich, Bundeskanzler. Es geht nicht nur um die Macht in der Partei, sondern auch um die Macht im Land. Aber dazu müssen sie erst diese Runde hier bestehen.

Die drei kennen sich seit Urzeiten. Sie sind verbunden durch unzählige Geschichten von Freundschaft, Verletzungen, Versöhnung, Misstrauen. Armin Laschet und Norbert Röttgen standen sich früher sehr nahe, auch ihre Familien. Vor über zehn Jahren kandidierten sie schon einmal gegeneinander, es ging um den Landesvorsitz in Nordrhein-Westfalen. Damals setzte sich Röttgen durch. Die Freundschaft der beiden zerbrach. Aber sie konnten sich fortan nicht mehr aus dem Weg gehen, beide blieben wichtige Figuren in derselben Partei.

Auch Merz und Laschet kennen sich seit Jahrzehnten, beide stiegen im Landesverband auf und machten in der Bundes-CDU Karriere. Als sich Friedrich Merz mit Parteichefin Merkel heillos überwarf, nachdem diese ihm 2002 den Fraktionsvorsitz der Union im Bundestag streitig gemacht hatte, und später für viele Jahre aus der Politik ausschied, blieben Laschet und er dennoch in Kontakt. Laschet, seit seinem überraschenden Sieg bei der Landtagswahl 2017 über SPD-Amtsinhaberin Hannelore Kraft Ministerpräsident von Nordrhein-Westfalen, bedachte den Aussteiger mit Ämtern, die zwar gut klingen, aber ohne viel Macht ausgestattet sind. So ernannte er Merz zum Aufsichtsratsvorsitzenden des Köln Bonn Airport und zum «Beauftragten für die Folgen des Brexits und die transatlantischen Beziehungen». Auf lange Sicht ließ sich der ehrgeizige Merz, der seit seinem vorübergehenden Ausscheiden aus der Politik in der Wirtschaft reich geworden war und zwischen 2016 und 2020 für die deutsche Dependance des weltgrößten Vermögensverwalters BlackRock arbeitete, damit nicht abspeisen.

Aus gegenseitigen Unterstützern wurden im parteiinternen Machtvakuum nach Merkel Rivalen. Kurz vor der Kandidatenrunde warf Merz Laschet sogar ein falsches Spiel vor. Dieser habe die Pandemie vorgeschoben, um aus taktischen Gründen eine Verschiebung das Parteitages zu erzwingen: «Ich habe ganz klare, eindeutige Hinweise darauf, dass Armin

Laschet die Devise ausgegeben hat: Er brauche mehr Zeit, um seine Performance zu verbessern», wütete Merz. Das «Parteiestablishment» wolle ihn, den Liebling der CDU-Basis, verhindern.

Merz, Laschet und Röttgen bewegen sich in einem dicht geknüpften Netz aus Beziehungen, Abhängigkeiten und Rivalitäten. Sie sind geübt darin, sich miteinander zu messen, notfalls auch mit harten Bandagen. Aber der Versuch, hier und heute einen Parteifreund auf die Bretter zu schicken? Ein solches Egospiel könnte bei den Delegierten einer auf demonstrative Harmonie ausgerichteten Partei, die in wenigen Wochen per Stimmabgabe über den Sieger entscheiden, ins Leere laufen. Daher verfolgen alle drei die gleiche Strategie: keine Provokation riskieren, auf Fehler der anderen lauern. Niemand gibt sich eine Blöße. Die Hände werden zu Fäusten geballt, nur zuschlagen dürfen sie nicht.

Armin Laschet spielt seine Angriffe subtil aus, über Bande. In der Vorstellungsrunde sagt er: «Beruflich bin ich Ministerpräsident von Nordrhein-Westfalen. [...] Da leisten wir konkrete Politik jeden Tag für die Menschen.» Das ist sowohl gegen Norbert Röttgen als auch gegen Friedrich Merz gerichtet. Röttgen war als Spitzenkandidat der CDU bei der Landtagswahl 2012 noch krachend an Hannelore Kraft gescheitert. Und Friedrich Merz, was macht der eigentlich beruflich? Ach ja, er ist Wirtschaftsanwalt und kümmert sich ums Geldverdienen. Das ist jedenfalls das Klischee, das Laschet jetzt indirekt bedient. Dann setzt er nach: «Ich bin Teamplayer.» Das richtet sich erneut gegen Merz, der eher als arroganter Einzelkämpfer gilt.

Die kleinen, subtilen Angriffe in dieser Runde verletzen niemanden. Sie sind harmlos. Sie sind nichts gegen die Gemeinheiten, die sich Markus Söder und Armin Laschet Monate später an den Kopf werfen werden. Am heutigen Abend fällt eher der Gleichklang des Trios in politischen Fragen auf. Obwohl doch alle drei Konkurrenten sind – und sich früher schon so viele Verwundungen zugefügt haben.

Als die Moderatorin Tanja Samrotzki, die einzige Frau am Tisch, die Sprache auf den geringen Frauenanteil in der Union bringt, sind sich die drei Bewerber schnell einig. Ja, es müssten mehr Frauen in Führungspositionen der CDU vorrücken. Alle nicken. Es stand Frauen selbstverständlich frei, sich ebenfalls um den Parteivorsitz zu bewerben. Und es wäre spannend gewesen herauszufinden, warum die Partei auch nach zwei Jahrzehnten unter weiblicher Führung immer noch so unattraktiv für viele Frauen ist. In der laufenden Legislaturperiode sind nur 51 von 246 Abgeordneten der CDU/CSU-Bundestagsfraktion weiblich, was einem Anteil von knapp 21 Prozent entspricht. Zum Vergleich: Die SPD-Fraktion im Deutschen Bundestag hat eine Frauenquote von immerhin ca. 44 Prozent, bei Linken und Grünen sind sogar mehr als die Hälfte der Abgeordneten Frauen, und selbst die FDP schneidet mit ca. 24 Prozent Frauenanteil etwas besser ab als die Union (nur die AfD liegt mit knapp 10 Prozent noch dahinter). Doch die drei Kandidaten um den Parteivorsitz werden heute Abend mal wieder nicht konkret, wie sie dieses Ungleichgewicht künftig beheben wollen. Es bleibt eine Männerrunde einer Männerpartei.

Nach zwei Stunden verlassen Merz, Laschet und Röttgen mit ihrer jeweiligen Entourage die Parteizentrale. Die Delegierten werden nach einer zweiten Kandidatenrunde im Januar auf dem virtuellen Parteitag abstimmen. Aber haben sie eine richtige Auswahl? Alle drei kommen aus Nordrhein-Westfalen, alle drei sind katholisch, der eine wird mehr dem Wirtschaftsflügel seiner Partei zugeordnet, der andere versucht, als Außenpolitiker zu punkten, der dritte spricht viel von «Maß und Mitte». Die dringend notwendige programmatische Erneuerung schiebt die Partei seit langem vor sich her. Wohin will die CDU nach achtzehn Jahren Merkel und zwei Jahren Kramp-Karrenbauer? Welche Rezepte haben die drei Kandidaten zur Bewältigung der großen Herausforderungen? Wie wollen sie den Klimawandel stoppen, die Pandemie überwinden und den gesellschaftlichen Zusammenhalt wieder stärken? Heute Abend will oder kann sich niemand mit mutigen Vorschlägen profilieren. Ein echter Favorit bei der bevorstehenden Wahl zum Parteichef ist nicht auszumachen. Ein kühler Abend.

DER JUNGE GENERAL

Vier Tage später hat ein mächtiger Hebekran die Kulisse der Kandidatenrunde in der Lobby des Konrad-Adenauer-Hauses demontiert, hier steht jetzt ein Weihnachtsbaum. Paul Ziemiak, der Generalsekretär der CDU, kommt ein paar Minuten zu spät zum vereinbarten Interview, er blickt unentwegt auf sein Handy. Noch ein Anruf, noch eine Mail. Dann: «Was wollen Sie denn wissen?» Ziemiak ist nicht zu beneiden in diesen Wochen, er muss wegen der Pandemie einen Parteitag ohne Publikum organisieren, mit vielen technischen und juristischen Unsicherheiten. Er gibt sich keine Mühe, seine Probleme kleinzureden: «Alles sehr ungewöhnlich».

Immerhin weiß er seit ein paar Stunden, dass er Generalsekretär bleiben soll. Die beiden Bewerber um das Amt des Parteivorsitzenden Armin Laschet und Norbert Röttgen haben diese Entscheidung für den Fall ihrer Wahl bestätigt. Auch Friedrich Merz hat der Deutschen Presse-Agentur gesteckt, dass er an Ziemiak festhalten würde. Noch ist die Meldung nicht öffentlich, Merz will sich erst am Abend offiziell dazu äußern. Aber was ist die Personalie wert? Was passiert, sollte CSU-Chef Markus Söder Kanzlerkandidat werden und nicht der neue CDU-Chef? Würde der Franke seine eigenen Leute mitbringen und einen Vertrauten mit der Organisation des Wahlkampfs beauftragen? Was will Söder?

«Wir wissen heute noch nicht, wo wir im Januar stehen werden», sagt Ziemiak. «So etwas hat es noch nie gegeben. Wir haben so viele Neuerungen in diesem Superwahljahr 2021. Das erste Mal sind nicht mehr die Sozialdemokraten der Hauptkonkurrent im politischen Wettbewerb mit der Union. Das erste Mal kommen wir aus einer Bundesregierung mit einer amtierenden Bundeskanzlerin, die aber nicht mehr antritt, mit einem neuen Kandidaten. Das erste Mal sind wir vor Weihnachten vor einem Bundestagswahlkampf und wir wissen nicht, wer Parteivorsitzender sein wird. Dieser Wahlkampf ist jetzt schon geprägt von vielen Unbekannten.»

Im vergangenen Februar hatte Annegret Kramp-Karrenbauer ihren

Rückzug als Parteivorsitzende angekündigt. Zehn unendlich lange Monate wartet Ziemiak schon auf deren Nachfolger, auf jemanden, der für das wichtige Wahljahr 2021 den Kurs vorgibt. «Das ist eine ganz schwierige Situation. Irgendwann läuft Ihnen die Zeit davon, und dann brauchen Sie Entscheidungen. Ich treffe die Entscheidungen, die man hier zu treffen hat. Aber ich kann natürlich Entscheidungen nicht treffen, die am Ende dazu führen würden, dass derjenige, der es wird, damit überhaupt nicht leben könnte.»

Ziemiak muss eine Kampagne mit vielen Fragezeichen vorbereiten. Alles wird heute, kurz vor Weihnachten, von der Pandemie überlagert, auch von der eigenen Angst vor einer Ansteckung: «Es ist eine große Belastung. Alle haben die Sorge: Was passiert eigentlich, wenn die Zahlen weiter steigen? Wie und wann werden die ersten Mitarbeiter hier im Haus betroffen sein?»

Wenn man Paul Ziemiak reden hört, könnte man denken, dass der Mann vor einem qualvollen Jahr steht. Aber nein, dieser Eindruck sei falsch, wendet er ein, Ziemiak will ihn gleich korrigieren. Er freue sich ja auf den Wahlkampf, der «die Königsklasse der Kommunikation» sei. Sein nächster Satz klingt wie aus einem Handbuch für Wahlkampfmanager: «Es geht um ganz konkretes Vertrauen von Menschen für die Zukunft. Mehr Vertrauen kann man ja gar nicht gewinnen. Es geht hier nicht um irgendein Produkt. Sondern es geht darum, dass die Menschen einer Partei anvertrauen, dieses Land zu führen und damit ihr eigenes Leben zum Teil mitbestimmen zu lassen.»

Den Enthusiasmus kann man Paul Ziemiak an diesem Tag durchaus abnehmen. Für einen Politikjunkie mit Mitte 30 muss es elektrisierend sein, einen Bundestagswahlkampf für die Partei mit den augenblicklich besten Siegchancen zu führen.

Nach dem Interview stehen wir eine Weile am Fahrstuhl, plaudern über den bevorstehenden Parteitag, als Ziemiaks Handy plötzlich brummt. Er wird still, strafft seinen Körper, zeigt das Display einem Mitarbeiter und geht dann ein paar Schritte weiter, so dass wir das Gespräch nicht mithören können. Markus Söder ist am Apparat, so viel erfahren wir. Nach wenigen Minuten kommt Ziemiak zurück, angespannter noch als vorher, aber lächelnd. Er, der in dieser Übergangssituation das Machtvakuum in der CDU füllen muss, ja füllen will, fühlt sich sichtlich aufgewertet. Noch vor drei Jahren war er ein etwas unsicherer, hyperaktiver Vorsitzender der Jungen Union. Jetzt ist er der Mann, den die Mächtigen anrufen, der Mann, der sich darauf vorbereitet, den Wahlkampf der Union zu organisieren. Auf ihn sind viele Blicke gerichtet.

Paul Ziemiak hat einen außergewöhnlichen Weg in ein Spitzenamt der deutschen Politik hinter sich. Als Dreijähriger – damals hieß er noch Pawel – siedelte er mit seinen polnischen Eltern von Stettin nach Iserlohn. Dort lebte die Familie zunächst in einer Notwohnung. «Als ich in den Kindergarten kam, konnte ich kein Wort Deutsch», erzählte er einmal. Als Schüler trat er in die Junge Union ein, engagierte sich im Kinder- und Jugendparlament seiner neuen Heimatstadt. Nach dem Abitur begann er ein Studium der Rechtswissenschaft, scheiterte aber am ersten Staatsexamen. Anschließend studierte er Unternehmenskommunikation und beendete auch dieses Studium ohne Abschluss. Nebenher arbeitete er für eine Wirtschaftsprüfungsgesellschaft. Dann begann seine politische Laufbahn. Ziemiak wurde Bundesvorsitzender der Jungen Union und 2017 für die CDU ins deutsche Parlament gewählt. Ein Bundestagsabgeordneter mit Anfang 30. Der Aussiedler war zum Aufsteiger geworden. Als Annegret Kramp-Karrenbauer im Jahr darauf zur CDU-Chefin gewählt wurde, ernannte sie Ziemiak zu ihrem Generalsekretär. Und er blieb es auch nach ihrer Ankündigung, den Parteivorsitz niederzulegen.

Sein Büro hat sich der junge Generalsekretär ganz oben eingerichtet, im sechsten Stock des Konrad-Adenauer-Hauses. Dort, wo viele Jahre lang Angela Merkel ihr Büro als Parteichefin hatte und bis vor wenigen Monaten noch Annegret Kramp-Karrenbauer. Die Noch-Parteichefin AKK, so ihr berühmtes Kürzel, ist seit anderthalb Jahren auch noch Ministerin und hat den Schwerpunkt ihrer Arbeit ins Verteidigungsministerium verlagert. Im Konrad-Adenauer-Haus wird sie immer seltener gesehen. Jetzt residiert also ihr General Ziemiak in der Chefetage. Sein Schreibtisch sieht kaum nach Arbeit aus. Auf der Arbeitsplatte von Kramp-Karrenbauer befanden sich eine Unterschriftenmappe, Briefe, ein Kalender, eine Vase mit frischen Blumen. All das fehlt bei Ziemiak. Sein Arbeitsplatz ist: leer. Ein großer Computer-Bildschirm, ein Telefon, ein eingerahmtes Bild, mehr nicht.

Bei Ferdinand Piëch, dem langjährigen Aufsichtsratsvorsitzenden von Volkswagen, sah es ähnlich aus: eine blitzblanke, leere Arbeitsplatte. Über den mächtigen Piëch sagten seine Leute, der Boss verzichte bewusst auf Schriftstücke, damit ihm später niemand Mitwisserschaft über brisante Vorgänge nachweisen könne. Auch deshalb überstand Piëch hausinterne Affären unbeschadet. Bei Ziemiak liegen die Dinge wohl anders. Er gehört zu den Menschen einer Generation, für die beschriebenes Papier nahezu bedeutungslos geworden ist. Festplatten und Bildschirme bestimmen die Arbeitsabläufe.

Ziemiak fühlt sich an diesem Tag sicher, unangreifbar; diesen Eindruck vermittelt er jedenfalls. Ein Zustand, den Politiker sonst erst nach vielen Jahren in einem wichtigen Amt erreichen, wenn sie sich an die Macht gewöhnt haben und beginnen, mit ihr zu verschmelzen. Aber es stimmt: An Ziemiak wird in den nächsten Monaten kein Weg vorbeiführen, seine Partei lag in Umfragen zwischenzeitlich bei knapp vierzig Prozent. Jetzt, im Dezember 2020, wird sie immer noch auf bequeme 36 Prozent geschätzt, fünfzehn, zwanzig Prozent vor den bestplatzierten Verfolgern. Wer oder was soll Ziemiak und seine CDU stoppen?

Und doch hat die Union eine Achillesferse: Nach fast zwei Jahrzehnten unter Angela Merkel und einer kurzen Zeit unter Annegret Kramp-Karrenbauer wird die Partei demnächst wieder zu einer sehr männlichen Partei. Droht ihr damit der Rückfall in ein überwunden geglaubtes, konservatives Zeitalter? Schon vor zwei Jahren, bevor sich Kramp-Karrenbauer denkbar knapp gegen Merz durchsetzte, hatte sich der damalige Juso-Vorsitzende Kevin Kühnert einen konservativen, männlichen Merkel-Nachfolger an der CDU-Parteispitze gewünscht, am liebsten den als wirtschaftsliberal und wertkonservativ geltenden Merz. Von ihm hätte sich seine Partei leicht abgrenzen können. Der Traum vieler Sozialdemokraten, Grünen und Linken könnte nach der jahrelangen Sozialdemokratisierung der Union unter Merkel Anfang 2021 also endlich in Erfüllung gehen: eine Merz-CDU.

Die Sozialdemokraten haben sich bereits vor Monaten auf Olaf Scholz als Kandidaten festgelegt. Der Burgfrieden des Finanzministers und Vizekanzlers mit der linken Parteidoppelspitze aus Saskia Esken und Norbert Walter-Borjans ist bislang stabil. Bei den Grünen steht die Entscheidung über die Kanzlerkandidatur zwischen Robert Habeck und Annalena Baerbock zwar ebenfalls noch aus. Doch beide führen die Partei seit 2018 in auffälliger Harmonie und werden dabei vom Zeitgeist getragen. Von dem einstmals lähmenden Dauerzwist zwischen Realos und Fundis ist bei den Grünen jedenfalls nicht mehr viel zu spüren. Bei der Union sind die innerparteilichen Konflikte seit Merkels Rückzug vom Parteivorsitz hingegen erst richtig aufgebrochen. Kramp-Karrenbauer ist an den Spannungen in ihrer Partei verzweifelt.

Vor den Grünen fürchtet sich die Union im Moment am meisten. Sie kamen ihr vor der Pandemie in Umfragen monatelang gefährlich nahe – und sind beim politischen Dauerthema Klimawandel unbestritten Marktführer in der Parteienlandschaft. Und mit dem Duo Habeck/Baerbock verfügen die Grünen über zwei frische Gesichter an der Spitze. Gehört ihnen die Zukunft? Auf die Frage, ob die Union nicht ganz schnell alt aussehen könnte, wenn die Grünen Annalena Baerbock als einzige Frau ins Rennen ums Kanzleramt schicken, erwidert der Parteimanager Ziemiak routiniert: «Wir sind ja diejenige Partei, die das erste Mal dafür gesorgt hat, dass eine Frau Bundeskanzlerin geworden ist, Kommissionspräsidentin, Verteidigungsministerin.»

Aber die Bewerber um den Parteivorsitz heißen nun Armin, Friedrich und Norbert. Und die Kanzlerkandidatur wird einer dieser drei mit einem Gegner namens Markus ausmachen. Alles Männer. Zurück in die Zukunft.

BLAME GAME

Am Montag, den 4. Januar, zu Beginn des neuen Jahres, entbrennt in der Regierungskoalition ein heftiger Streit. Es zeichnet sich ab, dass Deutschland im Vergleich zu anderen Ländern wie den USA, Großbritannien oder Israel über viel zu wenig Impfstoff gegen Covid-19 verfügt. Die europaweite Beschaffung durch die EU-Kommission sollte ein Meisterstück supranationaler Kooperation werden. Die Aktion hat sich aber als Desaster entpuppt. Einer der aussichtsreichsten Impfstoffe wurde in Mainz entwickelt, aber die Deutschen profitieren davon nicht, weil die Kommission bei der Verhandlung mit den privaten Pharmakonzernen zu zaghaft agierte. Seit ein paar Tagen werden zwar auch in Deutschland die ersten Senioren gegen Covid-19 geimpft. Aber bald schon gerät die Impfkampagne der Bundesregierung ins Stocken. Lars Klingbeil, Generalsekretär der SPD und somit üblicherweise zuständig für die Abteilung Attacke im Willy-Brandt-Haus, entscheidet sich zu einem Angriff auf CDU-Gesundheitsminister Spahn, auf dessen Beliebtheitswerte alle sozialdemokratischen Spitzenpolitiker zu diesem Zeitpunkt neidisch blicken. Deutschland stehe im Vergleich zu anderen Ländern «viel schlechter da», schimpft Klingbeil. Man habe zu wenig Impfstoff bestellt. Es gebe «kaum vorbereitete Strategien mit den Bundesländern zusammen». Klingbeil versucht, die Verantwortung für den verkorksten Start der Impfkampagne allein dem Koalitionspartner zuzuschieben. Zwar findet er es richtig, dass der Corona-Impfstoff in einer gemeinschaftlichen Kraftanstrengung von der Europäischen Union bestellt wurde. Aber «Europa muss ja nicht automatisch langsamer bedeuten». Die Zustände in Deutschland seien «chaotisch». Wer daran die Schuld trägt, ist für den Parteimanager der SPD klar: der zuständige Gesundheitsminister von der CDU. Und, natürlich, die Kanzlerin.

Klingbeil setzt damit den Ton für die nächsten Monate. Mit seinem Statement haben die Schuldzuweisungen in der Koalition begonnen. Jens Spahn hat den Schwarzen Peter. Und er wird ihn sehr lange nicht mehr los. Auch die Kanzlerin scheint beschädigt.

HARMONIE AUF DEM BALKON

Es schneit. Nichts Ungewöhnliches in dieser Jahreszeit. Doch auf Twitter feiern Hauptstadtjournalisten die Schneeflocken wie ein Großereignis. Das politische Jahr in Deutschland kommt nur gemächlich in Gang. Die Weihnachtsfeiertage, der andauernde Lockdown, die Arbeit im Homeoffice haben die Presse träge gemacht. Der zarte Schnee bleibt nicht lange liegen auf den Straßen, an den Rändern sammelt sich schmutziger Schneematsch.

Über eine dieser Straßen, an der Grünen-nahen Heinrich-Böll-Stiftung, schlendern am Montag, den 11. Januar, Annalena Baerbock und Robert Habeck. Auch ihre Gesichter sind zur Hälfte von Masken bedeckt. Man spürt dennoch, dass die beiden gute Laune haben. Und genau dieses Bild wollen sie vermitteln: gute Laune in garstigen Zeiten. Denn das Führungs-Duo der Grünen läuft für einen herbeigebetenen Agenturfotografen die Straße entlang. Die ganze Szene ist gestellt. Baerbock und Habeck hielten sich zuvor schon längere Zeit im Gebäude der Stiftung auf und haben sich vor ein paar Minuten schnell ihre Mäntel und Masken übergezogen. Jetzt laufen sie für die Kamera durch den treibenden Schnee. Ein Bild der verantwortungsbewussten Geschlossenheit.

Im Haus sind keine Journalisten erlaubt: Tschüss und guten Tag noch. Wegen Corona ist der Zugang für alle, die nicht zum Inner Circle der Grünen gehören, gesperrt. Für mich gilt eine Ausnahme. Die Grünen haben gerade ihre Jahresauftaktklausur beendet und wollen die Ergebnisse nun vorstellen.

Normalerweise würden an diesem Tag dutzende Kamerateams und Reporterinnen und Reporter durch das Gebäude hetzen und eine nervöse Grundstimmung verbreiten. Doch die vielen Konferenzsäle bleiben leer, die angekündigte Pressekonferenz soll virtuell stattfinden. Eine Hausmeisterin läuft durch die Gänge, ein Techniker, dazu drei, vier Pressesprecher – aber wen sollen sie betreuen an diesem Tag? In einem der Säle steht ein Podium, zwei Mikrofone, zwei Wassergläser, wenige

Schritte davor ein riesenhafter Monitor. Alles wirkt verloren, eine Kulisse ohne Publikum.

Annalena Baerbock und Robert Habeck haben die Wintermäntel abgelegt, nicht jedoch ihre Masken. In einem Raum, in dem eigentlich dreißig, vierzig Personen Platz haben, ziehen sie sich mit ihrem Presseteam zurück. Letzte Abstimmung vor der Fragerunde: Fängst Du an, Annalena? Ja, gerne, dann übernimmst Du, Robert. Was sind die Botschaften, die wir rüberbringen wollen? Wie lange werden wir sprechen, wie viele Teilnehmer gibt es? Solche Dinge. Beide wissen, dass sich die zugeschaltete Hauptstadtpresse nicht nur für Klausurbeschlüsse interessiert, sondern auch für neue Antworten auf die alte K-Frage: Wird Baerbock die Nummer eins? Oder doch Habeck? Alle im Raum werden diese Fragen hunderte Male gehört und pariert haben. Auch für heute haben sie sich ihre Antworten zurechtgelegt. Aber warum lassen sich die beiden auch so viel Zeit mit der Klärung? Eine Partei, die mit ihren Inhalten überzeugen will, könnte den Blick der Öffentlichkeit leicht von den Personalien auf die Sachthemen lenken. So steht sich die Parteiführung selbst im Weg.

Vermutlich tun sich die beiden Vorsitzenden auch deshalb so schwer, weil sie nicht wissen, wann und wie sie ihr Beziehungsgespräch führen sollen. In der Geschichte der Bundesrepublik hat ein solches Gespräch zwischen einem Mann und einer Frau über die Frage, wer von beiden Kanzler oder Kanzlerin werden soll, nur ein einziges Mal stattgefunden. Im Januar 2002 war das, bei dem sagenumwobenen Frühstück von CDU-Chefin Angela Merkel und CSU-Chef Edmund Stoiber in dessen Haus in Wolfratshausen. Damals zog die Frau zurück.

Während Habeck und Baerbock also über die komplexe Mann-Frau-Machtfrage grübeln, rätseln auch ihre Konkurrenten, ob sie es demnächst mit einem Mann oder einer Frau als Gegner zu tun haben werden. Paul Ziemiak, der noch orientierungslose Wahlkampfmanager der CDU, hatte bei unserem Treffen kurz vor Weihnachten laut über Habeck und Baerbock nachgedacht.

Nachdem er auf die CDU als Partei der Bundeskanzlerin, der Kommissionspräsidentin und der Verteidigungsministerin hinwies, unterbrach Ziemiak das Gespräch überraschend: «Darf ich noch einen Satz … darf ich noch einen Satz zu Habeck und Baerbock sagen?» Ja, klar. «Der entscheidende Punkt ist, dass sie unterschiedliche Stärken und Schwächen haben. Habeck ist deutlich fehleranfälliger als Baerbock. Und insofern …». «Was meinen Sie damit?» «Wenn Sie sich Interviews anschauen, wenn es um die Frage von Detailwissen geht, da ist Annalena Baerbock stärker.» «Können Sie Beispiele nennen, bei denen Habeck danebengelegen hat?» «Bei der Pendlerpauschale beispielsweise.» «Also, wenn ich das richtig interpretiere, würden Sie sich über einen Kandidaten Habeck mehr freuen, weil er anfälliger wäre?» Ziemiak winkt ab. Noch ist ja offen, wer sein Gegner sein wird. Er will sich nicht festlegen und Baerbock nicht noch größer machen, als er das ohnehin gerade getan hat: «Nein, das ist eine reine Beobachtung.»

Zurück zu den beiden Grünen, die die Frage nach der Kanzlerkandidatur seit Monaten vor sich herschieben, zurück in die Heinrich-Böll-Stiftung. Nach etwa zwanzig Minuten verlässt das Duo Habeck-Baerbock den Konferenzraum und wechselt in den noch größeren, noch leerer wirkenden Saal, wo irgendwo verlassen der Tisch mit zwei Gläsern steht und der erdrückend große Monitor. «Guten Tag und frohes Neues Jahr.»

Dann folgt ein fast siebenminütiger Vortrag von Baerbock, ein kürzerer von Habeck. Und schon geht das Spiel los: Kann man an den Eingangsstatements, an Sprechdauer, an Körperhaltung, Stimmlage, an den vorbereiteten Worten irgendetwas ablesen, was einem bei der Frage nach der Kanzlerkandidatur weiterhilft? Baerbock wirkt forscher, entschlossener, auch selbstsicherer. Ein Fingerzeig?

Habeck spricht nachdenklicher, grübelnder. Wirkt er nicht immer so? Ist das nicht längst seine Rolle, auch in Abgrenzung zu Baerbock? Habeck holt in seinen Ausführungen zu kühneren gedanklichen Bögen aus. «Wir wollen einen Staat bauen …», so lautet eine seiner Formulierungen. «Einen Staat bauen», haben wir richtig gehört? Steht unser Staat nicht längst auf soliden Fundamenten? Wollen die Grünen noch einmal ganz von vorne anfangen, mit Grundgesetz und allem? «Einen Staat bauen», das klingt nach sozial-revolutionärer Romantik à la Burrhus Frederic Skinner, der in seinem Buch *Walden Two* (auf Deutsch: *Futurum Zwei)* einst die Vision einer konfliktfreien, neuartigen Gesellschaft entwarf. Schwer zu sagen, ob Habeck das Buch kennt oder nicht. Jedenfalls merkt er schnell, dass er sich mit der Formulierung gerade aufs Glatteis begibt. Es könnte ja sein, dass ihm die Presse so himmelstürmende Sätze als Größenwahn auslegt! Schnell versucht er, das Wort «bauen» wieder einzufangen, und schiebt ein blasseres, freundlicheres Wort hinterher: «garantieren …». Also: «Wir wollen einen Staat bauen und garantieren, der funktioniert, der den Menschen nicht Knüppel zwischen die Beine schmeißt, sondern als Dienstleister funktionsfähig ist, den Menschen das Leben möglichst bequem macht. Der Dinge für sie organisiert. Damit das private Leben gut beschirmt und gut geschützt verlaufen kann.»

Leute, wir wollen es Euch bequem machen – so lautet die Botschaft. Auch das ist ungewöhnlich aus dem Mund eines Grünen-Chefs. Wollten die Grünen nicht mal die Gesellschaft herausfordern, unbequem sein? Frühere Grünen-Politiker hatten sich einst den Ruf als Bürgerschreck erworben, als sie etwa Fünf-Mark-für-den-Liter-Benzin oder später einen Veggie-Day forderten. Jetzt sollen es sich die Deutschen – von den Grünen «beschirmt» – «bequem» machen.

Robert Habeck versucht in seinem kurzen Vortrag einen weiten Spagat, zwischen der ehrgeizigen Ankündigung, einen «Staat bauen» zu wollen, und der gleichzeitigen Versicherung, dieses Projekt könne für die Bürgerinnen und Bürger «bequem» gestaltet werden. Der verbale Spagat ist ein Vorgeschmack auf die Strategie des Grünen-Wahlkampfs. Übersetzt heißt das Doppel-Signal: «Wir, die Grünen, packen die Probleme bei den Wurzeln. Aber wenn Ihr uns wählt, müsst Ihr keine Angst haben, Euer Leben bleibt gemütlich.» In den nächsten Monaten werden Habeck und Baerbock in unzähligen Interviews und Wahlkampf-Formaten diesen Spagat ausreizen. Ob sie ihn durchhalten, hängt auch von ihren politischen Gegnern und der Rauflust der Hauptstadtpresse ab. Aber die Grünen haben einen Plan. Sie wollen den nächsten Kanzler stellen. Oder die nächste Kanzlerin.

Nach exakt einer Stunde verlassen Baerbock und Habeck den virtuellen Raum der Pressekonferenz und ziehen in eine menschenleere Lobby um. Die Masken sind wieder vorschriftsmäßig über Mund und Nase gezogen. Zwei Barhocker, zwei Bistrotische, eine Mitarbeiterin hat vorher mit dem Zollstock abgemessen: nicht näher als 1,50 Meter, besser zwei Meter, dürfen sich die beiden kommen. In diesen Tagen sitzt allen die Angst im Nacken.

Als beide Platz nehmen, ziehen sie ihre Masken wieder ab. Ich sage ihnen zu, dass keine Zitate aus dem folgenden Interview vor Herbst veröffentlicht werden. «Schade eigentlich», wirft Habeck ein. Die Verabredung hilft, jetzt können beide freier sprechen, das ist gleich zu merken.

Im Herbst beginnt «eine neue Ära», sagt Baerbock, «es wird ein neues Kapitel aufgeschlagen». Auf die Frage, ob er sich über das Ende der Merkel-Ära freue, antwortet Habeck: «Nein, das kann man nicht sagen. Frau Merkel hat das Land stabil gehalten. Vieles war sehr gut und auch wohltuend. Ich kann mich noch daran erinnern, wie ich, obwohl ich sie damals nicht gewählt habe, 2005 irgendwie erleichtert war, dass nach dem, na ja, sagen wir etwas aufgeplusterten Schröder-, Fischer-, Clement-, Schily-Ton auf einmal so eine nüchterne, sachliche, irgendwie verschmitzte Art eingezogen ist.»

Es kostet Habeck nichts, der Kanzlerin am Ende ihrer Amtszeit ein paar freundliche Worte mit auf ihre Abschiedstour zu geben. Angela Merkel ist für ihn keine Konkurrentin mehr, und der Co-Vorsitzende der Grünen weiß, was Deutschland dem pragmatisch-nüchternen Politikstil seiner Dauerregentin zu verdanken hat. Nicht nur gegen das Macho-Gehabe von einstigen politischen Alphatieren wie Schröder und Fischer, sondern auch gegen den dröhnenden Irrationalismus von gegenwärtigen Populisten wie Bolsonaro, Johnson oder Trump war und ist die überlegte Zurückhaltung der Bundeskanzlerin das passende Gegengift.

Aber Habeck will der Kanzlerin auch kein Denkmal bauen: «Inhaltlich hat Frau Merkel diese nüchterne Art häufig so angewandt, dass die Dinge erst sehr weit eskalieren mussten, bevor dann die richtigen Schlüsse gezogen wurden. Also Atomausstieg oder auch Ehe für alle. Die Möglichkeit, einen Recovery Fonds auf europäischer Ebene einzurichten, also gemeinsame Anleihen auszugeben oder dann eine gemeinsame

Verschuldungspolitik zu ermöglichen. Das ist immer in der Krise passiert, weil es sonst noch viel schlimmer gewesen wäre. Ich glaube, dass diese Politik gerade gereicht hat für die letzte Dekade, bei aller persönlichen Sympathie für Frau Merkel. Aber das wird nicht reichen für die nächste Dekade.»

Angela Merkel wird ja nicht nur als Bundeskanzlerin verschwinden, sondern auch als Wahlkämpferin. Baerbock schlussfolgert daraus, dass jetzt «alles offen», ja «alles möglich» sei. Auch sie scheint infolge des selbstgewählten Abtritts der Kanzlerin an einen leichteren Wahlkampf zu glauben, in dem grüne Themen und Forderungen am Ende den Ausschlag geben.

Die Parteispitze hat gerade ihre Jahresauftaktklausur hinter sich, da will man schon wissen, auf welche Themen die Grünen in den nächsten Monaten eigentlich setzen werden, auch wenn man die Antworten bereits ahnt. Hinter der Mammutaufgabe der «ökologischen Transformation» sind laut Habeck alle anderen Themen zweitrangig, ja «irrelevant»: «Wie wir die liberale Demokratie gegen Populismus und Rechtsradikalismus schützen, wie wir das Verständnis von Gemeinsinn durch sozialen Zusammenhalt, einen Ausgleich der sozialen Politik herstellen. Das ist alles wichtig. Aber wenn wir die Klimakrise nicht lösen, werden all diese anderen Themen überspült werden von dramatischen Verwerfungen, die wir uns gar nicht vorstellen können.»

Nach aktuellen Umfragen braucht es Anfang Januar nicht viel Fantasie, um sich für die Zeit nach der Wahl eine Koalition vorzustellen, in der die Grünen entweder mit der Union oder der SPD regieren. Wenn aber der Klimawandel «wirklich alles andere schlägt», wie Habeck sagt, sind drastische Maßnahmen notwendig, die wenig Spielraum für Kompromisse lassen. Dann drohen beinharte Koalitionsverhandlungen, in denen sich nicht zuletzt die großen gesellschaftlichen Konfliktlinien der Zeit widerspiegeln: zwischen urbanen Kosmopoliten und ländlichen Traditionalisten. Längst wurde der gemütliche bundesrepublikanische Föderalismus vom nervösen Grundrauschen eines neuen politischen Zeitalters abgelöst; Koalitionsbildungen in den Ländern und im Bund werden immer schwieriger, die politische Landschaft ist fragmentierter denn je.

Sind die Ziele der Grünen lagerübergreifend überhaupt vermittelbar? Oder anders: Können die Grünen eine auf Konsens und Kompromisse ausgerichtete Politik betreiben, wenn das Thema Klimawandel «alles schlägt»? Baerbock gibt sich optimistisch, will in der repräsentativen Demokratie nach deutschem Modell, in der sich verschiedene politische Kräfte miteinander ins Verhältnis setzen müssen, «eine Chance» erkennen, der «Breite der Gesellschaft» gerecht zu werden. Sie fügt jedoch an: «Nur das, was in den letzten Jahren immer nicht geklappt hat, der Bremsschuh, dass [...] erst so lange geredet wurde, bis das Problem wirklich richtig heftig war, das müssen wir ändern.» Von einer Koalitionsregierung erhofft sich Baerbock einen breiteren gesellschaftlichen Konsens für ihre Politik. Sie weiß aber auch, dass sich ihre Partei insbesondere in der Klimafrage weniger hinter einem Koalitionskompromiss verstecken kann als Union oder SPD, falls die im Wahlkampf in Aussicht gestellten Maßnahmen in der Regierung später doch nicht so einschneidend ausfallen. Wir werden den Spagat der Grünen im Wahljahr in Erinnerung behalten und im Herbst wieder an ihn denken.

Dann kommen wir an diesem verschneiten Januartag auf die Kandidatenfrage zu sprechen, natürlich. Im Jahr 2019 titelte der *STERN*: «Der Höhenflug des Robert Habeck – kann ein Grüner Kanzler?» Noch vor einem halben Jahr galt der ehemalige stellvertretende Ministerpräsident von Schleswig-Holstein, der im Vergleich zu seiner mehr als zehn Jahre jüngeren Co-Vorsitzenden immerhin über einige Jahre Regierungserfahrung verfügt, als der wahrscheinliche Kanzlerkandidat der Grünen. Und jetzt? «Werden Sie beide das untereinander ausmachen – und nur Sie beide? Was sind die Kriterien? Wie hab ich mir das vorzustellen, Herr Habeck?» «Es ist ja nicht so, dass wir noch nie über die Fragen, was machen wir mit der Partei, wohin wollen wir sie führen, und über die sogenannte Kanzlerfrage gesprochen hätten. Das ist ja für uns ein fortwährender Prozess. Und wir wissen jetzt aus dem permanenten Gespräch, dass sich Dinge ändern, Einschätzungen ändern, gesellschaftliche Erwartungen ändern, Debatten ändern».

Aha, will Robert Habeck etwa mit Verweis auf einen veränderten Zeitgeist seinen Verzicht auf die Kanzlerkandidatur argumentativ vorbereiten? Schnell ergänzt er: «Da sind wir beide klar: Das, was den größten Erfolg sichert oder – ‹sichert› ist ein hochmütiges Wort – aber bringen kann, das ist die richtige Entscheidung.» Auf die Frage, wie man sich den Prozess der Entscheidungsfindung konkret vorzustellen habe, antwortet Habeck blumig: «So, dass Annalena und ich, wenn wir mal Zeit finden, uns, wenn die Sonne scheint, auf den Balkon setzen. Und zwei, drei Stunden darüber reden. Das sind dann aber auch private Gespräche. Wie es so geht, wie man das Jahr erlebt hat, wie man mit guter oder schlechter Presse umgeht.»

An diesem Tag hat er noch eine romantische Vorstellung von einem Beziehungsgespräch, das ihn in ein paar Wochen in einen emotionalen Grenzbereich führen wird. Noch hofft er, dass die Sache in seinem Sinne ausgehen wird. Indessen betont Baerbock noch einmal die Geschlossenheit des grünen Spitzenduos, ganz egal, wer am Ende «von vorne den Wagen» ziehe. Die Entscheidung für sie oder für ihn bedeute ja nicht, dass die Nummer zwei anschließend gar nichts mehr mache: «Wir werden diesen Wahlkampf gemeinsam gestalten.» An guten Vorsätzen und Kampfesmut mangelt es den Grünen zu Beginn des Wahljahres nicht. Doch alles kann auch ganz anders kommen. Ein Wahlkampf, der nicht entlang von Wahlprogrammen geführt wird, sondern der die persönliche Integrität der Kandidaten in Frage stellt, ist schwerer planbar. Dass in den kommenden Monaten unter der Gürtellinie, also auch schmutzig, gekämpft werden wird, davor haben Habeck und Baerbock Sorge. Wir sprechen über frühere Wahlkämpfe, über den von Peer Steinbrück und den von Martin Schulz gegen Angela Merkel. Wir sprechen über die physischen und seelischen Belastungen, denen alle Wahlkämpfer ausgesetzt sind.

Daher die Frage: Warum setzen die beiden sich diesem Höllenritt aus? Robert Habeck antwortet: «Es ist ein bisschen wie im Sport. Wir wissen, dass wir auch Blutgrätschen kriegen werden und auch welche, wo man sich das Bein brechen kann. Es gibt wahrscheinlich keinen Schiedsrichter, der jemanden vom Platz stellt und sagt: Das war unfair, so geht's nicht. Wenn es nur nach Bequemlichkeit gehen würde, dann sollte man sich das nicht antun. Ich glaube, es gibt einen Grund, der, wenn ich für

Dich mitreden darf ...», Habeck schaut kurz zur Seite, zu seiner Co-Vorsitzenden, «... es gibt einen Grund, der uns auch zu Parteivorsitzenden gemacht hat: Es ist am Ende doch ein Privileg, zu den Personen zu gehören, die das Vertrauen gewinnen können, die Zeit, in der man lebt, zu gestalten. Darum geht es. Das ist auch eine Verpflichtung. Und die Verpflichtung schließt eben mit ein, dass man auch Schläge aushalten muss.»

Noch wird das grüne Spitzenpersonal von der Konkurrenz und der Presse verhältnismäßig sanft behandelt. Es ist früh im Entscheidungsjahr.

DER VERWANDELTE SCHOLZOMAT

Olaf Scholz kommt fünfzehn Minuten zu früh am Willy-Brandt-Haus an. Zählt in diesen Tagen, Mitte Januar, bereits jede Minute? Die SPD hat unten in ihrer Parteizentrale ein kleines Videostudio eingerichtet, hier soll Scholz Grußworte in eine Kamera sprechen, etwa für langjährige Parteifreunde: «Alles Gute für das neue Jahr von Berlin aus nach Hamburg». Dann das nächste Video: «Ich freue mich sehr, dass ich ein paar Worte zu Eurem Neujahrsempfang sprechen kann.» Und so weiter. Dann zieht sich Scholz wieder seine Gesichtsmaske über und läuft die paar Schritte zum Haupteingang. Der gläserne Fahrstuhl fährt fast geräuschlos in den fünften Stock, hier haben sie Scholz ein kleines, provisorisches Büro eingerichtet. Auf dem Namensschild an der Tür steht: Olaf Scholz, Kanzlerkandidat. Schräg gegenüber wird gerade ein neuer, größerer Raum für den Kandidaten hergerichtet, aber noch muss er sich mit der etwa zwölf Quadratmeter kleinen Bude begnügen. Ein Schreibtisch mit Laptop, ein Drehstuhl, irgendwo steht eine Topfpflanze. Es sieht so ähnlich aus wie bei Paul Ziemiak, nur etwas ärmlicher, provisorischer.

Scholz wählt sich in das erste virtuelle Meeting des Tages ein: Hallo, hier ist Norbert, hier Saskia. Lars Klingbeil und ein paar Leute von der Werbeagentur in Hamburg sind auch in der Leitung. Es geht darum, die nächsten PR-Maßnahmen zu planen. Aber irgendjemand fehlt noch, Scholz muss warten. Eine Minute, zwei Minuten, drei Minuten. Man sieht es dem Mann nicht an, seit Jahrzehnten hat er seiner Gestik und Mimik jegliche unkontrollierte Gefühlsregung ausgetrieben. Aber innerlich wird er kochen. Es ist ungehörig, den Bundesfinanzminister und Kanzlerkandidaten warten zu lassen. Gibt es in diesen Tagen eine wichtigere Person in der Sozialdemokratie? Gibt es jemanden, dessen Terminkalender enger durchgetaktet ist? Zwischen zwei Schalten hat der Kandidat Zeit für ein kurzes Interview.

Es heißt, der erste Eindruck bleibe lange haften. Ich traf Scholz zum ersten Mal im Herbst 2009. Die SPD hatte die Bundestagswahl mit ihrem Kandidaten Frank-Walter Steinmeier krachend verloren. 23 Prozent, damals ein sozialdemokratisches Debakel. Scholz hatte nicht nur eine Wahl verloren, sondern auch sein Amt als Minister für Arbeit und Soziales. Er war nur noch geschäftsführend im Amt und wartete darauf, die Geschäfte an Ursula von der Leyen zu übergeben. In dieser Übergangszeit stellte er sich das erste Mal meinen Fragen, tapfer und geduldig. Welche Erklärung haben Sie für die schwere Wahlniederlage, wie soll es weitergehen? Ein harmloses Frage-Antwort-Ping-Pong.

Irgendwann kam ich jedoch auf ein Thema, das ihm gar nicht schmeckte. Auf der Suche nach einer Erklärung für die tiefe Krise der SPD sprach ich ihn auf das Schwielowsee-Ereignis an. Im Jahr 2008, also ein Jahr vor unserem Interview, rang die SPD-Spitze um die Kanzlerkandidatur. Parteichef Kurt Beck hatte wohl Ambitionen, aber Frank-Walter Steinmeier parteiintern die besseren Karten. Am Rande einer Parteiklausur an einem brandenburgischen See wurde die von Kurt Beck mitgetragene Entscheidung an Beck vorbei an die Presse durchgestochen. Beck war schockiert, außer sich vor Wut. Er sah sich um die Möglichkeit gebracht, als Parteivorsitzender selbst die Kandidatur zu verkünden. Beck trat als SPD-Chef spontan zurück und hinterließ zerrissene, traumatisierte Genossen. Auf meine Frage an Olaf Scholz, wie er die Ereignisse vom Schwielowsee erlebt habe, erntete ich erst einmal Schweigen. Dann nahm er sich in einer recht umständlichen Antwort beinahe für jedes einzelne Wort Zeit und erklärte langsam: «Die ganze sozialdemokratische Partei ist … durchgeschüttelt worden … durch … das plötzliche

Ereignis des Rücktritts … eines Parteivorsitzenden … Und es … ist ja auch deshalb schwierig …, weil es nicht das einzige Ereignis war, wo wir uns nicht ganz perfekt verhalten haben. Sondern sich ein paar solcher Ereignisse aneinander gereiht haben …. Was den Wechsel im Parteivorsitz betrifft, hat es in den letzten Jahren ein paar zu viele gegeben.»

Olaf Scholz deutete eine Menge Ärger an und auch einen Grund für den Ansehensverlust der SPD in diesen Jahren. Wie aber war das genau mit Becks Rücktritt? Daher: «Nochmal eine Nachfrage zum Schwielowsee-Ereignis. Sie sagten: ‹Wir haben uns nicht perfekt verhalten›. Wie meinen Sie das?» Scholz blieb vage: «Die SPD hat … jetzt … mehrfach … einen Wechsel im Parteivorsitz gehabt … Oft nicht freiwillig, oft krisenhaft. Das macht keinen guten Eindruck. Und ich glaube, es wäre gut, wenn wir da ein wenig mehr Kontinuität … entwickeln könnten.»

Mit diesem Ausweichmanöver wollte ich ihn nicht davonkommen lassen und fragte noch einmal, inwiefern man sich gegenüber Kurt Beck «nicht perfekt verhalten» habe. Jetzt wusste Scholz: das Gespräch kann unangenehm werden. Er versuchte es mit einer nichtssagenden Antwort aus dem rhetorischen Baukasten von Politprofis: «Die Umstände, die zum Rücktritt des Vorsitzenden Beck geführt haben … waren keine Werbemaßnahme für die sozialdemokratische Partei. Ich glaube, das sieht jeder bei uns so.» «Wieso?», fragte ich erneut.

Scholz antworte nicht mehr, eine Sekunde lang nicht, noch eine Sekunde, und noch eine. Eine gefühlte Ewigkeit. Ich wartete auf irgendeine Reaktion, ein Räuspern vielleicht, wenigstens ein Blinzeln. Es kam: nichts. Scholz blickte mich an. Ich blickte zurück, ebenfalls wortlos. So schauten wir uns eine Weile lang an, und mir wurde auf unangenehme Weise klar, warum man Olaf Scholz auch «Scholzomat» nennt. Genau wie mein Gegenüber entschied auch ich, den Blick zu halten. Sechs Sekunden, sieben Sekunden, acht Sekunden. Dann senkte Scholz den Kopf und beendete das Schweigen: «Ich habe die Frage beantwortet.»

Diesen ersten Eindruck habe ich im Hinterkopf, als wir uns zwischen zwei Videoschalten Anfang 2021 erneut gegenüberstehen. Auch bei anderen Gelegenheiten seit 2009 waren unsere Begegnungen nicht viel warmherziger gewesen. Aber jetzt lerne ich eine ganz andere Seite von Olaf Scholz kennen. Er ist zugewandt, locker im Umgangston und neugierig. Der Minister steht unter dem Eindruck des Sturms aufs Kapitol in Washington, der wenige Tage zuvor fünf Menschenleben gefordert hat. Dass Präsident Trump seine Anhänger dazu angestachelt hat, kann er kaum fassen. Wir sprechen über faschistische Tendenzen in der amerikanischen Gesellschaft, auch darüber, wie Trump diesen Aufruhr eiskalt vorbereitete, indem er die Legende von der gestohlenen Wahl entwarf. Scholz zieht aus den Ereignissen eine einfache Lehre: «Gesellschaften müssen zusammenhalten. Wenn sie auseinanderdriften, erzeugt das große Probleme. Und deshalb bin ich sehr einverstanden mit dem, was Joe Biden eigentlich sein ganzes politisches Leben immer gesagt hat, er sei immer empfunden worden als ‹middle-class-Joe›. Das hätten ganz viele Leute eher als Kritik gemeint, aber er sei sehr stolz darauf, auf die Facharbeiterinnen und Facharbeiter, auf die Trucker, auf die vielen anderen, die in dem Land jeden Tag alles zusammenhalten und einen Anspruch darauf haben, dass sie nicht einfach beiseite gestellt werden.»

«Wenn Joe Biden ‹middle-class-Joe› ist, sind Sie dann ‹middle-class-Olaf›»?

«Ja. Ich empfinde mich als jemand, der dafür steht, dass es einen Zusammenhalt gibt, der alle einbezieht.»

Wir sprechen über Wahlkampf und Krisen als Chance. Ein lebendiges Gespräch. Hat sich Olaf Scholz im Laufe der letzten Jahre verändert, ohne dass ich seine Wandlung bemerkt habe? Warum ist er heute so anders, so offen? Wo ist der Scholzomat geblieben?

Er bleibt an diesem Vormittag freundlich, hört zu, locker, jedenfalls ganz anders als früher. Als wir über die Themen sprechen, die im deutschen Wahlkampf eine Rolle spielen werden, legt er seine Scholz-Platte auf und erzählt vom Respekt, der auch den Schwachen in der Bevölkerung entgegengebracht werden müsse, redet von der unzureichend gewürdigten Krankenschwester zum Beispiel. Aber was soll ein Politiker schon sagen, wenn er monatelang dieselben Parolen unters Volk bringt. Ergiebiger als die Antworten fällt seine Körpersprache aus. Auch er ballt die Fäuste, wenn er seinen Worten Gewicht verleihen will, macht launige Bemerkungen und lacht gleich selbst über sie. Der Olaf Scholz, der sich elf Jahre zuvor vorgenommen hatte, jegliche Gefühlsregung zu unterdrücken, gibt jetzt den leidenschaftlichen Kämpfer. Eine erstaunliche Metamorphose. Vielleicht hat sie mit einer großen Wunde zu tun. Und damit, dass diese Wunde vor ein paar Monaten geschlossen wurde.

Als siebzehnjähriger Schüler trat Olaf Scholz in die Partei ein, absolvierte die Ochsentour durch unzählige Parteiveranstaltungen. Er bekleidete für seine Partei zahllose Ämter, Kreis- und Landesvorsitzender in Hamburg, Innensenator, Bundesminister, Erster Bürgermeister. Er hatte eine Menge Kritik und Häme aushalten müssen, weil er als Generalsekretär treuergeben an der Seite des SPD-Kanzlers Gerhard Schröder für dessen Arbeitsmarkt- und Sozialreform Agenda 2010 trommelte. «Olaf Hartz» wurde jahrelang in Haftung genommen für den aus Sicht vieler Genossen größten sozialdemokratischen Sündenfall, für den neoliberalen Verrat an ihren Idealen. Aus der Nähe habe ich verfolgt, wie sich Finanzminister und Vizekanzler Scholz als einziger Prominenter aus dem Parteiestablishment im Herbst 2019 dem Wettbewerb um die Nachfolge von Parteichefin Andrea Nahles stellte, im Duo mit der wenig bekannten Brandenburger Landtagsabgeordneten Klara Geywitz. Das heißt: Erst schloss Scholz eine Kandidatur aus («zeitlich nicht zu schaffen»), um dann, nach einem Blick aufs Bewerberfeld, doch ins Rennen um den Parteivorsitz einzusteigen. Aber er hatte sich und seine Partei falsch eingeschätzt.

Die Jusos unter ihrem charismatischen Anführer Kevin Kühnert riefen im November lautstark «Nikolaus GroKo-Aus» und drehten die Stimmung in der Partei – gegen Scholz.

Als seine herbe Niederlage gegen Saskia Esken und Norbert Walter-Borjans feststand, brachte Scholz auf der kleinen Bühne des Willy-Brandt-Hauses seine ganze Kraft, die jahrzehntelang antrainierte Kunstfertigkeit des Sich-Zusammenreißens auf, um nicht die Fassung zu verlieren und in Tränen auszubrechen. Er war ein geschlagener Hund, der sich ein paar Tage lang verkriechen musste. Er blieb Finanzminister, vorerst. Die Zeitungen schrieben, dass er nur ein Politiker auf Abruf sei.

Seine Zeit schien abgelaufen – und die der Großen Koalition, die von Angela Merkel und ihm angeführt wurde, ebenfalls. Das war also die Wunde, und es war nicht abzusehen, wann und wie die Blutung gestoppt werden würde.

Schon bald nach dem dramatischen Scheitern telefonierte ein Vertrauter von Olaf Scholz mit Kevin Kühnert, dem Strippenzieher hinter der neuen Parteiführung. Ein vorsichtiges Abklopfen, um herauszufinden: Wollt Ihr wirklich raus aus der Großen Koalition? Wie radikal soll der Kurswechsel ausfallen? Wollt Ihr die Partei für die nächsten zehn Jahre komplett neu aufstellen? Es ging auch um den Finanzminister. Hat er noch eine Zukunft?

Der Scholz-Vertraute vernahm eher versöhnliche Töne. Die Neuen in der Chefetage des Willy-Brandt-Hauses spürten wohl, dass sie mit einem schroffen Anti-GroKo-Kurs an Grenzen stoßen würden. Sie mussten befürchten, dass einige mächtige Landesvorsitzende gegen «die in Berlin» rebellieren. So blieb der in Aussicht gestellte Koalitionsbruch aus. Es gab kein GroKo-Aus, weder zu Nikolaus noch zu Weihnachten, auch nicht zum Fest der Heiligen Drei Könige. Viele Mitglieder rieben sich verwundert die Augen; manche sicherlich enttäuscht. Hatten sie sich doch darauf verlassen, dass die neue Parteiführung ihre SPD endlich aus der ungeliebten Liaison mit der Union führt.

Der Vertraute von Olaf Scholz staunte ebenfalls, aber aus anderen Gründen. Das Anti-Establishment der SPD verwandelte sich innerhalb kurzer Zeit in ein neues Establishment. Olaf Scholz war noch nicht raus aus dem Spiel.

Und als die Welt bald darauf von Corona heimgesucht wurde, bekamen die Große Koalition und mit ihr der Vizekanzler Olaf Scholz zusätzlich wieder Boden unter die Füße. Die stillgelegte Republik richtete ihr Augenmerk nun flehend auf «Olaf Schäuble», den als harten Sparkommissar berüchtigten Finanzminister. Würde er weiterhin an der Schuldenbremse festhalten oder würde er – wie von der neuen Parteiführung schon vor der Pandemie gefordert – die Geldschleusen öffnen und bereit sein, Schulden zu machen?

Scholz erkannte seine Chance. Er wurde nach der zügigen Freigabe der pandemiebedingten Milliardenhilfen als erfolgreicher Krisenmanager gefeiert. Als Politiker, dem die Nöte der Menschen wichtiger sind als die Schwarze Null. Zudem agierte Scholz beherzt auf der europäischen Bühne. Er übernahm eine führende Rolle bei der Entwicklung des Europäischen Wiederaufbaufonds. Das Konjunkturpaket verfügt über das gewaltige Budget von 750 Milliarden Euro, die Europäische Union hat sich dafür erstmals als Ganzes verschuldet. Die Scholz-Freunde verweisen darauf, dass der deutsche Minister so geholfen habe, eine existenzbedrohende Krise der Europäischen Union abzuwenden. Einer sagt, ohne Scholz hätte die Pandemie den «Laden sprengen» können.

Scholz-Kritiker bemängelten hingegen, das Konjunkturpaket beinhalte zu wenig Investitionen in Klimaschutz und Digitalisierung. Und natürlich waren auch diejenigen erzürnt, die aus grundsätzlichen Überlegungen gegen eine gemeinschaftliche Verschuldung der Europäischen Union sind.

Aber der Recovery Fund stabilisierte die finanzielle und politische Lage Europas. So half Olaf Scholz nicht nur, Millionen Menschen in Deutschland und anderen europäischen Ländern den Arbeitsplatz zu retten, sondern rettete auch seinen eigenen. Jetzt wunderten sich Norbert Walter-Borjans, Saskia Esken und Kevin Kühnert. Die Krise hat die linke Parteispitze und Agenda-Olaf zusammengeführt, nicht aus Überzeugung, erst recht nicht aus Liebe. Es wurde eine Vernunftehe. Oder besser: eine Lebensabschnittspartnerschaft.

Auch ein anderes Problem ließ sich nun lösen: Weder Esken noch Walter-Borjans trauten sich die Kanzlerkandidatur zu. Die Partei hatte seit der Gründung der Bundesrepublik zwar immer einen Kanzlerkandidaten aufgestellt – aber wirkte eine solche Kandidatur für eine in den Umfragen abgeschlagene Fünfzehn-Prozent-Partei nicht geradezu lächerlich? Olaf Scholz nahm der neuen Parteiführung die Angst und stellte ihr in Aussicht, als geachteter Krisenmanager und Vizekanzler im ersten Bundestagswahlkampf seit sechzehn Jahren ohne Angela Merkel eine echte Chance zu haben.

Im Januar 2021 sitzt Scholz nun selbstbewusst, neugierig und mit einem breiten Lächeln vor mir – und an seiner Tür steht, wie erwähnt: «Kanzlerkandidat». Die Partei, die ihm zuvor so viele Schmerzen zugefügt hatte, drückt ihn seit Monaten an ihr Herz. Er ist, so wirkt er an diesem Freitag jedenfalls, der erste Gewinner des Wahljahres. Wie auch immer es ausgehen wird – Olaf Scholz hat eine Wahl bereits für sich entschieden, er hat die Zuneigung der Partei zurückgewonnen, er hat Frieden gemacht mit seiner SPD. Die Wunde scheint geschlossen, vorerst.

Aber jetzt muss er auch liefern. Scholz hat einige sehr unbequeme Monate vor sich, das weiß er. Einerseits geht er als einziger Kanzlerkandidat, der mit einem Amtsbonus als Bundesminister ausgestattet ist, ins Rennen. Seine persönlichen Umfragewerte sind gut. Andererseits steckt seine SPD seit fast zwei Jahren wie eingemauert im Demoskopen-Keller. Scholz wurde von der linken Parteiführung nach vorne geschoben, weil er sich gerne schieben ließ. Weil er augenblicklich das bekannteste Gesicht der SPD ist, weil die Partei die Aura des mächtigen Finanzministers nutzen zu können glaubt.

Aber der Kandidat weiß, dass die Parteilinke von ihm Zugeständnisse erwartet, großzügige Investitionen in Infrastruktur und Bildung und die finanzielle Besserstellung von sozial Schwachen nach der Pandemie. In Sonntagsreden gehen dem Wahlkämpfer Olaf Scholz solche Forderungen leicht über die Lippen. Aber als Bundesfinanzminister steht er unter dem Druck anderer Ressorts und ist zu einer soliden Haushaltsführung verpflichtet. Scholz wird in den kommenden Monaten an mehreren Fronten kämpfen müssen – und er ahnt, dass sein Kampf immer schwerer wird, je länger seine Partei im Umfrageloch steckt.

Doch er gibt sich in unserem Gespräch selbstbewusst: «Wer das Land führen will, wer Kanzler der Bundesrepublik Deutschland werden will, muss auch Wahlkampf können, und das heißt auch, die Höhen und Tiefen, die Herausforderungen bewältigen, die damit verbunden sind. Und wer die Nerven verliert, weil ihn ein paar politische Wettbewerber angreifen, der hat wahrscheinlich auch nicht die Nerven dafür, Bundeskanzler zu sein. Ich bin ziemlich sicher, dass ich diese Nerven habe, aus den Wahlkämpfen, die ich begleitet habe und die ich selber geführt habe. Als Spitzenkandidat weiß ich, das gelingt mir bis zum letzten Tag.»

Ein paar Zimmer weiter in der Parteizentrale sitzt Lars Klingbeil. An der Wand ein eingerahmtes rot-weißes Bastian-Schweinsteiger-Hemd, Rückennummer 31, in der Ecke eine E-Gitarre. Das Bücherregal ist nur spärlich sortiert. Das riesige Willy-Brandt-Bild, das schon in diesem Büro hing, als hier Klingbeils Vorgängerin Katarina Barley arbeitete, hat Klingbeil hängen lassen. Willy Brandt bleibt in diesem Haus an seinem Platz, egal was passiert. Beim Generalsekretär, den hier alle nur Lars nennen, laufen sämtliche Fäden der Kampagne zusammen. Klingbeil hat seit Monaten einen Vorteil gegenüber den Wahlkampfmanagern der anderen Parteien: Er weiß, für welchen Kandidaten er planen muss. Aber Klingbeil hat auch ein Problem, und zwar ein großes: Trotz der so ungewöhnlich frühen Festlegung auf Olaf Scholz, trotz der aktuell guten persönlichen Umfragewerte des Kandidaten bewegt sich die SPD in sämtlichen Sonntagsfragen nicht vom Fleck. Hat der Frühstart denn gar nichts gebracht?

Klingbeil ist angespannt an diesem Freitag. Er muss eine Videoschalte nach der anderen organisieren und moderieren. Er hetzt zu einem auswärtigen Termin, die Corona-Maske sitzt mal vorschriftsmäßig auf dem Gesicht, mal etwas schief. Und zwischendurch soll er mir auch noch die Lage der SPD erklären.

Lars Klingbeil ist 43 Jahre alt und hat schon einen langen Weg in der Politik hinter sich. Er erzählte mir einmal, dass er sich bereits in seiner Jugend gegen Rechtsextremismus eingesetzt habe und in einer antifaschistischen Initiative aktiv war. Während des Studiums der Politikwissenschaft, Soziologie und Geschichte arbeitete er im Wahlkreisbüro des damaligen Bundeskanzlers Gerhard Schröder. Später zog er dann selbst als Abgeordneter in den Bundestag ein und engagierte sich im Verteidigungsausschuss. Außerdem profilierte er sich bei den Themenbereichen Medien und Digitalisierung als einer der führenden Experten seiner Partei. Nach der verlorenen Bundestagswahl 2017 machte ihn

Parteichef Martin Schulz zum neuen Generalsekretär. Das blieb Klingbeil – trotz aller Stürme und Wechsel in der Parteiführung.

Und: Lars Klingbeil ist leidenschaftlicher Fußballfan, Anhänger des FC Bayern, das sieht man ja in seinem Büro. Er scheint sich so häufig über phrasenhafte Interviews mit Trainern und Spielern geärgert zu haben – und vermutlich auch über nichtssagende Politiker-Interviews –, dass er sich offenbar vorgenommen hat, anders zu sprechen, klarer. Als er die Lage der SPD zu Beginn des Wahljahres beschreiben soll, kommt er daher gleich auf den Punkt: «Wir sind in den Umfragen nicht da, wo ich gerne wäre. Mit 14, 15, 16 Prozent gewinnt man keine Bundestagswahl. Da müssen wir jetzt Gas geben.» Die Pandemie verlange ihm und der Konkurrenz ab, «Wahlkampf auf einem komplett weißen Blatt Papier neu zu denken, alles, was man aus bisherigen Wahlkämpfen kennt». Klingbeil erläutert: «Normalerweise wäre man jetzt schon fast jeden Tag unterwegs, irgendwo im Land. Veranstaltungen, Parteitage, Nominierungsveranstaltungen. Überall würden der Spitzenkandidat, die Parteivorsitzenden, der Generalsekretär Reden halten vor 150, 200, 300 Leuten. Und das verlagert sich gerade alles ins Digitale. Das heißt: neue Formate. Wir treffen uns jetzt hier in der Woche, wo gerade eine ganze Reihe von Jahresauftaktklausuren stattgefunden haben. Dreikönigstreffen FDP, CSU-Klausur, Grünen-Klausur. Nichts davon hat irgendwie die mediale Reichweite gehabt von Klausuren, wie sie eigentlich in Wahljahren sind. Darüber machen wir uns natürlich Gedanken: Wie ist man als Politik präsent? Wie erreicht man Aufmerksamkeit?»

Als unser Gespräch richtig in Fahrt kommt, beginnt bereits die nächste Videositzung: Hallo Saskia, hallo Norbert, hallo Olaf. Eigentlich soll es um die Wahlkampf-Strategie gehen. Aber eine SPD-Ministerin bittet um eine Schalte am kommenden Samstagmittag, sie möchte die SPD-Linie bei einem wichtigen Thema abstimmen. Halt, am Samstagmittag wählt doch die CDU ihren neuen Vorsitzenden, da muss die Parteiführung schnell reagieren. Minutenlang geht es hin und her. Schließlich reicht es Klingbeil, also gut, dann besprechen wir am Samstag eben das Thema der Kollegin. Und sobald das Ergebnis der CDU-Wahl vorliegt, unterbrechen wir.

Über eine Stunde lang steckt die SPD-Führung in der Videoschalte, viel zu lange, Klingbeil müsste längst aus dem Haus sein, auf dem Weg zum nächsten Termin. Wir sprechen auf dem Gang weiter und unten auf dem Weg zum Auto, über die Bedeutung der Wahl des neuen CDU-Chefs für den Wahlkampf der SPD. Laut Klingbeil sei nicht entscheidend, «wer bei denen antritt», zumal die CDU zunächst ja nur den Parteivorsitz und nicht die Kanzlerkandidatur kläre. Er sagt: «Ich glaube, alle drei können gewinnen. Aber alle drei sind schlagbar.»

Jetzt klingt Klingbeil doch wie ein Fußballtrainer vor der Auslosung des nächsten Gegners: Wir nehmen jeden, jeder ist schlagbar, wir schauen auf unsere Stärken usw. In Wahrheit studiert ein guter Trainer die Videoaufzeichnungen des Gegners, analysiert Stärken und Schwächen. Ein Kanzlerkandidat Armin Laschet, der mit seinem konsensorientierten Politikstil stärker an Merkel erinnert, würde der SPD das Leben wohl schwer machen. Es sei denn, er macht große Fehler und schießt aufs eigene Tor. Aber so etwas sagt Klingbeil nicht, so viel Offenheit ist im politischen Geschäft dann doch zu riskant. Er bietet heute nur ein paar Floskeln an.

Unten auf dem Weg zum Auto kommt es dann aber doch zu einer überraschenden, selbstreflektierten Aussage über den Einfluss der Corona-Pandemie auf den Wahlkampf. Klingbeil bekennt: «Ich glaube, wenn diese Pandemie Mitte des Jahres hoffentlich ein bisschen geordneter ist und wir alle da herauskommen, dass alle in der Politik dann total platt sind. Und dann geht's in den Wahlkampf.»

ABSCHIEDSREDEN

Die Halle Hub 27 auf dem Berliner Messegelände werden wohl nur ein paar Techniker, Sicherheitsleute und sehr wenige Politiker als einen historischen Ort in Erinnerung behalten. In Hub 27 soll morgen, am 16. Januar, die Entscheidung über den neuen CDU-Vorsitzenden fallen. Hier werden die drei Kandidaten für den Parteivorsitz in kurzen Reden gegeneinander antreten, die Zeit des Abtastens ist vorbei. Entschieden wird der Wettbewerb in den Wohnzimmern und Büros der 1001 Parteitagsdelegierten. Wegen des hohen Ansteckungsrisikos wird der Parteitag nahezu komplett virtuell ausgetragen. Doch Friedrich Merz, Armin Laschet und Norbert Röttgen sollen hier, in der zu einem riesigen Fernsehstudio umgebauten Halle, persönlich auftreten. Erneut wird Mitarbeitern, Angehörigen und Journalisten der Zugang verweigert. Dennoch haben sich vor der Halle ein paar Kamerateams aufgebaut, die auf Bilder der vorfahrenden Kandidaten hoffen. Reporter machen hier ihre Live-Aufsager für die Nachrichtensendungen. Es schneerieselt, zwei Dienstwagen mit getönten Scheiben gleiten vorbei und verschwinden hinter einer Sicherheitsschranke.

Die CDU erklärt, dass die wenigen Personen, die Zugang zu Hub 27 haben, vorab auf eine mögliche Infektion getestet wurden und nur bei einem negativen Testergebnis die Halle betreten dürfen. Was in der Halle geschieht, davon können sich unabhängige Journalistinnen und Journalisten kein eigenes Bild machen, sie sind auf das Signal angewiesen, das die Parteitagsregie nach außen gibt.

So inszeniert die CDU ein Hochglanz-Bild von sich selbst. Fernsehsender wie Phoenix übernehmen das Signal, doch es bleibt: CDU-TV. Soweit man das draußen am Bildschirm beurteilen kann, läuft der Parteitag technisch perfekt. Sogar einen Hackerangriff auf die an diesem Tag so wichtige Website der Partei kann die CDU abwehren. Die Angreifer werden in Osteuropa, Afrika und auch in Deutschland lokalisiert. Während des virtuellen Parteitages sind die IT-Experten der Partei und der Telekom auf Hackerangriffe vorbereitet, sie haben das digitale Wahlsystem zuvor besonders gesichert. Aber man kann ja nicht wissen, wer cleverer ist, die fremden Angreifer oder die eigenen Sicherheitsleute. Ein enormer Stress an einem ohnehin angespannten Tag. Für die Zuschauer bleibt es bei den CDU-eigenen Hochglanzbildern.

Die Parteitagsregie hat vor den Höhepunkt, die Wahl des neuen Vorsitzenden, heute Abend ein Vorprogramm mit zwei Abschiedsreden gesetzt. Annegret Kramp-Karrenbauer wird – nach nur zweijähriger Amtszeit, aber langem, elfmonatigem Rückzug – ihre unglückliche Zeit als Parteivorsitzende beenden. Und Angela Merkel wird erklären, dass dies ihr letzter Parteitag als Bundeskanzlerin sein wird. Abschiedsreden sind eher selten in der Spitzenpolitik, meistens wenden sich Politikerinnen und Politiker an ihr Publikum, wenn sie noch etwas vorhaben in ihrer Laufbahn, wenn sie sich zur Wahl stellen, wenn sie für einen Plan oder für sich selbst werben wollen. Insofern lohnt es, sowohl Annegret Kramp-Karrenbauer als auch Angela Merkel bei dieser seltenen Gelegenheit zuzuhören. Was sie sagen. Und was sie nicht sagen.

Kramp-Karrenbauer spricht zuerst. Sie ist physisch anwesend im Hub 27, anders als die Kanzlerin, die sich live aus ihrem Amtssitz zuschalten lässt. Kramp-Karrenbauer tritt in der nahezu menschenleeren Halle ans Rednerpult, umklammert es fest mit beiden Händen. Es muss unangenehm sein, zu zigtausend Menschen irgendwo im Land zu sprechen, aber selber in einen leeren Saal zu blicken. Nichts, kein freundliches Gesicht, kein zustimmendes Nicken, kein Applaus kommt zurück. Nichts, woran sich die Rednerin aufrichten könnte.

Also umklammert die scheidende Vorsitzende das Rednerpult. Sie hebt ein paar Erfolge hervor, erwähnt den erbitterten Streit mit der CSU, an dem die Fraktionsgemeinschaft im Bundestag im Sommer 2018 beinahe zerbrochen wäre. Sie spricht über das von ihr veranstaltete Werkstattgespräch zur Migrationspolitik. Über das Thema Migration hatten sich die Schwesterparteien so sehr zerstritten, dass es zwischenzeitlich so aussah, als würden sie künftig getrennte Wege gehen. Ist das Kramp-Karrenbauers Erbe? Dass sie die Fehde zwischen CDU und CSU befriedet hat? Dass es die gemeinsame Union immer noch gibt? Für viele Parteimitglieder mag ihr ausgleichendes Wirken nach innen wichtig gewesen sein, nach außen konnte sie damit nicht punkten. Kramp-Karrenbauers Amtszeit hatte keinen Glanz, keinen Nachhall.

Daher macht sie an diesem Abend etwas, was sehr ungewöhnlich ist in der Politik. Sie spricht über Fehler, nicht die der anderen, sondern über eigene Fehler. In diesem Moment ist Kramp-Karrenbauer ergriffen, sie schluckt, atmet tief, ihre Stimme zittert.

Sie erzählt von ihrer schwierigen Mission in Thüringen im Frühjahr 2020. Bei dem Thema verweilt sie etwas länger, es treibt sie immer noch um. Die CDU-Landtagsfraktion hatte gemeinsam mit FDP und AfD für die Wahl des FDP-Politikers Thomas Kemmerich zum neuen Ministerpräsidenten gestimmt. Eine gemeinsame Abstimmung mit der AfD?

Kramp-Karrenbauer reiste nach Erfurt, um den dortigen Landesverband zur Auflösung des Landtages und zu Neuwahlen zu bewegen. Ein politisches Himmelfahrtskommando. Die Parteifreunde in Thüringen dachten gar nicht daran, sich von der Vorsitzenden aus dem fernen Berlin auf Linie bringen zu lassen. CDU-Landeschef Mike Mohring richtete aus, es gebe ja wohl einen Unterschied zwischen dem, wie Politik vor Ort und wie sie aus der Hauptstadt wahrgenommen werde. Mohring sagte es freundlich, aber die unterschwellige Botschaft war eindeutig: «Liebe Annegret, Du hast keine Ahnung!» Andere sagten es offener, verletzender: Sie kämen sich vor «wie zu DDR-Zeiten».

Am Morgen, nachdem sich Kramp-Karrenbauer in Thüringen eine blutige Nase geholt hatte und ihre Autorität als Parteivorsitzende offen in Frage gestellt worden war, trat Armin Laschet im ARD-Morgenmagazin vor die Kameras. Marion von Haaren wollte wissen, was er über das Krisenmanagement von Kramp-Karrenbauer denke. Laschet wand sich mit Floskeln wie «Ich beschäftige mich nicht mit hätte, hätte ...» oder «Das ist zweitrangig». Was man halt so sagt, um auszuweichen.

Die Moderatorin ließ aber nicht locker und wollte zum Schluss wissen: «Hat Kramp-Karrenbauer die Kraft zur Führung der gesamten CDU?» Laschet antwortete: «Sie ist die Vorsitzende. Sie hat gestern anstrengende Gespräche in Erfurt geführt. Mein Ziel ist jetzt, dass in Thüringen Klarheit herrscht. Darum müssen wir uns kümmern, auch mit anderen Parteien. Auch vom Ende her denkend. Und alles andere steht heute nicht auf der Tagesordnung.» Ein Treubekenntnis klingt anders.

Man stelle sich vor, was eine erschöpfte, übermüdete Kramp-Karrenbauer dachte, als sie die Worte von Armin Laschet aus dem Frühstücksfernsehen gehört oder gelesen hat: «Alles andere steht heute nicht auf der Tagesordnung.»

Einen Tag vor Kramp-Karrenbauers Erfurt-Reise hatte sich schon Angela Merkel von ihrem Staatsbesuch in Südafrika zu Wort gemeldet und die Marschroute vorgegeben. Zu Beginn einer Pressekonferenz machte sie eine «Vorbemerkung» und erklärte, die Wahl in Erfurt sei «unverzeihlich, deshalb muss das Ergebnis rückgängig gemacht werden». Gegen diese Aussage zog die AfD später vors Bundesverfassungsgericht. Merkel habe das Neutralitätsgebot verletzt. Es dauerte an diesem 6. Februar 2020 nicht lange, bis die Medien in der Heimat meldeten: «Merkels Klartext-Ansage bringt CDU-Chefin AKK in Bedrängnis.» Die Parteivorsitzende fühlte sich alleine. Sie war ja auch: alleine.

Das alles, ihre Enttäuschung über die Parteifreunde in Erfurt, Berlin und Düsseldorf, hat Kramp-Karrenbauer heute, ein knappes Jahr später, in der schrecklich leeren Halle Hub 27 im Hinterkopf, während sie ihre Abschiedsrede hält. «Nach den Ereignissen in Thüringen befand sich unsere CDU in einer existentiell schwierigen Situation. Es ging dabei nicht nur um eine regionale Frage. Es ging», jetzt fasst sich Kramp-Karrenbauer ans Herz, «um die Seele unserer Partei. Ich habe damals gespürt, dass ich als Parteivorsitzende nicht mehr genügend Autorität und Unterstützung hatte, um unsere Partei unbeschadet durch diese schwierige Phase zu bringen. Ich habe mich deshalb entschieden, nicht als Kanzlerkandidatin anzutreten und den Weg für einen neuen Vorsitzenden frei zu machen.»

Mangelnde Autorität, mangelnde Unterstützung. So begründet Kramp-Karrenbauer ihren Rücktritt. Sie wird wohl nicht die rebellischen CDU-Mitglieder in Erfurt meinen, sondern die Parteifreunde der Bundes-CDU und im Kanzleramt. Angela Merkel erwähnt sie nicht namentlich. Keine schmutzige Wäsche, na ja, nur ein wenig.

Aber dann kehrt Kramp-Karrenbauer gedanklich wieder zu sich selbst zurück: «Ich weiß, dass viele von Euch, die mich gewählt haben, sich mehr von mir erhofft haben und über Fehler enttäuscht waren. Euren Erwartungen und meinen eigenen Ansprüchen nicht immer gerecht geworden zu sein, das schmerzt auch heute noch.»

Sie kommt zum Ende und will sich mit ein paar freundlichen, versöhnlichen Worten verabschieden. Daher dankt sie «stellvertretend» dem Team im Konrad-Adenauer-Haus. Angela Merkel dankt sie nicht. Die Kanzlerin hat kein Büro im Konrad-Adenauer-Haus mehr.

30 Minuten später lässt sich Merkel aus einem kleinen Studio im Kanzleramt zuschalten, live. Auf die Amtszeit ihrer Nachfolgerin als CDU-Chefin geht sie mit keinem Wort ein. Auch zur bevorstehenden Wahl ihres Nachnachfolgers sagt sie nur nebulös, sie wünsche sich «ein Team». Von den Delegierten kann das nur als Aufruf zur Wahl des einzigen Teams, des «Teams Laschet/Spahn», verstanden werden. Nach sechzehn Jahren Kanzlerschaft lobt Merkel vor allem sich selbst, ihre Erfolge als Regierungschefin. Für Kramp-Karrenbauer gibt es: nichts. Kein Lob, keinen Dank.

Die CDU ist keine Partei, die durch Überzeugungen zusammengehalten wird, auch nicht durch Loyalität, geschweige denn durch Freundschaften. Die Partei wird in ihrem Innern ausschließlich durch Macht zusammengehalten. Was wird passieren, sollte die CDU die Macht nach der Bundestagswahl verlieren? Aber die ist im Moment noch weit weg.

STARRSINN UND SCHWARZE KASSEN

Angela Merkel hat sich in den Kopf gesetzt, freiwillig aus dem Amt zu scheiden. Sie will nicht warten, bis sie von Parteifreunden aus dem Amt gedrängt wird, sie will auch nicht warten, bis sie über einen Skandal stolpert oder als «halbtotes Wrack» aus dem Kanzleramt getragen wird, wie sie einmal in einem Interview sagte. Auch eine verlorene Bundestagswahl soll ihr Ende als Politikerin nicht besiegeln. Nein, ihre Ära soll, so gut es in der Politik möglich ist, friedlich enden, selbstbestimmt.

Keinem deutschen Kanzler war dies zuvor gelungen. Vor allem die Union ist eine Parteienfamilie, in der sich Männer in der Endphase ihrer Macht wie Gutsherrn verhalten, die die Führung des Hofes am liebsten erst abgeben, wenn sie am Rande des Grabes stehen. Die Union hat keine Tradition des konfliktfreien, sorgfältig geplanten Machtwechsels. Angela Merkel hat selbst aus der Nähe beobachtet, unter welchen Schmerzen und wie unwürdig die letzte große Ära eines CDU-Kanzlers zu Ende ging. Nein, Merkel will es anders machen als damals Helmut Kohl. Und das ist verständlich.

Es ist Donnerstag, der 3. April 1997. Der langjährige Bundeskanzler verbringt seinen Osterurlaub im österreichischen Bad Gastein, er will fasten. Ehefrau Hannelore ist nicht bei ihm, sie weilt 200 Kilometer entfernt am Tegernsee und macht selbst eine Kur. Seit Wochen wird darüber spekuliert, wer für die Union als Kanzlerkandidat bei der Wahl im kommenden Jahr antreten wird. Wolfgang Schäuble hat dezent, aber bestimmt auf seine Ambitionen hingewiesen. Auch Helmut Kohl selbst hatte Andeutungen in Richtung Schäuble gemacht. Und so rechnen viele Beobachter damit, dass er rechtzeitig den Weg für den Jüngeren freimacht. Doch Helmut Kohl denkt gar nicht an Rückzug.

Der 3. April ist nicht irgendein Tag, es ist Kohls Geburtstag. Und er empfängt ein ARD-Team. Redakteur Sigmund Gottlieb fragt: «Das Publikum möchte wissen: Treten Sie 1998 wieder an, Ja oder Nein?» Der Kanzler freut sich über die Frage, vermutlich hat er wegen genau dieser Frage das TV-Team in seinen Urlaubsort bestellt. Er antwortet: «Ganz klares: Ja.» Niemand ist eingeweiht, Kohls Partei nicht, seine Ehefrau Hannelore nicht. Auch Beatrice Herbold, die Kohl Jahre zuvor in der Hotelsauna von Bad Gastein kennenlernte und später von einer mehrjährigen Liebesaffäre mit Kohl berichten wird, ist überrascht. Besonders schwer wiegt: Auch Wolfgang Schäuble, der sich ja Hoffnungen auf Kohls Nachfolge macht, wird von der Ankündigung überrascht. Helmut Kohl hat im Alleingang entschieden. Wie ein absolutistischer Herrscher.

Als der Kanzler im Jahr darauf erneut als Kandidat antritt, ist er 68 Jahre alt. Er hat ein Leben voller Machtkämpfe in den Knochen, außerdem sechzehn Jahre als Regierungschef. Und die deutsch-deutsche Wiedervereinigung. Kohl ist ausgelaugt. Und Deutschland ist es ebenfalls. Alle wissen es, die Journalisten, die Wähler, die Parteifreunde. Und Helmut Kohl wird es wohl auch wissen, nur eingestehen will er es sich noch nicht: Seine politische Laufbahn hat keine Zukunft mehr. Das Allensbach-Institut attestiert ihm: Es gibt eine starke Wechselstimmung im Land. Kohl startet einen Wahlkampf, den er nur verlieren kann. Gegen einen jüngeren, frischeren Kandidaten.

Dazu kommt, dass mit SPD und Bündnis 90/Die Grünen zwei Parteien antreten, die sich inhaltlich und personell nahe stehen. Beide wollen Kohl, den ewigen Kanzler, ablösen, unbedingt. Es ist noch nicht richtig greifbar, aber viel wird von einem rot-grünen Projekt gesprochen. Gerhard Schröder, Oskar Lafontaine, Joschka Fischer, Jürgen Trittin und andere sehen endlich die Chance, die Gesellschaft zu modernisieren. Es geht ihnen um eine neue Umweltpolitik, um die Gleichstellung von Frauen und Männern, um eine Landwirtschaft, die die Natur schont, und schließlich um den Ausstieg aus der Atomenergie. Forderungen, wie sie von der Frauenbewegung, von der Umweltbewegung und der Anti-AKW-Bewegung seit den siebziger Jahren erhoben werden (auch die Friedensbewegung hat ihre Hoffnungen auf Rot-Grün gesetzt, wird jedoch schon bald nach Amtsantritt enttäuscht, als sich die neue Regierung am Balkankrieg beteiligt).

Helmut Kohl hat es nicht nur mit zwei konkurrierenden Parteien zu tun, sondern auch mit gesellschaftlichen Bewegungen. Letztlich mit der 68er-Generation. Allen voran mit wortgewandten, charismatischen Gegenspielern. Kohl hat sich mit Joschka Fischer oft gestritten, die beiden Männer waren grundverschieden. Doch mir gegenüber sprach er einmal voller Anerkennung über seinen Widersacher. Der Grüne habe es geschafft, von den meisten Deutschen kurz und knapp «Joschka» genannt zu werden. Wer sich im Bewusstsein der Bevölkerung mit seinem Vornamen festsetzt, so Kohls Gleichung, der wird als echter «Leader» vom Volk angenommen. Vermutlich war Kohl zu dieser Überzeugung gelangt, als er in den Wendemonaten 1989/90 Kundgebungen auf ostdeutschen Marktplätzen abhielt und die DDR-Bürger «Helmut, Helmut» riefen. Die Wiedervereinigung bescherte ihm etwas, was er bei seinen Landsleuten nie zuvor und nie wieder danach erlebte: echte Zuneigung, messbar durch das rhythmische Rufen seines Vornamens.

Jetzt, ein knappes Jahrzehnt später, hört Helmut Kohl also, wie ganz selbstverständlich viele Deutsche über «Joschka» sprechen, und er weiß: Dieser Wahlkampf wird schwer, das Momentum ist bei den anderen.

Zwar haben sich auch Union und FDP wieder per Koalitionsaussage einander versprochen. Aber im Vergleich zum rot-grünen Gesellschaftsprojekt wirkt das schwarz-gelbe Bündnis wie eine in die Jahre gekommene Zweckehe, eine Interessensgemeinschaft zur Verwaltung von Regierungsmacht.

Helmut Kohl wird der Wahlkampf zusätzlich erschwert, weil er sich nicht auf die eigenen Leute verlassen kann. Am Anfang des Wahljahres ist es zu einem heftigen Streit zwischen ihm und seinem Vertrauten gekommen. Wolfgang Schäuble hat zwei Jahrzehnte lang treu an der Seite von Helmut Kohl gedient, als parlamentarischer Geschäftsführer, als Innenminister, als Fraktionschef. Doch spätestens seit Kohls denkwürdigem Geburtstagsinterview von Bad Gastein weiß Schäuble, dass der Kanzler mit der Macht untrennbar verschmolzen ist.

Mit beiden, Kohl wie Schäuble, kann ich später lange Interviews führen, auch über die versprochene und dann doch nicht vollzogene Machtübergabe. Wolfgang Schäuble berichtet vom ersten Streit mit Kohl (ein weiterer, noch heftigerer wird folgen) so: «Helmut Kohl hat immer gesagt, ich müsse sein Nachfolger werden. Und ich habe immer gesagt: ‹Helmut, lass das.› Weil ich wusste – was ich ihm nie übelgenommen habe –, dass er freiwillig nicht aufhören wird.»

Das Interview mit Helmut Kohl ist in jeder Hinsicht außergewöhnlich. Gemeinsam mit Michael Rutz kann ich den Altkanzler im Jahr 2003 in dessen Privathaus in Ludwigshafen-Oggersheim insgesamt vier Tage lang befragen. Lange sprechen wir auch über das Verhältnis zu Schäuble und den letzten Bundestagswahlkampf. Helmut Kohl erklärt seine Sturheit am Ende seiner Amtszeit mit der politischen Großwetterlage Ende der neunziger Jahre. Die Staats- und Regierungschefs der meisten Mitgliedstaaten der Europäischen Union hatten zuvor verabredet, den Euro als Gemeinschaftswährung einzuführen. Und Kohl war ein treibender Motor bei der Währungsumstellung. Die Einführung des Euro wird nur mit ihm gelingen, ist Kohl damals überzeugt, daher müsse er noch einmal antreten: «Das war ein Punkt, und das wusste auch Wolfgang Schäuble. Ob er es wirklich akzeptiert hat, weiß ich nicht. Er wusste auch, dass das mein wahrer Grund war. Und ich bleibe dabei: Wenn ich gegangen wäre, wäre diese Entwicklung mit dem Euro nicht gekommen.»

Schäuble leuchtet das ein: Ja, nur Kohl kann den Euro durchsetzen. Doch er weiß im Frühjahr 1998 ja auch: Die Meinungsumfragen sind deutlich, Kohl wird die Wahl verlieren.

Auch die junge Garde der CDU-Abgeordneten wird unruhig. Hermann Gröhe, Peter Altmaier, Friedrich Merz, Armin Laschet und Norbert Röttgen sind vier Jahre zuvor zum ersten Mal in den Bundestag gewählt worden. Sie hoffen auf eine Karriere in der Fraktion, vielleicht sogar in der Regierung, irgendwann einmal. Ihre Pläne werden durchkreuzt, sollte die Union die Wahl verlieren. Auch Armin Laschet setzt in dieser Zeit auf Wolfgang Schäuble, er ist von dessen Reformehrgeiz beeindruckt.

Aber Schäuble kommt nicht zum Zug. Eine Zwickmühle. Der Fraktionsvorsitzende zögert lange, das Gespräch mit Kohl zu suchen, er will kein Königsmörder sein: «Die Helden in der CDU haben alle gesagt, der Kohl muss aufhören, das muss man ihm sagen. Aber keiner hat sich getraut. Die haben alle zu mir gesagt: Du musst es ihm sagen. Meine Frau hat auch gesagt: Es muss ihm doch einer sagen. Und zwar Du. Ich habe gesagt, wenn Du das meinst, dann mache ich es. Aber Du musst wissen, mein Verhältnis zu ihm wird von dem Moment dieses Gespräches an anders sein. Denn er wird mir nicht glauben. Aber ich habe mir gedacht: Es muss sein. Ich habe ihm also gesagt: Du weißt, wir gewinnen mit Dir die Wahl nicht mehr, das ist völlig klar. Und dann hat er gesagt, er sei anderer Meinung.»

Kohl weigert sich, mit Schäuble weiter über einen Stabwechsel vor der Bundestagswahl zu sprechen. Diese Machtübertragung würde es Schäuble ermöglichen, aus dem Amt des Bundeskanzlers heraus Wahlkampf zu führen. Es kommt genauso, wie Schäuble es befürchtet: Das Verhältnis zwischen den beiden Männern ist durch das Vieraugengespräch stark beschädigt, die Freundschaft schlägt um und wird sich in den kommenden Monaten und Jahren in Hass verwandeln. Kohl fühlt sich im Wahlkampf im Stich gelassen: «Wolfgang Schäuble hat in den letzten Monaten vor der Bundestagswahl nicht den Eindruck erweckt, dass wir die Wahl gewinnen. Es war sehr viel Defätismus da.»

Immerhin kann sich der Kanzler damals auf die Wahlkampfmaschine des Konrad-Adenauer-Hauses verlassen. Erst später stellt sich außerdem heraus, dass Kohl viele Jahre lang viel Geld aus schwarzen Kassen zur Verfügung stand.

Im Jahr 2015 führe ich erneut ein langes Interview mit Wolfgang

Schäuble. Helmut Kohl hat sich längst aus der Öffentlichkeit zurückgezogen, er ist schwer krank. Schäuble ist dagegen vital und ein mächtiger Finanzminister. Die beiden Männer haben seit vielen Jahren kein Wort mehr miteinander gewechselt.

Schäuble erzählt von der Spendenaffäre 1999/2000 und seinem Zerwürfnis mit Kohl. Der Altkanzler hatte ein Jahr nach seiner Abwahl erklärt, er habe 2,1 Millionen Mark an illegalen Parteispenden an den Büchern der CDU vorbei angenommen. Die Namen der Spender könne er aber nicht nennen, weil er ihnen sein Ehrenwort gegeben habe. Die Partei stürzte das in ihre bis dahin schwerste Krise. Ich will von Schäuble nun wissen, ob er die Namen der Spender kenne. Und überraschend antwortet er: «Es gibt keine. Es gab aus der Zeit von Flick schwarze Kassen.» Wie bitte, die Geschichte mit den Spendern soll nur eine Erfindung von Helmut Kohl gewesen sein? Ein Ablenkungsmanöver, um ein illegales Finanzierungssystem zu vertuschen?

Gemeinsam mit dem Fernsehautor Egmont R. Koch und zwei Kollegen des *SPIEGEL* mache ich mich daran, die dunklen Geschäfte der CDU unter ihrem Vorsitzenden Helmut Kohl noch einmal gründlich unter die Lupe zu nehmen. Ein ehemaliger Mitarbeiter der CDU-Geschäftsstelle berichtet uns, wie Kohl oft mehr Geld ausgab, als im offiziellen Budget vorgesehen war. Auch für seine Wahlkämpfe. Schon bei der Bundestagswahl 1987 war er in einer ähnlichen Situation wie später, 1998, gewesen. Seine eigenen Leute glaubten nicht an Kohls Wiederwahl. Wie gewohnt ließ er die Dortmunder Westfalenhalle für eine Großkundgebung mieten. Die Wahlkampfmanager der CDU befürchteten, dass die Halle halbleer bleiben würde. Was sollten sie tun? Der Insider berichtet uns, wie Mitarbeiter mit den Kreisgeschäftsstellen der Partei telefonierten: «Man hat angeboten: Wir schicken Euch Busse, die bezahlen wir auch. Und dann bringen wir die Leute dahin. Das wird ja auch in anderen Systemen so gemacht, dass man Claqueure dahin finanziert.»

Im Jahresgeschäftsbericht der CDU heißt es später, 60 000 Teilnehmer seien in die Halle gekommen, mit 15 Sonderzügen und 331 Bussen. Der ehemalige CDU-Manager erklärt: «Die Veranstaltung hat einen

Mehrbedarf von fünf Millionen Mark gefordert. Und als dann die Rechnungen eintröpfelten, waren alle überrascht und wütend.»

Schon damals kam ein Verdacht auf: Hat Kohl geheime Kassen, in die er nach Belieben greifen kann? Als der Kanzler bei einer anderen Gelegenheit von Parteifreunden zur Rede gestellt wurde, antwortete er pampig: «Macht Euch mal wegen der Finanzen keine Sorgen. Das hat die Partei nicht gezahlt. Das habe ich anders gelöst.»

Was Kohl lange verschwieg: Während seiner gesamten Zeit als Parteivorsitzender, also ein Vierteljahrhundert lang, verfügte er über schwarze Kassen. Mit dem Wissen von heute wirken auch die enormen Ausgaben in seinem letzten Bundestagswahlkampf befremdlich. Es würde lohnen, sich auch die Ausgaben der CDU für die Kampagne 1998 noch einmal genau anzusehen. Die Partei konnte damals scheinbar aus dem Vollen schöpfen.

So ging Helmut Kohl auf seine letzte, aufwendig organisierte Bädertour. Im Juli 1998, also zur Hauptferienzeit, wollte er innerhalb weniger Tage mehrere Ferienorte an Nord- und Ostsee besuchen und bei Urlaubern für seine Wiederwahl werben. Eine größere Gruppe von Journalisten sollte ihn dabei begleiten und über die Tour berichten. Zunächst ging die Reise nach Cuxhaven, Neuharlingersiel, Norderney und Borkum, eine Woche später an die Ostsee nach Heringsdorf, Binz, Barth und Kühlungsborn. Und zum Abschuss nach Büsum, St. Peter Ording, List und Westerland auf Sylt.

Die Bädertour war ein Mammut-Programm, Helmut Kohl reiste per Flugzeug und Hubschrauber der Flugbereitschaft der Bundeswehr von Ort zu Ort. Auch für uns Journalisten war es ein ehrgeiziges Reiseprogramm. Damit wir keinen Auftritt von Kohl verpassten, hatte die CDU mehrere Helikopter für uns gechartert. Für Kohls Wiederwahl spielte Geld scheinbar keine Rolle. Woher das viele Geld stammte, wollte damals niemand so genau wissen.

Doch es nutzte dem Kanzler nichts. Seine Zeit war abgelaufen. Geld hilft zwar, einen Wahlkampf zu führen. Aber Geld alleine, ob aus sauberen oder unsauberen Quellen, kann keine Argumente ersetzen. Der enorme Aufwand zielte ins Leere.

Kurz vor der Wahl hatte Helmut Kohl schließlich Gewissheit. Sechzehn Jahre lang hatte er die Stimmung im Land richtig eingeschätzt. Doch jetzt hatte ihn das Gespür, wem die Menschen die Macht anvertrauen wollen, verlassen. Er erzählte: «Ich habe ein paar Tage vor der Wahl dem Wolfgang Schäuble gesagt, damit das ganz klar ist: Wenn die Wahl so ausgeht, wie wir beide das jetzt erwarten – da waren wir einer Meinung –, dann werde ich am Wahlabend zurücktreten und bin dafür, dass Du dann den Parteivorsitz übernimmst.»

Wolfgang Schäuble konnte sich nur verhalten freuen. Er und seine Partei mussten Kohls historische Fehleinschätzung ausbaden. Sieben Jahre lang war die Union zur Opposition verdammt, von der Spendenaffäre gebeutelt. Die Machtübergabe von Kohl auf Schäuble, das ist eine Lehre, kam mindestens vier Jahre zu spät. Und sie erfolgte nicht freiwillig. Sieben Jahre lang brauchte die Union, um die Korruption in den eigenen Reihen aufzuklären, zu verarbeiten. Und um sich programmatisch und personell von den Kohl-Jahren zu erholen.

Das alles weiß also Angela Merkel, als sie im Herbst 2018 beschließt, den Parteivorsitz der CDU abzugeben. Und nicht wieder für das Amt der Bundeskanzlerin anzutreten. Sie will es anders machen. Aber auch ihr Abschied von der Macht ist keine reine Erfolgsgeschichte. Denn wie Helmut Kohl hat Angela Merkel einen Nachfolger oder eine Nachfolgerin nie stark gemacht, nie wirklich neben sich geduldet. Insofern trägt sie eine Mitverantwortung für die seit Jahren anhaltende Krise ihrer Partei.

SIEG MIT SCHRAMMEN

Auf der Spree in der Hauptstadt fährt seit einigen Monaten ein eigenartiges Schiff auf und ab. Es ist kein Lastenkahn und auch kein Touristenschiff. Es fährt scheinbar ziellos durchs Regierungsviertel. Aufreizend oft zieht es am Kanzleramt vorbei, jenem riesigen Gebäude, das Kanzler Kohl einst hatte entwerfen lassen, aber nicht mehr beziehen konnte. An Bord des Schiffes sind eine Handvoll Journalistinnen und Journalisten des Medien-Start-Ups *The Pioneer*, außerdem jede Menge Hörfunk- und Videotechnik. Die Mannschaft produziert Newsletter, Interviews, Podcasts. Hier geht es locker zu, der Redaktionsleiter hat morgens für die Mannschaft Croissants gekauft.

Auf diesem Redaktionsschiff verbringe ich den kalten und für die deutsche Politik so wichtigen Januartag. Alle beobachten den Parteitag der CDU, den – im Vergleich zu früher – geordneten Machtübergang an der Parteispitze. Jemand versucht, auf den großen TV-Bildschirmen den Sender Phoenix einzustellen, es gelingt nicht. So müssen sich die Redakteure zunächst damit begnügen, den Parteitag auf Laptops zu verfolgen. Auf den Monitoren redet erst Armin Laschet: «Ich bin vielleicht nicht der Mann der perfekten Inszenierung, aber ich bin Armin Laschet.»

Dann Friedrich Merz: «Ich werde mich persönlich fordern, Sie aber auch.»

Die Meinungen auf dem Schiff gehen auseinander. Chefredakteur Michael Bröcker sagt einen knappen Wahlsieg von Armin Laschet voraus, sein Stellvertreter Gordon Repinski sieht Friedrich Merz vorne.

Michael Kellner, als Bundesgeschäftsführer der wichtigste Wahlkampfmanager der Grünen, verfolgt die Übertragung des CDU-Parteitages zuhause, so erzählt er es später. Er verbindet den Laptop mit einem Beamer. Seine Kinder schauen kurz vorbei und sehen interessiert zu, ebenso seine Frau. Ein kleiner Familien-Event. Erst danach geht es zum Einkaufen. Michael Kellner beobachtet das Treiben der Konkurrenz neugierig: «Die haben das professionell über die Bühne bekommen.» Und: «Wir waren der Hauptgegner. Jede Rede, die ich auf diesem Parteitag gehört habe, sei es von meinem Kollegen Ziemiak, sei es vom CSU-Vorsitzenden Söder, sei es von den drei Kandidaten für den Parteivorsitz – alle haben über eine andere Partei geredet, nämlich über uns und über das, was wir in diesem Wahlkampf wollen. Das habe ich mit einer gewissen Zufriedenheit zur Kenntnis genommen.»

Es trifft zu, dass die Union der SPD gerade wenig Beachtung schenkt – und die Grünen bei der Wahl am meisten fürchtet. Aber die Reden von

Laschet, Merz und Röttgen sind letztlich nach innen gerichtet, an die 1001 Delegierten irgendwo im Land. Alle sind überrascht, als Armin Laschet die Bergmannsmarke seines Vaters («813 A1») aus der Tasche zieht und, plötzlich nicht mehr hinter, sondern neben dem Rednerpult stehend, verkündet: «Bevor ich hierher gefahren bin, hat mir mein Vater seine Erkennungsmarke als Glücksbringer mitgegeben. Er hat gesagt: ‹Sag' den Leuten, Sie können Dir vertrauen.›»

Mit der Bergmannskarte verweist Laschet auch auf seine Herkunft, auf seine familiären Wurzeln. Sein Vater arbeitete als Steiger unter Tage, später schulte er für den Schuldienst um. Armin Laschet stammt also aus kleinbürgerlichen Verhältnissen. Er wurde von der katholischen Umgebung seines Elternhauses stark geprägt. Als 18jähriger Schüler trat er in die CDU ein, studierte Rechts- und Staatswissenschaften und wurde Mitglied in einer katholischen Studentenverbindung. In seinen beruflichen Anfangsjahren arbeitete er als Journalist für einen Privatsender, den Bayerischen Rundfunk und die Aachener Kirchenzeitung. Zeitgleich war er, unter anderem als Redenschreiber, für die Bundestagspräsidenten Jenninger und Süssmuth tätig. Laschet entwickelte eigene politische Ambitionen, arbeitete sich vom Aachener Stadtrat bis zum Bundestagsabgeordneten und schließlich Europaabgeordneten hoch. Als Jürgen Rüttgers 2005 überraschend die Landtagswahl in Nordrhein-Westfalen für die CDU gewann, holte er Laschet als Landesminister für Generationen, Familie, Frauen und Integration in sein Kabinett. In dieser Zeit baute Laschet sein Netzwerk von politischen und privaten Kontakten aus, das ihm bis heute dient. Erst im zweiten Anlauf (beim ersten Versuch scheiterte er an Norbert Röttgen) wurde Laschet später zum CDU-Landesvorsitzenden gewählt. Im Jahr 2017 gewann er die Landtagswahl und wurde mit den Stimmen von CDU und FDP zum Ministerpräsidenten gewählt. Bis dahin der Höhepunkt seiner Laufbahn.

Die Bergmannskarte, die Laschet während seiner Rede jetzt, im Januar 2021, aus der Tasche kramt, ist also ein Zeichen: Ich weiß, woher ich komme. Und: Ich bin kein glatter Polit-Profi. Mit dieser Geste hat er seinen wichtigsten Gegner am heutigen Tag im Blick: Friedrich Merz, der aus einer Juristenfamilie stammt, für sein rhetorisches Talent geschätzt wird und nach einer abgebrochenen Politiker-Karriere jahrelang außerhalb der Politik viel Geld verdient hat. Merz versteht die Kunst des effektvollen Auftritts. Daher hat Laschet die Geschichte der Bergmannskarte mit dem Satz «Ich bin vielleicht nicht der Mann der perfekten Inszenierung, aber ich bin Armin Laschet» eingeleitet.

Es ist schwer zu sagen, wie viele Delegierte ihre Wahlentscheidung erst während der Kandidatenreden treffen. Aber Armin Laschet landet mit seinem unkonventionellen, emotionalen Auftritt einen Punktsieg. Federleicht, ohne seinen Konkurrenten anzuschauen. Und ganz ohne die Faust zu ballen.

Seine Rede hat eine Vorgeschichte. Der erste Entwurf ging durch die Hände von Menschen, denen Laschet vertraut und deren Rat er immer wieder einholt. Es sind vorwiegend Männer, die in der Partei oder der Regierung einmal wichtige Posten hatten. Hermann Gröhe, der ehemalige Bundesgesundheitsminister, gehört dazu, Ronald Pofalla, Merkels früherer Kanzleramtsminister und jetzt Vorstandsmitglied bei der Deutschen Bahn, Klaus Schüler, bis vor wenigen Jahren Bundesgeschäftsführer der CDU. Der ehemalige Bundespräsident Christian Wulff. Auch die Politologin Mayssoun Zein Al Din, die Laschet aus Aachen kennt, zählt zu seinen Vertrauten – und natürlich Nathanael Liminski, der einflussreiche Leiter von Laschets Staatskanzlei in Düsseldorf. Einige wenige private Freunde gehören auch dazu. Diesem Kreis schickt Laschet also das Manuskript der Rede, die die wichtigste in seinem bisherigen politischen Leben werden soll. Und die Reaktionen seiner Berater fallen nicht gerade wohlwollend aus.

Die Rede sei nur eine Aufzählung bereits bekannter politischer Positionen, meckern einige. Kurz gesagt: Der Text ist stinklangweilig und wird keinen Delegierten hinter dem Ofen hervorlocken. Dann wird ein Rhetoriktrainer um Rat gefragt. Gelegentlich coacht er Laschet für wichtige TV-Auftritte. Vor dem TV-Duell mit Hannelore Kraft 2017 hatte Laschet noch mit einem Freund in seinem Aachener Wohnzimmer trainiert. Aber jetzt spielt er in einer anderen Liga. Also soll ein Profi helfen. In seinem Beraterkreis wird angeregt, die Rede weniger programmatisch, sondern emotionaler, wärmer anzulegen. Sie soll um den Begriff «Vertrauen» kreisen. Jemand schlägt vor, dass Laschet irgendeinen Gegenstand in die Hand nimmt und vor die Kamera hält. Einer fragt: «Gibt es nicht was zum Vorzeigen? Etwas Persönliches? So wie die das manchmal in den USA machen.»

Daraufhin fällt Laschet die Bergmannsmarke seines Vaters ein. Die Runde ist begeistert. Und viele CDU-Delegierte, die die Rede an ihren Bildschirmen verfolgen und den neuen Vorsitzenden wählen sollen, lassen sich beim Parteitag ebenfalls mitreißen.

Als nach dem zweiten Wahlgang die Bekanntgabe des Endergebnisses angekündigt wird, stehen im Redaktionsschiff von *The Pioneer* alle vor dem großen Bildschirm, auf dem jetzt doch endlich die Übertragung zu empfangen ist. Für politische Journalisten ist das ein bewegender Moment, wie für Sportjournalisten das Elfmeterschießen bei einem großen Turnier.

Nachdem Armin Laschet als Sieger feststeht, kommt auf dem Schiff eine feierliche Stimmung auf: Ja, das ist ein historischer Augenblick. Mit einiger Wahrscheinlichkeit sehen wir gerade den nächsten Bundeskanzler.

Oder doch nicht? Als die erste Ergriffenheit verflogen ist, werden gleich die naheliegenden Fragen gestellt: Kann Armin Laschet Kanzlerkandidat werden, wenn seine Umfragewerte so schlecht bleiben? Kann er Kandidat werden, wenn die CDU bei den Landtagswahlen in Baden-Württemberg und Rheinland-Pfalz Mitte März schlecht abschneidet? Läuft das Rennen nicht doch auf Markus Söder hinaus? An diesem Tag wurde eine Frage beantwortet – und viele neue stellen sich. Fragen an Armin Laschet.

Ein paar hundert Meter vom Ankerplatz des Schiffes entfernt bereiten Tina Hassel und Rainald Becker im ARD-Hauptstadtstudio ihre Sendung mit Armin Laschet vor. Der neue Parteichef hat zugesagt, hier sein erstes Interview nach der Wahl zu geben. Es ist 14:30 Uhr, Laschet wird in wenigen Minuten erwartet. Doch vom Messegelände kommt die Nachricht, Laschet sei immer noch im Hub 27, seine Abfahrt verzögere sich. Im Hauptstadtstudio gehen die Spekulationen los: Direkt nach

Bekanntgabe des Wahlergebnisses soll Friedrich Merz Forderungen an Armin Laschet gestellt haben. Was genau der unterlegene Konkurrent fordert, ist unklar, auch, wie Laschet darauf reagiert. Das hässliche Wort «Postengeschacher» macht die Runde.

Kurz danach meldet die Nachrichtenagentur Reuters ein aktuelles Merz-Zitat: «Dem neuen Parteivorsitzenden habe ich angeboten, in die jetzige Bundesregierung einzutreten und das Bundeswirtschaftsministerium zu übernehmen.» In die jetzige Bundesregierung? Dann müsste Angela Merkel ihren langjährigen Vertrauten, den amtierenden Wirtschaftsminister Peter Altmaier, entlassen. Außerdem: Hat Merz nicht gerade die Wahl zum CDU-Vorsitzenden verloren, zum zweiten Mal? Wie kann ein Verlierer Forderungen stellen?

Friedrich Merz trägt sein Herz auf der Zunge, das ist bekannt. Seine Fans lieben ihn dafür. Dass er sich gerade vergaloppiert hat, ist dennoch unwahrscheinlich. Zu durchdacht liest sich sein Satz für die Nachrichtenagentur. Dass er denselben Satz kurz danach auf seinem Twitter-Account verbreiten lässt, spricht ebenfalls für eine vorbereitete Aktion. Merz hatte folglich einen Plan B in der Tasche.

Nur wenige Minuten nach seiner Wahl muss Armin Laschet in einem zum Besprechungsraum umfunktionierten Baucontainer des Messegeländes eine folgenschwere Entscheidung treffen: für oder gegen Merz. Erfüllt er dessen Wunsch, Bundeswirtschaftsminister zu werden, dann legt sich der designierte Parteivorsitzende mit der Kanzlerin an. Merkel und Merz haben seit zwei Jahrzehnten ein offen feindliches Verhältnis zueinander, nur unter Androhung von Waffengewalt würde Merkel Friedrich Merz wohl in ihr Kabinett aufnehmen.

Entscheidet sich Laschet aber gegen Merz, legt er sich nicht nur mit dem Sauerländer an, sondern – und das wiegt schwerer – mit Merz' zahlreichen Anhängern. Merz ist immerhin von 466 Delegierten gewählt worden, also von beinahe der Hälfte der 1001 Stimmberechtigten. Laschets Sieg war denkbar knapp. Viele in der CDU wünschen sich eine Abkehr vom Merkel-Laschet-Kurs der «Mitte» hin zu einem konservativeren und stärker an den Bedürfnissen der Wirtschaft ausgerichteten Kurs.

Armin Laschet muss versuchen, die Fans seines unterlegenen Mitbewerbers in der CDU zu halten, er wird sie noch dringend benötigen. Eine schwere Entscheidung steht an. Jetzt, sofort. Doch selbst wenn Laschet auf die Forderung von Friedrich Merz eingehen wollte: Wie soll er sich innerhalb so kurzer Zeit mit der Kanzlerin über eine Kabinettsumbildung verständigen? Der Druck ist enorm. Laschet muss spontan handeln und entscheidet sich gegen einen Wechsel von Merz ins Kabinett. Stattdessen bietet er ihm einen Posten im CDU-Präsidium an. Aber so leicht will sich Merz nicht abspeisen lassen. Wie wird er, wie werden seine zahlreichen Anhänger reagieren?

In dieser verfahrenen Situation kommen Armin Laschet zwei Ereignisse zur Hilfe. Nur etwa 45 Minuten nach der Reuters-Meldung lässt Angela Merkel über ihren Sprecher Steffen Seibert öffentlich ausrichten: «Die Bundeskanzlerin plant keine Kabinettsumbildung.» Der Satz endet mit einem Punkt. Aber gemeint ist: ein fettes Ausrufezeichen. Vor allem die Reaktionsgeschwindigkeit beeindruckt viele in der CDU. Merkel will das Feuer austreten, bevor die ersten Flammen hochschießen.

Das zweite Ereignis hängt mit dem ersten zusammen: Die Reaktionen auf den Merz-Vorstoß fallen für den Unterlegenen vor allem in den sozialen Medien verheerend aus. Der Tenor lautet: Wie kann man nach einer Niederlage so forsch auftreten? Wie kann man den frisch gewählten Vorsitzenden so vor den Kopf stoßen? Friedrich Merz mag viele Talente haben – ein guter Verlierer ist er nicht. Erst Tage später dämmert ihm, wie ungeschickt er sich verhalten hat. Leise räumt er seinen Fehler ein.

An diesem Samstagnachmittag muss Armin Laschet vor allem als Krisenmanager agieren. Es kommt darauf an, welche Signale er ans Merz-Lager sendet. Er darf keinesfalls zu siegestrunken auftreten. Andererseits will er als entscheidungsstarker Parteichef wahrgenommen werden, der seinen Rivalen Grenzen aufzeigt. Um 16:45 Uhr, etwa zwei Stunden später als geplant, setzt er sich in seinen Dienstwagen und fährt zum verabredeten Interview. Begleitet wird er nur von seinem Vertrauten Nathaniel Liminski, einer Mitarbeiterin und den Sicherheitsbeamten.

Was für eine Wahl! Was für ein Auftakt! Der Beginn einer neuen Ära, der Laschet-Ära?

Die Medien vermelden Glückwünsche, Söder, Brinkhaus, Scholz, Baerbock, Habeck, Lindner. Sie alle gratulieren höflich, aber nicht euphorisch. Die AfD-Fraktionsvorsitzende Alice Weidel verkündet: «Wer schwarz wählt, bekommt grün. Die Chance, das Ruder herumzureißen, wurde endgültig vertan.» Was sie mit «das Ruder herumreißen» meint, teilt sie nicht mit. Fridays for Future begrüßt den neuen CDU-Chef mit einer Kampfansage: «Gemeinsam werden wir die Blockadehaltung von Armin Laschet im Klimaschutz beenden und sofortige Maßnahmen einfordern.»

Der Sieger steht im Fahrstuhl. Die Tür schließt sich. Für einen kurzen Moment ist alles um ihn herum ruhig. Der Lärm des Tages bleibt draußen. All die Reden auf dem Parteitag, die Spekulationen, das Auszählen der Stimmen und die Bekanntgabe des Wahlergebnisses: «Armin Laschet ist neuer CDU-Vorsitzender!» Das Rauschen im Internet: Was ist mit Merz, mit Söder? Und vor allem: Was will Laschet? Der Mann aus Aachen kann jetzt nach der Kanzlerkandidatur greifen; er hat beste Chancen, der nächste deutsche Bundeskanzler zu werden.

Armin Laschet ist sehr weit oben angekommen in seinem politischen Leben. Aber in diesem Moment steht er noch ganz unten, im Erdgeschoss. Der Fahrstuhl im ARD-Hauptstadtstudio hat sein eigenes Tempo und setzt sich mit größtmöglicher Behäbigkeit in Bewegung, erster Stock, zweiter Stock, an diesem Tag dauert die Fahrt eine Ewigkeit. Laschet ist ganz still, er blickt an die Decke des Fahrstuhls. Es gibt so viele Fragen. So viele Gedanken. So viele Probleme: Corona, die Wirtschaft, die Schulen, die Familien, der neue Lockdown, Europa, Merkel, Merz, Söder, Biden, Macron. Der neue CDU-Chef trägt einen Mund-Nasen-Schutz, seine Brille ist leicht beschlagen. In diesem einen Moment der Ruhe, irgendwo zwischen dem zweiten und dem vierten Stock, ist zu sehen, wie sich seine Gesichtszüge entspannen. Er lächelt. Armin Laschet genießt diesen Tag. Und offenbar auch die kurze Fahrt im Fahrstuhl.

Die Tür öffnet sich und er betritt das Fernsehstudio. Überall Scheinwerfer, Kameras, die Ruhe ist vorbei. Gleich muss er Antworten geben. Es ist sein erstes Interview als neuer Chef. Ab sofort steht Laschet im Zentrum der Aufmerksamkeit.

Von dem neuen CDU-Chef wird erwartet, dass er ein Vakuum füllt. Das Vakuum, das Angela Merkel im Herbst 2018 geschaffen hat, als sie überraschend erklärte, nicht mehr Parteivorsitzende zu bleiben. Allerdings hat sie damals auch erklärt, bis zum Ende der Legislaturperiode Kanzlerin bleiben zu wollen. Helmut Kohl hat nie über eine solche Teilung der Macht nachgedacht. Alles oder nichts. Beim langen Abgang von Angela Merkel zeichnete sich ab, dass es bis zur Bundestagswahl zwei Machtzentren geben wird, eines in der Partei, das andere im Bundeskanzleramt. Beide schwächen sich gegenseitig. Annegret Kramp-Karrenbauer war die Erste, die sich dieser schwierigen Situation stellte.

Damals, im Dezember 2018, wenige Minuten nach ihrer Wahl in einer menschenvollen Parteitagshalle in Hamburg, konnte ich mit ihr darüber sprechen, welche Hoffnungen sie an das neue Amt knüpft. Aber auch darüber, welche Probleme vor ihr liegen. Und AKK antwortete: «Es wird eine neue Konstellation sein. Weil jetzt zum ersten Mal Regierungschefin und Parteichefin in getrennten Händen liegen. Es ist für alle eine neue Situation. Da werden wir auch ein bisschen brauchen, bis wir uns da rein gefunden haben.» Ein Experiment mit offenem Ausgang. Inzwischen wissen wir: Das Experiment ist gescheitert.

Auch mit Armin Laschet kann ich am Nachmittag seiner Wahl zum Parteivorsitzenden über das Risiko der Machtaufteilung zwischen Partei und Kanzleramt sprechen. Wir sind gemeinsam mit dem Fahrstuhl aus dem Studio herunter in die Lobby des Studios gefahren. Es stellt sich die Frage, ob nun auch für ihn ein gefährliches Experiment mit offenem Ausgang droht. Laschet wiegelt ab: «Na ja, die Zeit ist ja jetzt wesentlich knapper. Von 2018 bis zur Bundestagswahl 2021 war das eine sehr lange Zeit. Jetzt ist jedem klar, die Landtagswahlen stehen vor der Tür. Darauf muss man sich konzentrieren. Und die parallele Zeit eines Parteivorsitzenden mit der amtierenden Bundeskanzlerin ist kürzer. Und das ist gut so.»

Es stimmt: Für Laschet ist die Ausgangslage günstiger. Aber auf dem Weg zur Bundestagswahl befinden sich zahlreiche Hürden. Die bevorstehenden Landtagswahlen sind nicht die ersten, aber sie zählen zu den größeren Hindernissen. Auch am Ergebnis dieser Wahlen wird der neue

CDU-Parteivorsitzende gemessen werden. Auch daran wird sich entscheiden, ob die Union ihn für geeignet hält, sie als Kanzlerkandidat in den Bundestagswahlkampf zu führen. Oder nicht.

Das nächste Problem ist fast unsichtbar, aber noch gefährlicher. Das Virus. Wird es Laschet gelingen, die Pandemie in seinem Bundesland Nordrhein-Westfalen in den Griff zu bekommen? Auch für das Krisenmanagement im Bund wird Laschet als Chef der mächtigsten Regierungspartei mehr Verantwortung tragen als vorher. Wie wird sich die Seuche auf den Wahlkampf und auf seine Karriereplanung auswirken? Laschet: «Das ist halt alles ungewiss. Jetzt haben wir wieder Lockdown. Der Wahlkampf wird digitaler werden. Große Massenkundgebungen sind derzeit nicht vorstellbar. Ob das bis September anders ist, weiß man heute nicht.»

Es ist längst dunkel geworden in Berlin. Armin Laschet steigt wieder ins Auto, seine Ehefrau und die Personenschützer sind bei ihm. Er lässt sich 640 Kilometer weit nach Aachen fahren. Irgendwann, tief in der Nacht, kommt er zuhause an. Den ersten Teil seiner Reise hat er mit Schrammen, aber erfolgreich überstanden. Ab morgen früh beginnt der zweite Teil der Reise, die ihn ins Kanzleramt führen soll.

Er hat bis zur Bundestagswahl noch mehr als acht Monate vor sich. Acht Monate können in der Politik unendlich lange sein.

GRIFF NACH DEN STERNEN

Der Eingang des Gebäudes: nackter Beton, auf dem Boden liegen Kabel, ein eisiger Wind weht durchs Erdgeschoss. Das Treppenhaus: eine abgetretene, verschmutzte Holztreppe. Im zweiten und im dritten Stock tragen Bauarbeiter schweres Gerät und Schutt hin und her. Irgendwo treibt jemand seine Kreissäge zu akustischer Höchstleistung, im Duett mit einer Bohrmaschine. Die Grünen renovieren ihre Geschäftsstelle, sie erweitern sie, der knappe Platz muss auf mehr Räume aufgeteilt werden. Eigentlich hätten die Arbeiten längst beendet sein sollen, die Mitarbeiterinnen und Mitarbeiter sind genervt. Die Partei hat sich gegen einen Neubau und auch gegen einen Umzug in eine andere Immobilie entschieden. Nun muss der verfügbare Raum anders aufgeteilt werden. Rechtzeitig, bevor der Bundestagswahlkampf Fahrt aufnimmt.

In diesem Durcheinander steht der Bundesgeschäftsführer. Wie viele andere hat er wochenlang von zuhause gearbeitet, wegen der Pandemie und wegen der Baustelle. Aber zu diesem Gespräch kommt er persönlich. Michael Kellner ist erst 44 Jahre alt und unter den Wahlkampfmanagern der drei aussichtsreichsten Parteien bereits derjenige mit der längsten Erfahrung. Er ist im thüringischen Gera aufgewachsen und wurde durch die großen Umbrüche der Wendezeit geprägt: Sein Vater verlor seine Stellung als Schuldirektor, seine Mutter ihre Arbeit in einer Poliklinik. Mit zwanzig Jahren trat Michael Kellner in die Partei Bündnis 90/Die Grünen ein und studierte, wie Lars Klingbeil, Politikwissenschaften. Anschließend arbeitete er als Büroleiter von Claudia Roth, damals Co-Vorsitzende der Grünen, und lernte die Mechanismen der Parteiarbeit kennen. 2013 wurde er zum politischen Geschäftsführer von Bündnis 90/Die Grünen gewählt. Ein großer Schritt: Kellner leitete fortan die Kampagnen bei den Europawahlen 2014 und 2019 und bei der Bundestagswahl 2017. Bei den Verhandlungen mit Union und FDP zu einer möglichen Jamaika-Koalition war er Mitglied der grünen Sondierungsgruppe. Er kennt sich also nicht nur hervorragend mit den Abläufen von Wahlkampagnen aus, er kennt auch seine Mitbewerber gut.

Jetzt, Anfang 2021, steht Michael Kellner also wieder am Anfang einer Kampagne. Es wird vermutlich sein wichtigster Wahlkampf. Noch ist es sehr früh, die Partei stellt sich gerade organisatorisch und programmatisch auf. Die Personalfrage schiebt sie, schieben die beiden Vorsitzenden an der Spitze, weiter vor sich her. Aber das Ziel des grünen Wahlkampfes ist klar. Kellner formuliert es so: «Wir kämpfen ums Kanzleramt. Das haben wir noch nie gemacht. Und ich finde als Wahlkampfleiter, ja, muss man auch nach den Sternen greifen.»

Es ist wenig überraschend, dass die Grünen auf ihren Markenkern setzen, auf Klimaschutz, Artenschutz usw. Doch als Kampagnenziel die

Übernahme der Amtsgeschäfte im Bundeskanzleramt auszugeben, ist tatsächlich neu. Und mutig. Mit einem solchen Ziel kann man sich als Partei auch lächerlich machen, so wie einst Guido Westerwelles FDP mit dem Projekt 18, als man 18 Prozent bei der Bundestagswahl 2002 anvisierte. Auch die FDP wollte nach den Sternen greifen und dachte, dass es ausreicht, wenn das eigene Selbstbewusstsein auf die Wählerschaft abstrahlt, irgendwie. Parteichef Westerwelle ließ sich die Zahl sogar mit gelber Farbe in die Sohle seiner Herrenschuhe fräsen, bei entsprechender Beinstellung konnte er in Talkshows immer wieder sein Wahlziel unter die Leute bringen. Und auch die FDP nominierte damals mit Westerwelle zum ersten Mal in ihrer Geschichte einen eigenen Kanzlerkandidaten. Es war überhaupt das erste Mal in der Geschichte der Bundesrepublik, dass eine andere Partei als Union und SPD einen Kanzlerkandidaten ins Rennen schickte.

Der Mann, der sich zutraute, Bundeskanzler zu werden, tourte damals mit schrillen Sprüchen durchs Land und besuchte auch das Big-Brother-Studio von RTL. Ein Spaßwahlkampf. Doch die Strategie wirkte aufgesetzt, peinlich – und ging nach hinten los. Am Ende landete die FDP bei der Bundestagswahl bei 7,4 Prozent. Westerwelles Schuhe stehen heute im Deutschen Schuhmuseum im rheinland-pfälzischen Hauenstein.

Und doch würde man den Grünen des Jahres 2021 unrecht tun, sie mit der FDP von vor neunzehn Jahren zu vergleichen. Den Liberalen haftete damals ein Zocker-Image an. Der Ruf, auf Airplay scharf zu sein, also auf Teufel komm raus in den Medien vorzukommen. Die FDP hatte kaum ein Thema außer sich selbst. Die Grünen von heute haben ihre ureigenen Themen. Außerdem denken sich die Grünen zum Beginn des Wahljahres 2021: Wenn die SPD bei 15 Prozent in Meinungsumfragen einen Kanzlerkandidaten aufstellt, und das ohne öffentlichen Aufschrei, dürfen wir bei ca. 20 Prozent das ja wohl auch. «Nach den Sternen greifen» – so geht politische Kommunikation.

«Wir sind in einer neuen Phase als Partei», sagt Michael Kellner. «Das ist für uns eine neue Rolle, die wir angehen. Für mich ist diese Aufgabe gigantisch. Und es gibt auch Demut bei mir. Weil es halt ein Wahlkampf ist, wie wir ihn noch nie gemacht haben. [...] Wir sind nicht Beiboot zu irgendjemandem. Wir machen nicht Wahlkampf, um Juniorpartner einer Regierung zu werden. Sondern um dieses Land anzuführen.»

Natürlich muss sich auch Michael Kellner der grünen K-Frage stellen. Habecks Idee von einem harmonischen Beziehungsgespräch zwischen ihm und Baerbock auf dem Balkon erscheint als Modus der Entscheidungsfindung bei einer solch professionalisierten Partei unglaubwürdig. Kellner spricht dagegen von einem «geschützten Raum», in dem die Entscheidung getroffen werden soll, von einem «ganz kleinen, engeren Kampagnenzirkel, der über sowas gemeinsam redet». Ein paar Wahlkampfmanagerinnen und Wahlkampfmanager, «der Robert» und «die Annalena» – die Grünen mögen versuchen, die Sache so freundschaftlich und vernünftig wie möglich zu klären. Aber am Ende handelt es sich um harte Machtpolitik. Zu oft sind Freundschaften in der Vergangenheit an ihr zerbrochen, etwa zwischen Helmut Kohl und Wolfgang Schäuble. Auch die persönlichen Beziehungen zwischen Gerhard Schröder und Oskar Lafontaine oder zwischen CDU-Chef Kohl und CSU-Chef Strauß haben massiv unter der Frage gelitten, wer kanzlertauglicher sei.

Werden es die beiden Grünen tatsächlich schaffen, ihr Verhältnis ohne gewaltige Blessuren, ohne Bruch zu klären? Die Parteiführung hat sich, fernab von allen programmatischen Fragen, einem Sozialexperiment ausgesetzt. Der Ausgang dieses Experiments, auch das Verhalten des Verlierers oder der Verliererin, wird über Erfolg oder Misserfolg bei der Bundestagswahl entscheiden.

Armin Laschet und Markus Söder haben es etwas leichter, sie sind Vorsitzende von zwei verschiedenen, unterschiedlich großen Schwesterparteien. Laschet kann im Konfliktfall immer das Argument ins Feld führen, der weitaus größeren Partei vorzustehen und daher das legendäre Erstzugriffsrecht zu haben. Dieses Recht, den Kanzlerkandidaten oder die Kanzlerkandidatin zu stellen, wenn man es denn will, ist in keinen Parteistatuten festgelegt. Es ergibt sich alleine aus dem Größenvergleich der beiden Schwesterparteien. Und aus der langen Tradition bei der Klärung der K-Frage. Aber natürlich fällt in diesen Januartagen auf, dass auch die Spitzen der Union mit vielen diplomatischen Worten um den heißen Brei herumreden. Noch will sich niemand die Zunge verbrennen.

Sowenig der Wahlkampfmanager Kellner gerade weiß, ob er eine Kampagne für Annalena Baerbock oder Robert Habeck organisieren soll, so klar sind seine Vorstellungen zur Dramaturgie seiner Kampagne: Landtagswahlen in Baden-Württemberg und Rheinland-Pfalz Mitte März, Wahlprogrammaufstellung Ende März, Entscheidung der K-Frage im April, Landtagswahl in Sachsen-Anhalt Anfang Juni. Frühere Kampagnen waren auf einen starken Endspurt ausgerichtet. Doch diesmal wird es anders sein, betont Kellner: «Ich glaube zu wissen, dass wir einen sehr hohen Anteil an Briefwählerinnen und Briefwählern haben und dass wir sehr früh schon Wahlentscheidungen von vielen Menschen haben werden. Was ich plane, ist, in den sechs Wochen vor der Wahl schon massiv präsent zu sein. Also nicht einfach eine Kampagne zu machen, die auf einen Höhepunkt in den letzten 48 und 72 Stunden zielt. Sondern die in einem harten Auftakt ins Wahlkampfjahr liegt, der dieses Jahr später sein wird, nämlich im Frühjahr. Und dann brauchen wir nochmal einen ganz starken Höhepunkt, sechs Wochen vor der Bundestagswahl. Und eine Schlussphase. Wir werden einen Wahlkampf erleben, der ein bisschen eine Eichhörnchen-Strategie widerspiegelt: Wir sammeln Stimmen ein. Wir müssen auch im August schon die Menschen überzeugen, warum sie wählen sollen.»

In diesen ersten Wochen des Jahres sind die Wahlkampfmanager aller drei Parteien, die mit Kanzlerkandidaten antreten wollen, voller Hoffnung. Sobald bei der Union und den Grünen die Kandidaten feststehen, können auch sie loslegen. Michael Kellner hat einen klaren Ablauf der nächsten Monate vor Augen: Schritt für Schritt ins Kanzleramt. Aber jetzt, im Frühjahr, machen die Grünen entscheidende Fehler. Die Auswirkungen werden sie erst in ein paar Wochen und Monaten zu spüren kommen. Dass ihre Kampagne arg ins Schleudern kommen wird, mag sich jetzt bei den Grünen noch niemand vorstellen. Noch läuft alles nach Plan.

Auch Armin Laschet blickt in diesen Tagen zuversichtlich in die nahe Zukunft. Um seinen alten Konkurrenten Friedrich Merz wird es immer stiller. Und sein neuer Konkurrent Markus Söder? Der wird weiter seinen «Platz in Bayern» haben, glaubt Laschet. Eine Kanzlerkandidatur müsste ihm ja von wichtigen Landesverbänden der CDU angetragen werden. Aber welcher Landesverband sollte das tun? In Frage käme, wegen der Südschiene, allenfalls der Landesverband Baden-Württemberg. Aber von dort gibt es keine Anzeichen, dass führende Persönlichkeiten zu Söder reisen und ihm die Kandidatur antragen wollen. Und wenn ostdeutsche Landesverbände Söder bitten würden? Sie hätten nicht genügend Gewicht gegenüber den starken Landesverbänden im Westen. Söder hat also eigentlich keine Chance. Warum gibt er das Spiel nicht auf? Will er in Verhandlungen mit Laschet den Preis für die CSU hochtreiben, noch mehr Ministerposten im künftigen Bundeskabinett? Dass Markus Söder selbst Kanzler werden will, ist in diesen Tagen nur ein Gedankenspiel. Was also will Söder? Die Motive des CSU-Chefs bleiben weiter rätselhaft.

Die bevorstehende Landtagswahl in Baden-Württemberg? Der Grüne Winfried Kretschmann wird wohl Ministerpräsident bleiben, die CDU wird ordentlich abschneiden, Kretschmann wird danach die grün-schwarze Koalition fortführen wollen, so vermuten sie in Laschets Lager. An diesen Tagen sieht für sie die Zukunft von Armin Laschet rosig aus: Der neue Parteichef wird in wenigen Wochen Kanzlerkandidat von CDU und CSU und im Herbst Bundeskanzler. Nur: Bis zur Bundestagswahl sind es noch sieben Monate und ein paar Wochen.

PROBLEME MIT DEM GENOSSEN

Der Parteivorstand der SPD kommt am 7. und 8. Februar zu einer Vorstandsklausur zusammen, ein paar Genossen sind im Willy-Brandt-Haus, die meisten bleiben zuhause und schalten sich online zu. Es ist nicht klar, ob es bei der Klausur nur darum geht, an Programmideen zu feilen. Oder ob das Ganze die Motivationsveranstaltung eines Polit-

Animateurs ist, ein großer Energieschub zu Beginn des wichtigen Jahres.

Olaf Scholz, der Mann, auf den jetzt alle schauen, will über «Zukunftsmissionen» sprechen. Ohne Krawatte und natürlich mit geballten Fäusten verkündet er zu Beginn große und ehrgeizige Ziele, es geht wieder um die «gigantische Aufgabe». Er spricht davon, den von Menschen gemachten Klimawandel aufzuhalten, das Land solle im Jahr 2050 klimaneutral wirtschaften, spätestens. Die Worte, die er wählt, könnten kaum größer sein. Scholz fordert «einen kompletten Bruch mit all der Art und Weise, wie wir unseren Wohlstand in der ganzen Zeit der Industrialisierung und des industriellen Fortschritts der letzten 200 Jahre erwirtschaftet haben».

Für einen Moment schwelgt der für seine Nüchternheit und Bodenständigkeit geachtete Norddeutsche in Revolutionsromantik. Er beschreibt die «Missionen» seiner Partei als epochalen Auftrag und stellt «die größte technologische Revolution, die größte Periode der Innovation in unserem Land» in Aussicht. Und damit seine Botschaft auch wirklich ankommt, schießt er im nächsten Satz gleich mehrere Schlüsselwörter wie Leuchtfeuerraketen in die Luft: «Revolutionär … technologisch … Verbesserung … Innovation … Arbeitsplätze … Wohlstand …». Peng, peng, peng.

Die SPD hat mal wieder den Koalitionspartner, die Union, als Hauptgegner ausgemacht. Aber auch die Grünen mit ihrer eigenen Revolutionsrhetorik machen den Genossen schwer zu schaffen. Auch deshalb will die SPD jetzt grüne Themen besetzen. Auch deshalb nimmt die SPD den Wettbewerb der großen Worte an. Wer auf dem Marktplatz der Ideen seine Ware verkaufen will, muss lauter als der Verkäufer am Nachbarstand schreien, scheint Olaf Scholz zu denken. Aber passt das zu ihm? Mal sehen, welche sprachlichen Verrenkungen dieser Wettbewerb in den nächsten Monaten noch hervorbringen wird.

Natürlich haben der Kandidat und die beiden Parteivorsitzenden Saskia Esken und Norbert Walter-Borjans ihre Ideen auch aufgeschrieben. In einem Thesenpapier ist wieder von einer «Jahrhundertaufgabe» die Rede, in einem anderen Papier steht, etwas kleiner und konkreter, dass künftig öffentliche Gebäude, Schulen und Supermärkte solarbetrieben werden sollen. Dann wird es wieder großspurig: «Wir müssen unsere Produktion ökologisch revolutionieren, die Regeln der Globalisierung ebenso neu verhandeln wie die der digitalen Welt und dabei sichere und gut bezahlte Arbeitsplätze schaffen.» Außerdem: «Diese Neuausrichtung meistern wir nur, wenn wir die Spielregeln in der Wirtschaft neu verhandeln und zukünftig wirtschaftlichen Erfolg nicht nur am Bruttoinlandsprodukt messen, sondern das Wohlergehen der gesamten Gesellschaft auch unter sozialen und ökologischen Gesichtspunkten bewerten».

Das Regierungsprogramm der SPD, so viel zeichnet sich ab, wird sich im Spannungsfeld von ökologischem Radikalumbau und Sicherung des Wohlstands für alle bewegen. Wie die Grünen versucht auch die SPD einen Spagat. Auch sie will nach den Sternen greifen: unser Wirtschaftsleben umbauen. Den Kanzler stellen.

Am Tag nach dem Energieschub und dem Revolutionsgetöse begibt sich der Vorstand der Partei in die Niederungen der Wahlkampfplanung. Norbert Walter-Borjans glaubt, «eine Aufbruchstimmung» wahrzunehmen. Aber seine Worte klingen nach Autosuggestion, nach Wunschdenken. Im Vergleich zum Frühjahr 2017 ist jetzt nur wenig «Aufbruch» im Willy-Brandt-Haus zu spüren. Eher Ratlosigkeit. Und sogar Enttäuschung. Drei Tage vor der Klausur hat die ARD in einem Deutschlandtrend mal wieder 15 Prozent für die SPD in einer Sonntagsfrage ausgewiesen. 15 Prozent, das ist das ernüchternde Ergebnis aller Bemühungen um ein geschlossenes Auftreten.

Bei ähnlichen Umfragewerten hatten die Sozialdemokraten in den letzten Wochen stets einen Einwand parat: «Aber die Werte von Olaf...». Zu Recht wiesen sie darauf hin, dass die persönlichen Werte ihres Kandidaten viel besser seien, dass er bei der Bevölkerung richtig gut ankomme. Doch seit drei Tagen ist auch dieser Mutmacher nicht mehr zu hören. Laut infratest dimap verschlechterten sich die persönlichen Werte von Olaf Scholz um neun Prozent, während die Werte seines Konkurrenten Armin Laschet vorübergehend um sechs Prozent anstiegen. Genosse Trend ist schon seit längerem ein Phänomen der Geschichtsbücher. Aber dass sich in den Umfragen so gar nichts mehr bewegen lässt, frustriert die Sozialdemokraten und ihren Kanzlerkandidaten. Als Saskia Esken auf die schlechten Werte ihrer Partei angesprochen wird, antwortet sie genervt: «Das plagt uns auch jeden Tag, ist doch klar.» Und immer wieder hört man im Willy-Brandt-Haus den Hinweis: Wenn den Leuten draußen erst richtig bewusst wird, dass Angela Merkel nicht mehr zur Wahl steht, werden auch unsere Wahlchancen steigen. Die Hoffnung der SPD ruht auf der Schwäche der Konkurrenz. Aber auch diese Frage hört man jetzt gelegentlich: Ist Olaf Scholz wirklich der richtige Kandidat?

AUSSER KONTROLLE

Die Frau, die so laut Alarm geschlagen hat, dass die Regierung in Berlin erzittert, kommt mit dem Mountainbike. Melanie Brinkmann ist ein wenig außer Atem, sie hat an diesem Mittwoch, den 10. Februar, schon eine Online-Vorlesung gegeben, sich dann die Haare gewaschen. Zeit zum Trocknen blieb nicht, also hat sie ihre feuchten Haare schnell unter eine Wollmütze gesteckt und ist dann mit dem Rad so schnell wie möglich über die schneebedeckten Straßen zum Helmholtz-Institut gefahren, zu ihrem Labor. Es hat über Nacht wieder stark geschneit, das Thermometer zeigt minus 10 Grad. Jetzt muss sie erst einmal durchschnaufen und sich aufwärmen.

Die Virologin Melanie Brinkmann ist Professorin an der Technischen Universität in Braunschweig, außerdem leitet sie die Forschungsgruppe Virale Immunmodulation am Helmholtz-Zentrum für Infektionsforschung. Eigentlich erforscht sie Herpes-Viren, aber seit dem weltweiten Corona-Ausbruch sind sie und ihr Team vor allem damit beschäftigt, das tödliche Virus zu verstehen.

Seit Anfang des Jahres 2020 gehören Virologen zu einer sehr gefragten Berufsgruppe. Sie werden in Talkshows eingeladen, einige beraten die Regierungen ihrer Bundesländer. Ein paar von ihnen haben sich mit ihrer Arbeit so hervorgetan, dass sie auch von der Bundesregierung um

Rat gefragt werden. Christian Drosten von der Berliner Charité gehört dazu. Und auch Melanie Brinkmann. Sie hat einen herausragenden Ruf. Nicht nur weil sie auf ihrem Gebiet eine herausragende Wissenschaftlerin ist. Sondern auch, weil sie politisch völlig unabhängig agiert und niemandem nach dem Mund redet. Ihre Empfehlungen an die Politik können einschneidende Folgen haben. Ein weicher Lockdown, ein harter Lockdown, vorsichtige Lockerungen? Das Wort von Expertinnen wie Melanie Brinkmann hat Gewicht. Die Auswirkungen der Entscheidungen, die da in Berlin oder in ihrer Landeshauptstadt Hannover getroffen werden, spürt die Wissenschaftlerin auch privat. Brinkmann ist Mutter von drei Kindern. Wegen der Schutzmaßnahmen können ihre Kinder seit Monaten ihre Freunde nicht mehr sehen, sie dürfen keinen Mannschaftssport mehr machen und müssen deshalb von den Eltern intensiver betreut werden als üblich. Die Virologin kennt die Nöte der Deutschen.

Sie erzählt, die Pandemie habe ihr Leben «auf den Kopf gestellt». Sie erzählt es mit einem Lächeln, aber es ist ein bitteres Lächeln. Seit einigen Tagen geht es noch turbulenter zu in ihrem Leben. Gemeinsam mit dreizehn anderen namhaften Forschern, darunter auch ein Soziologe, eine Politologin und zwei Wirtschaftswissenschaftler, hat Professorin Brinkmann die unabhängige Initiative NoCovid gestartet. Die Ausbreitung des Virus soll europaweit viel konsequenter als bislang unter Kontrolle gebracht werden, angestrebt wird ein Inzidenzwert von höchstens zehn Infektionen pro 100 000 Einwohner in sieben Tagen.

Die NoCovid-Gruppe sagt, die harten Maßnahmen seien notwendig, obwohl in den ersten Februarwochen die Infektionszahlen spürbar sinken. Melanie Brinkmann lässt sich von der kurzen Erholung nicht täuschen, die Mutationen machen ihr Sorgen. Öffentlich warnt sie davor, dass Deutschland nach einer Verschnaufpause eine dritte große Infektionswelle droht, mit einem neuen Lockdown und all den wirtschaftlichen und gesellschaftlichen Verwerfungen.

Doch nach einem Jahr Pandemie sind die Deutschen Corona-müde, erschöpft, viele sind am Ende ihrer Kraft. In dieser Situation ist die öffentlich geäußerte Warnung von Melanie Brinkmann ungefähr so populär wie eine Zahnwurzelbehandlung. Sie richtet ihre mahnenden

Worte an ein Publikum, das keine schlechten Nachrichten mehr hören will. Und genau deshalb ist das ohnehin schon bewegte Leben von Melanie Brinkmann seit ein paar Tagen noch mehr durcheinandergeraten. Die Virologin aus Braunschweig wird angefeindet, beschimpft, sogar bedroht. Aber was, wenn sie recht hat?

Unmittelbar nach Ausbruch der Pandemie, die damals noch nicht so genannt wird, nimmt Melanie Brinkmann die Meldungen aus China eher neugierig zur Kenntnis. Jedenfalls noch nicht sehr besorgt. Anfangs, das ist im Dezember 2019. Die Professorin hat gerade eine Vorlesung zum Thema SARS-Corona-Virus-1 gehalten. Ein Virus, das sechzehn Jahre zuvor verhältnismäßig schnell eingedämmt werden konnte. Und genau auf eine solche schnelle Eindämmung hofft Melanie Brinkmann auch, als sie die Nachrichten aus China liest. Doch spätestens in der zweiten Januarhälfte 2020 wird ihr klar: Dieses Virus verhält sich anders, es ist viel tückischer und es hat längst seine Reise um die ganze Welt angetreten.

Melanie Brinkmann hat dabei nicht nur die Eigenschaften des Virus im Sinn, sondern denkt auch an die Gewohnheiten der Menschen, die sich rasant verändern. In der global vernetzten Weltwirtschaft ist China längst eine Supermacht. Infolgedessen hat die Reisetätigkeit von und nach China in den letzten zehn, zwanzig Jahren enorm zugenommen. An all das denkt Melanie Brinkmann, und sie weiß: Es wird sehr ungemütlich werden auf der Welt – und natürlich auch in Deutschland.

Zum ersten Mal kommt die Professorin bereits am 30. Januar 2020 mit der großen Politik in Kontakt. Sie wird in die ZDF-Talkshow von Maybrit Illner eingeladen, gemeinsam mit Gesundheitsminister Spahn. Die Gäste der Runde sitzen eng beieinander, im Studio applaudiert Publikum. In der Anmoderation liest Maybrit Illner die neuesten Zahlen vor: «Das neue Corona-Virus wurde in China bisher bei knapp 8000 Menschen gefunden, 170 sind gestorben, Infizierte gibt es mittlerweile in zwanzig Ländern, vier in Deutschland.»

Es ist wichtig, sich in Erinnerung zu rufen, wie hilflos auch deutsche Politikerinnen und Politiker in diese Weltkrise stolpern. Auch die wissenschaftlichen Experten, die Virologen, tasten sich damals noch recht unsicher vor. Als die Moderatorin Illner wissen will, wie ansteckend das Virus ist, antwortet Melanie Brinkmann: «Das wissen wir noch nicht genau. Was wir beobachten, ist, dass es weniger ansteckend ist als das Influenza-Virus, das die Grippe auslöst. Und das ist ein Vorteil.»

Die Zuschauer der Sendung werden die vermeintlich gute Nachricht gerne hören. Aber schon im nächsten Satz schränkt die Wissenschaftlerin ein: «Was wir und die Experten noch nicht wissen, ist, wann genau die Person, die infiziert ist, ansteckend ist. Und das ist gerade das große Problem […]. Es gibt ja Hinweise, dass Menschen, die noch keine Symptome zeigen, das Virus haben […] und schon anstecken können.» Das klingt schon unheilvoller.

Aber als der Gesundheitsminister an der Reihe ist, erklärt er: «Wir sind gut vorbereitet.» Das ist nicht grundfalsch, denn das deutsche Gesundheitssystem verfügt über ein leistungsfähiges Netz von Krankenhäusern mit verhältnismäßig vielen Intensivbetten. Aber es ist auch nicht richtig. Denn während in China sehr schnell und sehr konsequent die betroffenen Regionen isoliert und Millionen Mund-Nasen-Masken in Umlauf gebracht werden, trifft das Virus Deutschland weit weniger gut vorbereitet. Jens Spahn versucht, mit einem rhetorischen Trick zu beruhigen: «In diesem Jahr sind in Deutschland schon fünfzig Menschen an Grippe gestorben.»

Mit dem Wissen, das der Minister wenige Wochen später haben wird, hätte er sich diese Aussage wohl verkniffen. Denn er verfestigt eine Legende, die sich in diesen Tagen genauso schnell verbreitet wie SARS-CoV-2: «Alles nicht so schlimm, die Gefahr ist ähnlich überschaubar wie bei einer Grippe-Welle.»

Kann man sich gut auf eine Pandemie vorbereiten, wie Jens Spahn behauptet? Man kann es nicht nur, sondern man muss es auch. Krankenhäuser müssen mit Intensivbetten ausgestattet sein, mit Schutzanzügen und mit Masken. Gesundheitsämter müssen personell und technisch ausgerüstet sein, die Kommunikation zwischen den regionalen Behörden und den Zentralen muss eingespielt und auf dem technisch neuesten Stand ablaufen. Im Haushalt von Bund und Ländern müssen Etats für außergewöhnliche Lagen eingeplant, das Personal muss geschult sein.

Die Bevölkerung muss über Gefahren und Notfallpläne aufgeklärt werden. All das gehört zu einer verantwortungsbewussten, vorausschauenden Gesundheitspolitik.

Die deutsche Politik war schlecht auf die Pandemie vorbereitet. Neben zahlreichen logistischen Mängeln stellte sich bald heraus, dass die Regierungen in Bund und Ländern in der Frühphase gedanklich überfordert waren. Das war auch der Eindruck, den Melanie Brinkmann hatte: Sie erzählt: «Ende Januar habe ich gemerkt: Man hat noch das Prinzip Hoffnung, das Virus wird schon nicht kommen. Da hatte man die ersten Deutschen aus Wuhan im Flieger zurückgeholt. Es ging darum, wie bringen wir diese Leute sicher nach Hause. Und die wurden dann ja auch alle in Quarantäne untergebracht. Da schien das alles noch sehr unter Kontrolle. Wir haben ja den Reiseverkehr nicht unterbunden. Das ist alles noch eine Zeitlang munter weitergelaufen. Es ist ein Fehler, bei einer Pandemie mit dem Prinzip Hoffnung zu arbeiten.»

Dieses Prinzip waltete, trotz der galoppierenden Zahlen und der ersten strengen Kontaktbeschränkungen, noch mindestens zwei weitere Monate. Am 31. März 2020 erklärte Jens Spahn bei einer Pressekonferenz in Düsseldorf zum Tragen von Mund-Nasen-Masken: «In der jetzigen Lage sehe ich keine Notwendigkeit zu einer Verpflichtung.» Neben Spahn stand Ministerpräsident Laschet und pflichtete bei: «Wir sind prioritär damit beschäftigt, Masken zu beschaffen für den medizinischen Bereich. Und wenn es sich gesellschaftlich entwickelt, dass jeder den anderen schützen will, dann ist das in Ordnung. Eine Pflicht sehe ich nicht.» In diesen Wochen herrschte vor allem in deutschen Krankenhäusern blanke Panik. Es mangelte an Masken, das medizinische Personal konnte sich vielerorts nicht angemessen schützen. Kein Wunder, dass Politiker wie Jens Spahn, Armin Laschet und andere die Notwendigkeit, auch die Bevölkerung mit Masken zu versorgen, herunterspielten.

Einige Wochen später meldete sich bei Melanie Brinkmann plötzlich das Wirtschaftsministerium von Niedersachsen, dann die Bundesregierung. Vom Prinzip Hoffnung hatten sich die Entscheidungsträger verabschiedet. Sie brauchten jetzt Rat, dringend. Seitdem kommt die Virologin kaum noch zur Ruhe, sie gibt Interviews, sie wird von den Spitzen der Politik in Berlin und Hannover angerufen, sie tauscht sich mit anderen Wissenschaftlern aus. Und ihre Arbeit als Leiterin der Forschungsgruppe am Helmholtz-Zentrum darf sie nicht vernachlässigen, ebenso wenig ihre Familie.

Melanie Brinkmann ist in Deutschland zu einer wichtigen Stimme geworden. Auch, weil ihre Worte den Politikerinnen und Politikern nicht immer gefallen. Doch Anfang 2021 verändert sich die Bereitschaft in den Regierungen, den Rat der Virologen nicht nur anzuhören, sondern auch zu befolgen. Seit der Winter-Lockdown Erfolg hat und die Infektionszahlen allmählich sinken, sieht die Bevölkerung nach vielen harten Wochen endlich Licht am Ende des Tunnels.

Ausgerechnet in dieser Phase verweist die Expertin nun also auf die drohende Gefahr durch mutierte und noch aggressivere Viren: «Die Lage ist nach wie vor sehr kritisch und vielleicht sogar kritischer als vor einem Jahr. Wir haben es alle satt, uns so einschränken zu müssen. Das verstehe ich sehr gut. Das Problem ist aber, dass wir die Pandemie in Europa nicht besser unter Kontrolle bekommen haben.»

Im Februar 2021 ist der Kampf ziemlich offen. Das Robert-Koch-Institut meldet an diesem 10. Februar fast 63 000 Menschen, die im Zusammenhang mit dem Corona-Virus gestorben sind. Das Institut meldet aber auch eine rückläufige 7-Tage-Inzidenz. Haben wir es bald geschafft? Oder gönnt uns das Virus nur eine Pause? Die Professorin misstraut der aktuellen Entwicklung. Sie redet auf die Politikerinnen und Politiker ein, die Lockdown-Maßnahmen nur ja nicht zu früh aufzugeben. «Der Ruf nach Lockern ist sehr stark, denn die Zahlen sehen ja gut aus. Die Entscheidungsträger werden lockern. Und dann werden wir in Anbetracht der neuen Varianten, die sich jetzt langsam, aber sicher durchsetzen, eine ansteigende Kurve bekommen. Und dann können wir wieder nur mit einem Lockdown reagieren. Aus genau dieser Dauerschleife müssen wir einfach raus.»

An diesem Tag will Melanie Brinkmann Dampf ablassen, das ist deutlich zu spüren. Sie kann in der deutschen Corona-Politik kein klares Ziel erkennen. Lange, zu lange sei der Bevölkerung ein 7-Tage-Inzidenzwert von 50 als erstrebenswert genannt worden – laut der Professorin eine angesichts des Infektionsgeschehens und der Mutationen viel zu hohe Zahl.

Auch habe es die Politik versäumt, die Strategie hinter den Maßnahmen zu erklären: «Ist das Ziel jetzt, das Schlimmste zu verhindern? Sprich, ich verhindere, dass das Gesundheitssystem kollabiert, aber ich akzeptiere, dass Menschen krank sind und auch sterben. Das ist so bei einer Suppressions-Strategie oder einer Mitigierungs-Strategie. Da wird das Infektionsgeschehen zugelassen, also auch die Erkrankung und der Tod. Das andere Ziel ist, dass ich das nicht zulasse, sondern dass ich sage: Jede Infektion ist eine zu viel. Wir wollen wirklich gar keine Infektion!»

Die Virologin sieht nicht nur die Stärken, sondern auch die Schwächen einer Politik, die auf Konsens, auf den Ausgleich verschiedener Interessen ausgerichtet ist: «Das Problem in der Politik war, dass man immer rumdiskutiert und Kompromisse gewählt hat. Und ein Kompromiss ist nie eine gute Idee.» Was sie meint: Mit Seuchen kann man nicht verhandeln.

Melanie Brinkmann und ihre dreizehn Kolleginnen und Kollegen wollen nicht tatenlos zusehen, wie sich Bund und Länder mit Lockdowns, Lockerungen und wieder neuen Lockdowns gefährlich durch die Krise wurschteln. Ihr NoCovid-Konzept bedeutet, kurz gesagt, dass die Infektionszahlen sehr schnell nahe Null gesenkt werden und dass ein Wiederaufflammen des Infektionsgeschehens in sogenannten grünen Zonen durch lokale Mobilitäts-Kontrollen, Tests und Quarantänen vermieden wird. Es erfordert ein rigoroses Ausbruchsmanagement beim Auftreten neuer Fälle. Dieses Konzept hat die Gruppe auch der Politik vorgestellt, natürlich. Aber vielen Entscheidungsträgern in Bund und Ländern war die NoCovid-Strategie zu radikal.

Auch mit der Bundeskanzlerin und ihrem Kanzleramtsminister Helge Braun hat Melanie Brinkmann gesprochen. Sie hatte das Gefühl, dass beide ihr Anliegen sehr ernst nehmen, ernster als andere in der Ministerpräsidentenkonferenz. Brinkmann schätzt Angela Merkel sehr. Aber sie spürt auch, dass sich die Kanzlerin mit ihrem Versuch, den Lockdown konsequenter und länger durchzuführen, nicht durchsetzen kann. «Sie hat uns im Expertenrat auch gesagt: ‹Alles schön und gut, was Sie sagen.

Reden Sie mit Ihrem Ministerpräsidenten!› Und da habe ich gedacht: Vielleicht hätte ich gar nicht immer mit der Kanzlerin reden müssen. Das waren ja auch mal zwei Stunden. Vielleicht hätte ich die Zeit besser investiert, jeden Ministerpräsidenten, jeden Oberbürgermeister zu überzeugen, dass es so nicht weitergeht.»

Während ihrer Beratungstätigkeit hat Brinkmann den Eindruck gewonnen, «dass unsere Bundeskanzlerin oft ganz schön frustriert aus diesen Sitzungen rausgeht». Denn sie verstehe im Gegensatz zu vielen Länderregierungschefs sehr gut, «wie groß die Dynamik ist, die dieses Virus mit sich bringt. Und auch die Gefahr, dass es aus dem Ruder läuft, wenn man nicht frühzeitig handelt. [...] Wenn wir den Kurs gefahren wären, den sie gerne fahren würde, wären wir deutlich besser durch diese Krise gekommen. Ich kann mich auch noch erinnern, als sie sagte: ‹Dann sitzen wir eben in zwei Wochen wieder hier, wenn wir jetzt hier nichts beschließen.› Ich glaube, das war im Oktober 2020. Und da dachte ich: Ja, aber die zwei Wochen machen einen großen Unterschied.»

Dann erzählt Melanie Brinkmann, wie sie Anfang 2021 mit ihrer NoCovid-Initiative zwischen die Fronten geraten ist. Zwischen diejenigen, die für einen harten Lockdown sind, und diejenigen, die trotz hoher Zahlen möglichst viel wirtschaftliches und gesellschaftliches Leben wieder öffnen wollen. Wie die Kanzlerin und ihr Kanzleramtsminister froh sind über ihre NoCovid-Initiative. Sie können sie als Druckmittel nutzen: «Sie (Frau Merkel) hat gesagt: ‹Frau Brinkmann, ich glaube, das ist der beste Weg, wie wir aus dieser Pandemie herauskommen. Ich weiß nicht, wie ich das durchkriegen soll.› ‹Nun›, habe ich gesagt, ‹dann war das ja alles umsonst, diese ganze NoCovid-Initiative.› Da hat Herr Braun gesagt: ‹Frau Brinkmann, ohne Ihre NoCovid-Initiative hätten die alle geöffnet, ich hätte keine Chance gehabt. Sie haben den Druck von der anderen Seite aufgebaut.›»

Das Konzept NoCovid klingt vernünftig. Aber die interdisziplinäre Gruppe um Melanie Brinkmann hat Pech: Sie stellt ihr Konzept ausgerechnet zu Beginn des Superwahljahres vor, in wenigen Wochen wird in Baden-Württemberg und Rheinland-Pfalz gewählt, etwas später in

Sachsen-Anhalt, im Herbst dann in ganz Deutschland. Da haben Politiker nicht nur die Bekämpfung der Pandemie im Kopf, sondern auch die Lage ihrer Parteien und ihre persönlichen Karrieren. Wahlkampf-Zeiten sind Profilierungs-Zeiten. In der Ministerpräsidentenkonferenz mit der Bundeskanzlerin sitzen mit Armin Laschet und Markus Söder zwei Politiker, die gerade um die Kanzlerkandidatur ringen. Und mit Finanzminister Olaf Scholz nimmt ein Mann in den Krisenrunden teil, der schon seit Sommer 2020 Kanzlerkandidat ist und natürlich als solcher wahrgenommen werden will.

In den Anfangsmonaten der Pandemie, im Frühjahr 2020, ist viel Vertrauen in die Arbeit der Bundesregierung gewachsen, die Erhebungen der Umfrageinstitute belegen das. Doch das unentschlossene, unkoordinierte Krisenmanagement im weiteren Verlauf hat das frisch gewonnene Vertrauen wieder zerstört. Auch das lässt sich an Umfragewerten ablesen, wenn Menschen bei anonymen Telefonbefragungen ihre Meinung zur Regierungspolitik äußern. Üblicherweise kommen bei diesen Befragungen Bürger zu Wort, die sonst im öffentlichen Diskurs keine große Rolle spielen. US-Präsident Richard Nixon sprach in den sechziger und siebziger Jahren von der «silent majority», der schweigenden Mehrheit, und auf sie stützte er sich bei seiner Vietnamkriegs-Politik.

Doch neben der «silent majority» hat es Politik zunehmend mit Menschen zu tun, die sich sehr selbstverständlich und mit großem Lärm öffentlich bemerkbar machen – und so auch die politische Meinungsbildung beeinflussen. Dies geschieht nicht nur in sozialen Medien, also auf dem Sofa und am Schreibtisch. Je nach Anlass gehen Menschen klassisch auf die Straße, um zu demonstrieren. Das war bei der Auseinandersetzung um die Flüchtlingspolitik so – und wiederholt sich seit 2020 beim Streit um die Corona-Maßnahmen. Besorgte Bürger marschieren dann sogar gelegentlich mit rechtsradikalen Systemgegnern Seit an Seit. Für die Mitglieder der Regierung ist diese Entwicklung schwer zu greifen. Wenn sie die Demonstranten pauschal kritisieren, besteht die Gefahr, dass sich harmlose Bürgerinnen und Bürger vorschnell in die rechte Ecke gestellt fühlen – und sich anschließend tatsächlich radikalisieren. Meiden Politiker jedoch die kritische Auseinandersetzung mit den Demonstranten, werden extremistische Gruppen zu Vertretern des bürgerlichen Spektrums aufgewertet. Ein Dilemma.

Melanie Brinkmann ist keine Politikerin, sondern Wissenschaftlerin durch und durch. Aber natürlich verfolgt auch sie die politischen Debatten im Land aufmerksam, auch in den sozialen Medien: «Ich will es nicht prognostizieren. Aber mich hat schon schockiert, was gerade im Kapitol in Amerika passiert ist. Dass es eine Macht gibt, die man erst gar nicht so wahrgenommen hat. Und auf einmal ist sie da. Dass sich so etwas auch langsam entwickelt, vielleicht durch eine Pandemie dann sehr schnell, davor habe ich Angst. Und deshalb sollte unsere Politik nicht auf Spaltung setzen – was sie im Wahlkampf ja oft tut.»

Während Melanie Brinkmann in ihrem Labor über Herpes- und Coronaviren spricht, über Mutanten und über NoCovid, treffen die Bundeskanzlerin und die Ministerpräsidenten an diesem 10. Februar erneut zum virtuellen Corona-Krisengipfel zusammen. Ihre Gesprächsrunde endet früher als üblich. Am Abend verkündet Angela Merkel dann erste Lockerungen: Demnächst sollen Friseure wieder arbeiten dürfen. Die Kanzlerin wirkt bei ihrem Pressestatement nicht sonderlich glücklich. Man merkt ihr an, dass sie sich gegen die Regierungschefs und Regierungschefinnen der Länder nicht durchsetzen konnte. Merkel wollte, dass der Lockdown um vier Wochen verlängert wird. Erreicht hat sie eine Verlängerung um drei Wochen.

Bei einem anderen Thema konnte sie die Runde offenbar überzeugen: Wegen der Unsicherheit über die Verbreitung von Virusmutanten werden weitere Öffnungsschritte erst bei einer stabilen 7-Tage-Inzidenz von höchstens 35 Neuinfektionen pro 100 000 Einwohnern erfolgen. Nicht mehr die Zahl 50 gilt ab sofort also als entscheidender Grenzwert, sondern die ehrgeizigere 35.

Fünf Tage bleibt es einigermaßen still. Wirtschaftsverbände kritisieren die Beschlüsse und verweisen auf die unerträglichen Folgen der Maßnahmen. Aber ihre Kritik formulieren sie noch moderat. Dann meldet sich Armin Laschet.

In normalen Zeiten würde er sich über den Feiertag freuen, heute ist Rosenmontag. Aber wegen des hohen Infektionsrisikos wurden alle Veranstaltungen abgesagt, der Karnevalist Laschet kann sich keine Auszeit nehmen und schunkeln. Also kümmert er sich ums politische Tagesgeschäft und wählt sich als Gast in den virtuellen Neujahrsempfang des CDU-Wirtschaftsrats von Baden-Württemberg ein.

Der Termin ist aus zwei Gründen wichtig für Laschet. Zum einen sind es nur noch gut vier Wochen bis zu den Landtagswahlen in Baden-Württemberg und Rheinland-Pfalz. Zum anderen hat Laschets innerparteilicher Konkurrent Friedrich Merz in Baden-Württemberg und im Umfeld des dortigen CDU-Wirtschaftsrats besonders viele Anhänger. Laschet muss heute vor allem für sich selbst werben. Er spricht nicht vor dem Arbeitnehmerflügel, der ihm sowieso wohlgesonnen ist, sondern vor einem Kreis von Unternehmern. Ihm wird, so gut das im virtuellen Raum möglich ist, ein freundlicher Empfang bereitet.

Der neue CDU-Vorsitzende hört die warmen Worte gerne, er sitzt – wenig karnevalesk – mit dunklem Anzug, weinroter Krawatte und Manschettenknöpfen vor einer grauen Stellwand mit vielen CDU-Logos, vor ihm befindet sich ein kleines Mikrofon. Als Laschet an der Reihe ist, richtet er sich auf und kommt auf die aktuelle Corona-Politik zu sprechen: «Wir gehen jetzt in eine Phase, in der immer mehr Menschen erwarten, dass wir besser abwägen zwischen Gesundheitsschutz und all den anderen gesellschaftlichen Schäden, die durch den Lockdown und die Schließungspolitik entstehen. Ich habe das bereits im letzten Frühjahr gesagt, dass wenn Infektionszahlen sinken, wir Grundrechtseingriffe auch wieder zurücknehmen müssen. Dass wir Schulen und Kitas wieder öffnen müssen.»

Diesen Anfang von Laschets kurzer Rede können vermutlich alle Zuhörer unterschreiben. Doch dann fügt der neue Parteichef hinzu: «Das war damals nicht sehr populär. Populär ist, glaube ich immer noch, die Haltung: Alles verbieten, streng sein, die Bürger behandeln wie unmündige Kinder, auch in der Sprache.»

Es folgt ein kurzer Exkurs über die Auswirkungen des Dauer-Lockdowns auf Kinder und über die Bedeutung von Präsenz-Unterricht.

Dann: «Und deshalb, glaube ich, dass wir zu dieser abwägenden Position zurückkommen müssen. Wir können unser ganzes Leben nicht nur an Inzidenzwerten abmessen [...]. Mein Gefühl ist, dass wir im Moment wieder an einem solchen Kipppunkt sind. Da gibt es die Aktivisten, die Zero-Covid sagen, die Werte unter 10 als Ziel geben [...], aber man kann nicht immer neue Grenzwerte erfinden, um zu verhindern, dass Leben wieder stattfindet. Das wird die Debatte sein, die die nächsten Wochen bestimmt. Populär ist das immer noch alles nicht. Der große Nachbar in Bayern sieht das manchmal etwas anders.»

Zwei, drei Sätze aus seiner Ansprache verbreiten sich in Windeseile in den sozialen Netzwerken. Sehr schnell heißt es, Laschet habe mit seiner Polemik über immer neue Grenzwerte gegen den 35er-Beschluss der Ministerpräsidentenkonferenz gezielt. Aus dem Zusammenhang wird vielmehr deutlich, dass er gegen Initiativen wie die von Melanie Brinkmann stänkert. Bei seinem Rundumschlag verwechselt Laschet offenkundig die NoCovid-Initiative mit der ZeroCovid-Initiative. Denn nur die NoCovid-Strategie strebt einen Wert unter 10 an, während die ZeroCovid-Initiative noch darüber hinausgeht und viel radikalere Forderungen erhebt. Von einer Solidarabgabe für Vermögende ist etwa die Rede, um einen branchenübergreifenden Lockdown mit Aussetzung der Arbeitspflicht in ganz Europa zu finanzieren. Aber solche Unterschiede sind Laschet bei seiner Rede vor dem Wirtschaftsrat nicht so wichtig. Deshalb nennt er zur Vorsicht mahnende Wissenschaftler und Wissenschaftlerinnen wie Melanie Brinkmann und andere pauschal «Aktivisten», also Nörgler und Bremser.

Dabei ist er ein wenig fies zu den ernsthaften Forschern, denn er unterstellt ihnen, dass sie «immer neue Grenzwerte erfinden, um zu verhindern, dass Leben wieder stattfindet.» Laschet spricht ihnen die Lauterkeit ihrer Motive ab.

Einmal in Schwung gekommen, schießt er noch einen Giftpfeil in Richtung München und seinen Rivalen Markus Söder, der aus rein populistischen Gründen den Lockdown-Hardliner gebe. Nein, um Differenzierung geht es Laschet heute nicht. Er hat ein eher grobes Freund/Feind-Schema vor Augen. Den bayerischen Ministerpräsidenten wirft er sogar mit den «Aktivisten» um Melanie Brinkmann in einen Topf: «Populär ist: Alles verbieten, streng sein, die Bürger behandeln wie unmündige Kinder.»

Laschets Äußerungen klingen nicht nach großer Überzeugungsarbeit für eine geschlossene Strategie in der Corona-Politik. Sie klingen nach – Wahlkampf.

ALTLASTEN

Die Sozialdemokraten sind wieder genervt. Für alle überraschend steht Olaf Scholz plötzlich im Mittelpunkt einer, na was eigentlich, einer Affäre, eines Skandals? Jedenfalls gibt es heute, am 10. Februar, reichlich Spektakel. Einen Tag zuvor hat die Deutsche Umwelthilfe einen Brief auf ihrer Website veröffentlicht, der eigentlich geheim bleiben sollte. In der Überschrift heißt es: «Geheimdeal gegen das Klima – Deutsche Umwelthilfe enthüllt Regierungsdokument». Etwas weiter unten auf der Seite steht ein Brief vom 7. August 2020, gerichtet an den damaligen Finanzminister der USA, Steven Mnuchin.

Das Schreiben trägt den Briefkopf des Bundesfinanzministeriums samt Bundesadler und die Unterschrift des Ministers. Der Inhalt («Dear Mr. Secretary, dear Steven, ... Please find enclosed the non-paper») birgt tatsächlich jede Menge Zündstoff. Es geht um die umstrittene Gaspipeline Nord Stream 2 zwischen Russland und Deutschland.

Die Trump-Regierung, aber auch mächtige republikanische und demokratische Kongressabgeordnete und Senatoren hatten Unternehmen, die am Bau der Pipeline beteiligt sind, wiederholt mit scharfen Sanktionen gedroht. Die Drohungen wurden immer schärfer. Niemand wollte riskieren, auf die Schwarze Liste der USA gesetzt zu werden, vor allem für international agierende Unternehmen hätte das zu einem existentiellen Problem werden können. Der Pipelinebau kam zum Erliegen.

Im Sommer 2020 zeichnete sich zudem ab, dass sich der aggressive Kurs der USA gegenüber dem deutsch-russischen Projekt auch nach einem möglichen Machtwechsel in Washington nicht ändern würde.

Auch die Demokraten machten mächtig Stimmung gegen Nord Stream 2. Die Bundesregierung war in der Klemme. Zwischen Russland und Amerika, zwischen dem Wunsch nach einer souveränen Energiepolitik und der Hoffnung auf ein gutes Verhältnis zur Supermacht USA.

In dieser angespannten Lage telefonierten am 5. August 2020 Olaf Scholz und Steven Mnuchin miteinander. Die beiden Finanzminister verstanden sich offenbar gut, denn zwei Tage später schickte Scholz seine Gedanken noch einmal schriftlich hinterher – und nannte das Schreiben geheimnisvoll «non-paper». Als ob es zwischen Regierungen tatsächlich Nicht-Papiere gibt. Warum dann auch der Bundesadler auf dem Anschreiben? Im Brief stand sinngemäß: Wir subventionieren den Bau von Terminals für Flüssiggas (LNG, Liquefied Natural Gas) an der deutschen Nordseeküste mit bis zu einer Milliarde Euro, damit Ihr mehr amerikanisches Fracking-Gas nach Deutschland verkaufen könnt; im Gegenzug gebt Ihr Euren Widerstand gegen Nord Stream 2 auf («The German government is willing to considerably increase its financial support for LNG infrastructure and import capacities up to 1 bn. €.... In return, the U. S. will allow for the unhindered construction and operation of Nord Stream 2»). Um es noch kürzer zu formulieren: Wir kaufen Euch Euren Widerstand ab.

Was immer Olaf Scholz getrieben haben mag: Vermutlich hat er sich gedacht, dass der Geschäftsmann Donald Trump für einen solchen Deal empfänglicher ist als sein möglicher Nachfolger Joe Biden. Und ebenso wahrscheinlich ist, dass Scholz sein Angebot mit Angela Merkel abgestimmt hat. Die Bundeskanzlerin konnte wegen ihres schlechten Verhältnisses zu Donald Trump das Geschäft unmöglich persönlich anbahnen. Also überließ sie es ihrem Finanzminister und dessen US-amerikanischem Kollegen («dear Steven»).

Der Vorgang selbst war bereits wenige Wochen später publik geworden, ohne zunächst große Wellen zu schlagen. Erst die Veröffentlichung des Original-Schreibens durch die Umwelthilfe sorgt jetzt für Aufregung. Aus realpolitischer Perspektive war die Scholz-Initiative vielleicht sinnvoll. Allerdings hatte sie verschiedene Haken. Der größte: Die Förderung von Fracking-Gas gilt als besonders umweltschädlich. Laut einer in der renommierten Fachzeitschrift *Biogeosciences* veröffentlichten Studie ist Fracking auch für den Anstieg des Treibhausgases Methan in der Atmosphäre verantwortlich.

Wie verträgt sich die milliardenschwere Unterstützung einer höchst problematischen Energieform mit den vom Wahlkämpfer Olaf Scholz verkündeten «Zukunftsmissionen»? Seine Worte vom Wochenende hallen noch nach: Um «2050 klimaneutral wirtschaften zu können», bräuchten wir «einen kompletten Bruch ...» Der mit bis zu einer Milliarde Euro geförderte Bau von Terminals für Fracking-Gas passt nicht zum revolutionären Anspruch des Klima-Retters.

Dazu kommt im Frühjahr 2021 ein weiteres Problem. Der russische Oppositionelle Alexej Nawalny ist nach einem Giftanschlag und vorübergehendem Asyl in Deutschland vor wenigen Wochen in sein Heimatland zurückgekehrt. Noch am Flughafen wurde er verhaftet und bald darauf zu einer mehrjährigen Gefängnisstrafe verurteilt, weil er angeblich gegen Bewährungsauflagen verstoßen hat. In vielen Orten Russlands sind Menschen aus Protest auf die Straße gegangen, mehrere tausend Demonstranten werden willkürlich inhaftiert. Der politische Druck auf die Bundesregierung, dem russischen Präsidenten Putin wegen der Menschenrechtsverletzungen die Stirn zu bieten und auf eine Fertigstellung von Nord Stream 2 zu verzichten, wird von Tag zu Tag größer. Der Brief an Steven Mnuchin ist zwar ein halbes Jahr zuvor abgeschickt worden. Doch die Veröffentlichung während der Nawalny-Affäre ist für den deutschen Minister und Kanzlerkandidaten besonders misslich. Die *Süddeutsche Zeitung* kommentiert treffend: «Eine fragwürdige Pipeline sollte mit fragwürdigen Mitteln vor fragwürdigen Sanktionen bewahrt werden.»

Das also ist die Lage des Kanzlerkandidaten Scholz an diesem Mittwoch, Mitte Februar. Eigentlich interessiert sich Deutschland heute für ein anderes Thema: Die Ministerpräsidenten und Ministerpräsidentinnen sind am Nachmittag wieder mit der Bundeskanzlerin verabredet, um über eine Verlängerung des Corona-Lockdowns zu entscheiden. Überall im Land, vor allem in unzähligen Familien, Unternehmen und bei Kulturschaffenden, liegen die Nerven blank: Wie lange wollen, oder besser:

müssen die Politiker dem Volk noch den Ausnahmezustand zumuten? Auch der Bundesfinanzminister ist Teil dieser Runde, er wählt sich von seinem Ministerium aus in die Konferenz ein.

Parallel zur Schalte mit der Kanzlerin tagt der Bundestag. Eigentlich wollen die Abgeordneten über die wirtschaftlichen Konsequenzen der Lockdown-Maßnahmen debattieren. Auch «Haftungsfragen bei der Finanzierung des Rückbaus von Windenergieanlagen» stehen auf der Tagesordnung. Parlamentarisches Alltagsgeschäft. Doch es entsteht große Unruhe, der Brief von Scholz an Mnuchin macht die Runde. Und da es heute auch eine aktuelle Stunde zu den Menschenrechtsverletzungen in Russland gibt, redet sich der Osteuropa-Experte der Grünen, Manuel Sarrazin, in Rage. Die Bundesregierung dürfe dem Bürgerrechtler Alexej Nawalny nicht in den Rücken fallen und mit Wladimir Putin weiter Geschäfte machen, als sei alles in bester Ordnung. Die deutsche Regierung biedere sich dem «Russland der Mächtigen» an. Unterstützung verdienten die Menschen, die gegen die Verurteilung von Nawalny auf die Straßen gehen. Die Grünen wittern eine Chance.

Als Sarrazin seine Rede beendet, meldet sich seine Fraktionskollegin Britta Haßelmann mit einem Antrag zur Geschäftsordnung zu Wort: «Ich möchte für meine Fraktion den Minister für Finanzen, Olaf Scholz, herbeizitieren. Denn ich finde, dass in der Aussprache zur Lage in Russland und zur Frage der Positionierung der Bundesregierung in Hinblick auf Nord Stream 2 und mögliche Angebote an die USA Herr Scholz als Bundesfinanzminister anwesend sein soll.» Eine Oppositionspolitikerin bestellt ein Regierungsmitglied ein – geht das so einfach?

Die grüne Abgeordnete beruft sich auf Artikel 43 des Grundgesetzes, nach dem das Parlament das Recht hat, einen Minister jederzeit herbeizuzitieren. Es heißt dort: «Der Bundestag und seine Ausschüsse können die Anwesenheit jedes Mitgliedes der Bundesregierung verlangen.»

Das Getuschel im Plenum wird noch lauter. Der Finanzminister soll erscheinen, wie ein Schuljunge, der an die Tafel gerufen wird? Die Fraktionen der Großen Koalition sind empört, die Abgeordneten der anderen Oppositionsparteien reiben sich die Hände. Aber wie ist die Rechtslage genau?

An diesem Nachmittag hat die Linken-Politikerin Petra Pau als Bundestagsvizepräsidentin den Sitzungsvorsitz. Sie muss sehr schnell klären, ob der Antrag zulässig ist oder nicht – und sie muss im Fall der Fälle auch entscheiden, in welcher Form über den Antrag abgestimmt werden soll. Pau blättert im schmalen Büchlein der Geschäftsordnung des Bundestages und erklärt den Antrag kurz darauf für zulässig.

Wo ist Olaf Scholz, kann er überhaupt so schnell ins Plenum eilen? Jetzt wird auch neben und hinter der Vorsitzenden geflüstert, dort, wo die Plenarassistenten und der Sitzungsdienst ihre Plätze haben. Ist Minister Scholz nicht gerade in der Schalte mit der Bundeskanzlerin? Macht nichts, das hier geht jetzt vor.

Jemand erhält den Auftrag, im Büro von Olaf Scholz anzurufen. Ein paar Minuten später drückt Petra Pau wieder auf den Knopf, der ihr Mikrofon freischaltet, und erklärt: «Der Herr Bundesfinanzminister befindet sich in der Ministerpräsidentenkonferenz.» Dann lässt sie tatsächlich abstimmen, ob Scholz erscheinen soll. Das Plenum ist an diesem Tag nur spärlich besetzt, was auch mit den Abstandsregeln wegen der Pandemie zusammenhängen mag. So stimmen mehrheitlich Abgeordnete der Oppositionsparteien Bündnis 90/Die Grünen, FDP, Linke und auch der AfD für den Antrag: Olaf Scholz muss in den Bundestag kommen. Jetzt, sofort. Es ist 15:35 Uhr.

Vom Finanzministerium bis zum Bundestag sind es, je nach Fahrweise und Straßenverkehr, fünfzehn Minuten. Olaf Scholz reagiert prompt, um 15:59 Uhr betritt er den Plenarsaal, eine schwarze Maske vorschriftsmäßig vor Mund und Nase, und setzt sich auf seinen Platz auf der beinahe leeren Regierungsbank. Er muss sich anhören, was die Opposition ihm alles entgegenschleudert.

Als wäre der Nachmittag nicht ohnehin schon miserabel für den Kanzlerkandidaten gelaufen, darf Alexander Gauland von der AfD den Angriff eröffnen. Scholz spielt mit seinem Handy, als Gauland spricht: «Wir müssen wieder mehr klassischer Staatsräson, also der Ausrichtung der Politik auf geostrategische und wirtschaftliche Interessen folgen. Es war gut und richtig, Nawalny in Deutschland zu helfen. Es ist kontraproduktiv, Russland mit Sanktionen zu belegen oder anderweitig zu bestrafen, weil Staat und Regierung nicht unsere Werte teilen. […] Es ist falsch, auf eine für uns wie für Russland nützliche Erdgasleitung zu verzichten, nur weil uns die Wertebasis, auf der Russland regiert wird, nicht passt.»

Kein Wort zum «non-paper» von Scholz an Mnuchin, kein Wort zum klimaschädlichen Fracking-Gas, dessen Kauf die Bundesregierung mit sehr viel Geld fördern will. Gauland lässt Scholz ungeschoren davonkommen. Ja, über einen rhetorischen Umweg verteidigt der AfD-Politiker den SPD-Minister sogar. Unterstützung vonseiten der AfD? Es hätte kaum schlechter laufen können für Scholz. Er blickt auf einen Zettel und macht sich Notizen.

Etwas später darf Gregor Gysi für die Linke ans Pult. Auch er findet keine scharfen Worte für Scholz, im Gegenteil: «Von der Sozialdemokratie habe ich eines gelernt: Politik des Wandels durch Annäherung. […] Nord Stream 2 ist die letzte Brücke von Russland zum übrigen Europa, die nicht auch noch eingerissen werden darf.»

Überraschender Beistand für den unter Druck geratenen Finanzminister, von rechts außen bis links außen. Aber so leicht wie Gauland will es Gysi dem SPD-Minister auch wieder nicht machen: «Im Übrigen darf man auch nicht Milliarden für Nord Stream 2 ausgeben und es dann brach liegen lassen, um dann auch noch das umweltschädliche Fracking-Gas aus den USA einzuführen oder zu fördern, Herr Scholz.»

Etwas später ist Oliver Krischer, Vize-Fraktionschef der Grünen, an der Reihe. Seine Fraktion hatte ja beantragt, Scholz aus der Schalte mit der Kanzlerin zu holen und im Plenum erscheinen zu lassen. Der Grüne stellt den Vizekanzler an den Pranger: «Wenn es einen schmutzigen Deal gibt, dann ist es dieser hier. […] Es geht darum, dass wir endlich die Sprache sprechen, die Putin versteht, und entsprechende Konsequenzen ziehen. Und nicht ein Projekt weiter fördern und unterstützen, das immer als ‹privatwirtschaftliches Projekt› gelabelt wird. Tatsächlich geht es darum, dem System Putin, das Menschen unterdrückt, das Menschen ins Gefängnis bringt oder die Gegner sogar ermordet, den finanziellen Boden zu entziehen.»

Ein schmutziger Deal? Ist der Bundesfinanzminister zu weich gegenüber dem Autokraten Putin? Das kann Olaf Scholz eigentlich nicht auf sich sitzen lassen. Er will künftig als Bundeskanzler die Richtlinien der deutschen Außenpolitik bestimmen. Er will das Klima retten. Er hat vorgestern noch mit großer Geste «Zukunftsmissionen» benannt.

Der Bundestag kann ihn heute zum Zuhören verdonnern, nicht aber zum Reden. Im Grundgesetz ist nur vermerkt, dass der Bundestag die Anwesenheit von Mitgliedern der Regierung verlangen kann, mehr nicht. Aber Scholz könnte freiwillig auf die Vorhaltungen antworten. Hier, in der Sitzung, hätte er Gelegenheit, sich zu verteidigen und die Gründe für seinen umstrittenen Brief an die Trump-Regierung zu erklären. Aber Olaf Scholz tritt nicht ans Rednerpult. Er bleibt sitzen, regungslos. Er hat sich fest vorgenommen, im Wahlkampf die Nerven zu behalten.

DER AUFREGER

Eine andere Bühne ist in der öffentlichen Wahrnehmung längst wichtiger geworden als das Plenum des Deutschen Bundestages. In den sozialen Medien verlieren so manche Politikerin und Politiker die Kontrolle über ihre Aussagen. Und so geschieht es auch Anton Hofreiter.

Zwei Tage nach Scholz' unfreiwilligem Erscheinen im Parlament entbrennt eine Debatte über Eigenheime. Eine Debatte, die zunächst am Rande großer medialer Aufmerksamkeit geführt wird, dann aber innerhalb von Twitter-Minuten laute und aggressive Formen annimmt. Auf den ersten Blick hat das Thema wenig bis nichts mit den großen Aufreger-Themen des Wahljahres zu tun: mit Corona und Klimawandel. Bei genauerer Betrachtung berühren sich die Themen jedoch, denn es geht jeweils um das Verhältnis von Individuum und Gemeinschaft, um Freizügigkeit und Verzicht. Eine spannende Diskussion also. Eigentlich.

Der *SPIEGEL* hat den Fraktionschef der Grünen im Bundestag zum Interview geladen. Es geht um Wohnungsnot, Immobilienpreise und die Zersiedlung der Metropolen.

Anton Hofreiter erklärt sachlich und unaufgeregt, dass die «wenigen Flächen, die es gibt, bestmöglich genutzt werden» sollen und dass es durchaus sinnvoll sein kann, wenn Kommunen den Neubau von Einfamilienhäusern in bestimmten Regionen nicht genehmigen. Natürlich fragen die *SPIEGEL*-Leute zugespitzt: «Wollen die Grünen die eigenen vier Wände verbieten?» Na klar, so ist das Geschäft. Hofreiter lässt sich aber nicht so leicht in die Falle locken und antwortet, dass die Entscheidung über den Bau von Einfamilienhäusern, Reihenhäusern, Mehrfamilienhäusern oder Mietshäusern allein den Kommunen vorbehalten sei. So weit, so vernünftig.

Dann erklärt er, dass der Zuwachs von Einfamilienhaussiedlungen in Zeiten des Klimawandels und des Artensterbens ein Problem sei: «Einparteienhäuser verbrauchen viel Fläche, viele Baustoffe, viel Energie, sie sorgen für Zersiedlung und damit auch für noch mehr Verkehr. [...] Immer mehr fruchtbarer Boden wird zugebaut, wogegen Bauern protestieren. In den Städten haben wir eine gigantische Wohnungsnot und explodierende Preise. Andererseits verfallen manche Dörfer.»

Wer wollte diesen Befund bestreiten? Dann spricht Hofreiter jedoch einen Gedanken aus, auf den sich Politiker der Konkurrenz und Journalisten, die auf Klickzahlen dressiert sind, stürzen wie Raubtiere: «Ich finde es richtig, dass die Gemeinde im Notfall auch enteignen darf, wenn Besitzverhältnisse unklar sind oder sich Erbengemeinschaften streiten und deshalb ein Dorfkern verödet oder Wohnraum nicht geschaffen werden kann.»

Es reicht, dass in einem Interview die Worte «Einfamilienhaus» und «enteignen» vorkommen, um die gewaltige Meinungsmaschine klassischer und sozialer Medien anzuwerfen.

BILD.de nennt die Hofreiter-Aussage «Anti-Eigenheim-Haltung», *Focus Online* schimpft: «ein Desaster». CSU-Landesgruppenchef Alexander Dobrindt: «Statt Eigentum zu fördern und zu schützen, setzen die Grünen auf bevormunden, enteignen und verbieten.» Der Hamburger CDU-Chef Christoph Ploß legt nach: «Die Grünen wollen die Freiheit von immer mehr Bürgern einschränken!» Sören Bartol, der stellvertretende Fraktionsvorsitzende der SPD: «Die Grünen sind an Populismus und Scheinheiligkeit wieder einmal nicht zu überbieten», FDP-Generalsekretär Volker Wissing auf Twitter: «Was mehr #grüne Politik für unser Land heißt: Mehr Verbote, mehr Gebote, weniger #Freiheit.» Das alles ist Alice Weidel von der AfD noch zu harmlos. Sie behauptet, hinter den Hofreiter-Aussagen stecke ein «Angriff auf Freiheit und Eigentum und der sozialistische Ungeist der Kollektivierung der Gesellschaft».

Zur Erinnerung: Hofreiter spricht nicht von Enteignung, um Wohnraum zu vernichten. Sondern, im Gegenteil, von Enteignung, um Wohnraum zu schaffen. Und das auch nur im Notfall, bei Erbstreitereien und Leerstand.

Aber bald ist Wahlkampf. Vermutlich würden auch Politikerinnen und Politiker der Grünen die Gelegenheit nicht auslassen, einen Mitbewerber absichtlich und genussvoll misszuverstehen und in die Arena des Debatten-Nahkampfes zu zerren.

Und doch gibt es Hoffnung für eine unaufgeregte, an Sachthemen ausgerichtete Debattenkultur. Es dauert ein paar Tage, dann wagt eine Stadträtin aus Leipzig, Verständnis für Hofreiters Thesen zu äußern: «Die zunehmende Zersiedelung ist nicht nur problematisch für Umwelt und Klima, sondern auch für die älter werdende Gesellschaft.» Der immer längere Weg zum Arzt oder zum Supermarkt sei für viele Bürger tatsächlich ein Problem: «Natürlich muss eine Kommune steuern können, wo welche Art von Wohnraum geschaffen wird.»

Ein Landrat aus dem Burgenlandkreis in Sachsen-Anhalt findet Hofreiters Debattenbeitrag ebenfalls sinnvoll: «Herr Hofreiter hat durchaus recht, wenn er sagt, dass auch die Politik steuern sollte zwischen dem Leben in der Stadt und auf dem Land.» Auch an dem Vorschlag, in Notfällen zu enteignen, kann der Landrat nichts Anstößiges erkennen: «Die von Herrn Hofreiter beschriebenen Fälle sind tatsächlich ein Problem für uns hier. […] Wir wollen hier keinen Sozialismus, den hatten wir hier schon mit sehr schlechten Erfahrungen. Dennoch: Wenn man da eine raschere Möglichkeit zur Enteignung schaffen würde, wäre das sinnvoll».

Bemerkenswert ist: Sowohl die Stadträtin wie der Landrat sind Mitglieder der CDU. Wieso trauen sich nur Regionalpolitiker, einem politischen Mitbewerber recht zu geben? Wieso hören die Spitzen der Berliner Politik nicht auf ihre Parteifreunde in den Kommunen? Wieso ziehen sie das gewohnte Reiz-Reaktionsschema immer noch lösungsorientierten Debatten vor?

DU ODER ICH

FÜHRUNGSANSPRUCH

Es ist 19:30 Uhr. Michael Kellner hat noch einen auswärtigen Termin. Die eigens zu diesem Zweck gegründete Werbeagentur «Neues Tor 1» arbeitet exklusiv für die Grünen und bereitet Werbemittel für die Kampagne zur Bundestagswahl vor, Plakate, Anzeigenmotive und all das, was zu einer optischen Kommunikation gehört. Kellner, der Bundesgeschäftsführer der Grünen, will sich die neuesten Entwürfe ansehen.

Das Agentur-Team hat schon einen anstrengenden Tag hinter sich. Annalena Baerbock hat sich die Entwürfe bereits angeschaut, Robert Habeck und drei weitere Spitzengrüne waren ebenfalls da. Sechs Mal die gleiche Präsentation, sechs Mal Erklärungen und Diskussionen. Alle wollen sich ein Bild machen, unabhängig voneinander.

Michael Kellner ist als Letzter an der Reihe. Ein wenig konspirativ ist der Treffpunkt schon, auf dem Klingelbrett des Altbaus im Prenzlauer Berg steht ein anderer Name, Besucher werden an einer schweren Holztür im ersten Obergeschoss abgeholt und durch einen langen Gang geführt. Dann noch eine Klingel und noch eine Eingangstür. Schließlich steht man in einem verwinkelten Büro. Irgendwo hängen Bilder von Jazzmusikern, aha, darum kümmern sich die Werber also, wenn sie nicht gerade Wahlkampf-Motive entwickeln.

Matthias Riegel ist einer von zwei Agenturchefs, er gibt sich Mühe, nicht wie ein klassischer Politikberater auszusehen. Auch im Büro trägt er einen Hut, leicht auf den Hinterkopf geschoben. So wie einst Jean-Paul Belmondo in «Außer Atem»; es gibt schlimmere Assoziationen. Außerdem nennt er sich nicht «Werbefachmann», sondern «Dramaturg», er berät den Bundesvorstand der Partei und hat die «dramaturgische Leitung» des Bundestagswahlkampfes. Jaja, Politik hat eine Menge mit Theater zu tun.

Man sieht dem Büro sofort an, dass hier heute schon allerhand Betrieb war, es stehen Essensreste herum, die Teammitglieder wirken erschöpft. Nur Matthias Riegel macht auch am Abend noch den Eindruck, als käme er frisch aus der Dusche. Mit einem freundlichen Lächeln erläutert er die Grundüberlegung der Kampagne. Dann führt er in einen Raum, der nicht größer als ein Wohnzimmer ist und an dessen hohen Wänden fünf große Papierfahnen hängen. Es wird schnell klar: Die Papierfahnen verdecken Slogans und einzelne Plakatmotive. Hinter jeder Fahne steckt eine Kampagnen-Idee. Michael Kellner hat seine grüne Winterjacke anbehalten und nimmt auf einem Stuhl Platz, neben ihm seine Büroleiterin und die Leiterin der Öffentlichkeitsarbeit des Parteivorstands.

Feierlich zieht Matthias Riegel die erste Papierfahne zu Boden: «JETZT» steht da in großen Lettern. Unter dem Titel «Jetzt – wie wir unser Land erneuern» wird Monate später Annalena Baerbocks Buch erscheinen. Erklärungen, dann die zweite Fahne, Erklärungen, die dritte Fahne und so weiter. Hinter der letzten Fahne verbirgt sich: «BEREIT, WEIL IHR ES SEID»: Mit diesem Werbespruch werden die Grünen ab dem Sommer die Innenstädte und Dörfer vollplakatieren. Aber noch ist heute die Entscheidung nicht gefallen.

Nach der zwanzigminütigen Präsentation steht Michael Kellner auf, lobt die geleistete Arbeit und klebt dann gelbe Post-it-Sticker auf die Entwürfe, die ihm gefallen. Das ist die freundliche und diplomatische Art, den Werbern mitzuteilen, dass er die anderen Entwürfe für ungeeignet hält. So ähnlich haben das auch die anderen Besucher am heutigen Tag bereits getan. Auch Kellners Büroleiterin und die Chefin der Öffentlichkeitsarbeit verteilen kleine Aufkleber. Denn das ist das Ziel des Tages: Aus fünf Kampagnenrichtungen sollen drei ausgewählt werden. Ein kniffliger Moment. Es geht um die Arbeit der Agenturleute für die nächsten Wochen. Und um viel Geld für Herstellung und Verteilung der Werbemittel.

Vor allem aber geht es um ein Konzept. Wie wollen die Grünen im Bundestagswahlkampf wahrgenommen werden? Welches Versprechen geben sie den Deutschen? Matthias Riegel wirkt wieder etwas feierlich, als er die Hauptbotschaft der Kampagne vorstellt: «Der Kern ist Bereitschaft. Bereitschaft, die Verantwortung für das ganze Land zu übernehmen. Sich auch zu trauen, nach vorne zu gehen und zu sagen: ‹Hey, wir sind bereit, dieses Land anzuführen. Wir kämpfen um die Führung einer kommenden Bundesregierung.›»

Michael Kellner steht neben ihm und nickt zufrieden: «Der Auftrag an die Agentur ist: Entwickelt eine Kampagne, die den Führungsanspruch für das Land ausstrahlt.»

Kellner sucht nach einem großen Wort, so ergriffen ist er von den Entwürfen an der Wand und wohl auch von sich selbst. Dann findet er das Wort: «Historisch». Die Grünen seien an einem «historischen Punkt», sie würden vor einer «historischen Aufgabe» stehen.

Dann wird es etwas konkreter. Worauf spielt das «JETZT» an, was ist die Absicht hinter dem Wort? Kellner: «Wir sind jetzt Mitte Februar. Und ich versuche, mir gerade vorzustellen, diese Kampagne soll im Sommer, im Frühsommer sichtbar sein. Was ich erwischen und machen möchte, ist ein Aufbruch und Optimismus: Wir schaffen das, Hoffnung geben, Zuversicht. Dass wir das anpacken können. Das ist das, was wir darstellen wollen und was wir uns erarbeiten. Und das im Februar für den Sommer.»

Der grüne Wahlkampfmanager sagt tatsächlich: «Wir schaffen das.» Aber diesen Slogan haben die Werber nicht entworfen. Schade eigentlich, er hätte sicherlich muntere Diskussionen über Angela Merkel, die Flüchtlingskrise und Schwarz-Grün ausgelöst. Aber natürlich wissen das auch die Werber. Deshalb versuchen sie, mit anderen Sprüchen Zuversicht zu verbreiten.

Michael Kellner hat die Aufgabe für die Werbeagentur formal richtig beschrieben: Im Februar soll sie Plakate für den Sommer entwerfen. Doch genau das stellt die Agentur vor ein Problem. Matthias Riegel weiß sehr wohl um die Kraft von Gesichtern in einer Kampagne: «Wir haben den Führungsanspruch, wir haben die Bereitschaft, eine Regierung anzuführen. Dann will ich als Mensch ja wissen: Wer führt die denn an?»

Stimmt, das will man wissen. Und das wollen auch die Werber wissen, ob sie sich nun Dramaturg, Texter oder Grafiker nennen. Aber noch immer ist nicht klar, wer denn die Nummer eins, der Kandidat oder die

Kandidatin, sein wird: Habeck oder Baerbock? Die Motive an der Wand lassen erahnen, dass die Werbeprofis um diese Frage herumschleichen. Auf einigen Entwürfen sind nur Gesichter von Models zu erkennen: ein Mann und eine Frau. Wobei die Frau so kurz geschnittene Haare hat, dass sie eher an Frauke Petry erinnert als an Annalena Baerbock. Andere Entwürfe zeigen die reale Baerbock und den realen Habeck, mal getrennt, mal gemeinsam. Dass sich die Werber auf alle Möglichkeiten einstellen, wird später noch von Vorteil sein.

Auf die Frage, wie sehr die ungeklärte Kandidatenfrage die Arbeit der Agentur erschwert, antwortet Matthias Riegel, der Kommunikationsfachmann, so wie es ein Kommunikationsfachmann eben tut: Es gibt keine Probleme, nur Herausforderungen. Man will nicht über Nachteile reden, sondern über Vorteile. Also: «Was für eine Luxussituation haben wir, dass wir mit zwei Kandidaten spielen können, dass wir im Grunde genommen ganze Kampagnen auf sie schreiben können.»

Und Michael Kellner will in der komplizierten Situation ebenfalls nur Vorteile sehen. Er spricht von den beiden starken Führungspersönlichkeiten und vom «Team» an der Spitze: «Das ist eine Stärke. Das wollen wir gar nicht verstecken. Diese Team-Erzählung unterscheidet uns übrigens auch von anderen. Das ist ja fast schon ein historischer Sonderfall.»

Da ist das Wort wieder: «historisch». Mag sein, dass sich Michael Kellner aufrichtig darüber freut, dass seine Partei über eine funktionierende männlich-weibliche Doppelspitze verfügt. Aber in nicht allzu ferner Zukunft werden sich die Druckereien melden und Termine durchgeben. Spätestens dann muss die Frage entschieden sein, welches Gesicht großformatig auf Plakatwände in ganz Deutschland geklebt werden soll.

In diesen Tagen sorgen folgende Meldungen für Diskussionen:

Ende Februar hat die Linke bei ihrem virtuellen Parteitag eine neue Führung gewählt. Aber was will diese Doppelspitze? Während Susanne Hennig-Wellsow für eine Regierungsbeteiligung der Linken nach der Bundestagswahl wirbt, vertritt die Co-Vorsitzende Janine Wissler eine andere, härtere Linie: «Ich sehe bei Bundeswehreinsätzen [...] gar keine Möglichkeit für Kompromisse.»

Immer mehr Medien spekulieren über eine Ampelkoalition im Bund, also eine Regierung aus Grünen, SPD und FDP, in welcher Reihenfolge auch immer. Anlass sind die bevorstehenden Landtagswahlen. In Rheinland-Pfalz gibt es bereits eine Ampelkoalition, in Baden-Württemberg könnte die Ampel Grün-Schwarz ablösen. Das wäre dann ein Signal für die Bundestagswahl. Noch sind das Gedankenspiele.

Nach ein paar Wochen des Rückgangs steigen die Corona-Infektionszahlen wieder leicht, die Unsicherheit in der Bevölkerung und Politik ebenfalls. Eigentlich müsste der Lockdown verlängert werden. Doch das Land diskutiert über Lockerungsmaßnahmen.

Das ZDF veröffentlicht eine neues Politbarometer. Die repräsentativ ausgewählten Bürger wurden gefragt, wem sie die Kanzlerkandidatur zutrauen. 53 Prozent trauen sie Markus Söder zu, 28 Prozent Armin Laschet. Selbst unter den Unionsanhängern halten nur 36 Prozent der Befragten Armin Laschet für kanzlertauglich.

Noch eine Zahl, die die Meinungsforscher ermittelt haben: Die zehn wichtigsten Politikerinnen und Politiker werden allesamt schlechter bewertet als im Monat zuvor. Das Vertrauen der Bevölkerung in die Spitzen der Politik nimmt ab.

FLIEHKRÄFTE

Der Pianist Igor Levit lebt in Berlin und ist wie der Rest des Landes von der Pandemie betroffen. Aber er macht etwas Besonderes aus seiner Lage. Er twittert seine Gedanken und Gefühle in die Welt, mal sehr durchdacht und geordnet, mal spontan: «Ich werde heute Abend vom Friseurtermin träumen», heißt es da, ein anderes Mal: «Gustav Mahler hat

Zwiebelmettbrötchen gehasst», und dann: «Rassismus und Ausgrenzung ist vor allem ein Problem der Mehrheitsgesellschaft».

In den ersten Corona-Monaten, im Jahr 2020, hat Levit außerdem «Hauskonzerte» gegeben. Er setzte sich in seiner Wohnung an den prachtvollen Flügel, schaltete kleine Kameras auf Stativen ein und begann zu spielen, live übertragen im Internet. Man kann seine Minikonzerte als musikalische Durchhalteparolen verstehen. Oder als Ersatz für ausfallende Auftritte. Immer dienten sie jedoch der emotionalen Erbauung. Eine wachsende Anzahl von Followern freute sich auf die Übertragungen, korrespondierte anschließend mit Levit in den sozialen Medien. Einige schreiben, dass er ihnen «heilsame Momente» schenken würde. Und auch für Levit sind diese Momente beglückend. Er empfindet so eine große Sinnhaftigkeit in schwierigen Zeiten.

Igor Levit ist ebenfalls zu einer Stimme der Pandemie geworden, einer wichtigen, hellen Stimme. Wir verabreden uns im französischen Kulturzentrum Maison de France am Kurfürstendamm und reden über Corona, über Musik und Politik. Er leidet, natürlich, unter den Beschränkungen für Kulturschaffende: «Das war und ist ein Scheiß-Jahr!» Er freut sich auf den Bundestagswahlkampf: «Dieser Wahlkampf wird eine ganz eigene Sprache haben, eine Sprache der Veränderung.»

Dann kommen wir auf Levits Sorgen wegen der Radikalisierung der Gesellschaft zu sprechen. Wegen der Fliehkräfte, die während der Pandemie weiter zunehmen. Die Querdenker-Bewegung nimmt er als «Ansammlung von Verschwörungstheoretikern wahr: extrem unsolidarisch, gefährlich, angetrieben von Angst.» Levit wird immer ernster: «Die haben jetzt halt ihr Thema gefunden. Vor ein paar Jahren war es ein anderes Thema. Von ein paar Jahren nannten sie sich nicht Querdenker. Es gab Pegida. Es kann sein, dass es unter den Querdenkern Menschen gibt, die keine Rassisten, keine Antisemiten, keine Demokratiefeinde, keine Verächter von Institutionen, keine Neofaschisten sind. Es kann sein, es wird so sein. Es ist ganz sicher so, dass es auch da Menschen gibt, die tatsächlich Angst haben. Aber wenn du unter der Flagge der gerade Genannten mitläufst, machst du dich mit haftbar. Dann machst du dich schuldig. Das galt bei Pegida. Das gilt auch jetzt.»

Levit sitzt an einem großen Flügel. Ab und zu spielt er ein paar Töne. Dann geht das Gespräch weiter. «Sie sagten, Sie nehmen die Bewegung als gefährlich wahr. Worin besteht die Gefahr?» Levit: «Staatszersetzung. Eine der meist wiederholten Sätze dieser Republik, eine Art Haupt-DNA, die man sich selbst gegeben hat, sind die Worte ‹Wehret den Anfängen!› Sie beinhalten in meinen Augen die Überzeugung, dass es keinen zu kleinen Angriff geben kann. Es gibt keinen zu kleinen Rassismus. Es gibt keinen zu kleinen Antisemitismus. Es gibt keine zu kleine Giftspritze gegen ein demokratisches Miteinander. Das gibt es nicht. Insofern ist jede noch so kleine Gruppe, die versucht oder gewillt ist, diesen Staat, seine Institutionen und das gesellschaftliche Miteinander zu zerstören, ein gigantisches Problem. Und das muss sofort mit demokratischen Mitteln bekämpft werden.»

Zwei Zugstunden von Berlin entfernt. Der große Platz vor dem Hamburger Rathaus ist nahezu menschenleer, die Geschäfte und Cafés sind wegen des Lockdowns geschlossen, in den Büros arbeiten nur Notbesetzungen. Es ist unangenehm kalt, ein eisiger Wind fegt durch die Hansestadt. Warum sollte man in dieser Zeit hierherkommen? Um sich mit einer Querdenkerin zu treffen, mit einer Frau, die darauf besteht, keinen Mund-Nasen-Schutz zu tragen. Sie habe ein Attest vom Arzt, erklärt sie gleich. Nun gut, auf dem leeren Rathausmarkt lässt sich ausreichend Sicherheitsabstand halten. Wir haben uns an einem Freitag für 12 Uhr verabredet, und pünktlich schlendert Selina Fullert über den Platz, die Turmuhr der nahegelegenen Kirche Sankt Petri schlägt zwölf Mal, Dong, Dong, Dong.

Fullert ist 32 Jahre alt, sie ist in Hamburg aufgewachsen und wohnt immer noch hier, draußen in einem Vorort, zusammen mit ihren zwei kleinen Kindern. Bis vor kurzem hat sie als Verwaltungsfachangestellte gearbeitet. Ein unauffälliges, unaufgeregtes Leben. Doch die Corona-Pandemie hat auch bei ihr alles durcheinandergewirbelt, das Leben von Selina Fullert hat sich von Grund auf verändert. Eigentlich, so beschreibt sie sich selbst, sei sie ein eher unpolitischer Mensch, deutscher Durchschnitt: «Wir haben immer CDU gewählt. Ich war in meiner Blase und auch im Glück als Mutter und Hausfrau und Auszubildende. Später haben wir unser Leben in der Vorstadt genossen.»

Seit dem Frühjahr 2020 hat sie ihre Zurückhaltung abgelegt. Die junge Frau ist wütend geworden, sie geht auf Marktplätze, um zu demonstrieren.

Es fing während der ersten Pandemie-Welle und des ersten Lockdowns an. Die Stadt Hamburg erließ, wie andere Kommunen in Deutschland, eine strenge Eindämmungsverordnung. Im trockenen Amtsdeutsch hieß es, dass Menschen einen Sicherheitsabstand von 1,5 Meter zueinander einhalten müssen, dass der Aufenthalt im öffentlichen Raum in Begleitung von mehr als einer Person nicht gestattet ist. Und auch nicht die Teilnahme an öffentlichen und nicht-öffentlichen Veranstaltungen. Bei Zuwiderhandlungen drohte ein Bußgeld von 150,- Euro. Darüber regte sich Selina Fullert mächtig auf. Denn sie sah, wie Polizisten Demonstranten Strafen androhten. Ob sich die Demonstranten an die Auflagen hielten oder nicht, ist nachträglich schwer zu ermitteln.

Selina Fullert glaubte jedenfalls, dass die Bürger dafür bestraft werden, öffentlich ihre Meinung kundzutun. Das wollte sie nicht hinnehmen. Sie rief bei der Versammlungsbehörde in Hamburg an und erfuhr, dass Demonstrationen unter Einhaltung der behördlichen Vorgaben durchaus erlaubt seien. Diese Auskunft ermunterte Selina Fullert, selbst eine Kundgebung anzumelden, rechtlich abgesichert. Denn sie ärgerte sich ja nicht nur über die Bußgelder. Sie verstand auch nicht, oder wollte nicht verstehen, warum die Lockdown-Maßnahmen so lange anhielten. Aus der unpolitischen Frau wurde eine Veranstalterin, eine Aktivistin:

«Das hat sich verselbstständigt. Diese Kundgebungen sind immer mehr gewachsen. Ich dachte, irgendwann könnte ich das abgeben und den Menschen einfach nur erklären, welche Möglichkeiten sie haben. Das war aber nicht der Fall. Die Menschen haben weiterhin Angst gehabt. Und so blieb das Anmelden von Kundgebungen in Hamburg an mir haften. Ich habe einfach weitergemacht.»

Die junge Mutter wirkt aufgeräumt, keinesfalls verblendet, sie hat ihr Engagement gut durchdacht. Und sie beschreibt sich nicht als klassische Corona-Leugnerin. Auch sie habe anfangs Angst vor dem unbekannten

Virus gehabt, und die Maßnahmen zur Eindämmung verunsicherten sie. Wie viele andere lief sie in den Supermarkt und hortete das Nötigste, man konnte ja nicht wissen, wann es wieder Klopapier und all das andere geben würde. Aber als die Schutzmaßnahmen verlängert wurden, immer und immer wieder, stieg der Ärger in ihr auf, und sie dachte: «Irgendetwas stimmt doch hier nicht.»

Selina Fullert beginnt vom einen auf den anderen Moment, den offiziellen Erklärungen der Regierung und des Robert-Koch-Institutes zu misstrauen. Das Internet bietet jede Menge alternativer Erklärungen an, jede noch so abwegige Weltanschauung, also auch jede noch so bizarre Verharmlosung des Corona-Virus. Fullert vernimmt Gerüchte, dass sich das Virus, vor dem sich alle so sehr fürchten, eigentlich ganz normal verhalte, wie andere Grippe-Viren. Sie liest das gerne, denn es nimmt ihr die Angst. Und sie beschließt, keine Schutzmaske zu tragen. Sie vertraut ihrem «Bauchgefühl».

Selina Fullert wird zum führenden Kopf der Querdenker-Bewegung in Hamburg. Sie reist auch in andere Städte, um dort zu demonstrieren. Im November 2020 ist sie in Berlin, als viele tausend Menschen gegen die Verschärfung des Infektionsschutzgesetzes protestieren. Die Menschen stehen in der Menge dicht gedrängt aneinander, viel zu dicht. Die Polizei setzt Wasserwerfer ein, aber nicht so hart wie etwa bei der Räumung besetzter Häuser, sondern sanft, geradezu mitfühlend. Die Berliner Polizei hat sich auch Gedanken über den passenden Sprachgebrauch gemacht. In offiziellen Verlautbarungen schreibt sie, man habe die Demonstranten «beregnet». So lernt Deutschland, ganz nebenbei, ein eher seltenes Wort. Selina Fullert ist dabei, als die Querdenker von der Polizei beregnet werden – und natürlich findet sie auch diese Maßnahme unverhältnismäßig.

Drei Monate später gehen wir mit entsprechendem Sicherheitsabstand über den leeren Rathausmarkt in Hamburg und sprechen über die Pandemie, über den Lockdown und ihren Protest. Fullert beklagt, von den Regierenden «keine Antworten» auf ihre Fragen zu bekommen: «Das Gespräch wird ja nicht eröffnet. Weder in einem großen Untersuchungsausschuss, noch wird auf andere Wissenschaftler eingegangen.

Es gibt keine Antworten.» Gleichzeitig verlören Menschen im Shutdown «ihre Existenzen, vielleicht sogar ihr Zuhause, wenn sie ihre Hypothek nicht mehr bezahlen können. Also, das sind die Menschen, die zu mir kommen und die sich Sorgen machen [...].» Sie habe keine Antwort auf die eine große Frage: warum das alles?

Natürlich ist es so: Die Zeitungen sind voll mit Berichten und Kommentaren über die Pandemie und den Lockdown, ebenso die Nachrichten und Talkshows im Fernsehen und Hörfunk. Man kann fast den Eindruck gewinnen, als würden klassische Medien nur noch über dieses eine Thema berichten und alles andere an den Rand drängen. Jaja, sagt Selina Fullert, das stimme schon, aber ihr fehlten abweichende Meinungen, Abweichungen vom Mainstream.

Bei den Demonstrationen trifft sie auf sehr viele Menschen, die die Corona-Politik von Bund und Ländern ebenfalls grundsätzlich in Frage stellen. Aus ein paar lokalen Veranstaltungen ist längst eine Bewegung entstanden, der sich auch Menschen aus dem rechtsextremen Spektrum angeschlossen haben, AfD-Politiker, Reichsbürger, Neonazis. Auf die Frage, ob diese Gesellschaft ein Problem für sie sei, antwortet Fullert: «Ehrlich gesagt, ich kann Ihnen nicht mal sagen, wie Neonazis zu definieren sind. Wenn ich auf der Straße bei einer Demonstration bin, kenne ich die wenigsten Menschen persönlich. Solche Demonstrationen sind immer sehr dynamisch. Und ich finde, solange man gewaltfrei bleibt und solange man wirklich für eine Sache einsteht, sei es der Umweltschutz oder das Infektionsschutzgesetz, solange man friedlich beieinander ist, ist alles okay.»

Einige Arbeitskollegen und Freunde von Selina Fullert sind anderer Meinung. Als über die von ihr organisierten Demonstrationen in Lokalzeitungen und sozialen Medien berichtet wurde, wollten sie nichts mehr mit ihr zu tun haben.

Aber Fullert blieb der Kopf der Hamburger Querdenker-Bewegung. Sie bereitet gerade neue Veranstaltungen vor, in ein paar Wochen soll es wieder losgehen. Und sie glaubt, dass die scharfen Maßnahmen zur Eindämmung der Pandemie noch viele Wochen bestehen werden: «Ich finde es einen Wahnsinn. Ich habe auch mit einigen Betrieben gesprochen, mit einigen Handwerkern, Goldschmieden, Juwelieren, Floristen. Menschen, die ihre Geschäfte nicht öffnen können, sind total verzweifelt. Auch Friseure, Kosmetiker. Meine eigene Kosmetikerin, die sich im letzten Jahr erst selbstständig gemacht hat, die ihr ganzes eigenes Kapital investiert hat und jetzt vor dem Ruin steht. Familienväter, die vielleicht Angst haben, ihre Familien nicht mehr durchzubringen. Mir blutet das Herz. Und da fängt es ja erst an. Ältere Menschen dürfen weiterhin ihre Familienmitglieder nicht sehen. Die Kinder dürfen einander nicht besuchen. Ich sehe es bei meinen Kindern. Ihre besten Freunde dürfen nicht mehr mit ihnen spielen. Ich bin verzweifelt und versuche mich zusammenzureißen, den Menschen Mut zu machen, zu sagen: ‹Wir schaffen das schon, Ihr könnt Mittel beantragen, Euch wird dort und dort geholfen.› Aber ich sehe keinen Ausweg momentan. Manchmal sitze ich abends zuhause und denke: ‹Wow, das war wieder ein Tag. Wie geht es morgen weiter?›»

Selina Fullert spürt, wie der Unmut in der Bevölkerung zunimmt. Umfragen im Frühjahr 2021 zeigen, dass sich die Bundesregierung noch auf die Zustimmung der Mehrheit verlassen kann. Aber die Akzeptanz schwindet. Wird die Pandemie das Verhältnis von Regierung und Bürgern dauerhaft belasten? Wird sich das Misstrauen in der Bevölkerung festsetzen und auch das Ende der Pandemie überdauern? Die ehemalige CDU-Wählerin Selina Fullert fühlt sich von der amtierenden Bundesregierung schon seit einigen Jahren nicht mehr repräsentiert. Jetzt, während der Pandemie, ist auch noch ihr Restglaube an die deutsche Politik verlorengegangen: «Ich hinterfrage die Politik und habe kein Vertrauen mehr.»

Ihr Vertrauensverlust hat handfeste Auswirkungen. Selina Fullert ist zur Impfgegnerin geworden. All die mit viel Geld produzierten Werbekampagnen wie «Deutschland krempelt die Ärmel hoch» lassen sie kalt: «Ich vertraue dem Impfstoff nicht. Ich vertraue dem Ganzen nicht. Ich denke, die Nebenwirkungen sind für mich viel größer als diese Krankheit. Das ist einfach ein Abwägungsprozess – der Impfstoff könnte mir mehr schaden als die Krankheit selbst.»

Die Diskussionen über die Corona-Maßnahmen der Regierung und auch über die Impfkampagne werden überall im Land geführt. Und sie setzen die Politiker zusätzlich unter Druck. Wenn es nicht bald gelingt, die Pandemie in den Griff zu bekommen und den Menschen ihre gewohnten Freiheiten zurückzugeben, droht ein irreparabler Schaden für den Zusammenhalt der Gesellschaft. Selina Fullert sieht, dass das Grundvertrauen der Bürger in ihre Regierung brüchig wird: «Menschen brauchen Planungssicherheit, Orientierung, ein Gespür dafür, worauf sie sich verlassen können. Vor allem eine finanzielle Absicherung, damit sie ihre Familien durchbringen können. Und wenn das verloren geht, mache ich mir große Sorgen um die Gesellschaft. Und nicht nur in Deutschland, sondern auch in Europa.»

Sie befürchtet, «dass Menschen den Anschluss verlieren. Auch die Jugendlichen, die jetzt in die Ausbildung oder ins Studium kommen sollten, die nicht wissen, wie es weitergeht. Wenn Menschen sich verloren fühlen und keine Perspektive sehen. Ich hoffe, dass es nicht in Unruhen ausartet oder in eine Depression. Oder dass Menschen tief verzweifelt sind und dadurch krank werden.»

Selina Fullerts Vertrauen in die Politik ist erschüttert, aber noch nicht zerstört. Immerhin, am Schluss unseres Gespräches will sie eine Erwartung an den nächsten Bundestag formulieren. Sie fordert einen Untersuchungsausschuss, um herauszufinden, ob die Maßnahmen zum Schutz vor der Pandemie wirklich verhältnismäßig waren. Später, meint sie, könnten auch die Menschen, die große wirtschaftliche Verluste erlitten haben, Ansprüche geltend machen.

Geht es nach Selina Fullert, wird auf die Phase der Eindämmung der Pandemie die Phase der juristischen Aufarbeitung folgen, irgendwann. Jens Spahn hatte während des ersten Lockdowns bei einer Bundestagsdebatte etwas umständlich gesagt: «Wir werden miteinander in ein paar Monaten wahrscheinlich viel verzeihen müssen. Weil noch nie […] in der Geschichte der Bundesrepublik und vielleicht auch darüber hinaus in so kurzer Zeit unter solchen Umständen mit dem Wissen, das verfügbar ist und mit all den Unwägbarkeiten, die da sind, so tiefgreifende Entscheidungen haben getroffen werden müssen. Das hat es so noch nicht gegeben. Ich bin immer ganz neidisch auf diejenigen, die schon immer alles gewusst haben.»

Selina Fullert hat diese Aufforderung, sich künftig gegenseitig viel zu verzeihen, nicht sonderlich beeindruckt. Die Turmuhr von Sankt Petri schlägt zwei Mal, Dong, Dong, Selina Fullert verabschiedet sich freundlich. Eine Maske zieht sie nicht übers Gesicht, sie will zurück in ihren Vorort. In wenigen Wochen, das sagt sie noch zum Abschied, will sie wieder eine Querdenken-Demonstration in Hamburg veranstalten. Ich könne gerne vorbeikommen.

Anfang März blickt Deutschland wieder nervös in die Hauptstadt und verfolgt die Ministerpräsidentenkonferenz mit der Kanzlerin zur Corona-Lage. Eigentlich müssten sich die Blicke auch nach Saarbrücken, Erfurt, Schwerin, Kiel und so weiter richten, denn die Regierungschefs der Länder schalten sich von ihren Amtssitzen aus online in die Konferenz. Neun Stunden dauert das virtuelle Meeting, und man spürt, wie orientierungslos die Runde ist. Im Vorfeld wurden die Regierungschefs ungewohnt lautstark und heftig wegen der viel zu langsamen und ineffektiven Impfkampagne kritisiert. Auch dass kostenlose Schnelltests für alle angekündigt wurden und die Einführung dann wieder verschoben wurde, zeigt: Die Regierungen in Bund und Ländern haben die Lage nicht unter Kontrolle, viele andere Staaten wie Israel, England, Chile und die USA agieren professioneller. Von einem «Skandal» schreiben die Zeitungen, vom neuen Zorn der «Wutbürger», das böse Wort vom «Staatsversagen» ist plötzlich überall zu lesen und zu hören. Neun Stunden streiten die Teilnehmer, und als die Bundeskanzlerin, der bayerische Ministerpräsident Markus Söder und Michael Müller, der Regierende Bürgermeister von Berlin, um kurz vor Mitternacht vor die Presse treten, ist klar: Die Runde hat eine drastische Kurskorrektur ihrer Corona-Politik beschlossen.

Zwar ist von «Notbremsen» die Rede, sollten die Infektionszahlen bestimmte Grenzwerte überschreiten. Aber im Kern sieht der neue Plan einen schrittweisen Ausstieg aus dem Lockdown vor, das öffentliche Leben soll in vielen Bereichen bald wieder wie vor der Pandemie möglich sein.

Eine erstaunliche Kehrtwende, gegen die eindringliche Warnung der Wissenschaftler und Wissenschaftlerinnen, auf die viele Entscheidungsträger vor einigen Wochen noch gehört haben. Die Verbreitung der hochansteckenden Virusmutanten ist beängstigend, es gibt Anzeichen, dass Deutschland am Anfang einer dritten Infektionswelle steht. Doch die Regierungschefs haben ihren neuen Maßnahmenkatalog nach anderen Kriterien ausgerichtet. Der wachsende Zorn der Bevölkerung erscheint ihnen als ein gefährlicherer Gegner als das Virus mit all seinen Mutationen. Sie haben mehr Angst vor einer neuen Welle des Protests als vor einer neuen Welle der Pandemie.

In dieser Nacht drängt sich die Frage auf, ob sich die Kanzlerin und die Länderchefs dramatisch verzocken: Zwar wird die schrittweise Öffnung kurzfristig zu einer Beruhigung der Bevölkerung führen. Aber sie kann eben auch einen noch drastischeren Anstieg der Infektionszahlen zur Folge haben. Dann würde der Unmut des Landes nur verschoben, auf Ende März, auf April. Die Enttäuschung, wenn dann wegen noch höherer Infektionszahlen die Öffnungen wieder rückgängig gemacht werden müssen, mögen sich die Regierungschefs lieber nicht vorstellen. Ist das verantwortungsvolles Handeln?

Wie in der Anfangsphase der Pandemie lassen sich die politischen Entscheidungsträger vom Prinzip Hoffnung leiten. Auch die Bundeskanzlerin, die sonst so gerne faktenbasiertes Handeln fordert, hat ihren Kompass verloren. Noch während die Runde tagt, dringen wörtliche Zitate nach außen. Olaf Scholz und Markus Söder sind aneinandergeraten. Es geht um die Finanzierung des Härtefallfonds, einige Ministerpräsidenten wollen von der verabredeten Aufteilung der Kosten zwischen Bund und Ländern nichts mehr wissen. Der Finanzminister besteht dagegen auf der hälftigen Aufteilung der Kosten, diese sei ja Wochen zuvor beschlossen worden. Teilnehmer beschreiben das Auftreten des Ministers als bockig, als ein wenig zu selbstherrlich. Markus Söder fühlt sich von Scholz provoziert: «Was regen Sie sich auf, das ist doch nicht Ihr Geld.» Scholz kontert: «Nein, das ist das Geld der Steuerzahler und Steuerzahlerinnen.» Darauf Söder: «Sie sind nicht der Kanzler von Deutschland, tun sie nicht so.» Scholz schweigt und reagiert nur mit Achselzucken, als wolle er sagen: «Noch nicht.»

Wenige Tage später bezeichnet die Virologin Melanie Brinkmann die Kehrtwende in der Corona-Politik in einem Zeitungsinterview als «intellektuelle Beleidigung»: «Was uns gerade präsentiert wird, ist [...] keine Perspektive.» Eine Lockerung des Lockdowns bei einer zu hohen Inzidenz und ohne Folgestrategie führe zwangsläufig zu einer dritten Infektionswelle. Die Bundesregierung habe es in den vergangenen Monaten versäumt, neue Strategien gegen die Pandemie zu entwickeln: «Ich fühle mich da als Bürgerin mit alten Eltern einerseits und drei schulpflichtigen Kindern andererseits im Stich gelassen. [...] Ich halte es für eine sehr schlechte Idee, bei den aktuell hohen Inzidenzen in Deutschland die Schulen aufzumachen, ohne Testkonzept. Wer die Dynamik des Virus verstanden hat, kann darüber nur entsetzt sein.»

Die meisten Regierungschefs in den Staatskanzleien und im Kanzleramt werden die mahnenden Worte vermutlich vernehmen. Doch sie reagieren nicht. Sie sind in diesen Tagen wegen eines anderen Themas abgelenkt. Bald wird im Südwesten der Republik gewählt.

SPRENGSTOFF

Das Plenum des Deutschen Bundestages hat wieder ein strammes Programm. Auf der Tagesordnung an diesem 25. Februar stehen Probleme bei der Bekämpfung der Pandemie, aber auch über die Personalkostenerstattung für zugewiesene Beamtinnen und Beamte sowie eine Änderung des Seearbeitsgesetzes wollen die Abgeordneten debattieren.

Bundestagspräsident Schäuble leitet die Sitzung. Um das Pensum zu schaffen, ruft er schnörkellos einen Tagesordnungspunkt nach dem anderen auf. Um 10:20 Uhr nuschelt er mit seinem südbadischen Tonfall irgendetwas von einem «soeben aufgesetzten Zusatzpunkt». Die Abgeordneten des dünn besetzten Plenarsaals nehmen kaum Notiz, als Schäuble durch den vorbereiteten Text rattert: «Ich rufe den soeben aufgesetzten Zusatzpunkt 22 auf: Beratung der Beschlussempfehlung des Ausschusses für Wahlprüfung, Immunität und Geschäftsordnung zu einem Antrag auf Genehmigung zum Vollzug gerichtlicher Durchsuchungs- und Beschlagnahmebeschlüsse Drucksache 19/26999. Eine Aussprache ist nicht vorgesehen. Der Ausschuss empfiehlt, die Genehmigung zu erteilen. Wer stimmt für diese Beschlussempfehlung?» Schäuble blickt streng nach rechts in den Plenarsaal. «Wer stimmt dagegen?» Der nächste strenge Blick, jetzt nach links: «Wer enthält sich? Dann ist die Beschlussempfehlung einstimmig angenommen.» Schäuble knurrt weiter durch die Tagesordnung.

Außenstehende werden kaum etwas verstehen. Doch was Schäuble verliest und der Bundestag abnickt, umfasst einen der größten Politskandale der letzten Jahre. Der Bundestag hat soeben dem CSU-Abgeordneten und Vizechef der Unionsfraktion Georg Nüßlein die Immunität entzogen. Was im blühenden Beamtendeutsch formuliert ist, hat knallharte strafrechtliche Auswirkungen. Wenige Minuten nach dem Bundestagsbeschluss suchen Ermittler im Auftrag der Münchner Staatsanwaltschaft das Nüßlein-Büro auf. Sie werden von Beamten der Bundestagspolizei begleitet, die ihnen den Weg zum Büro zeigen und darauf achten, dass in diesem Bereich des Abgeordnetenhauses keine Filmaufnahmen gemacht werden. Alles soll diskret und ohne großes Aufsehen ablaufen. Aber nicht alle halten dicht. Plötzlich tauchen ein Kamerateam von RTL sowie Reporter einer Boulevardzeitung und einer Nachrichtenagentur auf. Wer hat ein Interesse an der Berichterstattung? Georg Nüßlein sicherlich nicht. Schließlich erhalten die Ermittler Zugang zum Büro, auch um Unterlagen zu beschlagnahmen.

Die Razzia ist professionell vorbereitet, nahezu zeitgleich durchsuchen Ermittler zwölf weitere Objekte in Deutschland und Liechtenstein, darunter das Privathaus von Georg Nüßlein in Münsterhausen bei Ulm. Die Generalstaatsanwaltschaft München spricht von einem «Anfangsverdacht der Bestechlichkeit und Bestechung von Mandatsträgern gegen zwei Beschuldigte im Zusammenhang mit dem Ankauf von Corona-Atemschutzmasken» und verweist auf die Unschuldsvermutung. Insgesamt soll Nüßlein bei der Vermittlung von Mund-Nasen-Masken an die Gesundheitsministerien des Bundes und des Landes Bayern 660 000 Euro Provision kassiert haben. Die Mehrwertsteuer sei angeblich nicht deklariert worden.

Georg Nüßlein ist an diesem Vormittag in seinem Abgeordnetenbüro im Jakob-Kaiser-Haus. Die Beamten der Bundestagspolizei haben das Areal rund um die Eingangstür abgesperrt. Plötzlich streckt Nüßlein den Kopf heraus, geht zum Fahrstuhl und raunt einem Reporter zu, dass die Vorwürfe gegen ihn «haltlos» seien. Nach einer Weile kommt er zurück. Diesmal schweigt er, er hat die Angelegenheit einem Anwalt übergeben.

Wenige Tage später wird der Fall des CDU-Bundestagsabgeordneten Nikolas Löbel publik, der sich bei Maskengeschäften mit 250 000 Euro bereichert haben soll. Auch hier wird auf die Unschuldsvermutung verwiesen. Offenkundig herrschte bei einigen Abgeordneten während der Pandemie eine Art Goldgräberstimmung. Ohne großen Aufwand ließen sich exzellente Geschäfte machen.

Die Affären treffen die Republik in einer Phase, in der das Land ohnehin enorm unter Spannung steht. Seit Monaten schwirrt den Entscheidungsträgern im Kanzleramt und in den Ministerien der Kopf, ihr Corona-Krisenmanagement läuft ins Leere. Zwar gibt es nach großen Anlaufschwierigkeiten ausreichend Schutzmasken. Aber bei den zwingend notwendigen Impfstoffen und Schnelltests gibt es eklatante Lieferengpässe. Dass Abgeordnete helfen, das dringend benötigte Material herbeizuschaffen, ist ehrenwert. Dass einige Abgeordnete den Ausnahmezustand im Land offenbar nutzen, um sich persönlich zu bereichern, empört hingegen die Republik.

In derselben Woche werden Vorwürfe gegen einen weiteren CDU-Abgeordneten laut, er habe bezahlte Lobbyarbeit für Aserbaidschan betrieben. Schon früher war gegen eine CDU-Abgeordnete und einen ehemaligen CSU-Parlamentarier ermittelt worden, die ebenfalls Geld aus Aserbaidschan für Lobbyarbeit erhalten haben sollen. Der zuständige Bundestagsausschuss für Wahlprüfung und Immunität hat in diesen Tagen viel Arbeit. Wieder wird die Immunität eines Abgeordneten aufgehoben, wieder durchsuchen Staatsanwälte Büros und Privatwohnungen «wegen des Anfangsverdachts der Bestechlichkeit von Mandatsträgern».

Plötzlich rückt auch Jens Spahn in den Mittelpunkt einer kleineren Affäre. Sie ist juristisch irrelevant, aber für einen Spitzenpolitiker eine ausgesprochen hässliche Angelegenheit. Im Oktober des Vorjahres hatte sich der Bundesgesundheitsminister mit dem Coronavirus infiziert. Er hatte das Mitleid der Deutschen verdient, keine Frage, war er doch bei der Bekämpfung der Pandemie unermüdlich im Einsatz. Doch als die Umstände seiner Ansteckung ans Tageslicht kamen, begannen sich viele über den emsigen Minister zu wundern.

Am Morgen zuvor hatte er noch wegen des Infektionsrisikos vor Feiern und geselligen Runden gewarnt. Am Abend war er in Leipzig Gast bei einem Abendessen mit einem Dutzend Unternehmern. Kein Grund zur Aufregung, lässt er ausrichten, bei der Veranstaltung seien die Corona-Regeln eingehalten worden. Doch wer will das nachträglich überprüfen? Das Treffen war wohl kein feucht-fröhlicher Liederabend, es ging um Spenden. Die übrigen Gäste waren im Vorfeld ausdrücklich darum gebeten worden, für den Bundestagswahlkampf von Jens Spahn 9999 Euro zu überweisen, exakt einen Euro unter der geltenden Grenze von 10 000 Euro, ab der die Spender ihre Namen offenlegen müssen. Ein listiger Umgang mit den Spendenregeln des Bundestages, der sich in bestimmten Abgeordnetenkreisen herumgesprochen hat.

Die Fälle Nüßlein und Löbel, die Aserbaidschan-Affäre und das widersprüchliche Verhalten Spahns liegen sehr verschieden. Doch das ohnehin angekratzte Vertrauen der Bevölkerung in die Politik bröckelt in diesen Wochen noch weiter. Es fällt zudem auf, dass vor allem Politiker der Union in die Skandale verwickelt sind. Bei oberflächlicher Betrachtung liegt die Erklärung nahe, dass es Parteifreunden leichter fällt, zueinander Kontakte aufzubauen und gegebenenfalls Geschäftsbeziehungen einzugehen. Man kennt sich, man hilft sich. Als in diesen Tagen immer mehr Vorwürfe gegen Unionsabgeordnete laut werden, fragen sich Beobachter, ob das Problem nicht tief in der Kultur der beiden Schwesterparteien verwurzelt ist.

Das Portal abgeordnetenwatch.de hat im Sommer 2020 eine unrühmliche Hitliste der Nebeneinkünfte von Bundestagsabgeordneten erstellt. Die Liste zeigt deutlich, dass die Unionsabgeordneten pro Sitz bei Nebenbeigeschäften führend sind:

1. CSU 128.700 €
2. FDP 62.500 €
3. CDU 43.900 €
4. AfD 20.700 €
5. SPD 15.600 €
6. Linke 11.900 €
7. Grüne 1.800 €

Auch die Vermischung von politischem Amt und privatem Geschäft hat in der Union offenkundig eine andere Tradition als etwa bei SPD, Linken und Grünen. Der Versuch, den Einfluss von Lobbyisten auf Parlamentarier und deren Entscheidungen stärker zu kontrollieren, war jahrelang am Widerstand der Unionsfraktion im Bundestag gescheitert. Eigentlich sind solche Kämpfe um die Regeln des Parlamentarismus nichts, was die breite Bevölkerung besonders beschäftigt oder aufregt. Es sind Kämpfe im Verborgenen der großen Politik. Doch im Zusammenhang mit der schamlosen Selbstbereicherung inmitten einer Pandemie liegt die Sache völlig anders. War das Vertrauen der Bevölkerung in ihre Volksvertreter in den Anfangsmonaten der Pandemie ungewöhnlich groß, werden im Frühjahr 2021, in den Wochen der Lieferengpässe und des Missmanagements, alte Pauschalurteile gegen «die da oben in Berlin» wieder laut. Die Wut bekommen in dieser Lage vor allem die Politikerinnen und Politiker der Union zu spüren. Doch auch Abgeordnete anderer Parteien stöhnen; sie merken, wie schnell Vertrauen in Misstrauen umschlagen kann.

Nicht nur die Unions-Fraktion hat schwarze Schafe in ihren Reihen. Auch dem SPD-Bundestagsabgeordneten Marcus Held wirft die Staatsanwaltschaft seit langem Untreue, Betrug und Bestechlichkeit im Zusammenhang mit Grundstücksgeschäften vor. Auch seine Immunität hat der Bundestag aufgehoben, Held ist im März immer noch Mitglied der SPD-Fraktion. Bei einer Gelegenheit frage ich Lars Klingbeil, den Generalsekretär, der ja selbst Mitglied des Bundestages ist, warum Held noch immer SPD-Abgeordneter ist. Klingbeil antwortet: «Es gibt keine Entschuldigung für das Verhalten von Marcus Held. Das Problem hier ist nur: Die juristische Klärung läuft. Wir haben Konsequenzen gezogen. Er ist in der Fraktion ruhiggestellt, er spielt keine Rolle mehr in der SPD, in Rheinland-Pfalz. Er tritt ja auch nicht wieder an. Man hat ihm sofort gesagt: Deine Zeit in der Partei ist vorbei.»

Das klingt entschlossen. Aber würde Lars Klingbeil die Konkurrenz von CDU und CSU vom Haken lassen, wenn die Unionsfraktion ihre Abgeordneten Nüßlein und Löbel mit dem Hinweis auf noch offene juristische Fragen in ihren Reihen behalten würde?

Die Vorsitzenden der Unionsparteien und auch der gemeinsamen Bundestagsfraktion tun in den nächsten Tagen eine Menge, um das lodernde Feuer auszutreten. Abgeordnete werden mündlich und schriftlich aufgefordert, sich zu melden, wenn sie in ähnlich anrüchige Pandemie-Geschäfte verstrickt sind. Aber was ist das für eine Frage, die da sinngemäß gestellt wird: Sind Sie ebenfalls korrupt? Und warum erkundigt sich die Fraktionsführung nicht nach anderen problematischen Geschäften?

Das alles ereignet sich wenige Tage vor den Landtagswahlen in Baden-Württemberg und Rheinland-Pfalz. Schon wird in Parteikreisen spekuliert, wem mögliche Niederlagen angelastet werden. Und auch, ob ein schlechter Wahlausgang Einfluss auf die K-Frage und die Entscheidung zwischen Armin Laschet und Markus Söder haben wird. Der Haussegen hängt mächtig schief in der Unionsfamilie. Doch da sowohl Abgeordnete von CDU als auch von CSU verwickelt sind, lassen sich die Korruptionsaffären für den Unions-internen Machtkampf kaum instrumentalisieren. Beide Parteien stecken im Sumpf.

AMPELTRÄUME

Lars Klingbeil hat in den letzten Monaten oft schwarze Oberhemden getragen. Heute, an diesem wichtigen Wahlsonntag, wollte er sich mal ein weißes Hemd anziehen. Doch er stellte fest, dass er während der Pandemie so viel Sport getrieben und daher abgenommen hat, dass sich kein passendes Hemd mehr im Kleiderschrank findet. Folglich hat er sich ein weißes Hemd angezogen, das am Kragen und in der Taille ein wenig schlabbert. So hockt Klingbeil am Nachmittag des 14. März etwas unförmig auf der Kante seines Schreibtisches im Willy-Brandt-Haus.

Der Generalsekretär wartet darauf, dass Alexander Petring ins Büro kommt und aktuelle Zahlen vorträgt. Petring ist Fachmann für Umfragen, Wahlergebnisse und überhaupt für Analysen des manchmal so rätselhaften Wählerverhaltens. Und auch Olaf Scholz soll gleich dazukommen. Alle warten gespannt auf Hinweise, wie die Landtagswahlen in Baden-Württemberg und Rheinland-Pfalz ausgehen werden.

Klingbeil weiß natürlich, wie wichtig dieser Wahltag ist. Ein gutes Abschneiden seiner Partei und Niederlagen der Union können einen Trend verstärken. Denn CDU und CSU strampeln gerade knietief im Skandalmorast: «Natürlich sehen wir, dass die anderen massive Probleme haben. Wir sehen, dass die Auseinandersetzung zwischen Laschet und Söder nicht aufhört, dass Friedrich Merz aus dem Hintergrund immer noch rumkeift. Wir sehen, wie viel Spannung in der Union ist, dass sie nicht auf einen geraden Weg kommt. Die letzten Tage haben mit dieser Maskenaffäre gezeigt, dass die Union verwundbar ist. Dass da vieles im Argen liegt. Wir sehen, dass viele Unionsminister das Corona-Management nicht hinbekommen.» Er meint vor allem Gesundheitsminister Spahn und Wirtschaftsminister Altmaier.

Klingbeil hat jetzt richtig gute Laune. Er malt sich aus, dass heute die Ampelkoalition in Rheinland-Pfalz bestätigt und eine solche Konstellation auch in Baden-Württemberg möglich wird. Das würde eine Menge in Bewegung setzen: «Dann werden wir ab morgen eine Debatte im Land über die Frage haben, ob Regierungen jenseits der Union möglich sind. Und das bedeutet für uns: Ja, es gibt eine Perspektive, mit der Olaf Scholz Kanzler werden kann. Und das ist schon ein sehr entscheidender Punkt im Hinblick auf die Bundestagswahl. Weil viele uns belächelt haben, auch Olaf Scholz belächelt haben, wenn er gesagt hat: Ich will Kanzler werden. Aber wenn heute zwei Mega-Landtagswahlen genau in diese Richtung entscheiden, kann sich morgen die bundespolitische Stimmung auch ein Stück weit drehen.»

Olaf Scholz hat vor wenigen Wochen sein neues Büro bezogen, auf der anderen Seite des Flurs. Jetzt kommt der Kandidat leise, fast so, als wolle er niemanden stören, und setzt sich an den großen Besprechungstisch in Klingbeils Büro. Und Alexander Petring geht im Schnelldurchgang durch seine Zahlen: Malu Dreyer und die SPD werden in Mainz weiterhin die Regierung anführen können, voraussichtlich wieder mit der FDP und den Grünen als Ampelkoalition. Klingbeil lächelt verschmitzt. Auch das ernste Gesicht von Scholz entspannt sich, sein Grinsen wird breiter und breiter, die Augen werden immer kleiner. Endlich ein Erfolgserlebnis für seine Partei, wann gab es das zuletzt? Dann liest Petring die Zahlen aus Baden-Württemberg vor, dort wird der grüne Ministerpräsident Kretschmann triumphieren, das ist keine Überraschung. Die SPD knabbert an der Zehn-Prozent-Marke. Das ist niederschmetternd. Aber davon will sich heute keiner die Stimmung vermiesen lassen.

Denn zwei Fragen sind für die Laune von Scholz und Klingbeil, und vielleicht auch für ihre nahe Zukunft, entscheidender: Wird die SPD hinter FDP und AfD nur fünftgrößte Kraft im neuen Stuttgarter Landtag oder wird sie knapp vor ihnen landen? Petring macht Hoffnung, vielleicht hat die SPD die Nase bei den drei kleinen Parteien vorn. Dass die Sozialdemokraten in Baden-Württemberg und Bayern längst zu den Kleinen zählen, ist allen im Raum schmerzhaft bewusst. Doch sie wollen heute nur gute Nachrichten aufsaugen. Und zur Stimmung trägt auch die Antwort auf die zweite wichtige Frage bei: Ist in Baden-Württemberg ebenfalls eine Ampelkoalition möglich? Auch hier nickt Petring.

Das Grinsen von Olaf Scholz wird noch breiter, er läuft sogar ein wenig rot an und kommt ins Schwärmen. Mit der Ampel hätte die SPD plötzlich eine realistische Machtoption auch im Bund: «Dass eine Ampel in den Ländern möglich ist, heißt, dass es auch anderswo geht, etwa bei der Bildung einer Bundesregierung. Und es zeigt, dass wir viele Optionen und Möglichkeiten haben, eine Regierung führen zu können. Und dass CDU und CSU nach der Bundestagswahl in der Opposition landen. Die Landtagswahlen sind für die SPD ein sehr ermutigendes Zeichen, dass es gelingen kann, die nächste Regierung anzuführen und den Kanzler der Bundesrepublik Deutschland zu stellen. Das ist das, was ich gerne werden will.»

Scholz ist ganz aus dem Häuschen, so siegestrunken hat man ihn selten erlebt. Fühlt er sich an diesem Nachmittag bereits ein wenig wie ein Kanzler? Heute, das will er zumindest glauben, wendet sich das Blatt. Seine Partei, die seit Jahren abgeschrieben, manchmal sogar bemitleidet wird, ist wieder eine ernstzunehmende Kraft im Bundestagswahlkampf. Und Scholz ein ernstzunehmender Kandidat.

Dennoch blenden die drei Männer an diesem Nachmittag aus, wovor man bei nüchterner Betrachtung der Wahlchancen unmöglich die Augen verschließen kann: Ob auch Grüne und FDP im Bund eine Ampelkoalition mit der SPD eingehen wollen, ist ungewiss. Und, genauso schwerwiegend: In bundesweiten Umfragen steckt die SPD immer noch tief im Keller, unterhalb der 20-Prozent-Marke. Wie können Scholz und die SPD die nächste Bundesregierung anführen, wenn sie nicht bald aus ihrem Umfrageloch kriechen? Von der Krise der Union profitieren in diesem Frühjahr Grüne und FDP, nicht aber die SPD. Trotz der Freude über den Sieg von Malu Dreyer: Es gibt offenbar etwas, das viele Deutschen seit Jahren davon abhält, ihre Stimme der SPD zu geben. Aber was? Für die Antwort und für die Lösung ihres Problems haben die drei am Tisch nur noch ein halbes Jahr Zeit.

Aus den Wahlergebnissen des heutigen Tages lässt sich mit etwas gutem Willen eine Rechnung ableiten, die der SPD Mut macht: 1. Bei Wahlen werden Amtsinhaber bestätigt. 2. Bei der Bundestagswahl tritt die Amtsinhaberin nicht mehr an. 3. Vizekanzler Olaf Scholz kann als einziger Kanzlerkandidat vom übriggebliebenen Amtsbonus der Bundesregierung profitieren.

Aber geht die Rechnung mit dem Amtsbonus tatsächlich auf? Oder gilt sie nach sechzehn Jahren Merkel-Regierung nur für die Länder, nicht aber für die Bundesregierung? Kehrt sich der Effekt im Umbruchjahr 2021 sogar um – und aus dem einstigen Amtsbonus wird ein Amtsmalus? Möglicherweise wird Olaf Scholz als Verwalter der Großen Koalition, also des Status Quo, wahrgenommen und nicht als Antreiber eines herbeigesehnten Neuanfangs. Das Pendel kann in den nächsten Monaten in beide Richtungen ausschlagen.

Eine halbe Stunde später zieht Scholz in sein Büro um, die Schalte mit dem Parteipräsidium soll beginnen, auch Malu Dreyer wird aus Mainz zugeschaltet. Es gibt Probleme mit der Technik, Saskia Esken, Norbert Walter-Borjans, Kevin Kühnert und all die anderen müssen warten. Um eine einwandfreie Verbindung herzustellen, ist kaum Zeit. In wenigen Minuten werden im Fernsehen die ersten Prognosen vermeldet, dann werden alle um Interviews gebeten, und die Richtung der Antworten muss rechtzeitig abgestimmt werden. Im Büro des Kanzlerkandidaten stehen zwei Pressesprecherinnen, die Büroleiterin und Scholz selbst um den Computermonitor herum, und alle rätseln, wie auf die Schnelle die Videoschalte aufgebaut werden kann.

Als die Verbindung endlich steht, gibt es kurze Glückwünsche an Malu Dreyer, dann dreht sich alles um die Ampel, die neue Machtoption im Bund. Lange war die Stimmung in der SPD nicht mehr so gelöst wie an diesem Nachmittag. Die Partei kann ihr Loser-Image abstreifen. Aber ein Sieger-Image hat sie deswegen noch lange nicht.

Wenige Minuten später steht Robert Habeck im Erdgeschoss der Heinrich-Böll-Stiftung. Die Parteizentrale der Grünen ist immer noch eine Großbaustelle, also sind die Grünen wieder in das nahe Gebäude ausgewichen, das den Charme einer Mehrzweckhalle ausstrahlt. Habeck lehnt an einer Art Theke, auch er genießt die Wahlnachrichten aus dem Südwesten der Republik. Er hat die ersten Interviews der Sozialdemokraten im Fernsehen gesehen und macht sich darüber lustig, dass Olaf Scholz permanent von «Ich, ich, ich» spricht. Habeck hat Spaß daran, Scholz zu imitieren: «Ich, ich, ich», er freut sich sichtlich über seine kleine Einlage. Aber dann wird er ernster, in der Krise solle man doch eher das «Wir» betonen.

Auch die Avancen der SPD, mit Grünen und FDP eine Ampelkoalition im Bund zu schließen, hat Habeck vernommen. Er reagiert verhalten. Ihm ist schon klar, welches Signal von Stuttgart aus nach Berlin gesendet werden würde, sollte Winfried Kretschmann seinen Koalitionspartner CDU gegen SPD und FDP austauschen. Die bundesweite Kampagne der Union würde gebremst, bevor sie richtig Fahrt aufnimmt. Und die Kampagne der SPD würde gewaltig in Schwung kommen. Die Grünen können mit der Entscheidung pro oder contra Ampel wesentlich Einfluss auf den Verlauf des Bundestagswahlkampfs nehmen. Sie sind bereits jetzt ein entscheidender Player. Wenn jahrelang galt, dass eine Bundesregierung ohne Beteiligung der Union nicht möglich ist, gilt nun dasselbe für die Grünen. Ohne sie, so sieht es heute aus, geht nichts mehr.

Natürlich vermeidet Habeck allzu dröhnendes Triumphgehabe, lächelt nur sein verschmitztes Habeck-Lächeln und erklärt, dass neben Schwarz-Grün nun auch eine weitere Regierungskonstellation denkbar sei. Ich berichte ihm, was mir Olaf Scholz kurz zuvor im Interview gesagt hat, seine Hoffnung auf die Ampel im Bund.

Habeck kontert: «Das Neue wäre ja eine grüne Ampel. Und wenn das die Machtoption ist, die Olaf Scholz so beflügelt, dann nehme ich das interessiert zur Kenntnis. Offensichtlich ist die SPD dann ja auch bereit für diese grüne Ampel.» «Das hat Olaf Scholz so nicht gesagt.» «Nö, das kann ich mir vorstellen, dass er das so nicht gesagt hat.»

Habeck weiß, dass es für seine Partei im Moment sehr gut aussieht, besser als für den sozialdemokratischen Juniorpartner der Großen Koalition im Bund. Eine Machtperspektive ohne die Union scheint indessen auch ihn zu beflügeln: «Bisher wurde ich im letzten Jahr ungefähr zehntausend Mal gefragt: Unter wem wollen Sie Kanzler sein? Söder oder Laschet? Seit heute Abend fragen alle: Geht's auch ohne die CDU? Und die erste Antwort ist: Unter keinem von beiden. Von Wollen kann keine Rede sein. Und die zweite Antwort ist: In diesem Jahr ist alles möglich. Nichts ist sicher, alles ist möglich. Das ist ja schon mal eine besondere Ausgangslage. Und wenn es möglich ist: Vielleicht kann man es ja auch möglich machen.»

Gleichsam weiß der Co-Vorsitzende der Grünen um die Risiken einer Ampelregierung im Bund, die «im schlechtesten Fall ein einziges Gewürge» sein könne: «‹Ampel-Gehampel›, wie es früher hieß. Die FDP bremst die progressiven Parteien aus, und dann ist es immer permanent unentschieden. Und wir erleben schlechte Laune und Sich-missgünstiges-Beharken. Im besten Fall kann so etwas natürlich – wie Sozialliberal damals – eine neue Dynamik entfachen.»

Habeck nimmt wahr, dass sich die politische Stimmung im Land gerade dreht, weg von der Union, hin zu anderen Parteien. Und er sieht natürlich auch die Gründe: schlechtes Krisenmanagement, Korruptionsaffären. Ist das nur eine vorübergehende Schwächephase? Oder beobachten wir den Anfang eines langanhaltenden Abstiegs der Union? Erleben wir gerade einen Game-Changer-Moment? Habeck lässt sich auf ein kleines Gedankenexperiment ein. Ich bitte ihn, sich weit in die Zukunft zu versetzen, um dann von dort aus wieder auf die Gegenwart zu schauen. Er lässt sich darauf ein: «Wenn man die Geschichte des Jahres 2021 rückwärts schreibt, wird man sagen: In diesen zwei, drei Wochen war der erste Tipping Point, der Umkehrpunkt des Jahres. Da ist was passiert. Da hat sich die politische Stimmung, der Zuspruch für die Parteien, dramatisch verschoben. Aber ob es der letzte ist, das glaube ich nicht. Das ist der Auftakt von einer Reihe von Wendepunkten in dem Jahr. Und hoffentlich ist es uns am Ende nicht schwindelig. Sondern wir haben einen klaren Kompass.»

Noch ist die Bundestagswahl ja weit weg. Aber sollte ab Herbst eine Koalition ohne Beteiligung der Union regieren, wird sich Deutschland dann an diesen März als entscheidenden Monat erinnern? Habeck denkt einen Moment lang nach: «Es ist auf jeden Fall so, dass die Union jetzt in schweres Fahrwasser gerät. Ich kann mich daran erinnern, dass Jens Spahn im Januar noch als der heimliche Kanzler hochgeschrieben wurde. Jetzt ist er der Depp der Nation. So kann es kommen. Auch Merkel war um die Jahreswende noch die Säulenheilige. Jetzt steht in einem großen deutschen Magazin: ‹Eigentlich müsste sie zurücktreten, wenn es nicht albern wäre, weil sie sowieso aufhört.› Das in drei Monaten. Der Höhepunkt dieser Wende hat sich in den letzten zwei Wochen vollzogen. Aber das sagt überhaupt nicht, dass nicht im Juli, wenn Deutschland dann vielleicht doch weitgehend durchgeimpft ist, ganz andere Themen und Debatten da sind. Das kann für alle Parteien rauf und runter gehen.» Robert Habeck kann es natürlich noch nicht wissen: Im Juli wird der Wahlkampf tatsächlich durch ganz andere Themen bestimmt werden.

AUF DER KIPPE

Es war eine kurze und unruhige Nacht für Armin Laschet. Einige Medien melden, er sei am Vorabend noch ins Kanzleramt gefahren, um mit Merkel über die schweren Niederlagen bei den beiden Landtagswahlen und ein mögliches Umsteuern in der Corona-Politik zu sprechen. Eine Einladung in die Talkshow von Anne Will schlägt er aus, auch andere Größen aus der Union wollen nicht in die Sendung. Offenbar haben sie Sorge, als Verlierer in der Runde zu sitzen und dort für das miserable Corona-Krisenmanagement den Kopf hinhalten zu müssen. So muss am Ende Thomas de Maizière, vor drei Jahren aus der Regierung ausgeschieden, für die CDU sprechen. Er hat der Partei die Niederlagen nicht eingebrockt. Aber er steht auch nicht für deren Zukunft.

Am Montagfrüh um 8:30 Uhr stürmt Laschet ins Konrad-Adenauer-Haus. Die Leute in der Parteizentrale sind angespannt. Eigentlich ist Laschet ja ein umgänglicher, eher gelassener Mensch. Aber wer weiß, wie seine Laune heute ist. Der Parteivorsitzende verschwindet schnell in sein Büro und eilt dann, fast im Laufschritt, vom sechsten in den zweiten Stock, wo in einem kleinen Konferenzraum Beamer, Kamera und Mikrofone für die Präsidiumsschalte installiert sind. Zumindest das schaffen die CDU-Leute heute besser als ihre Konkurrenten von der SPD, die Technik funktioniert einwandfrei, auf Knopfdruck.

An der virtuellen Präsidiumssitzung nimmt auch die Bundeskanzlerin teil. Ihre Stimme ist so laut, dass sie sogar auf dem Flur zu hören ist. Nach zwei Stunden wird der Kreis erweitert, jetzt werden auch die Mitglieder des Parteivorstands zugeschaltet. Armin Laschet sitzt am Kopfende des Konferenztisches, auf ihn sind ein greller Scheinwerfer und eine an der Decke montierte Kamera gerichtet. Er beginnt die Sitzung freundlich, gratuliert – so viel Zeit muss sein – Hermann Gröhe nachträglich zum 60. Geburtstag. Gröhe war mal Gesundheitsminister, bevor er für Jens Spahn Platz machen musste. Vielleicht ist Gröhe heute ganz froh, dass er den Job los ist. Dann kommt Laschet auf die Tagesordnung zu sprechen, auf die Niederlagen vom Vortag natürlich. Auch über die Masken- und Aserbaidschan-Affären wird zu reden sein.

Es gibt 22 Wortmeldungen an diesem Tag, viel mehr als üblich. Auch Personen, die den Vorstandssitzungen sonst eher schweigend folgen, melden sich zu Wort. Einige sind enttäuscht von der Spitzenkandidatin in Baden-Württemberg. Susanne Eisenmann wird einen Tag später ihren Rückzug aus der Politik verkünden. Andere machen ihrem Unmut über den Kurs des neuen CDU-Chefs Luft. Astrid Hamker, Chefin des CDU-Wirtschaftsrates, die Friedrich Merz politisch nahesteht, geht Laschet direkt an: «Warum lässt Du Dich so treiben?» Laschet blafft zurück: «Wer treibt mich denn? Ich lasse mich von niemandem treiben.»

Die Partei, die sich so lange an die Macht gewöhnt hat, ist verunsichert. Laschet rudert mit den Armen, er ballt die Fäuste. Heute Vormittag wirken seine Bewegungen nicht wie einstudierte Fernseh-Gesten. Laschet muss wirklich kämpfen, und er warnt: «Es ist nicht gottgegeben, dass die CDU den Bundeskanzler stellt.»

Bevor sich die Teilnehmer der Runde zerfleischen, kommt jemand auf die Idee, die Aggressionen doch besser gegen den Koalitionspartner von der SPD zu lenken. Der Regierungspartner verhalte sich unanständig, wenn er Jens Spahn öffentlich kritisiere und so die Coronakrise für Wahlkampfzwecke missbrauche. Der virtuelle Sitzungsraum wird zur Wagenburg. Es geht halt nichts über einen gemeinsamen Gegner, er hilft, die eigenen Reihen zu schließen. Laschet wird am Mittag in der Pressekonferenz dann auch Olaf Scholz angreifen: «Wenn einer der Minister sagt: Mein Kollege macht die Arbeit schlecht, dann soll er das im Corona-Kabinett vortragen oder innerhalb der Bundesregierung, aber nicht die Öffentlichkeit suchen.» Das seien doch alles «parteipolitische Sperenzchen».

Auch von Markus Söder ist Laschet genervt. Inzwischen hat er mitbekommen, was der CSU-Chef am Morgen in München gesagt hat: «Wir werden nicht mit dem Schlafwagen die Bundestagswahl gewinnen können.» Und noch etwas fällt auf: Die *BILD*-Zeitung hat sich auf Laschet eingeschossen und veröffentlicht Indiskretionen. Die Leute im

Konrad-Adenauer-Haus vermuten, dass Söder dahintersteckt. CSU-Chef gegen CDU-Chef? Die Entscheidung über die Kanzlerkandidatur ist immer noch offen. Laschet traut Söder nicht über den Weg. Genauso wenig traut er den Leuten um *BILD*-Chef Julian Reichelt. Bereits im Vorjahr ist Laschet von der Berichterstattung des wichtigsten Boulevardmediums des Landes über ihn so enttäuscht, dass er beschließt, nicht mehr mit den *BILD*-Redakteuren zu sprechen. «Dann eben ohne *BILD*», sagt er im kleinen Kreis. Aber der Vorsatz wird nicht lange halten.

Nach der Sitzung stürmt Laschet wieder hoch in den sechsten Stock, in sein neues Büro. Dort oben unterm Dach hat er ein paar Minuten Ruhe, Regen prasselt gegen die Fensterscheiben. Nur wenig erinnert in diesem Raum noch an die Einrichtung seiner Vorgängerin Kramp-Karrenbauer, auch Paul Ziemiak hatte zwischenzeitlich ja das große Büro genutzt. Der Neue hat den Schreibtisch jetzt umstellen lassen, ebenso den Konferenztisch. An der Wand hängt ein anderes großformatiges Bild. Die veränderte Anordnung ist ein Zeichen: Laschet ist gekommen, um zu bleiben. Und noch etwas ist neu: Im Raum steht Rauch, der Rauch von Zigarillos. Laschet hat sich heute noch nicht lange in dem Büro aufgehalten. Doch die wenigen Minuten hat er als Nikotinpausen genutzt, auf dem Schreibtisch liegen zwei Zigarilloschachteln. Laschet ist eigentlich ein Genussraucher, an Tagen wie heute wird er zum Stressraucher.

Er spricht über die schmerzhaften Niederlagen im Südwesten, über die Enthüllungen in der Maskenaffäre und über massive Probleme bei der Pandemiebekämpfung. Alles hängt miteinander zusammen. Und die Probleme und Aufgaben türmen sich vor dem Parteivorsitzenden, höher und höher. Laschet wird sehr ernst: «Sie müssen mehrere Dinge gleichzeitig machen. Erst einmal für klare Regeln sorgen, was mögliche Verstöße von Abgeordneten umfasst. Dann die Partei inhaltlich zusammenhalten, die Christlichsozialen, die Liberalen, die Konservativen, die Wirtschaftsnahen. Alle zu einer gemeinsamen Linie bringen. Also sehr viel Integrationsarbeit. Und dann gegenüber dem Wähler ausstrahlen: Was ist denn unsere Idee für die Zeit nach Angela Merkel? Was kommt nach der Pandemie? Wie halten wir Europa zusammen? Wie kommen wir aus der Wirtschaftsschwäche wieder heraus? Das ist die Zukunftsperspektive, die man ebenfalls mit aufzeigen muss.»

Laschet wirkt, als wolle er auf einen gewaltigen Berg klettern. Und immer, wenn er auf dem Weg nach oben ein paar Meter geschafft hat, zieht ihn irgendjemand wieder nach unten. Er bewegt sich zwischen Aufstieg und Absturz. Und das ganze Land schaut zu. Dabei ist er noch lange nicht in der höchsten Zone, dort, wo der Berg sehr steil und die Luft sehr dünn wird.

Die Bevölkerung traut Laschet nicht viel zu in diesen Wochen, seine persönlichen Umfragewerte sind schlecht. Auch die Umfragewerte der CDU bröckeln. Zumindest für die Krise der Partei hat ihr Chef eine Erklärung: «Im Moment haben wir einige Ressorts zu verantworten, die besonders schwierig sind. Das Gesundheitsministerium ist das anspruchsvollste Amt derzeit. Der Wirtschaftsminister hat mit den Wirtschaftshilfen ebenfalls eine wichtige Aufgabe. Die Kanzlerin hat eine wichtige Aufgabe. Und die Präsidentin der Europäischen Kommission rechnet man uns auch noch halb zu. So dass im Moment viel Verantwortung bei der CDU liegt. Das war in den guten Zeiten gut. Und wenn es jetzt mal hakt, ist es auch schwierig.»

«Das wird wahrscheinlich noch eine Weile so bleiben. Vor allem wenn die Infektionszahlen weiter so stark steigen.» Laschet erwidert: «Wenn alle irgendwann, so hoffe ich, im Laufe des Jahres geimpft sind, wird man auch froh sein, dass wir gut durch die Pandemie gekommen sind. Jetzt sind wir in einer Phase, wo alles auf der Kippe steht». Dieser Satz bleibt im Raum stehen wie der kalte Rauch der Zigarillos. Alles steht auf der Kippe. Der CDU-Parteivorsitzende verabschiedet sich, er muss zum nächsten Termin, im Eilschritt.

Die Krise der Union wird im bürgerlichen Lager besorgt registriert. Marco Buschmann gehört nicht zu den Lautsprechern in der Politik. Zwar zählt er zu dem Kreis von Personen, die häufig für einen O-Ton für die Tagesschau oder die heute-Nachrichten angefragt werden. Schließlich ist er Erster Parlamentarischer Geschäftsführer der FDP-Bundestagsfraktion und tritt in Plenardebatten für seine Abgeordneten oft ans Rednerpult. Aber wenn Redaktionen ein knackiges Zitat hören wollen, rufen sie lieber bei Christian Lindner an oder bei Wolfgang Kubicki, eher selten bei dem nüchternen Buschmann.

Umso schwerer wiegt der Alarm, den Buschmann am 17. März schlägt. Unter dem Eindruck der Korruptionsaffäre und der schweren Wahlpleiten der Union setzt der FDP-Politiker eine schriftliche Analyse auf. Er nennt sie etwas umständlich «Deutschlands liberale Demokratie vor politischen Korruptionsschäden schützen – vertrauliche Analyse und Ausblick für den Umgang mit den Affären innerhalb der Bundestagsfraktion von CDU/CSU».

Das sechsseitige Papier ist für die interne Diskussion in der FDP-Fraktion bestimmt. Aber was heißt das schon im politischen Berlin: «intern» und «vertraulich»? Schon bald landen ein paar Sätze aus Buschmanns Papier in den Zeitungen.

Die Analyse hat es in sich. Buschmann vermutet: «Der CDU/CSU droht eine politische Explosion». Dann macht er sich Gedanken zum Bestechungsskandal und dem Regierungsversagen beim Corona-Krisenmanagement: «Die Entstehung dieser Sprengladung ist einfach nachzuzeichnen. Vor der Coronakrise ist die Union in bundesweiten Umfragen teilweise immer wieder auf 25 Prozent abgestürzt. Diese substanzielle Schwäche der Union ist durch sozialpsychologische Effekte in der Coronakrise überdeckt worden. Zum einen setzte der sogenannte ‹rally round the flag›-Effekt ein. Danach versammeln sich die Menschen in einer krisenhaften Gefahrensituation wie der Pandemie um den jeweiligen Regierungschef oder die Regierungschefin. Dieser Effekt war weltweit in der Coronakrise zu beobachten. Zugleich setzte der sogenannte ‹Halo›-Effekt ein. Danach strahlt die positive Wahrnehmung der Regierungschefin auf andere Wahrnehmungen wie etwa die Kompetenzvermutung ihrer Partei in allen denkbaren Themenfeldern aus. Das führte zu einem starken Anstieg der Kompetenzvermutung bei der Union.»

Buschmann fasst zusammen: «Beide Effekte gemeinsam bildeten eine Art Strahlenkranz oder Heiligenschein der Union. Sie waren mit dafür verantwortlich, dass die Union im Verlaufe der Pandemie demoskopische Höchstwerte von bis zu 40 Prozent erzielte. Denn die sozialpsychologischen Effekte vermittelten den Eindruck, dass das Kernversprechen der Union intakt sei: einen Plan für die Krise zu haben, handwerklich gut regieren zu können und dabei anständig und bescheiden zu bleiben. War der sozialpsychologische Strahlenkranz bislang von Nutzen für die Union, so hat er sich mittlerweile in politischen Zündstoff verwandelt. Kurz: Diejenigen, denen man Außerordentliches zutraut, werden in der Wahrnehmung nicht einmal durchschnittlichen Erwartungen gerecht. Diese Mischung harter Kontraste zwischen Vertrauensvorschuss und Wirklichkeit der Regierungsparteien CDU und CSU reagiert zu politischem Sprengstoff.»

Am Ende seines Textes kommt Buschmann zu einer beängstigenden Schlussfolgerung: «Die Zerstörungskraft reicht potenziell aber auch so weit, die Rolle der Union fundamental zu beeinträchtigen und zu einem politischen Vakuum zu führen, in das sich dann destruktive Kräfte einnisten. Für solche Prozesse gibt es Beispiele: So hat der Untergang der Democrazia Cristiana in Italien im Rahmen schwerster Korruptionsskandale ein Machtvakuum hinterlassen, das von populistischen Akteuren gefüllt wurde. Schließlich kann sich die Zerstörungskraft auch gegen die Institutionen der liberalen Demokratie selbst richten. Die populistische Propaganda gegen den Parlamentarismus setzt methodisch darauf, Parlamentarier als unfähig, korrupt und an der Lösung von Problemen der Menschen uninteressiert zu diffamieren. Diese Propaganda wird die Vorfälle in der Union als Scheinbelege nutzen, um den Institutionen der liberalen Demokratie generell zu schaden.»

Man sollte bei der Lektüre des Papiers nicht aus dem Blick verlieren, dass Marco Buschmann durch und durch Parteipolitiker ist. Natürlich verschweigt er im Text, dass seine Partei in der von abgeordnetenwatch.de erstellten Liste über die Höhe der Nebeneinkünfte von Bundestagsabgeordneten Platz 2 einnimmt. Und natürlich spart er auch die unrühmliche Vergangenheit der Liberalen aus. Die Flickaffäre ist lange her. Aber auch nach den achtziger Jahren wurde die FDP gelegentlich von Skandalen durchgeschüttelt. Manche Abgeordnete wollten und konnten nicht trennscharf zwischen Mandat und Geschäft unterscheiden. Der Tod von Jürgen Möllemann, der sich im Jahr 2003 aller Wahrscheinlichkeit nach das Leben nahm, hat die Partei tief erschüttert. Möllemann hatte es für die FDP einst zum Bildungsminister, Wirtschaftsminister und sogar zum Vizekanzler geschafft und stand mehrfach im Mittelpunkt von Skandalen.

Marco Buschmann setzt jetzt darauf, dass die Mitglieder der Fraktion die zugespitzte Botschaft seiner «internen» Analyse übernehmen und weiter ins Wahlvolk tragen: Der Stabilitätsanker FDP sorgt sich um die Union als staatstragende Partei. Eine solche Erzählung macht sich gut, wirkt geradezu gönnerhaft im Bundestagswahlkampf.

Lässt man den parteipolitisch motivierten Subtext weg, bleibt eine im Kern treffende Zustandsbeschreibung: Auch Parlamentarier anderer Fraktionen sind vom Vertrauensverlust betroffen, der von Unionsabgeordneten ausgelöst wurde. Die Glaubwürdigkeitskrise bedroht das Fundament der parlamentarischen Demokratie. Buschmann fürchtet ein Trommelfeuer negativer Kommentare gegen Bundestagsabgeordnete.

Für die Union ist ein weiterer, sehr konkreter Schaden durch das Fehlverhalten einiger ihrer Abgeordneten entstanden. Die politischen Konkurrenten werden die Affäre, verständlicherweise, als Munition für ihre Kampagnen nutzen. Wenn eine Politikerin oder ein Politiker der anderen Parteien selbst unter öffentlichen Druck gerät, können sie sich mit Verweis auf die schmutzigen Geschäfte der Unionspolitiker leicht etwas Luft verschaffen. Die Maskenaffäre wird CDU und CSU noch lange anhängen.

NEGATIVE CAMPAIGNING UND MERKELS VERWANDLUNG

Dass in Wahlkämpfen nicht mit Wattebäuschen gekämpft wird, sondern zuweilen mit Macheten, wissen alle Beteiligten. Wer an die Macht will, muss nicht nur einstecken, sondern auch austeilen. Im Verhältnis zu anderen Nationen, etwa England oder den USA, gehen deutsche Politikerinnen und Politiker zwar noch gesittet miteinander um. Aber auch in Deutschland gehört die gezielte Missinterpretation gegnerischer Aussagen und das Streuen von Falschinformationen seit langem zum Handwerkszeug von Wahlkämpfern. Ebenso das gnadenlose Ausnutzen von Fehlern der Konkurrenz.

Dass das Negative Campaigning einer aussichtlosen Wahlkampfführung durchaus neuen Schwung verleihen und die Aussichten einer Partei erhöhen kann, zeigte der Bundestagswahlkampf 2005. Er war von Anfang an der mit Abstand ungewöhnlichste Wahlkampf der jüngeren deutschen Geschichte. Denn noch nie hat ein Bundeskanzler im Bundestag die Vertrauensfrage mit der Absicht gestellt, diese zu verlieren und bei den anschließenden Wahlen erneut als Kandidat anzutreten. Auch die anschließende Wahlkampfführung war außergewöhnlich. Die SPD startete als sicherer Verlierer, die Union als sicherer Sieger. Am Ende gab es ein Foto-Finish.

Rückblick: Dass die Bundestagswahl, die eigentlich erst im Jahr 2006 stattfinden soll, um ein Jahr vorgezogen wird, ist Folge einer Kettenreaktion. Am Anfang stehen die Sozialreformen der Agenda 2010, die Kanzler Schröder nicht nur gegen den Widerstand vieler Bürgerinnen und Bürger durchgesetzt hat, sondern auch gegen den Widerstand von Gewerkschaften und Parteigenossen. Gerhard Schröders Macht erodiert in atemberaubendem Tempo: Bei einem Parteitag wird sein treuer Generalsekretär Olaf Scholz mit gerade mal 52 Prozent der Stimmen abgestraft. Unter Druck gibt der Kanzler die SPD-Führung an Franz Müntefering ab. Kanzlerschaft und Parteivorsitz sind nunmehr in verschiedenen Händen. Auch das wird ein Experiment mit schlechtem Ausgang sein, wie wir heute wissen.

Am schwersten trifft Schröder die Niederlage bei der Landtagswahl in Nordrhein-Westfalen. Wie Bayern fest in den Händen der CSU ist, ist Nordrhein-Westfalen fest in den Händen der SPD. Beinahe vier Jahrzehnte lang. Bis zu diesem 22. Mai 2005.

Schröder reagiert sofort. Schon wenige Minuten nach Schließung der Wahllokale in Nordrhein-Westfalen verkündet er, dass er die Bundestagswahl vorziehen will: «Ich betrachte es als Bundeskanzler der Bundesrepublik Deutschland als meine Pflicht und Verantwortung, darauf hinzuwirken, dass der Herr Bundespräsident von den Möglichkeiten des Grundgesetzes Gebrauch machen kann, um so rasch wie möglich, also realistischerweise für den Herbst dieses Jahres, Neuwahlen zum Deutschen Bundestag herbeizuführen.»

Ein Coup? Ein Akt der Verzweiflung?

Nur wenige Vertraute sind vorab eingeweiht, darunter auch der grüne Außenminister. Joschka Fischer erzählte mir später, dass er von Schröders Plan geschockt gewesen sei. Und dass er versucht habe, Schröder die Neuwahl auszureden. Vergeblich.

Angela Merkel, der Oppositionsführerin, fällt Schröders Entscheidung, den Bundestag aufzulösen, unverhofft in den Schoß. Nachdem sie drei Jahre zuvor noch CSU-Chef Stoiber die Kanzlerkandidatur überließ, kann sie jetzt zugreifen. Und sie muss zugreifen, wenn sie eine Zukunft als Politikerin haben will.

Merkel tritt zum ersten und, wie sich viel später herausstellen wird, zum letzten Mal mit einem ehrgeizigen Reformprojekt an. Zwei Jahre zuvor hat ihre Partei in Leipzig ein marktradikales Programm beschlossen: Nur noch drei Steuersätze von 12, 24 und 36 Prozent. An Stelle der solidarischen Krankenversicherung soll eine Kopfpauschale treten, 180 Euro plus 20 Euro Vorsorgebetrag. Das Renteneintrittsalter soll auf 67 Jahre steigen. Merkel will etwas bewegen.

Bei der unerwarteten Bundestagswahl stehen also zwei Kandidaten gegeneinander, die Deutschland reformieren wollen. Ihre Grundüberzeugungen unterscheiden sich dabei nicht wesentlich: Beide wollen den Sozialstaat verschlanken, Gesellschaft und Arbeitsmarkt stärker auf die Bedürfnisse einer leistungsstarken Wirtschaft trimmen.

Im Wahlkampf 2005 läuft anfangs alles auf die Union hinaus.

Dann trifft Angela Merkel eine folgenschwere Personalentscheidung. Sie beruft einen renommierten Verfassungs- und Steuerrechtsexperten in ihr Schattenkabinett. Paul Kirchhof, der Seiteneinsteiger, soll eine umfassende Steuerreform entwerfen. Frank Stauss, der rauflustige Wahlkampfberater der SPD, erinnert sich später an die Tage, als Merkel den Namen Kirchhof in die Arena warf: «Im Wahlkampf ist natürlich alles, was irgendjemand von der CDU jemals auch nur dachte, schon grundfalsch. Wir sind ja nicht in der Kapelle der Versöhnung. Jetzt werden wir also erst einmal eine Woche Jubelarien hören – in der Zwischenzeit kann man Munition sammeln.»

Die Wahlkämpfer der SPD sammeln im Sommer 2005 kräftig Patronen und haben keinerlei Scheu, sie abzufeuern. Sie errechnen, dass viele Bevölkerungsgruppen nach einer von Paul Kirchhof vorgeschlagenen Steuerreform schlechter dastehen würden. Ruckzuck entwerfen sie eine «Merkel-Minus-Kampagne» und plakatieren: «Für sozialen Fortschritt. Gegen sozialen Kahlschlag». Angriff als beste Verteidigung, mögen sich die SPD-Kampagnenleiter denken. Der soziale Kahlschlag wurde kurz vorher noch dem eigenen Agenda-Kandidaten vorgeworfen. Die CDU antwortet ihrerseits: «Die Bilanz von Rot-Grün: Alle 15 Min. eine Firmenpleite.»

Umfragen sagen der Union noch im Sommer einen fulminanten Wahlsieg voraus. Was soll da noch schiefgehen? In ihrer Siegesgewissheit stellt Merkels Union für den Fall eines Machtwechsels eine Erhöhung der Mehrwertsteuer in Aussicht, sie soll von 16 auf 18 Prozent steigen.

Auch das ist ein gefundenes Fressen für die SPD. In ihrer Not entscheidet sie sich für hartes Negative Campaigning. Pausenlos schießt sie gegen die «unsoziale Merkel-Steuer». Das Ablenkungsmanöver funktioniert: Die SPD wird vorübergehend ihr eigenes unvorteilhaftes Image als Hartz-4-Partei los und stempelt die CDU als eiskalte Vertreterin von Kapitalinteressen ab. Viele Wähler überdenken im letzten Moment ihre Wahlentscheidung. Die Wahlkampfstrategie der SPD scheint aufzugehen.

Am Wahlabend kommt es schließlich zu einer, nun ja, peinlichen Situation. Die Vorsitzenden der anderen großen Parteien und Noch-Kanzler Schröder sitzen in der Elefantenrunde von ARD und ZDF an einem Tisch. Der Wahlausgang ist immer noch nicht völlig klar. Der Vorsprung, den die CDU monatelang vor der SPD hatte, ist nahezu völlig zerschmolzen, beide Parteien verlieren viele Wählerstimmen und liegen annähernd gleichauf. Der Gesichtsausdruck von Angela Merkel zeigt tiefe Enttäuschung und Verunsicherung. Ihr wird in diesem Moment bewusst, dass sie einen völlig falschen Wahlkampf geführt hat.

Ein einschneidendes Erlebnis in ihrem Politikerleben: Dieser 18. September 2005 ist die Geburtsstunde der ambitionslosen Machtpolitikerin. Nie wieder wird sie sich mit mutigen Positionen freiwillig aus der Deckung wagen. Nie wieder wird sie versuchen, Wirtschaft und Gesellschaft Deutschlands zu reformieren. Nie wieder wird sie ihren Gegnern in Wahlkämpfen freiwillig eine Angriffsfläche bieten.

Ein paar Minuten lang darf Gerhard Schröder an diesem Abend hoffen, doch noch Kanzler zu bleiben. Es wäre das größte politische Comeback der deutschen Wahlkampf-Geschichte. Als hätten ihm Euphorie und Alkohol die Sinne vernebelt, behauptet er: «Niemand außer mir ist in der Lage, eine stabile Regierung zu stellen. Niemand außer mir.»

Dann steigert er sich weiter in seinen Siegesrausch und sagt die inzwischen legendären Worte in die Kamera: «Glauben Sie im Ernst, dass meine Partei auf ein Gesprächsangebot von Frau Merkel bei dieser Sachlage einginge, in dem sie sagt, sie möchte Bundeskanzlerin werden? Ich meine, wir müssen die Kirche doch auch mal im Dorf lassen. Die Deutschen haben doch in der Kandidatenfrage eindeutig votiert. Das kann man doch nicht ernsthaft bestreiten.»

Gerhard Schröder prallt schon kurz danach auf dem harten Boden der Tatsachen auf: Die Union landet bei 35,2 Prozent, die SPD bei 34,2 Prozent. Schröder scheitert knapp. Aber er scheitert. Angela Merkel kann mit der SPD, aber ohne Schröder und ohne Paul Kirchhof, ihre erste Regierung bilden – eine Große Koalition.

Zwei Jahre später dann ein Schock: Die Bundesregierung erhöht die Mehrwertsteuer nicht um zwei, sondern um drei Punkte auf neunzehn Prozent. War da was? Ja, da war etwas. Viele Bürgerinnen und Bürger haben nicht vergessen, wie die SPD im Wahlkampf Stimmung gegen die «unsoziale Merkel-Steuer» gemacht hat. Jetzt beteiligt sich die Partei sogar an einer noch drastischeren Erhöhung der Mehrwertsteuer. Viele Wähler wenden sich enttäuscht von der SPD ab. Bei der nächsten Bundestagswahl werden die Sozialdemokraten hart bestraft und verlieren über elf Prozent der Wählerstimmen. Diesen Verlust konnten sie bis zum heutigen Tag nicht aufholen.

Angela Merkel und der Union bekommt ihre erste GroKo dagegen nicht schlecht. Nach sieben Jahren in der Opposition können sich CDU und CSU wieder einen Ruf als Staatsparteien erarbeiten. Merkels konturlose, aber erfolgreiche Strategien bei den anschließenden Bundestagswahlen haben viele Parteifreunde anerkennend beobachtet. Ihre Wohlfühl-Kampagnen galten monatelang auch als Muster für den Wahlkampf von 2021.

Auch die Verwandlung der ehrgeizigen Reformpolitikerin Merkel zur ambitionsarmen Krisenmanagerin war auffällig. Einige, die der Dauerkanzlerin einmal nachfolgen wollen, haben genau hingesehen.

OSTERUNRUHE

Armin Laschet ist CDU-Chef und bereitet in diesen Wochen seine Kanzlerkandidatur vor. Aber er ist, das vergisst man beinahe, auch noch Ministerpräsident von Nordrhein-Westfalen. So pendelt er laufend zwischen seinem Wohnort Aachen, der Staatskanzlei in Düsseldorf und Berlin hin und her. Heute, am 24. März, ist er in der Landeshauptstadt am Rhein und steht um 10:30 Uhr am Rednerpult des Landtages. Er beginnt leise, tastet sich vor in seiner Rede. Gut ein Jahr dauert die Pandemie jetzt an, und Laschet resümiert: «Das ist für die meisten von uns eine unendliche Geduldsprobe. Viele sind genervt, enttäuscht, frustriert.»

Dann aber kommt er auf die letzte Ministerpräsidentenkonferenz mit der Kanzlerin zu sprechen. Zwei Tage zuvor hatten die Beteiligten bis spät in die Nacht gestritten. Und das Land diskutiert immer noch über die Ergebnisse. Besonders der Entschluss, die bevorstehenden Osterfeiertage um Gründonnerstag und Karsamstag als staatlich verordnete Ruhetage zu verlängern, ist auf großes Unverständnis gestoßen. Es stellten sich zahlreiche Fragen nach der Rechtslage und der Wirkung der Maßnahme. Wie soll die Pandemie gebremst werden, wenn die Menschen statt am Donnerstag bereits am Mittwoch zuvor auf Vorrat einkaufen und sich in den Innenstädten drängeln?

Armin Laschet hat den breiten Protest in der Bevölkerung natürlich vernommen. Als er von dem Treffen mit den anderen Regierungschefs berichtet, schlägt seine Stimmung um, was auch an den vielen Zwischenrufen hängt, die seinen Redefluss stören. Die linke Hand steckt noch in der Hosentasche, aber mit dem rechten Arm rudert Laschet, er ballt die Hand mal wieder zur Faust, seine Stimme wird höher, aufgeregter: «Diese Ministerpräsidentenkonferenz hat die Menschen enttäuscht. Wenn man da von 14 Uhr bis 3 Uhr nachts sitzt und verhandelt, stundenlang, nur in kleinen Gruppen.» Empörte Zwischenrufe. Dann versucht Laschet, sich Luft zu verschaffen: «Ja, das ist Selbstkritik von einem, der dabei war: Wir können so nicht weitermachen.» Auch die linke Hand zieht er jetzt aus der Tasche, er formt beide Hände zu Fäusten. Aber diesmal nicht wie ein Boxer, der angreift, sondern wie einer, der in den Seilen hängt und Schläge abwehren muss. «Ich werde gleich wieder die Debatte verlassen müssen, weil die Bundeskanzlerin die Ministerpräsidenten kurzfristig für 11 Uhr wieder eingeladen hat.»

Laschet redet noch ein paar Minuten weiter, leistet sich noch einen verbalen Schlagabtausch mit den Störern. Nein, souverän wirkt er nicht, eher angefressen. Dann verlässt er das Pult und den Saal und hetzt in sein Büro, zur Schalte mit der Kanzlerin. Aber warum schon wieder eine solche Konferenz, nur 32 Stunden nach der letzten Runde?

Diese nächste Ministerpräsidentenkonferenz ist ganz anders als andere zuvor, sie dauert nur wenige Minuten. Und schon kurz nach Beginn sickert durch: Der Oster-Shutdown wird zurückgenommen. Es ist das Eingeständnis eines Fehlers.

Um 12:30 Uhr fährt Angela Merkel mit dem Fahrstuhl von einem der oberen Stockwerke des Kanzleramts in die erste Etage. Dorthin fährt sie immer, wenn sie Pressekonferenzen gibt. Heute sind auf die Schnelle nur eine Handvoll Kameraleute und Journalisten ins Kanzleramt geeilt, der Termin wurde sehr kurzfristig angesetzt. Merkel erscheint nicht wie sonst nach diesen Großrunden in Begleitung zweier Ministerpräsidenten. Es folgt ein historischer Vorgang:

«Dieser Fehler ist einzig und allein mein Fehler», gibt die Kanzlerin zu. «Denn am Ende trage ich für alles die letzte Verantwortung. Qua Amt ist das so, also auch für die am Montag getroffene Entscheidung zur sogenannten Osterruhe. Das habe ich den Ministerpräsidentinnen und Ministerpräsidenten vorhin auch in einer kurzen Videokonferenz erläutert und darüber auch die Vorsitzenden der Fraktionen im Deutschen Bundestag informiert. Und es ist mir wichtig, das auch hier zu sagen: Ein Fehler muss als Fehler benannt werden, und vor allem muss er korrigiert werden. Und wenn möglich hat das noch rechtzeitig zu geschehen.»

Noch während Merkel redet, überschlagen sich die Push-Meldungen der Online-Medien. Zwar hat die Kanzlerin öffentlich schon Fehler eingestanden. Als sie 2019 der von Innenminister Seehofer vorgeschlagenen Versetzung, aber de facto Beförderung, des umstrittenen Verfassungsschutzpräsidenten Hans-Georg Maaßen zustimmte, nahm sie ihre Entscheidung nach lautstarken Protesten kurz darauf wieder zurück und erklärte, dass sie die Stimmung im Land nicht richtig wahrgenommen habe: «Dass das geschehen konnte, das bedauere ich sehr.»

Merkels vorösterliches Mea culpa wiegt jedoch schwerer, zumal sie den vermurksten Beschluss diesmal nicht auf einen Koalitionskrach mit der bayerischen Schwesterpartei schieben kann. Die lautstarken Einwände von Unternehmerverbänden, Journalisten, Politikern und Virologen verdichteten sich am Folgetag zu einem gewaltigen Chor. Alle sangen das gleiche Lied und hämmerten ihr ein: Du begehst einen schweren Fehler! Im Kanzleramt waren plötzlich alle gedanklichen Ausgänge versperrt: Die Juristen erklären, dass eine Osterruhe-Verordnung vor Gerichten nicht bestehen würde. Die Virologen erklären, dass die Mutanten die nächste Infektionswelle antreiben würden und Lockerungen unverantwortlich seien. Die Medienberaterinnen der Kanzlerin berichten ihr vom verheerenden Presseecho auf die nächtlichen Beschlüsse.

Und dann ist da noch Merkels Ego: Sie hatte sich nicht in allen Ministerpräsidentenrunden durchsetzen können. Aber sie lag mit ihren Vorhersagen und Warnungen fast immer richtig. Merkel galt in diesen Runden und in der Öffentlichkeit seit langem als die nüchternste Krisenmanagerin. Durch die verordnete Osterruhe, die dem gesunden Menschenverstand widerspricht, droht ihr Ansehen in der Öffentlichkeit enorm Schaden zu nehmen. Die beherzte Rolle rückwärts erscheint ihr nun als das kleinste Übel. Deshalb fügt die Kanzlerin ihrem Fehlereingeständnis hinzu: «Gleichwohl weiß ich natürlich, dass dieser gesamte Vorgang zusätzliche Verunsicherung auslöst. Das bedauere ich zutiefst, und dafür bitte ich alle Bürgerinnen und Bürger um Verzeihung. Diese zusätzliche Verunsicherung bedauere ich umso mehr, als wir uns, dabei bleibt es leider, mitten in der durch die Mutation ausgelösten dritten Welle der Pandemie befinden.»

Merkel weiß, dass ihr in diesen Stunden die Kontrolle entgleitet. Und dass in diesen Tagen viele Menschen erkranken und einige später an ihren Erkrankungen sterben werden. Die Kanzlerin weiß das alles. Sie wirkt hilflos. Zwar wird ihr von vielen Seiten Respekt bekundet, sich auf großer Bühne für einen Fehler entschuldigt zu haben – ein ungewöhnlicher, respektabler Schritt. Aber die Respektbekundungen wirken nicht lange nach. Der Eindruck bleibt, dass die Regierungszentrale spätnachts schlecht vorbereitete Hauruck-Entscheidungen trifft. Merkel und ihre Regierung erscheinen plötzlich als Handwerksmeister, die ihr Handwerk verlernt haben.

Eigentlich war es immer Merkels Stärke gewesen, mit anderen Regierungschefs bei komplizierten Themen bis zur Erschöpfung in die Morgenstunden zu verhandeln und ihren Widersachern abschließend einen vernünftigen Kompromiss abzuringen. Bei G8- und G7-Treffen war ihr das gelungen, erst recht bei der Finanz- und Eurokrise. Etwa als sie mit anderen Staats- und Regierungschefs im Oktober 2011 bis um 4:30 Uhr morgens stritt. Es ging um einen Schuldenschnitt für Griechenland und die Rettung des Euro. Merkel hatte mehr Kondition und konnte die Kerle unter den Tisch verhandeln.

Auch in der Nacht vom 22. auf den 23. März scheint ihr das zunächst zu gelingen. In seiner Verzweiflung tippt Thüringens Ministerpräsident Bodo Ramelow 279 Mal den Großbuchstaben Ä («ÄÄÄÄÄÄÄÄÄ…») in seinen Twitter-Account. Doch dieses eine Mal geht Merkels Plan nicht auf. Sie erkennt: «Beim Kopf durch die Wand gewinnt immer die Wand.»

Kurz nach ihrem Pressestatement im Kanzleramt muss Merkel dem Bundestag in einer Fragestunde Rede und Antwort stehen. Der politische Kalender will es so. Im Plenum werden sofort Rufe nach der Vertrauensfrage laut. Merkel erklärt knapp, die Vertrauensfrage zu stellen, komme nicht in Frage. Aus den Reihen der Unionsfraktion kommt zustimmender Applaus. Bei der SPD rührt sich hingegen keine Hand. Merkels Koalition wackelt in diesen Stunden. Es knirscht und ächzt im Gebälk. Aber die Regierung hält.

So will Angela Merkel ihre politische Laufbahn nicht beenden. Und in der Krise scheuen auch die Sozialdemokraten den Koalitionsbruch. Das Vertrauen in das Regierungshandeln hat nach dem verpatzten Start der Impfkampagne, unlauteren Maskendeals und dilettantischen Verhandlungen zwischen Bund und Ländern über geeignete Maßnahmen zur Eindämmung des Infektionsgeschehens weiteren Schaden genommen.

Ende März kommt heraus, dass der CSU-Politiker Alfred Sauter dem Bundestagsabgeordneten Georg Nüßlein geholfen hat, seinen Maskendeal abzuwickeln. Nach Medienberichten soll Sauter für seine Dienste als Anwalt 1,2 Millionen Euro erhalten haben. Auf Druck von CSU-Chef Söder legt Sauter alle Parteiämter und seine Mitgliedschaft im bayerischen Landtag nieder.

Der Bundestagsabgeordnete Mark Hauptmann aus Thüringen soll mit Maskengeschäften ebenfalls knapp eine Million Euro kassiert haben. Nach Bekanntwerden der Vorwürfe tritt Hauptmann aus der CDU aus.

Die CDU-Bundestagsabgeordnete Karin Strenz stirbt auf dem Rückflug von Kuba nach Deutschland. Gegen sie war wegen des Verdachts der Bestechlichkeit und Bestechung im Zusammenhang mit einer Lobbyarbeit für Aserbaidschan ermittelt worden.

Auf dem Landesparteitag der Berliner Grünen erzählt die Spitzenkandidatin Bettina Jarasch, sie habe als Kind «Indianerhäuptling» werden wollen. Prompt erhebt sich ein Shitstorm wegen der angeblich diskriminierenden Wortwahl. Frau Jarasch entschuldigt sich: «Auch ich muss dazu lernen.»

Am 14. April beschließt der NATO-Rat das Ende der Mission Resolute Support in Afghanistan. Ein Einschnitt für die Bundeswehr: Nach fast

20 Jahren endet in wenigen Wochen ihr bislang verlustreichster Einsatz. Für viele Afghaninnen und Afghanen ist der Einschnitt noch größer: Sie werden künftig den Taliban schutzlos ausgeliefert sein. In Deutschland, auch im deutschen Vorwahlkampf, wird die Nachricht eher beiläufig zur Kenntnis genommen.

DAS REZO-TRAUMA

Der 18. Mai 2019 geht in die Geschichte der deutschen Politik als Rezo-Moment ein. Er zeigt, wie anfällig Wahlkampagnen sind, wie leicht sie im Zeitalter sozialer Medien aus dem Tritt zu bringen sind. Aber der Rezo-Moment legt noch weitaus mehr offen, etwa ein Generationenproblem einiger Parteien. Der Rezo-Moment wirkt bis heute nach.

Ein 27-jähriger Informatiker stellt ein von ihm produziertes Video mit dem Titel «Die Zerstörung der CDU» auf YouTube, und innerhalb weniger Tage spricht halb Deutschland über dieses Video. Der Produzent des Videos ist bislang nur einer kleinen, etwa gleichaltrigen Fangemeinde bekannt, als der Junge mit den blaugefärbten Haaren, dem Künstlernamen Rezo und schrillen, unterhaltsamen Videos zu Musik und Comedy. In der Hauptstadt, jedenfalls im politischen Berlin, kennt ihn nahezu niemand.

Zweierlei sorgt dafür, dass das Video viral geht und ein Beben in den Parteizentralen auslöst: Der Titel ist frech, weil er lustvoll ein Missverständnis provoziert. Wer weiß schon, dass «Zerstörung» ein Slangwort von Influencern ist? Die CDU-Führung nimmt prompt an, dass da jemand tatsächlich zu ihrer Zerstörung aufruft. Auch wenn Rezo gleich am Anfang seines Videos erklärt: «Das wird diesmal wirklich ein Zerstörungsvideo. Nicht, weil ich aktiv versuche, jemanden zu zerstören. Sondern weil die Fakten und Tatsachen einfach dafürsprechen, dass die CDU sich selbst, ihren Ruf, und ihr Wahlergebnis damit selbst zerstört.»

All das wäre für die Regierungsparteien verkraftbar, wenn Rezo – und das ist der zweite Grund für die ungeheure Sprengkraft des Videos – nicht tatsächlich mehrere wunde Punkte von CDU, CSU und SPD berühren würde. Er wirft ihnen vor, in der Klimapolitik zu versagen. Er wirft ihnen vor, die tödlichen Drohnenangriffe der USA von deutschem Boden unkritisch zu unterstützen. Keine Kleinigkeiten. Im Kern behauptet Rezo, dass die Regierungsparteien Menschenleben auf dem Gewissen haben.

Sein 55-minütiger Monolog ist weit mehr als die in sozialen Medien übliche Polemik. Es ist ein aufwendig recherchierter und produzierter Vortrag. Es fällt der CDU schwer, sich gegen das Video zu wehren, auch gegen die Lawine an Kommentaren im Internet. Die Partei hat innerhalb weniger Stunden ein gewaltiges Problem.

Das Video ist so wirkmächtig, dass es nach Einschätzung von SPD-Generalsekretär Lars Klingbeil sogar den Ausgang der Europawahl eine Woche später beeinflusst. Es verursacht eine so tiefe Verunsicherung in den Parteien, dass diese beginnen, ihre Kommunikationsstrategien und internen Abläufe zu verändern.

Einige Monate nach der Veröffentlichung des Videos suche ich die Protagonisten des Vorgangs auf. Wie haben sie den Rezo-Moment erlebt? Und was haben sie daraus gelernt?

Mit Rezo selbst bin ich in Aachen verabredet. Unmöglich, sich mit ihm zu siezen. Rhetorische Muster und Einordnungen des politischen Journalismus wischt er schnell beiseite. Nein, «Die Zerstörung der CDU» sei kein üblicher Meinungsbeitrag, kein Schnellschuss, sondern Ergebnis langer Planung und klarer Argumente.

Zur Vorgeschichte des Videos erklärt Rezo: «Ich bin bei der Recherche so rangegangen, wie ich es aus der Uni von meiner Abschlussarbeit kenne. Dass man in erster Linie natürlich zu den Veröffentlichungen von Wissenschaftlern geht und da guckt, was nachgewiesen ist: Was ist das, was der wissenschaftliche Konsens ist? Das geht halt bei manchen Stellen ganz gut. Beim Klima muss man über die Wissenschaft gehen. Bei den Drohnenmorden bin ich in erster Linie über die Genfer Konvention gegangen. Also immer direkt dahingehen, wo der Fakt, wo die Wahrheit ist.»

Er hält sein Vorgehen für «definitiv in Teilen viel wissenschaftlicher» als die üblichen Recherchepraktiken einer Tageszeitung. Zum anderen handele es sich bei «Die Zerstörung der CDU» aber auch um einen «Meinungsbeitrag»: «Es ist völlig klar, was meine Meinung ist, und daraus mache ich auch kein Geheimnis. Ich stütze das wirklich sehr wissenschaftlich auf viele Quellen. Insofern ist es so, wie auch eine Zeitung einen Meinungsbeitrag schreibt, nur halt in besser.»

Peng. Rezo hat nicht nur ein Problem mit der Arbeit der etablierten Parteien, insbesondere der Regierungsparteien, sondern auch mit herkömmlichem Journalismus. Unser Gespräch nimmt zahlreiche Wendungen, es geht um Politik, um Klima, um Wissenschaft und immer wieder um «die Zeitungen» und um «die Presse». Rezo spricht immer von «Zeitungen» und «Presse», aber natürlich meint er auch Fernseh- und Radiosender, auch Online-Medien.

Ihm sei der Veränderungsdruck angesichts des Klimawandels «vorher gar nicht bewusst» gewesen, «dass die Wissenschaft sagt: Leute, wir sind gerade ziemlich am Sterben, die ganze Welt wird gerade zerstört, wir müssen jetzt was verändern. Und ich denke mir: Hä, wieso weiß ich das denn nicht? Das müsste doch in jeder Zeitung stehen, wenn das die Wissenschaftler klar sagen. Warum ist es in der Politik nicht ein größeres Thema?»

Laut Rezo hat eben nicht nur die Politik, sondern auch die Presse bei der Sensibilisierung der Bevölkerung für die Tragweite der Klimakatastrophe «total versagt». Damit teilt er eine Überzeugung, die von der Jugendbewegung Fridays for Future lautstark vertreten wird. Er sagt: «Wenn die Presse es nicht geschafft hat, an die Bevölkerung dieses Thema, das ja offensichtlich das wichtigste Thema ist, weil es um die Zerstörung des Planeten geht – alles andere ist in der Risikohierarchie viel weiter unten –; wenn also die Presse es nicht schafft, das an die Bevölkerung in klarer Sprache rüberzubringen, dann kann man da auch schon von Versagen sprechen.»

Dieses Urteil ist undifferenziert. Viele Medien berichten seit Jahren über die Folgen des Klimawandels, fundiert und auch mit der gebotenen Dramatik. Es stimmt aber, dass einige Parteien und Interessengruppen immer wieder versuchen, das Problem kleinzureden. So herrschte in der Öffentlichkeit lange Zeit das Bild einer Lage, die durch ein paar kleinere politische Justierungen in den Griff zu bekommen sei – ein fataler Irrtum.

Nach Rezos Rundumschlag gegen die Presse kommen wir auf die CDU zu sprechen. Sie ist ja das Hauptziel seiner Kritik. Die Partei der Kanzlerin habe «in den ersten Tagen danach nicht so smart reagiert», sei «wenig auf die Inhalte eingegangen» und habe stattdessen versucht, das Video als Propaganda abzutun und ihn und seine Anhänger zu diskreditieren: «Das kam natürlich eher negativ an.»

Diese Formulierung ist eine kokette Tiefstapelei. In Wirklichkeit löst das Video in der CDU-Parteizentrale helle Panik aus. Innerhalb einer Woche wird es zehn Millionen Mal geklickt. Keine Zeitung, kein Radiosender, in der Regel auch kein Fernsehsender haben so gewaltige Reichweiten. Die CDU schwankt zwischen Aussitzen und beherztem Gegenangriff.

Der junge CDU-Bundestagsabgeordnete Philipp Amthor produziert auf die Schnelle ein Antwort-Video. Die Parteiführung kündigt in sozialen Medien die Veröffentlichung an, entscheidet sich dann aber doch dagegen. Es dauert Tage, bis die CDU sich zu einer Antwort entschließt. Generalsekretär Paul Ziemiak erklärt auf der Website der CDU schriftlich: «Das ist eine Vermischung von ganz vielen Pseudo-Fakten. Ich verbuche dieses Video unter einer ganz persönlichen Meinung desjenigen, der es erstellt hat.»

Eine Floskel, aber keine inhaltliche Replik. Die Parteizentrale weiß nicht, wie sie angemessen reagieren soll. Ein gefährlicher Augenblick vor allem für die neue CDU-Vorsitzende Annegret Kramp-Karrenbauer, die nach ihrer Wahl im Dezember 2018 keinen guten Start hatte: Durch ungeschickte Äußerungen im saarländischen Karneval haftet ihr bereits der Makel der nur bedingt kanzlertauglichen Provinzfürstin an. Die Veröffentlichung des Videos erwischt sie in der heißen Phase des Europa-Wahlkampfs auf dem falschen Fuß.

Monate später, als sie noch Parteichefin ist, empfängt mich Kramp-Karrenbauer in ihrem Büro im Konrad-Adenauer-Haus. Der erste Sturm nach der Schlappe bei der Europawahl hat sich gelegt. Aber das Ansehen der Parteichefin ist spürbar angekratzt. Beim Interview redet sie nicht um den heißen Brei herum:

«Ich habe das Rezo-Video relativ früh mitbekommen, weil ich ja auch in den sozialen Netzwerken aktiv bin. Das war in der Endphase des Wahlkampfes. Ich war da sehr viel unterwegs, und habe sehr früh in das Team zurückkommuniziert: ‹Da ist irgendetwas, darauf müssen wir uns einstellen, wir müssen reagieren.› Das hat dann eben sehr lange gedauert. Viel zu lange. Und dann sind die Entscheidungen – wann reagieren wir, wie reagieren wir – in einer unglaublichen Hektik gefallen. Jeder der Beteiligten hatte immer zwischen zwei Wahlkampfauftritten gerade mal fünf Minuten Zeit, um miteinander zu telefonieren. Und das war grundlegend falsch. Wir hätten von Anfang an sehr schnell eine Reaktion setzen müssen gegen das Video. Ich glaube, es wäre zuerst einmal egal gewesen, welche Reaktion. Es hätte nur sehr schnell erfolgen müssen.»

Doch mit einer hektischen, undurchdachten Reaktion hätte die Partei ihre Lage auch verschlimmbessern können. Rezos Video hat zunächst organisatorische Mängel aufgedeckt, wie Kramp-Karrenbauer offen zugibt:

«Daraus haben wir Lehren gezogen: Zum einen für die Frage unseres eigenen Kommunikationsverhaltens. Auch ich habe die Lehre gezogen, auch als Parteivorsitzende in einem Wahlkampf, dass ich die Aufgabe anders wahrnehmen muss. Das heißt, weniger in vielen Terminen zu sein, als wirklich in einer Situation zu sein, wo ich jederzeit auch genügend Spielraum, genügend Freiraum in meinem Kopf habe, um die wesentlichen Entscheidungen treffen zu können. Das ist eine der Lektionen, die ich ganz persönlich gelernt habe.»

Auch wenn Kramp-Karrenbauer und das Adenauer-Haus von der Situation «nicht überfordert» gewesen seien, habe das Video sie «in einer Zeit erwischt, in der wir in der Endphase dieser Kampagne steckten, mit sehr vielen Terminen vor Ort». Bei künftigen Kampagnen müsse man sich «professioneller» aufstellen, «auch was die Beratung anbelangt. Zur Wahrheit gehört natürlich auch, dass nur ganz wenige Einheiten der CDU in Deutschland in der Lage gewesen wären, sehr schnell, sehr professionell und richtig darauf zu reagieren.»

Annegret Kramp-Karrenbauer wirkt sehr ernst bei ihren Antworten.

Sie ist sich ihrer eigenen Fehler bewusst. Zu offensichtlich sind die Probleme im Konrad-Adenauer-Haus damals, nicht nur organisatorisch, sondern auch inhaltlich, argumentativ. Zum Klimawandel hat ihre Partei lange keine überzeugende Strategie entwickelt. Selbstkritisch räumt Kramp-Karrenbauer ein, ihre CDU sei bei dem Thema «nicht auf der Höhe der Zeit» gewesen.

Am Freitag, den 24. Mai 2019, reise ich nach München, um den einzigen Europawahlkampf-Auftritt von Angela Merkel in Deutschland zu beobachten. Im Foyer der Messehalle haben die Veranstalter eine bayerische Blaskapelle platziert, die für Bodenständigkeit sorgen soll. Alles wirkt zusammenhanglos und lieblos arrangiert – die Bistrotische, die Wahlplakate, die Ordner, die Blasmusiker, die Sicherheitsleute des Bundeskriminalamtes, die überall herumstehen.

Mit viel Tamtam und der jeweiligen Entourage ziehen die Granden von CDU und CSU in die Messehalle ein. Der Seehofer-Horst, der Söder-Markus, die Kanzlerin und auch AKK, die Parteivorsitzende. Ach ja, der Weber-Manfred, der Spitzenkandidat, ist auch dabei. Alle sonnen sich für ein paar Sekunden im Blitzlichtgewitter der Fotografen. Heile Unions-Welt.

In Wahrheit ist die Stimmung im Keller. Die Umfragewerte lassen kein gutes Ergebnis für die Wahl zwei Tage später erwarten. Und die Schockwellen des Rezo-Videos haben die Schwesterparteien tief verunsichert. Hinter vorgehaltener Hand ätzen Parteifreunde über die unentschlossene Reaktion des Konrad-Adenauer-Hauses in Berlin.

Monate später erzählt mir Horst Seehofer, wie er das Verhalten von Annegret Kramp-Karrenbauer nach der Veröffentlichung des Videos wahrnahm: «Katastrophal. Total unbeholfen. Ende. Ich möchte nichts mehr davon hören. Total unbeholfen. Dann später der Versuch, das mit einem Video zu beantworten. Der war ja zweifach, einmal aus der CDU, dann aus der CSU etwas später. Das war alles einfach nicht gut.»

Seehofer bezieht sich auch auf das Video, mit dem die CSU Anfang September 2019, über drei Monate später, auf Rezo antwortet. Der «Leiter Digitale Kommunikation» der Christsozialen im Bundestag, Armin

Petschner, hat sein Sakko ausgezogen, sich mit blond gefärbten Haaren und ohne seine Hornbrille vor eine Kamera gesetzt, wo er nun versucht, eine hippe, aber eben doch konservative Variante von Rezo zu geben: «Servus und herzlich willkommen zur CSYou. Ich bin der Armin.»

Unterlegt ist das Video mit Geräuschen wie aus einem Flipperautomat. Anfangs ist das Video nur auf Facebook und Instagram zu sehen, doch schnell zirkuliert es überall im Netz. Auch klassische Medien greifen es auf. Tenor: eine billige, durchschaubare Anbiederung. Die CSU erntet Hohn und Spott. Seitdem hat sich Armin Petschner die blonde Farbe längst aus den Haaren gewaschen und posiert auf seinem Twitter-Account wieder seriös mit Anzug.

Das missratene «Ich bin der Armin»-Video offenbart: CDU und CSU tun sich schwer, die Kommunikationsformen in sozialen Medien zu begreifen und für sich zu nutzen. Wer Regierungspolitik mit Jugendsprache übersetzen will, sollte sich nicht damit begnügen, Haare zu färben und die eigenen Worte mit Flipper-Geräuschen zu untermalen.

Die ungeheure Kraft, die das Rezo-Video entfaltet, speist sich nicht aus imitierbaren Äußerlichkeiten, sondern aus der Kombination einer neuartigen Kommunikationsästhetik und Ansprache mit hieb- und stichfesten Argumenten, die durch zahlreiche Quellenhinweise gestützt werden. Daran, und nicht an Rezos blauen Haaren, beißen sich seine Kritiker die Zähne aus.

Das CSU-Armin-Video als Antwort auf Rezo ist Ende Mai noch weit weg. Die Dramaturgie des Europawahlkampfs sieht eigentlich vor, Manfred Weber, dem eigenen Kandidaten für das Amt des EU-Kommissionspräsidenten, mit viel Parteiprominenz den Rücken zu stärken. Weber ist Fraktionsvorsitzender der konservativen EVP, zu der auch die Union zählt. Doch es bleibt bei schalen Politiker-Reden. Was sie wert sind, kann der Kandidat nach der Wahl erleben, als Kanzlerin Merkel im Streit mit dem französischen Präsidenten darauf verzichtet, Weber als Kommissionspräsidenten durchzusetzen, und stattdessen dafür sorgt, dass ihre Parteifreundin Ursula von der Leyen das mächtige Amt in Brüssel erhält.

An diesem Freitag sind die Parteigranden der Union zwar körperlich in München anwesend. Aber in Gedanken weilen sie vermutlich in Aachen. Aus Armin Laschets Heimatstadt quält Rezo die Unionsparteien zum ungünstigsten Augenblick. Kramp-Karrenbauer und Merkel sitzen dicht nebeneinander. Stumm tauschen sie Blicke aus und flüstern, so dass die Journalisten nichts verstehen können. Während die CSU ihr Wahlkampf-Programm auf der Bühne abspult, sorgt noch eine Nachricht für Unruhe: Es gibt ein weiteres YouTube-Video von Rezo.

In «Ein Statement von 70+ YouTubern» melden sich Freunde und Kolleginnen von Rezo zu Wort, allesamt YouTuber, so wie Julien Bam und LeFloid. Sie geben – mit ähnlichen, aber diesmal viel kürzer vorgetragenen Argumenten – eine klare Wahlempfehlung für die Europawahl ab: «Dies ist ein offener Brief, ein Statement von einem großen Teil der YouTuber-Szene. Am Wochenende sind die EU-Wahlen und es ist wichtig, wählen zu gehen. [...] Und nach der Risiko-Hierarchie hat die potenzielle Zerstörung unseres Planeten offensichtlich die höchste Priorität. [...] Die Experten sagen deutlich, dass der Kurs von CDU, CSU, SPD drastisch falsch ist. [...] Und daher bitten wir Euch alle: Wählt nicht die CDU, wählt nicht die CSU und wählt nicht die SPD!» Rezo hat die Gemeinschaftsaktion koordiniert. Ein neuer Frontalangriff.

Direkt nach der Münchner Parteiveranstaltung hat sich Annegret Kramp-Karrenbauer mit mir zu einem kurzen Gespräch in der Messehalle verabredet. Die CDU-Chefin sucht nach den passenden Worten. Die Videos von Rezo und seinen YouTube-Freunden bringen sie aus der Fassung: «Videos oder Veröffentlichungen, egal wer sie macht, mit welcher Absicht, aber die Sätze beinhalten wie ‹die Zerstörung der CDU›...» Kramp-Karrenbauer bricht den Gedanken ab und setzt neu an: «Die CDU ist nichts, nichts Abstraktes. Es ist eine Gemeinschaft von über 400 000 Menschen, bei der die allermeisten ehrenamtlich Tag für Tag aufstehen, um für ihre Gemeinschaft irgendwas zu machen. Das setzt einen Ton in unserem Zusammenleben, in der politischen Diskussion, den ich für sehr schwierig halte.»

Die Parteichefin ist erkennbar verletzt. Und sie soll ja auch verletzt werden. Nicht persönlich, aber doch politisch.

Auch die SPD ist verunsichert. In fast allen Wahlkämpfen gibt es entscheidende Augenblicke, in denen sich für eine Partei eine positive Dynamik einstellt – oder eben eine negative. Manchmal sind es nur ein paar Sätze der Kandidaten, ein unvorteilhaftes Foto oder ein Fehler der Konkurrenz. Kampagnen sind bis ins letzte Detail geplant. Letztlich sind sie aber auch höchst labile, störungsanfällige Konstrukte. Kurze Momente können über Erfolg oder Misserfolg entscheiden.

Der Rezo-Moment, so kurz und heftig vor der Wahl, ist für Union und SPD ohne Zweifel ein schicksalhafter Moment. Er ist auch deshalb so schmerzhaft, weil nach Erkenntnissen von Wahlforschern immer mehr Wählerinnen und Wähler kurzfristig, oft nur zwei bis drei Tage vor der Wahl, entscheiden, wo sie ihr Kreuz machen. Das wird sich zwei Jahre später wegen der Corona-Pandemie verändern – wegen der Ansteckungsangst bevorzugen viele Wählerinnen und Wähler die Briefwahl. Aber bei der Europawahl Mitte 2019 wird noch angstfrei, also klassisch gewählt.

Die Veröffentlichung der Rezo-Videos kommt punktgenau zur Wahl. Union und SPD erleiden schwere Verluste. Im Vergleich zur letzten Wahl 2014 verliert die Union über sechs, die SPD sogar über elf Prozent.

Als ich später SPD-Generalsekretär Lars Klingbeil auf den Rezo-Effekt anspreche, erklärt er: «Ich habe ja, bevor ich Generalsekretär wurde, acht Jahre Digitalpolitik gemacht und bin auch heute noch einigermaßen in der Szene vernetzt. Das Video habe ich sehr früh mitbekommen. Ich habe allerdings auch ein bisschen die Dimension unterschätzt. Dass das eine Wirkung hat, war mir sehr schnell klar. Dass wir aber bei der Europawahl diese Konsequenz sehr mittelbar gemerkt haben, hätte ich nicht gedacht. Dass es so eine Welle schlägt! Es war krass, weil ich auf den Veranstaltungen im Europawahlkampf angesprochen wurde von Älteren, auch von Rentnern, die sagten: ‹Unsere Kinder, unsere Enkel, die fangen wieder an, mit uns über Politik zu reden. Ihr müsst da mal was anders machen.› Das war eine Welle. Und wir waren nicht darauf vorbereitet.»

Während Annegret Kramp-Karrenbauer in München von der Nachricht über das zweite Video überrascht wird, erwischt es Lars Klingbeil 760 Kilometer weiter nördlich beim Wahlkampfabschluss der SPD in

Bremen: «Da war mir klar, das merken wir jetzt richtig.» Als er «in bestimmten Kreisen» davon erzählte, habe er gemerkt, «dass viele diese neue Kommunikation nicht nachvollziehen können», weil sie «in einer ganz anderen Medienwelt» lebten: «Da freut man sich noch über das tolle Zitat auf Seite Eins der *FAZ*. Aber man begreift überhaupt nicht, dass sich da mittlerweile eine Medienmacht auftut, die wirklich zu tektonischen Verschiebungen in der Lage ist.»

Der Rezo-Moment habe seine Partei «Prozente gekostet», da ist sich Klingbeil sicher: «Ob das jetzt ein Prozent oder drei Prozent sind, weiß ich nicht. Aber wir haben es abgekriegt.»

Während Klingbeil und seine geschlagene SPD noch verhältnismäßig tapfer auf den Rezo-Effekt reagieren, platzt der CDU-Chefin kurz nach der Wahl die Hutschnur. Bei einer Pressekonferenz überrascht sie mit der Ansage, zum Gegenangriff überzugehen. Gegen die YouTuber: «Die Frage stellt sich schon mit Blick auf das Thema Meinungsmache: Was sind eigentlich Regeln aus dem analogen Bereich und welche Regeln gelten eigentlich für den digitalen Bereich, Ja oder Nein? Das ist eine sehr grundlegende Frage, über die wir uns unterhalten werden. […] Und deswegen werden wir diese Diskussion auch sehr offensiv angehen.»

So legitim es ist, über diese Fragen zu streiten – Kramp-Karrenbauers Auftritt wirkt beleidigt, unbeherrscht. Manche Beobachter verstehen ihre Ankündigung so, als wolle die CDU-Vorsitzende die Meinungsfreiheit beschränken. Kramp-Karrenbauer erlebt ihre bis dahin schwerste Krise als Parteichefin. Kritiker in den eigenen Reihen gehen dezent, aber deutlich auf Distanz. Auch Armin Laschet, über dessen Haltung zu Kramp-Karrenbauer in diesen Wochen viel spekuliert wird, deutet im Herbst 2019 mir gegenüber an, was er von dem Rezo-Video und der Antwort darauf hält:

«Ich habe das Video natürlich gesehen. Es hat knapp vor der Wahl ein völlig neues Element in den politischen Wahlkampf gebracht, das man so nicht kannte. Also, dass einer bei YouTube quasi erklärt ‹Ich will eine der politischen wettbewerbenden Parteien vernichten› und das dann lange begründet, das gab es bisher in keinem Wahlkampf.»

In seiner Partei habe man zunächst die Wucht des Videos «verkannt», bei der Frage nach einer angemessenen Antwort sei man anschließend ins Straucheln geraten: «Das ist jedenfalls für den nächsten Konflikt verbesserungsfähig.»

Kramp-Karrenbauers Anstoß, YouTube-Äußerungen im Wahlkampf zu reglementieren, quittiert Laschet mit dem Satz, man könne «Meinungsäußerungen nicht beschränken». Die freie Meinungsäußerung sei «durch das Grundgesetz, Artikel 5, gestärkt, in welcher Form auch immer sie stattfindet. Und ich finde, wir müssen als Politiker auch Rezo ertragen. Und versuchen, gute Argumente zu finden, um für unsere Sache zu werben.»

Eine umständliche, aber unmissverständliche Kritik an den Äußerungen der Parteivorsitzenden. Für einen kurzen Moment sei daran erinnert, dass Armin Laschet sich im Jahr 2019 noch damit begnügt, Ministerpräsident von Nordrhein-Westfalen zu bleiben. Öffentlich bestreitet er damals weitergehende Ambitionen.

Annegret Kramp-Karrenbauer schaden das Rezo-Video und vor allem ihr eigenes Krisenmanagement massiv. Nicht nur viele Parteifreunde verlieren das Vertrauen in ihre Führungsfähigkeit, auch viele Wählerinnen und Wähler. Die sinkenden Umfragewerte sind nicht zu übersehen. Ist der Rezo-Moment der Anfang ihres Scheiterns als Nachfolgerin von Angela Merkel?

Bei ihrer Abschiedsrede auf dem virtuellen Parteitag der CDU im Januar 2021 kommt Kramp-Karrenbauer noch einmal auf diese Phase zurück: «Die Europawahl 2019 zeigte uns sehr deutlich, dass wir in den Augen der Wählerinnen und Wähler noch keine geeinten und überzeugenden Antworten auf die Klimafrage hatten. Dass wir uns mit ungewöhnlichen Angriffen während der Kampagne schwertaten. Manch einer glaubte schon, uns zerstört zu haben. Aber so leicht lässt sich die CDU nicht unterkriegen. Wir haben die Ärmel hochgekrempelt.»

Hat die CDU überzeugende Antworten auf die Klimafrage gefunden? Ist sie inzwischen besser gewappnet für «ungewöhnliche Angriffe»?

Im Sommer 2019 profitieren die Grünen erheblich von der Rezo-Krise der GroKo-Parteien. Zudem ist das Thema Klimawandel schon seit Monaten von der Fridays-for-Future-Bewegung groß gemacht und emotional aufgeladen worden. Der Klimawandel wird zu einem zentralen Thema des Wahlkampfes. Die Grünen können ihr Glück kaum fassen, sie verbessern ihr Ergebnis bei der Europawahl in Deutschland um satte zehn Prozent.

Aber auch sie offenbaren im Jahr 2019 Unsicherheiten im Umgang mit den sozialen Medien. Allen voran Parteichef Robert Habeck. Am Sonntag, den 6. Januar, als die meisten Politiker und Hauptstadtjournalisten noch in den Weihnachtsferien sind, veröffentlicht der Landesverband Thüringen ein Habeck-Video. Die Partei will sich auf den Landtagswahlkampf zehn Monate später einstimmen. In den Tagen zuvor haben die Grünen bereits Videostatements von Anton Hofreiter, Claudia Roth und Annalena Baerbock veröffentlicht. Jetzt also Habeck. Vermutlich denkt niemand der Beteiligten lange über seine Worte nach, Habeck selbst offenkundig auch nicht. Denn im Video ist klar und deutlich der Satz zu hören: «Wir versuchen, alles zu machen, damit Thüringen ein offenes, freies, liberales, demokratisches Land wird, ein ökologisches Land.»

Zu den Eigenheiten der Internetkommunikation gehört, dass sich Mücken innerhalb von Twitter-Sekunden in Elefanten verwandeln. Eine Rückverwandlung ist nahezu unmöglich. Dass Habecks Grüne Thüringen zu einem «demokratischen Land machen» wollen, ist ungeschickt formuliert. Ein Fehler, zweifelsohne. Aber eben ein Fehler, der einem Profi, der seine Partei ins Kanzleramt führen will, nicht passieren darf. Ebenso wie Annegret Kramp-Karrenbauer als Chefin der mächtigsten Regierungspartei keine solch haarsträubenden Fehler im Umgang mit dem Rezo-Video passieren dürfen.

Habeck hat zuvor noch andere unangenehme Erfahrungen mit sozialen Medien gemacht. Hacker haben private Daten von ihm und seiner Familie veröffentlicht. Doch sein eigenes Fehlverhalten wird ihn mehr wurmen.

Nach seinem Thüringen-Video erhebt sich ein ungeheurer Sturm der

Empörung. Der Parlamentarische Geschäftsführer der SPD-Bundestagsfraktion Carsten Schneider, ein gebürtiger Thüringer, schreibt auf Twitter: «Thüringen soll ein demokratisches und freies Land werden. Sagt @RobertHabeck. In welchem Gefängnis habe ich die letzten Jahrzehnte gelebt?»

Als ich im Sommer 2019 mit Robert Habeck über sein misslungenes Thüringen-Video spreche, wirkt er zerknirscht. Ausgerechnet er, der so elegant und selbstverständlich mit Worten umzugehen weiß, ist verbal aus der Spur geraten. Das nagt an ihm. Und er erzählt kleinlaut:

«Die Ursache ist tiefergehend. Aber der Auslöser war ein Video, das im November 2018 produziert wurde, nach einem Bundesparteitag. Drei Tage lang anstrengende Debatten. Ich wollte eigentlich schon zum Zug gehen. Da haben die ostdeutschen Landesverbände, die ja im Jahr 2019 Wahlkampf führen, gesagt: Kannst Du nicht nochmal schnell Wahlaufrufvideos machen: ‹Kommt nach Brandenburg, kommt nach Thüringen, kommt nach Sachsen und helft den Grünen›? Das habe ich dann gemacht. Ich habe vielleicht dreißig Takes eingesprochen, für jeden Landesverband zehn. Also: ‹Kommt nach Brandenburg und helft mit, die wunderbare Landschaft zu bewahren und für Klimaschutz einzutreten›, ‹Kommt nach Thüringen, um dafür zu sorgen, dass das Land demokratisch, weltoffen und zugewandt bleibt›. ‹Ja, das war toll, Robert, aber kannst Du das nochmal sagen? Da fiel gerade die Tür zu, irgendjemand ist da hinten durchs Bild gelaufen.› Dann habe ich es nochmal gesagt und statt ‹bleibt› ‹wird› gesagt. Daraus wurde dann der mediale Spin: ‹Robert Habeck spricht Thüringen ab, ein demokratisches weltoffenes Land zu sein.› Habe ich ja auch, ich habe ja ‹wird› gesagt. Und in der Zuspitzung bei Twitter ist das dann richtig zum politischen Problem geworden.»

Robert Habeck ist von der Wucht des Shitstorms überwältigt. Und er beginnt, sein öffentliches Kommunikationsverhalten grundsätzlich zu hinterfragen. Wie konnte ihm das passieren?

«Eine der Antworten ist, dass Twitter – das werden alle bestätigen können, die da unterwegs sind – natürlich darauf ausgelegt ist, einen möglichst starken Reiz auszusenden. Damit man möglichst starke Reaktionen bekommt. Das ist bei Facebook nicht anders, bei Instagram auch nicht. Also, es kann mir keiner erzählen, dass er ein Foto hochlädt und sagt: ‹Ich gucke nicht nach, wie häufig Leute das geliked haben.› Man muss ordentlich draufhauen. Und Politik verleitet dazu, ordentlich draufzuhauen. Aber prinzipiell ist das der falsche Weg. Wir brauchen den längeren Diskurs, wir brauchen einen Raum, in dem wir ernsthaft sind, uns zuhören, auch Fehler einräumen können, auch Fehler machen können. Und meine Erfahrung nach vielen bundespolitischen Reisen ist, dass die Sehnsucht nach klassischen, quasi altmodischen Formaten viel größer ist. Die Leute wollen zwei Stunden lang diskutieren und nicht zehn Sekunden zugetextet werden.»

Das Thüringen-Video ist für Robert Habeck ein einschneidendes Erlebnis. Nichts, was sich weglächeln oder mit ein paar Sprüchen begradigen lässt. Er zieht daraus eine Konsequenz:

«Dann war es eigentlich nur noch eine Frage: Hast du den Mut, auch danach zu handeln? Weil natürlich der Erwartungsdruck groß ist: Alle müssen bei Twitter sein und irgendwie ist das hip und cool. Oder das war es jedenfalls mal. Dann, gegen die Erwartung, auch gegen die mediale Erwartung, zu sagen ‹Nee, ich habe für mich entschieden: Ich will anders kommunizieren, ich will andere Formate bespielen›, war nicht ganz einfach. Hat auch ein bisschen wehgetan. Ich glaube, so schlechte Presse hatte ich noch nie wie am Tag danach. Im Grunde haben alle Journalisten gesagt: ‹Der Typ hält nichts aus, und der gibt den Raum den Rechten frei.› Aber für mich war es genau die richtige Entscheidung. Ich bin auch froh, dass ich die noch so frei treffen konnte.»

In einem Interview mit der *ZEIT* spricht Habeck später davon, wie sich sein gesamtes Kommunikationsverhalten durch soziale Medien zwischenzeitlich verändert hat: «Man bereitet sich darauf vor, in Talkshows Twitter-fähige Zitate zu produzieren. Man unterbricht Leute, um ein solches Zitat zu setzen, das dann danach bei Twitter zu möglichst vielen positiven Reaktionen führt.»

Anfang 2019 verabschiedet sich Habeck also von Twitter und Facebook. Er löscht seine Accounts. Einzig seinen Instagram-Account behält er und füttert ihn mit hübschen Fotos. Die Kommunikation mit seinen Followern mag beim Bildmedium Instagram harmloser, ungefährlicher sein. Doch auch beim Posten von Fotos kann man ausrutschen. Als Robert Habeck im Jahr darauf nach einer Wanderung mit Daniel Günther, dem Ministerpräsidenten von Schleswig-Holstein, Fotos von sich mit Wildpferden ins Netz stellt, empört sich die Netzgemeinde über so viel Kitsch: «Robert Habeck als sein eigenes Klischee», schreibt ein User.

Der Hashtag #machwasmitpferden trendet. Stefan Kuzmany kommentiert im *SPIEGEL*: «Es mag einer gewissen Verzweiflung über die in der Coronakrise gesunkenen Zustimmungswerte für die Grünen geschuldet sein, jedenfalls drängt sich der Eindruck auf, Habeck sei in seiner politischen Karriere beim Zustand absoluter Schmerzfreiheit angelangt. Nichts ist zu peinlich, er macht jetzt alles, wenn's nur gefallen könnte.»

Nicht nur Politikerinnen und Politikern gehen gelegentlich die Pferde durch. Auch Journalistinnen und Journalisten lassen sich beim Versuch, Scoops zu landen, zu Äußerungen und Aufmachungen hinreißen, die sie später bereuen. Die Aufmerksamkeits-Branche ist fehleranfälliger geworden. Als im Frühjahr 2021 innerhalb weniger Tage mehrere Bundestagsabgeordnete wegen ihrer anrüchigen Nebenverdienste auffliegen und zurücktreten müssen, machen sich einige Redaktionen daran, die Geschäfte mit Behörden und Ministerien genauer unter die Lupe zu nehmen. Das ist angebracht und entspricht der wesentlichen Aufgabe von unabhängigem Journalismus: Kontrolle derjenigen, die Macht haben. Aufklärung von Missständen.

Verständlicherweise ist das Gesundheitsministerium ein lohnendes Ziel von erhöhtem Rechercheaufwand. Ende März sorgt der *SPIEGEL* mit einer Schlagzeile für Aufsehen, die Korruption suggeriert: «Firma von Spahns Ehemann verkaufte Masken ans Gesundheitsministerium». Bei flüchtiger Lektüre kann man den Eindruck gewinnen, dass der Ehemann des Ministers Besitzer einer Firma ist, die Schutzmasken an das Ministerium verkauft hat. Viele User werden nicht mehr als die Schlagzeile lesen, der Artikel ist hinter einer Paywall verborgen. Es dauert nur wenige Minuten und die Twitter-Community schäumt vor Empörung. Der Deutschlandfunk bringt eine Meldung, Rücktrittsforderungen werden laut. Der Branchendienst Meedia registriert über 70 000 Interaktionen auf Facebook und Twitter. Ein Rekordwert an diesem Wochenende.

Doch nach ein paar Stunden fragen sich aufmerksame Leserinnen und Leser auf Twitter, wo denn nun der Skandal sei. Denn Daniel Funke, Spahns Ehemann, leitet zwar die Berlin-Repräsentanz der Hubert Burda Media GmbH, die das Maskengeschäft vermittelt hat. Er hat aber offenbar nichts mit dem Deal zu tun. Es flossen auch keine Provisionen. Jedenfalls enthält der *SPIEGEL*-Artikel hinter der Paywall keine Hinweise darauf. Wo also ist der Skandal?

Abends ändert die Redaktion die Schlagzeile in «Arbeitgeber von Spahns Ehemann verkaufte Masken ans Gesundheitsministerium» und räumt gegenüber *Meedia* etwas kleinlaut ein: «Wir verstehen, dass die ursprüngliche Überschrift für sich genommen einen missverständlichen Eindruck erzeugen kann. Deshalb haben wir sie am Sonntag gegen 21:50 Uhr geändert und bedauern, falls bei Leserinnen und Lesern ein falscher Eindruck entstanden sein sollte. Gleichwohl stand von Anfang an im Vorspann des Artikels unmissverständlich, dass es um die Burda GmbH geht und Herr Funke als Leiter der Hauptstadtrepräsentanz des Unternehmens dessen Angestellter ist.»

Es sind hitzige Tage in Berlin, die Nerven liegen nicht nur in der Regierung blank. Der *SPIEGEL*-Redaktion ist die Angelegenheit unangenehm. Sie recherchiert weiter und wird später noch einmal auf das Thema zurückkommen.

KARWOCHE DER ENTTÄUSCHUNGEN

Für Olaf Scholz, Christian Lindner und einige in der Führung der Grünen gibt es schlechte Nachrichten. Sie hatten darauf gehofft, dass Winfried Kretschmann, der grüne Ministerpräsident, nach seinem Wahlsieg in Baden-Württemberg die Gunst der Stunde ergreift und eine Ampelkoalition mit SPD und FDP schmiedet. Das wäre ein starkes Signal für die Bundestagswahl gewesen: mehr Machtoptionen. Aber Kretschmann setzt sich gegen starke Stimmen in seinem eigenen Landesverband und bei den Bundesgrünen durch und entscheidet sich für die Fortführung der Koalition mit der CDU.

SPD-Generalsekretär Klingbeil schimpft gegenüber einer Zeitung: «Die Union versinkt im Chaos und zeigt in den letzten Tagen immer deutlicher, dass ihr der inhaltliche und moralische Kompass fehlt. Und trotzdem entscheiden sich die Grünen in Baden-Württemberg für eine Koalition mit der müden CDU. Das ist eine klare Entscheidung gegen einen Aufbruch, und das wird auch für die Bundestagswahl hängen bleiben.» Seine Parteichefin Saskia Esken sekundiert enttäuscht: «Die Entscheidung der Grünen in Baden-Württemberg ist ein Schritt zurück.»

Kretschmanns Entscheidung ist vor allem für die SPD ein Schritt zurück, denn ihr Kandidat Olaf Scholz sah sich nach den Landtagswahlen drei Wochen zuvor bereits als künftiger Kanzler einer Ampelregierung.

Bei den Grünen in Berlin wird es kühle Machtstrategen geben, die in Kretschmanns erneuter Entscheidung für die CDU auch Vorteile sehen: Die Grünen erschließen als eine Art Öko-Flügel des Konservatismus Wählerstimmen im bürgerlichen Lager. Natürlich gibt es in der Partei auch erheblichen Widerstand gegen so viel Kungelei mit der Union. Die Sprecherin der Grünen Jugend, Anna Peters, wettert gegenüber dem Redaktionsnetzwerk Deutschland: «Eine erneute Koalition mit der CDU ist falsch und fatal. Vor den Wahlen haben die Grünen in Baden-Württemberg klar gesagt, dass sie sich eine Regierung ohne Union wünschen. Diese Entscheidung ist ein Schlag ins Gesicht für alle, die in den letzten Monaten Wahlkampf für den Wechsel gemacht haben.»

Baerbock, Habeck und Kellner erhalten einen Vorgeschmack auf die Spannungen, die sich bei den Koalitionsverhandlungen nach der Bundestagswahl in ihrer Partei entladen könnten.

Und dann gibt es ja noch Corona. Seit dem Chaos um die Osterruhe gibt es aus der Politik keine neuen Vorschläge, kein angepasstes Konzept, wie die Pandemie eingedämmt werden kann. Die Infektionszahlen schnellen weiter in die Höhe – und die Umfragewerte der Union sacken weiter ab. Die dritte Pandemiewelle rollt übers Land, Tag für Tag stecken sich viele Tausend Menschen in Deutschland an, viele weitere sterben. Die Entscheidungsträger wirken wie gelähmt.

In dieser Phase ist die Virologin Melanie Brinkmann zu Gast in der Sendung von Markus Lanz. Viele Wochen lang hat sie sich, von ein paar Tweets abgesehen, mit Kommentaren zum Krisenmanagement weitgehend zurückgehalten. Bis zu diesem Donnerstag. An diesem Tag greift sie die Verantwortlichen in Bund und Ländern hart an und wirft ihnen nach einem Jahr Pandemie völlige Planlosigkeit vor: «Wir haben noch nie […] ein einheitliches Ziel formuliert. […] Was ist das Ziel? Die Intensivstationen nicht zu überlasten? Das ist ein ziemliches bescheuertes und absolut falsches Ziel.»

Brinkmann weist darauf hin, dass sie im Februar, als die Zahlen sanken, gemeinsam mit Kolleginnen und Kollegen immer wieder vor einer neuen Infektionswelle gewarnt hat und dass damals niemand auf sie hören wollte: «Die Modellierungen waren eindeutig. Es war eindeutig kommuniziert. Und ich kann mir keinen Vorwurf machen. Ich war laut genug, mit vielen anderen Kollegen. Es wurde nicht reagiert. Man hätte die Ausbreitung dieser infektiöseren Variante aufhalten können. Wenn man es gewollt hätte. […] Jetzt hat man sogar noch einen draufgesetzt: ‹Die Zahlen steigen wieder, öffnen wir doch trotzdem.› Ich kann es nicht verstehen.»

Melanie Brinkmann gerät außer sich. Auch sie scheint das Vertrauen in die Handlungsfähigkeit der Regierungen in Bund und Ländern zu verlieren: «Wir haben den schlechtesten Weg gewählt. Was wir jetzt hier machen, ist ein Durchseuchungskurs.»

Die Krisenkommunikation der Bundesregierung findet sie fatal. Brinkmann meint die Ankündigungen, große Mengen von Impfungen und Tests anzukündigen und anschließend wieder zurückzurudern: «Es ist immer schlecht, etwas zu versprechen, wenn man schon weiß, dass man das gar nicht erreichen kann. Dann enttäusche ich natürlich die Bevölkerung. […] Die Wahrheit ist, dass wir im Sommer mit dieser Pandemie nicht durch sind. […] Diese Pandemie wird uns nächstes Jahr auch noch beschäftigen.» Sie berichtet von erschöpften Ärzten und Pflegekräften: «Die können nicht mehr.»

In Hamburg kündigt der Verfassungsschutz an, die Querdenker-Szene zu beobachten. Zuvor haben bereits die Verfassungsschützer von Bayern und Baden-Württemberg mit der Beobachtung angefangen. Hamburgs Innensenator Andy Grote stuft den lokalen Ableger der Bewegung als rechtsextremen Verdachtsfall ein: «Die Zunahme an Radikalität und Militanz vor allem im engeren Organisationskreis bereitet uns Sorge. Man kann den ganzen Tag leugnen, dass es Corona gibt – das ist von der Meinungsfreiheit gedeckt», begründet Grote die Entscheidung. Bei den Initiativen «Querdenken 40» und «Hamburg steht auf» gäbe es jedoch eine «aggressive verschwörungsideologische Delegitimierung des Systems, der Demokratie und ihrer Repräsentanten». Bald danach wird die Bewegung bundesweit vom Verfassungsschutz beobachtet.

Am Ostersamstag versammeln sich etwa 10 000 Menschen auf dem Cannstatter Wasen in Stuttgart, um bei der Querdenker-Demo gegen die Corona-Auflagen zu protestieren. Um 17:22 Uhr meldet sich SWR-Reporter Thomas Denzel bei Tagesschau24, um live zu berichten. Er will gerade seinen Bericht beginnen, da sieht er, wie Steine in seine Richtung geworfen werden. Live auf Sendung schildert er die Situation und erklärt dann, dass er jetzt lieber die Übertragung abbricht. Der Moderator im Studio rät: «Bringen Sie sich in Sicherheit». Demonstranten rufen zum Reporter: «Lügenpresse», «Drecksschweine», «Abschaum».

Das Thema, das das politische Berlin in der Karwoche am meisten beschäftigt, setzt Angela Merkel. Ausgerechnet die Frau, die scharfe Worte seit Jahren aus ihrem öffentlichen Sprachschatz verbannt hat.

Wenn Merkel in die Talkshow von Anne Will geht, dann müssen sich die Deutschen Sorgen machen. Die Kanzlerin gibt nur sehr selten Interviews – und sehr ungerne. Diese offene Frage-Antwort-Situation kann sie nicht kontrollieren. Deshalb hat sie in den vergangenen Jahren nur wenigen Journalistinnen und Journalisten eine Audienz gewährt – und wenn, dann war ihre Zeit immer sehr knapp bemessen. In den letzten Wochen hat sie gleich mehrere Kurzinterviews gegeben, sie war bei der ARD und beim ZDF, sogar bei RTL. Schon diese Interview-Offensive zeigt, dass Merkel bemüht ist, die Deutungshoheit über das eigene

Corona-Krisenmanagement nach der verpatzten «Osterruhe» zurückzuerlangen. Aber offenbar ist sie mit dem Ergebnis nicht zufrieden. So geht sie am Palmsonntag in die Sendung von Anne Will, eine Stunde lang one-on-one. Ein Alarmzeichen, zu Anne Will geht sie immer in Zeiten größter Not. Etwa als ihr die Flüchtlingskrise über den Kopf wuchs. Dort versucht sie dann, souverän zu wirken, Ruhe auszustrahlen.

Diese Sendung Ende März 2021 verläuft jedoch anders. Noch nie in den knapp sechzehn Jahren ihrer Kanzlerschaft hat sie einen so fahrigen, unruhigen Eindruck gemacht. Schon nach zwanzig, dreißig Minuten fragt man sich, warum Merkel überhaupt in die Live-Sendung gegangen ist. Sie versucht wieder, ihren Osterruhe-Fehler zu erklären. Darüber hinaus hat sie keine Botschaft. Etwas kraftlos kündigt sie an, sie wolle über die nächsten Schritte zur Pandemiebekämpfung nachdenken. Aber das ist ja nicht besonders mitteilenswert. Von einer Regierungschefin ist ohnehin zu erwarten, dass sie über solche Fragen nachdenkt.

Dann aber platzt es aus ihr heraus. Sie ist unzufrieden mit dem Krisenmanagement einiger Bundesländer. Sie würden die vereinbarte Notbremse, also harte Beschränkungen ab einer Inzidenz von 100, nicht ziehen: «Ich habe mir die Notbremse, […] egal ob Berlin oder andere Bundesländer, auch NRW, nicht so gedacht […] Dort, wo sie [die Inzidenz] über 100 ist, gibt es keinen Ermessensspielraum.» Anne Will fragt: «Also verstößt Armin Laschet gegen den Beschluss, den er mit Ihnen gefasst hat?» Merkel: «Es gibt mehrere Bundesländer, die eine sehr weite Interpretation haben. Und das erfüllt mich nicht mit Freude.»

Deutschland und insbesondere die Unionsfamilie schrecken auf. Und auch Armin Laschet, der die Sendung am Fernseher verfolgt, ist tief enttäuscht. Galt er nicht als Merkels Wunschnachfolger? Im kleinen Kreis hatte Laschet von einem Gespräch mit der Kanzlerin erzählt. Die habe ihm klipp und klar gesagt: «Armin, ich unterstütze Dich. Ich will, dass Du mein Nachfolger wirst.»

Und hatte Merkel nicht am Auftaktabend des Parteitages Mitte Januar noch für «ein Team» geworben und damit das Team Laschet/Spahn gemeint? Armin Laschet galt doch stets als die verlässliche Verlängerung des Merkel-Stils – warum geht Merkel kurz vor der Entscheidung der K-Frage so schroff auf Distanz zu ihm? Aus der Umgebung von Merkel heißt es, die Kanzlerin sei enttäuscht über den Corona-Kurs von Armin Laschet. Vertraute von Laschet hingegen erklären sich das Verhalten der Kanzlerin so, dass sie in den letzten Monaten ihrer Amtszeit weit mehr Interesse an ihrem Bild in der Geschichte als an einer geordneten Übergabe der Macht habe. Außerdem wolle Merkel abwarten, wie die Wahlchancen ihrer Partei stehen. Sie wolle nicht zu eng mit einer Niederlage und auch nicht mit einem Verlierer in Verbindung gebracht werden. Vermutlich stimmen beide Erklärungen.

Der neue CDU-Chef hat sich die Karwoche ganz anders vorgestellt. Am Dienstag will er in Berlin mit einer Rede und einer im Internet übertragenen Diskussionsrunde die Arbeit am Regierungsprogramm starten. Seine Ansprache klingt wie eine Abrechnung mit sechzehn Jahren Kanzlerschaft von Angela Merkel. Das Land sei «nicht stark genug» für das kommende Jahrzehnt, er spricht gegen ein «Weiter so», «das großartige Deutschland [...] müssen wir verändern, wenn es bleiben soll, wie es ist». Laschet fordert ein «Modernisierungsjahrzehnt» und einen «Kulturwandel».

Laschet klingt kämpferisch. Ähnlich haben zuvor auch die Konkurrenten von SPD und Grünen gesprochen.

Doch die Nachrichtenmedien vermelden an diesem Vormittag nicht nur die Kernsätze von Laschets Rede, sondern auch ein aktuelles Zitat von Markus Söder. Der CSU-Chef ist nahezu zeitgleich mit Laschet in München vor die Presse getreten und hat den CDU-Chef abgewatscht: «Ich finde es sehr seltsam, wenn der CDU-Vorsitzende mit der CDU-Kanzlerin ein halbes Jahr vor der Wahl streitet.» Laschets Leute sind fassungslos.

Allen Beobachtern ist klar: Markus Söder will sich im unionsinternen Machtkampf um die Kanzlerkandidatur nicht geschlagen geben; er ist bereit, seinen Anspruch zu verteidigen, selbst wenn er Laschet persönlich und der Union insgesamt schadet. Und dann gibt es noch eine Merkwürdigkeit: Markus Söder hat noch gar nicht erklärt, ob er kandidieren will. Was also will er?

Merkel gegen Laschet, Söder gegen Laschet, Laschet gegen Söder – die Union gibt das Bild einer zerrissenen Partei ab. Und das am Anfang des Wahlkampfs. Im Internet machen die ersten Witze die Runde. Die Union brauche Rezo nicht mehr, sie zerstöre sich jetzt selbst.

Eigentlich haben Armin Laschet und Markus Söder verabredet, zwischen Ostern und Pfingsten die K-Frage zu klären. Es gibt keinen konkreten Zeitplan, keine Verabredung über das Wann, Wie, Wo. Die Feiertage stehen kurz bevor, und Laschet will direkt nach Ostern mit Söder telefonieren, um wenigstens den Rahmen der Entscheidungsfindung zu besprechen. Er steht unter gewaltigem Druck. Einige CDU-Bundestagsabgeordnete erklären öffentlich, dass sie sich Söder als Kandidaten wünschen. Offenbar haben sie Angst, bei einer Wahlniederlage unter Armin Laschet ihre Mandate zu verlieren. Der CDU-Chef muss die aufkeimende Unruhe unterdrücken. Je früher die K-Frage geklärt ist, desto besser für ihn. Doch Söder will das Spiel so lange wie möglich offenhalten und Laschet in aller Öffentlichkeit zappeln lassen.

Markus Söder hat immer wieder dem CSU-Übervater Franz Josef Strauß nachgeeifert. In seinem Jugendzimmer hing sogar ein Strauß-Poster über dem Bett, wie Söder selbst medienwirksam kolportierte. Strauß hatte über seinen CDU-Rivalen Helmut Kohl einst gelästert: «Der wird nie Kanzler.» Mit Kohl sei er «zwar befreundet, aber er ist ein Filzpantoffel-Politiker». Will Söder es machen wie Strauß? Wie lange kostet er die Erniedrigung Laschets aus?

Aber das Spiel geht in beide Richtungen. Armin Laschet hat sich häufig an Helmut Kohl orientiert. Der wurde anfangs belächelt und unterschätzt. Er wusste um den Spott und den Groll aus München. Doch Kohl ließ den bayerischen Löwen Strauß geduldig brüllen. Er wurde Bundeskanzler und blieb es sechzehn Jahre lang. Schaut Laschet jetzt nur zu, wie sich Söder austobt? Weil er weiß, dass er fünfzehn Landesverbände hinter sich hat und Söder nur einen einzigen?

Es ist ein gefährliches Fingerhakeln, das die beiden Parteichefs der Union zu Ostern veranstalten.

Noch ist es nur das Vorspiel.

ZANKENDE URGESTEINE

Für Politiker wie Franz Josef Strauß wurde irgendwann einmal der Beiname «politisches Urgestein» erfunden. Im Wörterbuch wird «Urgestein» als Begriff aus der Geologie erklärt mit: «Erdgeschichtlich meist ältere Tiefengesteine und Gesteine, die unter hohem Druck und hoher Temperatur entstanden sind.» Die Entstehungsgeschichte von Druck und hoher Temperatur trifft, natürlich im übertragenen Sinn, auch auf die politische Laufbahn des Raufbolds Franz Josef Strauß zu. Und ebenso auf das Leben des Kämpfers Helmut Kohl.

Zurück zu unserem viertägigen Interview in Ludwigshafen-Oggersheim im Jahr 2003, in dem Helmut Kohl oft auf Strauß zu sprechen kommt. Viele Mythen sind über das Verhältnis der beiden Männer im Umlauf. Die Spannung zwischen ihnen war zeitweilig so groß, dass sie beinahe die Fraktionsgemeinschaft zwischen CDU und CSU zerrissen hätte.

Jetzt, fünfzehn Jahre nach Strauß' Tod und nach dem Ende seiner eigenen politischen Laufbahn, spricht Kohl ganz offen und sogar ein wenig zärtlich über den alten Rivalen. Aber klar, die großen Schlachten sind geschlagen, und Kohl ging aus ihnen als Sieger hervor. Folglich fällt es ihm leicht, die Erinnerung mit dem Weichzeichner auszuschmücken.

Kohl erzählt: «Er war ein brillanter Kopf, einer der intelligentesten Politiker, die mir in meinem Leben über den Weg gelaufen sind. Ich spreche jetzt von Intelligenz. Nicht von Klugheit. Da hat er eine Menge Begrenzungen gehabt. Er hatte miserable Menschenkenntnisse. Ich war immer wieder erstaunt, wer bei ihm Gnade fand oder wer bei ihm voll korrupt war, um dann Gnade zu finden. Einer unserer gemeinsamen Freunde hat einmal gesagt, das Problem von Franz Josef besteht darin, dass er den Motor eines schweren Lasters hat, aber die Bremsen von einem Kleinwagen. Es gibt keinen, der mehr Streit hatte mit ihm. Wir hatten schon gewaltigen Streit miteinander. Es war eine schwierige Zeit. Manchmal auch eine bittere Zeit.»

In außenpolitischen Fragen folgen Strauß und Kohl in den siebziger und achtziger Jahren ähnlichen Grundsätzen. Beide sind vom Zweiten Weltkrieg geprägt. Und sie sind zutiefst vom europäischen Friedensprojekt überzeugt:

«Er war einer der großen Gestalten der deutschen Nachkriegspolitik. Deutschland verdankt ihm ziemlich viel. Er war ein Urgestein.» Jetzt benutzt Kohl das Wort selbst. Und schwärmt weiter: «Er war auch ein Mann mit visionärem Blick. Er war ein Patriot, ohne jede bayerische Enge. Ein Bayer durch und durch. Und zwar ein Altbayer. Aber er war nicht einer, der sagte: ‹Alles, was außerhalb Bayerns ist, ist nichts.› Für so etwas hatte er Verachtung. Er hatte einen Sinn für geschichtliche Entwicklungen, war sehr früh Europäer geworden. Er hatte die deutsch-französische Freundschaft im Blick, was ein Grundfundament einer friedlichen Zukunft in Europa, auch der deutschen Zukunft, ist.»

Trotz der posthumen Lobeshymnen hat Kohl, der Politiker mit dem Elefantengedächtnis, nie vergessen, wie herablassend Strauß ihn behandelte. Die Auseinandersetzungen, die Kämpfe um die Macht in der Union und ums Kanzleramt waren epische Dramen, aufgeführt auf den Bühnen in Bonn und München. Politisch interessierte Bundesdeutsche verfolgten das Kräftemessen zwischen den beiden Männern viele Jahre lang, ihre Schläge unter die Gürtellinie, ihre Versöhnung und Treueschwüre, ihren Groll.

Auf die Frage, warum Strauß ihn nicht geschätzt habe, antwortet Kohl:

«Wir waren so völlig verschieden. Franz Josef Strauß hat die lauten Töne wie Muskeln spielen lassen. Aber er war kein starker Mann, überhaupt nicht. Und jemand wie ich? Ich war, in der Sprache junger Leute von heute, ein Weichei für ihn. Ich habe nicht gleich losgetobt und losgepoltert. Er hat es in den letzten Jahren nur schwer ertragen, dass ich Kanzler geworden bin. Sehen Sie, nach seinem Verständnis war das eigentlich sein Platz. Und jetzt ist da einer gekommen und hat sich da auf den Stuhl gesetzt. Und er hat, glaube ich, nicht sehr stark reflektiert, ob das Gründe sind, die vielleicht auch bei ihm liegen können.»

Der Konflikt zwischen Kohl und Strauß beginnt schon viele Jahre vorher. Als Kohl 1973 CDU-Vorsitzender wird, zeichnet sich ab, dass er und der CSU-Chef dasselbe Ziel haben, das Kanzleramt. Immer wieder streiten die beiden um die Frage, wer als Kandidat für die Union in den Wahlkampf ziehen solle. 1976 setzt sich Kohl durch – und scheitert bei der Bundestagswahl knapp. Er holt zwar mit der Union 48,6 Prozent der Stimmen, das bis dahin zweitbeste Wahlergebnis in der Geschichte. Aber er verfehlt die absolute Mehrheit. Helmut Schmidt kann mit seiner sozialliberalen Koalition weiterregieren.

Kohl erinnert sich: «Wir waren ganz nah dran. Franz Josef Strauß hat ja vier Wochen vor der Wahl verkündet, der Kohl wird natürlich die Wahl verlieren. Dass wir so hauchdünn drankamen, das hat er auch nicht geglaubt.»

Die knappe Wahlniederlage der Union hat ein hochdramatisches Nachspiel. Wenige Wochen später forciert Strauß die Trennung von CDU und CSU. Was er von Kohl hält, verrät er, als er sich in einer Halle des Wienerwald-Konzerns gegenüber Mitgliedern der CSU-Nachwuchsorganisation in Rage redet: «Er ist total unfähig. Ihm fehlen die charakterlichen, die geistigen und die politischen Voraussetzungen. Ihm fehlt alles dafür [fürs Kanzleramt].»

CSU-Chef Strauß will seine Partei deshalb im ganzen Bundesgebiet antreten lassen und mit einer eigenen Bundestagsfraktion eine Machtbasis in Bonn aufbauen. In Wildbad Kreuth ringt Strauß stundenlang mit den Mitgliedern seiner Landesgruppe. Am Ende setzt er den Trennungsbeschluss durch.

Womit Strauß nicht rechnet: Es gibt einen Maulwurf in seiner Landesgruppe. Ein Parteifreund benachrichtigt Kohl heimlich über die Revolte. Zudem rechnet Strauß nicht damit, dass Kohl den Gegenschlag vorbereitet:

«Ich war ja fest entschlossen, den [bayerischen] Landesverband der CDU zu gründen, wenn die Sache nicht wieder rückgängig gemacht würde. Das war auch der Grund, warum Strauß zurückgewichen ist. Er hat plötzlich entdeckt, dass starke Teile in der CSU sagten: ‹Nein, diesen Irrweg gehen wir nicht mit.› Er hat ja eine Menge Leute in Verdacht gehabt, dass sie abspringen würden, wenn die CDU kommt. Nach seinem Tod hat sich Ministerpräsident Max Streibl –

ich hätte es nie gesagt – bei einem gemeinsamen Umtrunk zur allgemeinen Verblüffung von CDU-Präsidium und CSU-Präsidium bei mir bedankt, dass ich nie ein Wort gesagt hätte. Aber jetzt wolle er doch sagen, dass er mich nachts angerufen und gesagt hat: ‹Also, wenn das so weit kommt, dass wir uns trennen, gehe ich mit Ihnen und der CDU.› Das war nicht der Einzige. Er war aber einer der wichtigsten Leute der bayerischen CSU.»

Und wer war noch dabei?

«Ich denke gar nicht daran, das zu sagen. Ich hätte das auch im Fall von Streibl nicht gesagt, wenn er es nicht selber gesagt hätte. Die Verblüffung in diesem Kreis abends war ungeheuer groß.»

Als es dann um die Kandidatur für die nächste Bundestagswahl im Jahr 1980 geht, ist die Lage gänzlich anders. Kohl steckt die Niederlage von 1976 noch immer in den Knochen. Er befürchtet, dass er erneut gegen Kanzler Schmidt verlieren wird. Und Franz Josef Strauß hat sich in den Kopf gesetzt, selbst anzutreten:

«Schon ein bisschen vorher, ab 1978, hat Strauß gesagt: ‹Der darf auf gar keinen Fall wieder Kanzlerkandidat werden.› Dann haben er und andere, auch viele in der CDU, sich auf den Weg gemacht, um meine erneute Kandidatur zu verhindern. Bei nüchterner Lagebeurteilung hat er mir dann klar gemacht: Wenn ich jetzt noch mal antrete als Kanzlerkandidat, werde ich im Vorfeld verschlungen. Dann gab es eine ganz massive, kaum an die Öffentlichkeit geratene Welle der Unterstützung von wichtigen Leuten, ich solle 1979 Bundespräsident werden. Ich war ja viel zu jung. Aber die waren der Meinung, wenn ich Bundespräsident werde, bin ich weg.»

Kohl will sich nicht nach oben wegloben lassen. Er schielt auf die Zeit nach Schmidt, auf die übernächste Bundestagswahl. Seinem Rivalen Strauß gönnt er die Kandidatur 1980 dennoch nicht. Daher schickt er einen Politiker von seinen Gnaden ins Rennen, Ernst Albrecht, den CDU-Ministerpräsidenten von Niedersachsen. CDU und CSU können sich nicht einigen, daher landet die Angelegenheit schließlich in der gemeinsamen Bundestagsfraktion:

«Ich habe zu Strauß gesagt: ‹Du wirst die Bundestagswahl nicht gewinnen.› Dann kam ich mit dem Vorschlag Ernst Albrecht. Es ist ja fast vergessen, dass innerhalb des CDU-Teils Albrecht die Mehrheit hatte. Erst in der gemeinsamen Sitzung von CDU und CSU hat dann Strauß mit den Stimmen der CSU und mit der Minderheit der CDU die Wahl gewonnen. Ich habe mich in diesem Wahlkampf unglaublich eingesetzt. Das hat er auch nie verschwiegen. Seine Frau hat immer gesagt: ‹Wenn alle so gekämpft hätten wie der Helmut Kohl, dann hätten wir es geschafft.› Ich bin damals wirklich rund um die Uhr marschiert.»

Gegen Franz Josef Strauß erhebt sich breiter Protest im Land, der Kandidat verliert die Wahl. Er ist außerhalb Bayerns schlichtweg unvermittelbar, obwohl die sozialliberale Koalition bereits von Auflösungserscheinungen gekennzeichnet ist. Kohls Warten zahlt sich folglich aus. Bei der nächsten Gelegenheit kann er zugreifen. Die Koalition von Helmut Schmidt wankt.

«Strauß hat dann im Frühjahr 1982 geglaubt: Die Regierung Schmidt ist am Ende. Da hat er Recht gehabt. Und wenn die Wahl vorgezogen wird, dann fliegt die FDP raus – die Grünen gab es ja damals noch nicht –, und es gibt zwei Parteien. Dann hat die CDU/CSU die Mehrheit und der Helmut Kohl kann Bundeskanzler werden. Das war ja nicht zu verhindern. Er wäre dann aus München weggegangen, das ist gar keine Frage. Weil er ein Argument gehabt hätte: In der Stunde der Not muss man an die Front. Und wenn er, sagen wir mal, Wirtschafts- und Finanzminister geworden wäre, hätte er als Superminister seinen Satz realisieren können: ‹Wer unter mir Bundeskanzler ist, ist völlig egal.› Das hat sich dann aber nicht erfüllt.»

DER LOW-BOB-VEREIN

Rezo meldet sich Anfang April in diesem Superwahljahr 2021 mit einem neuen Video zurück. Nun ja, gelegentlich hat er in den letzten Jahren Spaßvideos mit Wasserpistolen und einstürzenden Bauklötzchen veröffentlicht. Aber die Pandemie und vor allem das schlechte Krisenmanagement der Bundes- und Landesregierungen bringen ihn dazu, sich erneut zu aktuellen politischen Themen zu äußern. Das neue Video mit dem Titel «Unfähig – Rezo zerstört Corona-Politik» verbreitet sich nicht ganz so schnell wie das CDU-Zerstörungsvideo zwei Jahre zuvor. Der Neuigkeitswert der Rhetorik des Jungen mit den blauen Haaren hat etwas nachgelassen. Und das neue YouTube-Statement wird auch nicht kurz vor einer wichtigen Wahl veröffentlicht. Dennoch sehen innerhalb weniger Tage etwa eine Million Menschen das Video.

Rezo regt sich über Korruption in der Union auf und nennt sie «shady Sachen». Er zieht über Horst Seehofer her, der sich nicht mit AstraZeneca impfen lässt, weil er sich «nicht bevormunden lassen will». Rezo: «Alter, ist der dumm? Ist der beschissen im Kopf? Was für 'ne Zickerei. […] Das ist so wie: ‹Der Jens hat mir das gesagt. […] Ich will ja nicht das machen, was mir der Jens sagt.› Bist Du scheiße im Kopf? […] In der Zeit einer weltweiten Pandemie ist so ein […] Verhalten menschenfeindlich. Fuck up!»

Rezos YouTube-Sprache hat sich in den letzten zwei Jahren weiter verschärft: noch mehr Kraftausdrücke, noch mehr Slangwörter, noch harschere Urteile. Muss auch Rezo die Eskalationsschraube weiterdrehen, um sich Gehör zu verschaffen? Dabei verlieren seine Themen und Thesen nicht an Bedeutung, etwa wenn er sich eine Aussage des sächsischen Ministerpräsidenten Michael Kretschmer während der Pandemie vornimmt: «Ich appelliere an die Eigenverantwortung der Menschen.» Rezo regt sich mächtig auf: «Das würdest du in keinem Kontext machen. Du sagst ja auch nicht: ‹Lass mal keine Regeln im Straßenverkehr haben, klar können da viele Leute sterben. Aber ich appelliere an die Eigenverantwortung.› […] Nein, das ist die fucking Aufgabe der Bundes- und Landesregierungen. Das ist die Aufgabe von Politikern: zu lenken [...]. Wie krass die keine Skills im Leben haben.»

Es ist nicht bekannt, ob Lothar Wieler, Chef des Robert-Koch-Instituts, ein Rezo-Fan ist oder ob er das jüngste Video von ihm gesehen hat. Ein paar Tage später haut Wieler jedenfalls etwas vornehmer in dieselbe Kerbe und kritisiert das zögerliche Handeln der Politiker und Politikerinnen: «Es bedeutet, dass die Verantwortungsträger die Verantwortung der Pandemiebewältigung nun auf die Einzelnen abgeben.» Der RKI-Chef spricht diese Worte mit ungewohntem Furor aus. Er ist ebenso enttäuscht wie der drei Jahrzehnte jüngere YouTuber.

In seinem Video baut Rezo einen weiten gedanklichen Bogen. Und landet bei einem Punkt, der ihn schon vor zwei Jahren umtrieb: «Das Krasseste ist die unterliegende Wissenschaftsfeindlichkeit. [...] Das hat diese Pandemie offenbart: Wie tief verwurzelt die Wissenschaftsfeindlichkeit bei so vielen Leuten in der Politik ist.»

Wieder knüpft sich Rezo den CDU-Politiker Michael Kretschmer vor. Der hatte im Dezember gesagt: «Wir haben das Virus unterschätzt. Alle miteinander.» Rezo richtet sich auf und schaut jetzt direkt in die Kamera, ganz groß und nah, als wolle er nur zum sächsischen Ministerpräsidenten sprechen: «Nein, Michael, Du hast das Virus unterschätzt. Du! Was für eine Dreistheit man sich herausnehmen muss, um solche Sätze zu sagen.»

Schließlich ist der CDU-Ministerpräsident von Hessen, Volker Bouffier, an der Reihe. Rezo spielt einen O-Ton von ihm ein: «Jeder, der behauptet, das habe man alles schon vor acht Wochen wissen müssen – mit so etwas will ich mich nicht auseinandersetzen.» Rezo springt jetzt beinahe aus dem Hemd: «Muss ich den wirklich an die Hand nehmen und erklären, wie Leben funktioniert? Wenn Dir jemand vor acht Wochen sagte, hey, das und das wird kommen. Und Du sagst: Nee, wird nicht kommen, wird nicht kommen. Und dann kommt das. Dann sollst Du Dich mit genau dem unterhalten. Weil der wusste es besser, Du Kecko. Was ist das für ein Low-Bob-Verein? Uns gegenüber ist das so respektlos.»

Alle Politiker, die Rezo in seinem neuen Video auseinandernimmt, sind prominente Mitglieder von CDU und CSU. Seine Wut auf die

Union ist seit seinem ersten Zerstörungsvideo nicht geringer geworden. In den Wochen vor der Bundestagswahl im August und September wird Rezo in schneller Folge erneut drei Videos veröffentlichen, in denen er die Politik der Regierungsparteien, vor allem von CDU und CSU, anprangert. Es geht um Fehlverhalten im Wahlkampf, um die Klima-Katastrophe und um Korruption. Auch diese Videos erreichen ein Millionenpublikum. Aber nennenswerte Reaktionen aus den Parteiführungen bleiben aus.

Die angesprochenen Politiker und Politikerinnen gehen nicht weiter auf die neuen Rezo-Videos ein. Keine Gegenvideos, keine Pressekonferenzen. Man lässt die Attacken diesmal abtropfen. Ist das clever? Ja, vielleicht. Ist es richtig? Nein, denn Rezo befeuert mit seinen Sprüchen notwendige Debatten, die weit über CDU und CSU hinausgehen.

Auch Armin Laschet hat angekündigt, sich während der Feiertage Gedanken zu machen, er will über einen neuen Kurs in der Corona-Politik nachdenken. Im Netz machen sich prompt User über den CDU-Chef lustig. Der Hashtag #Laschetdenktnach trendet stark. Am Ostermontag verkündet der CDU-Chef das Ergebnis seines Nachdenkens. Er meldet sich aus dem Impfzentrum in seinem Heimatort Aachen. Seine Presseleute haben zuvor örtliche Journalisten und Kamerateams angerufen, Laschet steht vor mehreren Mikrofonen und spricht durch seine Mund-Nasen-Maske, dass er die nächste Ministerpräsidentenkonferenz um ein paar Tage vorziehen will. Außerdem schlägt er, und auf dieses Wort kommt es ihm an, einen «Brücken-Lockdown» vor.

Es dauert nicht lange, bis es von allen Seiten Kritik hagelt. Die SPD-Regierungschefs wollen sich nicht früher treffen. Kommentatoren nehmen das Wort «Brücken-Lockdown» auseinander. Wohin wolle Laschet denn eine Brücke bauen? Das sei doch nur ein PR-Bluff. Heute hü, morgen hott. Es ist noch nicht lange her, dass Laschet gegen den – aus seiner Sicht populistischen – harten Corona-Kurs von Markus Söder lästerte. Kein namhafter Politiker, auch kein namhafter Parteifreund, springt Laschet nach seiner Kehrtwende jetzt zur Seite. Im Netz macht ein weiterer Hashtag die Runde: #Laschethatnachgedacht. Ein paar Tage lang wird der CDU-Chef im Internet zur Witzfigur, zum Sinnbild des «Low-Bob-Vereins» (Rezo) CDU.

Auffällig ist das Verhalten der Kanzlerin. Eigentlich müssten ihr Laschets Vorschläge – vorgezogenes Treffen, Brücken-Lockdown – gefallen. Und tatsächlich lässt sie ihre Sprecherin sagen: «Jede Forderung nach einem kurzen einheitlichen Lockdown ist richtig.» Aber Merkel vermeidet es, selbst Stellung zu beziehen. Auch verteidigt sie Laschet nur indirekt. Ein Satz wie «Der Vorschlag des nordrhein-westfälischen Ministerpräsidenten findet meine Zustimmung» kommt ihr nicht über die Lippen. Merkel sieht, wie verzweifelt ihr Nachnachfolger als CDU-Chef darum kämpft, die öffentliche Meinung umzudrehen, nicht nur für sich, auch für seine Partei. Aber sie lässt Laschet im Regen stehen.

Merkel hat schon Kramp-Karrenbauer die Unterstützung verwehrt, als die neue CDU-Chefin sie dringend benötigt hätte. Und sie leistet auch Armin Laschet, dem neuen CDU-Chef, keine Schützenhilfe. Als ich Regierungssprecher Seibert offiziell anfrage, bei einem Zweiertreffen von Merkel und Laschet im Kanzleramt kurze Filmaufnahmen machen zu dürfen, antwortet er, die Kanzlerin wünsche solche Aufnahmen nicht. Die vermeintlich uneitle Angela Merkel achtet in der Schlussphase ihrer Amtszeit penibel auf ihr Geschichtsbild. Ein neuer starker Mann oder eine neue starke Frau sollen ihr dabei bitteschön nicht zu viel Licht rauben. Und mit einem schwachen Mann will sie erst recht nicht in Verbindung gebracht werden. Erst ganz kurz vor der Wahl, als die Union in Umfragen bedrohlich tief abgerutscht ist, wird sie ihre Haltung ändern.

Natürlich hat Laschet in den vergangenen Monaten viel dazu beigetragen, dass seine Corona-Politik wie ein Schlingerkurs wirkt. Er versuchte, sich von Merkels und Söders Lockdown-Politik abzusetzen. Er forderte Eigeninitiative und unbürokratisches Handeln, untersagte aber Schulleitern in seinem Bundesland mit Verweis auf gültige Richtlinien, ihre Schulen wegen der Ansteckungsgefahr zu schließen. Sein Brücken-Lockdown-Vorschlag wirkt wie ein U-Turn, eine Kurskorrektur um 180 Grad. So vernünftig die Idee sein mag, aus dem Mund von Armin Laschet wirkt sie wie eine Verzweiflungstat im Kampf um die Kanzlerkandidatur.

Im Englischen gibt es diesen Spruch über Notlagen: «When you are in a hole, stop digging.» Armin Laschet hockt in der Grube, er gräbt und gräbt – und wird dabei immer hektischer. Und Angela Merkel steht am Rand der Grube und schaut zu. Sie lässt ihren Parteifreund sein eigenes Grab schaufeln.

Die unterlassene Hilfeleistung der Kanzlerin registrieren die Politikbeobachter genau – und nutzen Laschets Schwäche gnadenlos aus. Nahezu jede Bewegung, jeder Satz wird jetzt gegen ihn ausgelegt. Aus dieser Situation gibt es eigentlich kein Entkommen. Armin Laschet gräbt sich immer tiefer – und alle anderen bewerfen ihn mit Dreck.

Kann er der Grube aus eigener Kraft entsteigen?

Am Ende dieser für Laschet so schlimmen Woche unterschreiben fünfzig Bundestagsabgeordnete der CDU eine Erklärung, in der sie eine schnelle Entscheidung in der K-Frage verlangen. Fünfzig von insgesamt 246 Abgeordneten von CDU und CSU, das ist noch keine erdrückende Zahl. Aber die Gruppe wächst, und es ist erkennbar, dass die Abgeordneten sich Sorgen machen, bei der Bundestagswahl ihre Mandate zu verlieren. Sie verfolgen den Streit zwischen Söder und Laschet und den Absturz der Union in den Umfragen aus Eigeninteresse. Der Brief der Fünfzig liest sich wie ein Aufstand gegen Laschet: «Als Mitglieder einer selbstbewussten CDU/CSU-Bundestagsfraktion erwarten wir, dass, bevor eine Festlegung dieser Tragweite verkündet wird, in einer parteiübergreifenden Fraktionssitzung von CDU und CSU darüber diskutiert und im Zweifel auch dort entschieden wird.»

Armin Laschet hat immer erklärt, er würde sich mit Markus Söder auf einen gemeinsamen Vorschlag einigen und diesen dann den Gremien der Union unterbreiten. Doch jetzt drohen die Abgeordneten, ihm das Verfahren aus der Hand zu nehmen. Laschets Autoritätsverlust beschleunigt sich schwindelerregend. Kann so jemand noch Kanzler werden?

Auf der anderen Seite: Sollten die Abgeordneten oder andere Kräfte in der Union einen so großen Druck auf Laschet ausüben, dass er auf die Kandidatur verzichtet, wäre nicht nur Laschet schwer beschädigt, sondern auch seine Partei. Ein CDU-Vorsitzender, dem nach nur drei Monaten im Amt die eigenen Leute nicht mehr folgen, müsste zurücktreten. Die CDU, die gerade erst einen quälend langen Prozess der personellen Neuaufstellung hinter sich gebracht hat, stünde vor einem neuen Machtkampf um die Parteispitze. Ein neuer Wahlparteitag müsste organisiert werden, und das erneut während der Pandemie.

Dazu kommt: Der Landesverband in Nordrhein-Westfalen, den Armin Laschet als Vorsitzender anführt, würde ebenfalls in Turbulenzen geraten. Im Frühjahr 2022 steht in Nordrhein-Westfalen eine wichtige Landtagswahl an, ein geschwächter Ministerpräsident Laschet wäre eine Belastung für den Wahlkampf.

Das ist die Drohkulisse, die Laschets Leute im Streit um die Kanzlerkandidatur aufbauen. Wirken die Drohungen bei der Gegenseite?

Die Spitzen der Union geben ein jämmerliches Bild ab. Sie sind augenblicklich mehr mit sich selbst beschäftigt als mit Maßnahmen zur Eindämmung der dritten Welle der Pandemie. Planlos sehen die Regierungsparteien Union und SPD zu, wie die Infektionszahlen von Tag zu Tag steigen. Die verabredete Ministerpräsidentenkonferenz wurde wegen der erwartbaren Ergebnislosigkeit ersatzlos gestrichen. Die Spitzen von CDU und CSU finden hingegen ausreichend Zeit für die Beschäftigung mit der K-Frage.

Für den kommenden Sonntag haben Ralph Brinkhaus, der Vorsitzende der CDU/CSU-Fraktion im Deutschen Bundestag, und Alexander Dobrindt, Chef der CSU-Landesgruppe, den geschäftsführenden Fraktionsvorstand zu einer Klausur eingeladen. Auch Armin Laschet, Markus Söder und Angela Merkel werden erwartet. Wird an diesem Sonntag die Entscheidung fallen?

«OHNE GROLL»

Söder kommt als Erster. Er hat sich im Testzentrum des Bundestages an der Dorotheenstraße testen lassen und schlendert die paar Meter hinüber zum Haupteingang des Reichstages: «Guten Morgen, spannende Zeiten. Oder wie sagte mal ein bayerischer Lebenskünstler: Schau'n mer mal, dann seh'n mer scho», zitiert er Franz Beckenbauer. Söder nennt den Kaiser einen «bayerischen Lebenskünstler». Aber locker wirkt der CSU-Chef heute überhaupt nicht.

Dann kommt Merkel. Auch sie sucht die Teststation auf, wählt dann aber den unterirdischen Weg zum Reichstag. Kein Kommentar. Laschet kommt gar nicht, das heißt, er kommt schon, aber nicht zum Haupteingang des Reichstages. Er nimmt einen Seiteneingang des Abgeordnetengebäudes und eilt dann, wie die Kanzlerin, durch den Tunnel zur Sitzung des Fraktionsvorstands. Offenbar will er den Fotografen an diesem Morgen kein Bild gönnen, das die Journalisten dann mit «Showdown» oder «High Noon» untertiteln können. Noch nicht. Niemand weiß, wie der Tag ausgehen wird.

Es dauert ein paar Stunden, bis Fraktionschef Ralph Brinkhaus Laschet und Söder das Wort erteilt. Eigentlich standen andere Themen auf der Tagesordnung. Aber die führenden Abgeordneten sind nicht gekommen, um sich von ihrem Vorsitzenden die Weltlage erklären zu lassen. Sie wollen wissen, wie es in der Kandidatenfrage weitergeht. Und sie wollen mitmischen.

Laschet spricht als Erster. Er erklärt, dass er bereit ist, als Kanzlerkandidat die Union im Wahlkampf anzuführen. Niemand ist davon überrascht, Laschet hat seit dem Parteitag Mitte Januar immer wieder Andeutungen zu seinen Ambitionen gemacht. Die Wahl zum Parteivorsitzenden hat er selbstverständlich als Auftrag verstanden, Kanzlerkandidat zu werden.

Als Markus Söder anfängt zu sprechen, kommt die Sitzung auf eine höhere Betriebstemperatur. Auch der CSU-Chef hatte monatelang Andeutungen gemacht, aber sich stets eine Tür zum Rückzug offengehalten («Mein Platz ist in Bayern»). Er hat herumgedruckst, gestichelt und gedroht. Jetzt erklärt auch er zum ersten Mal klar und deutlich seine Bereitschaft zur Kanzlerkandidatur. Armin Laschet weiß spätestens seit einem geheimen Treffen in einem Frankfurter Hotel und einem langen Telefonat kurz zuvor von Söders Ambitionen. Also bleibt er gelassen.

Die Karten liegen auf dem Tisch, der Machtkampf der beiden Parteivorsitzenden wird auf offener Bühne stattfinden. Das mögen einige Abgeordnete als demokratisch fair und transparent begrüßen. Es bedeutet jedoch, dass die Unionsfamilie mit einem Sieger und einem Verlierer aus dem internen Wettbewerb in den Bundestagswahlkampf ziehen wird. Verletzungen sind vorprogrammiert.

Söder weiß um das Risiko. Er weiß, dass Laschet das bessere Blatt hat, weil dieser die weitaus größere und mächtigere der beiden Schwesterparteien anführt. Daher formuliert er seinen Anspruch in der Sitzung auch ungewohnt vorsichtig: «Wenn die CDU bereit wäre, mich zu unterstützen, wäre ich bereit. Wenn die CDU es nicht will, bleibt ohne Groll eine gute Zusammenarbeit.»

Noch etwas ist bemerkenswert: Angela Merkel ergreift das Wort. Sie hat das Bedürfnis, ihre Kritik an Armin Laschet in der Sendung von Anne Will vor zwei Wochen geradezurücken. Teilnehmern zufolge erklärt sie, viele Bundesländer seien vom Beschluss der Ministerpräsidentenkonferenz abgewichen, darüber habe sie sich geärgert. Bayern sei aber «noch deutlicher» von der gemeinsamen Linie abgewichen als Nordrhein-Westfalen. Laschet habe ihren Ärger mehr abbekommen als andere, obwohl sich andere viel weniger an die Absprachen gehalten hätten. Eine überraschende Parteinahme. Gegen Söder. Und für Laschet.

Auffällig ist, wie spät sich Merkel einschaltet. Zwei Wochen lang hat sie zugeschaut, wie ihre Talkshow-Sätze dem neuen CDU-Chef um die Ohren fliegen. Zwei Wochen, in denen Laschets Krise immer bedrohlicher wurde. Sieht Merkel jetzt die Gefahr, dass Markus Söder gegen ihren Willen die Kanzlerkandidatur an sich reißt? Anschließend erklärt sie noch, sie unterstütze Laschets Idee eines Brücken-Lockdowns. Mehr kommt von ihr nicht.

Armin Laschet mag Merkels sanfte Intervention kurzfristig helfen, die Fraktionsfunktionäre sind beeindruckt. Aber dem öffentlichen Ansehen des angeschlagenen Parteichefs helfen Merkels Worte wenig. Die Kanzlerin vermeidet es weiterhin, ihre Unterstützung für Laschet vor Fernsehkameras offen zu artikulieren. Merkels Parteinahme ist heute ohnehin nur eine Nebengeschichte, die es nicht nach weit vorne in die Nachrichten schafft. Alle schauen auf das Duell Laschet gegen Söder.

Um 15:20 Uhr kommen beide Rivalen in das riesige Atrium des Paul-Löbe-Hauses, flankiert von Brinkhaus und Dobrindt. Vor der Presse erklären sie blumig, wie sehr sie sich schätzen und wie freundschaftlich der Umgang miteinander ist. Laschet behauptet sogar, bei wichtigen Themen habe sich gezeigt, «wie viel große Übereinstimmung es zwischen CDU und CSU gibt. So viel wie vielleicht seit Jahren nicht mehr.»

Söder spricht davon, er habe mit Laschet «ein gutes Miteinander». Ob beide gute Kanzlerkandidaten sind, wird sich noch herausstellen. Dass sie schauspielerisches Talent haben, steht an diesem Nachmittag fest. Die meisten Journalisten, die im Paul-Löbe-Haus zusammengekommen sind, beobachten einen selbstzerstörerischen Kampf unter Geschwistern.

Miriam Hollstein von der Funke-Mediengruppe erzählt mir: «Hinter den Kulissen wird mit allen Bandagen gekämpft. Söder lässt ja seit Monaten keine Gelegenheit aus, um gegen Laschet zu sticheln. Laschet ist weniger offensiv. Aber ich bin mir sicher, dass er hinter den Kulissen auch ordentlich daran arbeitet, Söder zu diskreditieren.» Michael Bröcker von *The Pioneer*: «Das Bild der Union ist eine Katastrophe. Vor allem, wenn man es im Vergleich zu den anderen Parteien sieht. Selbst die Grünen, die immer als das radikale Element in der Parteienlandschaft galten, haben ein klares Verfahren.» Robin Alexander von der *WELT*: «Politiker sagen ja immer: Uns geht es nur um die Sache. Das glaubt niemand. Was die Leute wollen, ist, dass halbwegs zivilisiert um die Macht gerungen wird. Söder und Laschet sind gerade dabei, diese Ebene zu verlassen. Und das ist natürlich die Frage: Wollen die Menschen von einer Partei regiert werden, bei der die führenden Leute sich selber nicht mögen?»

Geschichtsbewussten Beobachtern kommt die große Parallele zu Strauß und Kohl in den Sinn. Auf der einen Seite der Kraftprotz Strauß, auf der anderen Seite der Aussitzer Kohl. Nachdem sich der Pfälzer Kohl anfangs noch über den Bayern Strauß aufregte, ging er später, als er sich an die Macht gewöhnt hatte, dazu über, die Wutbriefe aus München in den Papierkorb zu werfen. Ungelesen.

Und weil beide, Söder wie Laschet, um den Vergleich wissen, kommt der Möchtegern-Kandidat Söder in der Pressekonferenz von sich aus darauf zu sprechen: «Wir sind nicht Helmut Kohl und Franz Josef Strauß. Schon optisch nicht. Auch inhaltlich nicht. Wir haben keine Grundsatzstreitigkeiten.» Söder versucht, der Geschichte des Streits selbst einen

Spin zu geben: Ist nichts dran. Aus gutem Grund tut Söder den Vergleich ab. Denn in der Geschichte von Kohl und Strauß gilt der Bayer als Verlierer.

Auf den ersten Blick blieb das Aufeinandertreffen der beiden Vorsitzenden Laschet und Söder im Fraktionsvorstand ergebnislos. Doch vermutlich hat der CSU-Chef den Verlauf der Sitzung falsch eingeschätzt. Anders als erhofft, kommt es nicht zu einer Abstimmung. Auch eine Abstimmung in der Gesamtfraktion wird nicht beschlossen. Eine solche interne Wahl könnte eine schnelle Inthronisierung Söders zur Folge haben. Zudem spricht sich keiner der Teilnehmer in der Sitzung offen für Söder aus.

Auch für Armin Laschet spricht sich kein Teilnehmer offen aus. Aber er kann das Spiel an diesem Sonntag offenhalten. Für den folgenden Morgen hat er die Präsidiumsmitglieder seiner Partei eingeladen, kurzfristig als Präsenzsitzung. Laschet will bei der Beantwortung der K-Frage den anderen in die Augen sehen. Hier und in der anschließenden Vorstandssitzung kann er das Verfahren bestimmen. Er kann heute Abend und in der Nacht noch mit Präsidiumsmitgliedern telefonieren und sie auf die Entscheidung am nächsten Tag einstimmen.

Als wir uns am frühen Abend zu einem kurzen Interview treffen, ist Laschet optimistisch: «Ich habe in dieser Woche viele Stunden mit Markus Söder gesprochen. Und er hat dieses Signal gegeben, dass er bereit wäre, zu kandidieren. Er hat aber auch darauf aufmerksam gemacht, dass er natürlich eine große Mehrheit in der CDU braucht, dass er am Ende dann auch Kandidat ist. Und wir werden jetzt in unseren Gremien morgen beraten. Wie ist das Meinungsbild in den jeweiligen Parteien?»

Eine Kandidatur nur mit breiter Unterstützung der CDU. Andernfalls: kein Groll. Das sind Söders Worte. In diesem Moment glaubt Laschet ihm. Ja, er vertraut ihm. Eine solche Unterstützung sollte doch leicht zu verhindern sein, denkt sich Laschet. Er irrt sich zweifach.

Bald nach unserem Gespräch fahren mehrere Dienstlimousinen vor der Landesvertretung Hessens vor. Die Ministerpräsidenten Bouffier, Kretschmer, Hans, Haseloff und Günther steigen aus. Jens Spahn, der Gesundheitsminister, kommt. Natürlich auch Armin Laschet. Das Gerücht geht um, dass auch die Kanzlerin zum Gespräch zugeschaltet wird.

Aber Merkel lässt das gleich dementieren. Die Männerrunde eint der politische Überlebenstrieb. Es geht darum, wie die CDU an der Macht bleiben kann, nicht nur nach der nächsten Bundestagswahl, sondern sehr kurzfristig, im Kampf mit der Schwesterpartei. Laschet sammelt seine Truppen. Er ist am Zug. Die Nacht wird kurz sein, wieder einmal. Bis nach Mitternacht sitzen die Granden der Partei zusammen.

Am Morgen des 12. April kommen die Mitglieder des CDU-Präsidiums persönlich zusammen, zum ersten Mal seit vielen Monaten. Es ist ein Signal. Laschet will vermeiden, dass sich im Schutz einer Videokonferenz eine Stimmung gegen ihn entwickelt.

Um halb neun Uhr morgens fahren die Ersten vor dem Konrad-Adenauer-Haus vor. Auch Wolfgang Schäuble und Angela Merkel kommen und verschwinden mit ihren gepanzerten Dienstfahrzeugen in der Tiefgarage. Armin Laschet hat es nicht weit. Er hat wieder in seiner Dienstwohnung in der nordrhein-westfälischen Landesvertretung am Rande des Tiergartens übernachtet, nur ein paar Blocks entfernt. Dort ist er allein. Nur die Sicherheitsleute und der Pförtner sind nachts noch im riesigen Bürogebäude. Alles um ihn herum ist ruhig. Er kann sogar die Vögel im nahen Tiergarten hören.

Laschet geht ein paar Schritte zu Fuß. Es wird für viele Stunden das letzte Mal sein, dass er frische Luft atmet. Er geht an den Reportern und Kamerateams vorbei, grüßt freundlich, aber ignoriert die Mikrofone, die für kurze Statements am Eingang bereitstehen.

Der Parteichef hat die Sitzungen des Präsidiums und des größeren Bundesvorstands gut vorbereitet. Alle Mitglieder wissen, was auf dem Spiel steht: nicht nur die K-Frage, das Schicksal des Parteivorsitzenden und die nahe Bundestagswahl. Es geht auch um das Verhältnis zur CSU, um die Fraktionsgemeinschaft der Union. Mal wieder.

Alle wissen auch, dass Armin Laschet seit Monaten miserable Umfragewerte hat und der Ausgang der Bundestagswahl mit ihm als Kanzlerkandidat höchst ungewiss ist. Aber Not schweißt zusammen. Und die Not ist heute bedrohlich groß. Will sich die CDU von der viel kleineren CSU den Kanzlerkandidaten diktieren lassen? Fast alle Mitglieder der beiden Gremien sind der Meinung, dass die CDU sich die Attacke von Markus Söder nicht gefallen lassen kann. Und wer anderer Meinung ist und Söder als Kandidat vorzieht, hält sich in der Sitzung zurück. Das ist genau das Bild der Geschlossenheit, das Armin Laschet draußen präsentieren will. Er verzichtet darauf, Präsidium und Vorstand abstimmen zu lassen. Später heißt es, das Meinungsbild sei «einhellig» gewesen.

Dass sich mit Wolfgang Schäuble und Volker Bouffier zwei politische Schwergewichte (einige nennen sie auch schon Urgesteine) für Laschet aussprechen, macht Eindruck auf die anderen in der Runde. Bouffier ist auch derjenige, der um kurz nach 11 Uhr vor die Tür tritt, den Journalisten ein paar Worte in ihre Mikrofone spricht und somit ein Zeichen nach München sendet: Die CDU-Spitze steht hinter Laschet. «Wir haben deutlich gemacht, dass wir ihn für außergewöhnlich geeignet halten», spricht Bouffier gegen den Lärm der vorbeifahrenden Autos, «das CDU-Präsidium hat ihn nach meiner Erinnerung ohne Ausnahme unterstützt.» Ohne Ausnahme? Über diesen kleinen Einschub wird es später unterschiedliche Darstellungen geben.

Mittags tritt Armin Laschet selbst auf die kleine Bühne im Atrium der Parteizentrale und bekräftigt, dass er als Kanzlerkandidat antreten wird. Seine Siegesgewissheit dringt aus allen Poren. Und zur Selbstsicherheit hat er in diesem Moment auch allen Grund. Denn Markus Söder hat ja am Tag zuvor erklärt, nur zu kandidieren, wenn die CDU dies wünscht: «Wenn die CDU es nicht will, bleibt eine gute Zusammenarbeit. Ohne Groll.» Laschet glaubt Söder immer noch.

Die beiden wichtigsten Gremien der CDU haben nun soeben erklärt, dass sie Laschet wollen und nicht Söder. Also kann der CDU-Chef trocken an den Satz seines Rivalen erinnern: «Sie kennen alle die Erklärung von Markus Söder vom gestrigen Tag.»

Laschet belässt es bei der Andeutung. Aber alle, die den gestrigen Tag in der Vorstandsklausur der Fraktion beobachtet haben, wissen, was der CDU-Chef eigentlich sagen will: «Markus, Du hast verloren. Gib auf!»

Es ist geschickt, den Sieg nicht mit Triumphgeheul zu feiern, den Gegner nicht öffentlich zu demütigen. Schließlich wird Laschet die kleine Schwesterpartei im Wahlkampf später noch benötigen.

Aber in seiner Siegesgewissheit übersieht Armin Laschet in diesen Stunden eine Falle, die Markus Söder für ihn aufgestellt hat. Hinter den Kulissen haben Söders Leute daran gearbeitet, die K-Frage am nächsten Tag in der gesamten Bundestagsfraktion zu diskutieren, nicht nur im kleineren Fraktionsvorstand. Laschet meidet einen Auftritt in der großen Fraktion, er weiß um den Brief der fünfzig Abgeordneten und den wachsenden Widerstand gegen ihn.

Als er in der Pressekonferenz gefragt wird, ob er an der Fraktionssitzung teilnehmen werde, wird Laschet etwas unsicher: «Die Bundestagsfraktion wird sich morgen intensiv mit dem Infektionsschutzgesetz beschäftigen. [...] Ich werde jedenfalls nicht da sein. Und wenn ich da wäre, würde das nur mit Markus Söder abgestimmt passieren. Das haben wir immer verabredet, dass wir bei wichtigen Momenten gemeinsam in der Fraktion sind.» Die Antwort ist ein schwerer Fehler, Laschet wird sie bald darauf bereuen.

Offenbar ist er ahnungslos, dass Söder plant, von Bayern aus zur Fraktionssitzung nach Berlin anzureisen. Der CDU-Chef ist auf diesen Schachzug nicht vorbereitet. Wertvolle Stunden wird er verlieren, um eine Strategie zu entwickeln.

Kurz darauf, nach der Vorstandssitzung und der anschließenden Pressekonferenz, werde ich in den sechsten Stock des Konrad-Adenauer-Hauses gebeten, in die Chefetage. Armin Laschet steht mit dem engsten Führungskreis der Parteizentrale zusammen, darunter Generalsekretär Ziemiak. Zufrieden tauschen sie sich über den Verlauf der Sitzungen aus. Dann hat Laschet erneut Zeit für ein Interview. Und der Parteivorsitzende antwortet so, als ob der Streit mit Söder entschieden sei. Ist Laschet wirklich davon überzeugt? Oder tut er nur so?

Er sagt: «Das war schon ein wichtiger Vormittag, weil das Präsidium der CDU und der Bundesvorstand mit fünfzig, sechzig Mitgliedern, mit allen Vereinigungen, allen Landesverbänden, mich sehr ermutigt hat zur Kanzlerkandidatur. Eine große, fast einstimmige Unterstützung. Das ist nicht selbstverständlich. Und dafür bin ich sehr dankbar.»

Armin Laschet hat auf Beobachter in den letzten beiden Tagen trotz allem einen gelassenen Eindruck gemacht. Er bestätigt: «Je größer der

Sturm ist, umso ruhiger werde ich. In solchen Stunden der Entscheidung hilft keine Hektik, keine Aufgeregtheit.»

Der CDU-Chef wirkt in diesem Augenblick tatsächlich ganz ruhig. Noch kann er nicht wissen, wie Markus Söder auf das geschlossene Votum der CDU-Gremien reagieren wird. Gibt Söder auf oder hat er einen Plan für diese Situation? Wird er kontern? Das Verhältnis zwischen dem CDU-Chef und dem CSU-Chef ist in diesen Tagen so angespannt, so verkrampft, dass doch Erinnerungen an den Machtkampf zwischen Helmut Kohl und Franz Josef Strauß wach werden. Ander als Söder sieht Laschet sehr wohl Parallelen in der Grundkonstellation: «Dass wir nicht Kohl und Strauß sind, ist offenkundig. Wir sind auch total unterschiedliche Typen. Aber es gibt wahrscheinlich über alle CDU- und CSU-Vorsitzenden ähnliche Phänomene. Insofern gibt es vielleicht doch mehr Gemeinsamkeit, als man glaubt.»

Ob Armin Laschet in seiner momentanen Lage auch an den Satz von Franz Josef Strauß «Es ist mir egal, wer unter mir Kanzler ist» denken müsse, will ich von ihm wissen. Und Laschet antwortet: «Ich habe sowohl die Biographie von Franz Josef Strauß als auch die von Helmut Kohl gelesen. Ich erinnere mich auch noch an meine Jugendzeit, wo Franz Josef Strauß immer ausgestrahlt hat: Eigentlich bin ich der Bessere, der Klügere, der Intelligentere. Der immer wollte, dass er auch Kanzlerkandidat wird. Der Habitus, zu zeigen: Eigentlich bin ich der Klügere, der Bessere, Stärkere und der Beliebtere. Das soll zuweilen heute auch noch vorkommen.»

Da ist er wieder: der Kämpfer, der indirekt attackiert, über Bande. Armin Laschet braucht den Namen seines Konkurrenten nicht in den Mund nehmen. Es ist ohnehin klar, wen er meint. Die Spitze soll später, bei der Veröffentlichung des Interviews, treffen, aber nicht schwer verletzen. Wozu auch? Armin Laschet gibt sich unverändert zuversichtlich, ja siegesgewiss, dass er den Machtkampf mit dem Strauß-Fan Söder gewinnen wird.

Und Söder? Monate später spreche ich ihn auf Laschets Strauß-Vergleich an. Ich berichte ihm, dass Laschet andeutet, er, Söder, glaube, der Klügere, Bessere, Stärke und Beliebtere zu sein. «Sind Sie das?» Söder hört sich die Frage an und weicht mit einem großen Wort aus: «Ich glaube an Gott. Und ansonsten mache ich da keine Einschätzungen.»

Am Mittag dieses 12. April sieht es sehr nach einer klassischen Rollenverteilung aus: Laschet als Kohl und Söder als Strauß. Der CDU-Chef setzt sich gegen den CSU-Chef durch. Am Ende wird er nicht nur Kandidat, sondern auch Kanzler. Das ist das Szenario, an das man im Konrad-Adenauer-Haus fest glaubt.

Im Gespräch blickt Armin Laschet daher schon einige Monate weit in die Zukunft, bis zu den letzten Wochen vor der Bundestagswahl. Welche Art von Wahlkampf erwarten Sie, wird es wieder einen Lagerwahlkampf geben? Im Jahr 1994 hatte die Union eine «Rote-Socken-Kampagne» gegen eine befürchtete Koalition von SPD und der Linken-Vorgängerpartei PDS gefahren. Nach Darstellung der CDU-Strategen standen sich damals zwei Lager gegenüber, ein bürgerliches und ein linkes. Laschet scheint sich über die Frage nach einer Lagerkampagne im Jahr 2021 zu wundern. Er hat einen ganz anderen, halbwegs harmonischen Wahlkampfstil vor Augen, ohne viel Schärfe im Wettstreit. Von einer solchen Wahlkampfführung hatte Angela Merkel ja immer wieder profitiert. «Einen Lagerwahlkampf wird es nicht geben, weil schon die Definition des Lagers schwerfällt», sagt er voraus. Und: «Ich wünsche mir, dass kann ich sagen, einen Wahlkampf, der von Sachlichkeit geprägt ist, der nicht so polarisiert, dass am Ende die Gesellschaft gespalten ist.» Im September, in den dramatischen Wochen kurz vor der Bundestagswahl, wird der CDU-Chef ganz andere Töne anschlagen.

Als sich Armin Laschet verabschiedet, wird seine Stimme leiser, auch etwas dünner. Die K-Frage sei noch nicht entschieden. Es sei noch unklar, wie Markus Söder die Signale aufnimmt, die ihm die CDU-Führung gerade nach München gesendet hat. Für einen Moment wirkt Armin Laschet nicht mehr gelassen, sondern beunruhigt.

Wenige Minuten später, um 15 Uhr, eröffnet Markus Söder in München die Präsidiumssitzung der CSU. Er berichtet von den Gesprächen am Vortag in Berlin. Und natürlich hat er die Pressekonferenz von Armin Laschet vorhin mitbekommen, auch, wie sehr der sich über den geschlossenen Rückhalt der CDU-Gremien freut. Aber Söder denkt nicht daran, aufzugeben. Sitzungsteilnehmer berichten von einem gewohnt selbstsicheren Söder. Er sei weiterhin bereit zur Kandidatur, wird er zitiert, wenn die CDU das wolle. Aber die CDU sei ja nicht nur der Vorstand, sondern auch die Parteibasis.

Söder hat sich eine geschickte Argumentation zurechtgelegt. Je nach Gefechtslage kann er sich auf die CDU-Spitze oder auf die CDU-Mitglieder berufen, auf die Stimmen der Granden in Berlin oder auf Meinungsumfragen.

Natürlich weiß Söder, dass er gegen das geschlossene Votum der Führungsgremien in Berlin schwerlich eine Kandidatur durchdrücken kann. Wie sollte denn auch ein solcher Unions-Wahlkampf gelingen? Mit einem düpierten CDU-Chef und gegen den Widerstand des Konrad-Adenauer-Hauses.

Mag sein, dass sich Söder erneut verspekuliert hat. Mag sein, dass er darauf gehofft hat, dass sich auch im Inner Circle der Union gewichtige Leute gegen Laschet stellen und nach Söder, dem Retter, rufen. Söder gibt seine Strategie nicht zu erkennen. Will er nur den Preis bei einer Regierungsbeteiligung hochtreiben, wie Laschets Berater vor Wochen vermuteten? Oder will er ohne Rücksicht auf die Befindlichkeiten der CDU seine Kandidatur erzwingen?

Was riskiert Söder eigentlich? Noch würde ihm ein Rückzug als ehrenhaft ausgelegt werden, im Dienste der gesamten Unionsfamilie. Sollte Armin Laschet die Bundestagswahl gewinnen und Kanzler werden, kann Söder vom eigenen Machtzentrum München Einfluss auf die Regierungsgeschäfte in der Hauptstadt nehmen. Er kann sich, wie jahrelang Franz Josef Strauß oder später Horst Seehofer, mal als Vorsitzender der Regierungspartei, mal als Vorsitzender einer Art Oppositionspartei in Szene setzen.

Sollte die Union hingegen die Bundestagswahl verlieren, wird Armin Laschet als Parteichef vermutlich bald Geschichte sein. Und Markus Söder kann dann stolz behaupten: «Ich habe mich als Kandidat angeboten, aber Ihr von der CDU habt mich verschmäht. Das habt Ihr jetzt davon.» In diesem Fall könnte sich Söder auch die CDU unterwerfen und die Union insgesamt nach seinen Wünschen ausrichten. Für die Bundestagswahl in vier Jahren.

Im April 2021 kann Markus Söder also viel gewinnen und nur wenig verlieren. Armin Laschet kann auch viel gewinnen. Aber er kann alles verlieren, sein Amt als Parteichef, vielleicht sogar sein Amt als Ministerpräsident. Auch die Macht der CDU steht auf dem Spiel. Söders Karriere im Bund steht erst am Anfang. Laschets Karriere im Bund kann zu Ende sein, bevor sie richtig begonnen hat.

Immerhin einen wichtigen Punktsieg landet Söder an diesem Montag. Der Konflikt der beiden Parteichefs soll morgen in der Unionsfraktion im Bundestag zur Aussprache kommen. Laschet hat versucht, genau das zu verhindern. Als Söder ausrichten lässt, dass er von München aus zur Fraktionssitzung anreisen wird, bleibt dem CDU-Chef keine andere Wahl. Vom Konrad-Adenauer-Haus sind es nur ein paar Minuten Fahrzeit. Noch schwankt Laschet. Die Falle steht bereit.

Am Dienstagmorgen, dem 13. April, entscheidet Armin Laschet: Er kommt. Die Gesamtfraktion von CDU und CSU tagt um 15 Uhr, wenig Zeit, um noch schnell einzelne Abgeordnete auf seine Seite zu ziehen. Im Gegensatz zu den Sitzungen am Vortag ist der CDU-Vorsitzende nur unzureichend vorbereitet.

Wegen des Infektionsrisikos hat die Bundestagsverwaltung der Fraktion angeboten, ihre Sitzung im Plenarsaal abzuhalten. Dort ist ausreichend Platz. Aus der Kuppel und durch Schlitze in den großen Fensterscheiben kann man das Geschehen einigermaßen beobachten. Laschet und Söder sitzen in der Reihe, die in Sitzungswochen für die Vertreter des Bundesrates reserviert ist. Zwischen beiden Kandidatenkandidaten bleiben wegen der Infektionsgefahr drei Plätze Sicherheitsabstand.

Für Laschet ist die Situation unangenehm. Er muss sich in die Niederungen eines persönlichen Schlagabtausches begeben, genau das wollte er ja verhindern. Nachdem Fraktionsvorsitzender Brinkhaus die Sitzung mit Tagesordnungspunkt 1 «Bericht des Vorsitzenden» eröffnet hat, halten Laschet und Söder Bewerbungsreden. Von Beginn an schlagen sie einen ruppigen Ton an.

Laschet redet im Stehen. Er wirft Söder vor, eine One-Man-Show zu betreiben. Söder bleibt bei seinem Konter sitzen. Er verweist auf seine herausragenden Umfragewerte und tut die Treffen im CDU-Präsidium und -Vorstand vom Vortag als Gespräche «im kleinen Hinterzimmer» ab.

Ein böses Wort. Damit verprellt er das gesamte Establishment der CDU, er spricht den Gremien indirekt die Legitimation ab, die Frage der Kanzlerkandidatur zu entscheiden. Laschet ist der Mann der Hinterzimmer, Söder der Mann der Basis – das ist das Bild, das der CSU-Chef an diesem Nachmittag zeichnet. Und genau dieses Bild wird sich in den nächsten Tagen und Wochen in der Öffentlichkeit festsetzen. Laschet ist jetzt schwer beschädigt – so oder so.

Nachdem beide Ministerpräsidenten ihre Muskeln haben spielen lassen, redet Laschet überraschend auch über programmatische Differenzen. Er umgarnt die ostdeutschen Abgeordneten. Ein Kohleausstieg bis 2030, wie ihn Söder verlange, würde die Kohlegebiete Ostdeutschlands überfordern. Sollte Laschet tatsächlich Kanzlerkandidat werden, können ihm solche Sätze in Wahlkampfdebatten noch zu schaffen machen.

Es ist ja nicht nur der Politikstil, der beide Männer trennt. Hier der attackierende, polemische Söder. Dort der abwartende, ausgleichende Laschet. In den letzten Jahren haben sich zahlreiche inhaltliche Unterschiede aufgetan: Während der Eurokrise hatte sich Söder lautstark vom Kurs der Kanzlerin distanziert. Ebenso während der Flüchtlingskrise. Armin Laschet hielt dagegen stets treu zur Regierungschefin. Jetzt, während der Corona-Krise und im Erbstreit, spielt sich Markus Söder als der wahre Merkelianer auf. Er hofft auf Stimmen aus dem Lager der scheidenden Kanzlerin und ihrer Fans. Ein durchschaubares Manöver. Armin Laschet muss das rasend machen.

Nach den Eingangsstatements der beiden Parteichefs sind die Abgeordneten an der Reihe. Teilnehmer zählen 66 Wortmeldungen, einige führen Strichlisten: 44 Abgeordnete sprechen sich für Söder aus, nur 22 für Laschet. Längst nicht alle melden sich zu Wort.

Aber die Wortmeldungen haben es in sich. Ein Abgeordneter sagt laut Teilnehmern: «Wenn der Kanzlerkandidat nicht Markus Söder heißt, dann werde ich den Wahlkampf in meinem Wahlkreis weitgehend alleine führen müssen.» Ein anderer Abgeordneter liest Briefe von Parteimitgliedern vor: Sollte Laschet Kanzlerkandidat werden, heißt es da, werde man aus der Partei austreten. Laschet-Anhänger sprechen Söder wiederum die charakterliche Eignung für das Amt des Bundeskanzlers ab.

Es ist eine Mischung aus Werben, Drohen und Beschimpfen, mit der die beiden Lager übereinander herziehen. Eine offene Aussprache, hinter verschlossenen Türen. Aber was heißt das schon: verschlossene Türen? Nahezu in Echtzeit landen die deftigsten Zitate per SMS auf den Smartphones der in der Lobby lauernden Journalisten. Die speisen die Wortmeldungen umgehend in ihre Twitter-Accounts ein und heizen die Stimmung drinnen wie draußen noch weiter an.

Fraktionschef Brinkhaus ist über das Durchstechen so erbost, dass er die entsprechenden Abgeordneten in der Sitzung als «Kameradenschweine» beschimpft. Es dauert nur wenige Minuten, dann landet auch das Kameradenschweine-Zitat per SMS auf einem Journalisten-Handy und kurz danach auf Twitter.

Laschet, Söder, Brinkhaus und Dobrindt loben die Sitzung später als konstruktiv, transparent, hilfreich und dergleichen. Doch diese Vokabeln fallen sofort als Politiker-Floskeln in sich zusammen. Auch wenn die Front an diesem Tag nicht exakt entlang der Grenze zwischen CDU- und CSU-Abgeordneten verläuft, zeigt sich eklatant, wie vergiftet die Atmosphäre zwischen den Laschet- und den Söder-Gefolgsleuten ist. Wie sollen sich CDU und CSU überzeugend auf einen gemeinsamen Kandidaten einigen? Wie sollen sie in den nächsten Monaten gemeinsam Wahlkampf führen?

Nur in einem Punkt stimmen Laschet und Söder überein: Sie wollen eine Entscheidung bis zum Ende der Woche herbeiführen. Der Grund liegt auf der Hand: Die Grünen haben angekündigt, am Montag ihre Nummer eins zu benennen. Sie sind aktuell die gefährlichste Konkurrenz für die Union im Kampf ums Kanzleramt. Ihre Kandidaten-Inszenierung will die Union unbedingt durchkreuzen. Aber das ist auch schon die einzige Gemeinsamkeit an diesem Tag.

Beide, das Söder-Lager wie das Laschet-Lager, haben es nicht nur hingenommen, sondern auch darauf angelegt, dem gegnerischen Anführer die Befähigung für das Amt des Bundeskanzlers abzusprechen. Für Söders Leute ist Laschet ein Verlierer-Typ, der die Bürger nicht erreicht. Für Laschets Leute ist Söder ein skrupelloser Egomane, unfähig zur Teamarbeit. Die Wahlkampfmanager der Konkurrenzparteien werden sich die Zitate aus dem Unionsstreit der letzten Tage aufmerksam notieren und in der heißen Phase des Wahlkampfes aus der Schublade ziehen.

Wie weit lassen Laschet und Söder ihren Streit eskalieren? Viele müssen in diesen Tagen an den Ort in der Nähe des Tegernsees denken, Wildbad Kreuth, wo sich die CSU einst von der großen Schwester trennen wollte. Kreuth ist eine Chiffre für Härte im politischen Geschäft, aber auch für Blindheit. Unter großen Schmerzen hatte CSU-Chef Strauß nach wenigen Wochen seinen Trennungsplan zurückgezogen. Er hatte sich überschätzt.

Und die Jüngeren müssen an den Streit zwischen Horst Seehofer und Angela Merkel denken. Als CSU-Chef Seehofer auf dem Höhepunkt der Flüchtlingskrise im Herbst 2015 die Kanzlerin auf offener Bühne abkanzelte. Und drei Jahre später, 2018, als der inzwischen zum Bundesinnenminister ernannte CSU-Chef mit der Kanzlerin wieder um die Flüchtlingspolitik kämpfte. Seehofer hatte einen sogenannten Masterplan entworfen, mit dem Merkel nicht einverstanden war. Wer hat das Sagen? Der Innenminister oder die Kanzlerin? Die Mitglieder beider Schwesterparteien beobachteten den Zwist fassungslos. Annegret Kramp-Karrenbauer, damals noch CDU-Generalsekretärin, schilderte mir später einmal ihre Wahrnehmung:

«Vordergründig ging es um einen halben Punkt von 63 Punkten. Nämlich um die Frage, ob es möglicherweise doch noch einmal zu Grenzschließungen kommt, ja oder nein? Und das ist etwas, was die damalige CDU-Vorsitzende und Kanzlerin immer strikt abgelehnt hat. Was sie dem Bundesinnenminister auch so von Anfang an mitgeteilt hat. Und wo Horst Seehofer bewusst in die Konfrontation gegangen ist. Und wenn man es in der Gesamtschau sieht, war es im Grunde genommen die Spiegelung des Konfliktes von 2015, der zwischen CDU und CSU nie wirklich aufgearbeitet worden ist.»

Seehofer suchte laut Kramp-Karrenbauer gezielt die öffentliche Konfrontation. Es ging damals, davon ist sie überzeugt, nicht nur um inhaltliche Differenzen in der Flüchtlingspolitik. Es ging auch um das Aufeinanderprallen zweier Egos, um ein Kräftemessen innerhalb der Regierung. Und um einen Revierkampf innerhalb der Parteienfamilie, der sowohl für die Koalition als auch für die Fraktionsgemeinschaft «absolut gefährlich» gewesen sei: «Wir haben gemeinsam in den Abgrund geschaut. [...] Die Art und Weise, wie insbesondere von Horst Seehofer und Teilen der CSU argumentiert wurde, auch mit welcher Sprache, hat dazu geführt, dass selbst diejenigen, die in der Sache eher bei ihm waren, in der CDU dann die Reihen geschlossen haben. Weil sie gesagt haben: ‹So geht man unter Schwesterparteien nicht um. So geht man in der CSU nicht mit der CDU um.›»

Kramp-Karrenbauer habe in dieser Zeit den Bruch befürchtet: «Vor allen Dingen musste ich befürchten, dass es möglicherweise einen Riss durch uns gibt. Fakt ist, dass es auch in der CDU einen gewissen Anteil gab, der inhaltlich näher bei der Position von Seehofer war. Die Konsequenz einer Spaltung in der Fraktion wäre natürlich auch die Frage gewesen: Wird die CDU auch in Bayern antreten? Und auf der anderen Seite die CSU bundesweit?»

Auch wenn es damals nicht zum Bruch kam, gingen die beiden Schwesterparteien schwer verletzt aus der Auseinandersetzung hervor.

So weit wie 1976 oder 2018, zur Androhung eines Bruchs, soll es diesmal, im Jahr 2021, in der Auseinandersetzung zwischen Söder und Laschet nicht kommen. Das versichern die wichtigsten Akteure. Aber ganz sicher sind sie sich nicht. Beide Unions-Parteien und ihre Fraktionsgemeinschaft werden in diesen Tagen nicht durch Überzeugung, sondern durch Angst zusammengehalten – die Angst, bei einem Bruch das Vertrauen der Wählerinnen und Wähler vollends zu verlieren.

In dieser Phase höchster Anspannung gibt Günther Beckstein seiner Heimatzeitung, den *Nürnberger Nachrichten*, ein Interview. Beckstein war vor vielen Jahren einmal bayerischer Ministerpräsident und ist in der CSU immer noch gut verdrahtet. Er ist Nürnberger, wie Markus Söder. Beckstein kennt Söder lange und gut. Voller Sorge um die Spätfolgen des

Streits sagt er: «Ich weiß, dass sich die Wunden aus dem Aufstellungsverfahren bitter rächen können.»

Beckstein hat eine Menge Kämpfe und Intrigen in der CSU erlebt. Der erzwungene Abgang von Edmund Stoiber als bayerischer Ministerpräsident und CSU-Chef im Jahr 2007 war für Stoiber und sein Umfeld traumatisch. Genauso der Sturz des kurzzeitigen CSU-Chefs Erwin Huber. Doch Verletzungen scheinen Markus Söder nicht zu kümmern. Von ihm ist der Spruch überliefert: «Narben sind die Orden in der Politik.»

Kann Armin Laschet gegen einen solch brachialen Ego-Politiker bestehen? Sein Umfeld verweist darauf, dass sich der neue CDU-Chef von nichts und niemandem so schnell umhauen lässt. Vielleicht stimmt die Einschätzung. Aber ist er auch dem Druck gewachsen, den der Rambo Söder seit Wochen entfacht und immer weiter steigert? Wie gut sind Laschets Nehmer-Qualitäten wirklich? Der Satz von Olaf Scholz «Wer die Nerven verliert, weil ihn ein paar politische Wettbewerber angreifen, hat auch nicht die Nerven dafür, Bundeskanzler zu sein» gilt für Rivalen in gegnerischen Parteien. Aber der Satz gilt noch viel mehr für Rivalen im eigenen Lager.

Vier Monate sind seit meinem Interview mit Generalsekretär Ziemiak vergangen. Damals, im Dezember, hatte er geklagt, dass er wegen der offenen Situation an der Parteispitze und ohne einen Kanzlerkandidaten nur schwer einen Bundestagswahlkampf vorbereiten könne. Heute, Mitte April, ist Ziemiak nicht viel weiter. Zwar hat die CDU inzwischen einen Parteivorsitzenden. Aber sie hat immer noch keinen Kanzlerkandidaten und auch noch kein ausgereiftes Wahlprogramm. Die Konkurrenz von Grünen und SPD ist in den ersten Monaten des Wahljahres organisatorisch und programmatisch besser aufgestellt.

Die Probleme des CDU-Wahlkampfmanagers sind inzwischen sogar größer statt kleiner geworden. Der Wettbewerb um den Parteivorsitz zwischen Merz, Röttgen und Laschet lief nach einem geordneten Verfahren ab. Die drei Bewerber gingen vergleichsweise fair miteinander um. Jetzt ist der Partei der Entscheidungsfindungsprozess in der K-Frage entglitten.

Die viel gerühmte Einigkeit in der Union ist nur noch eine durchschaubare Behauptung der Polit-PR. Ansehen und Anziehungskraft des Machtmagneten CDU/CSU werden seit Wochen schwächer.

Die beiden Parteien wurden in der Geschichte der Bundesrepublik stets für ihre hohe Professionalität geschätzt. Krisen meisterten sie pragmatisch. Bei internen Streitigkeiten versammelte sich die Parteienfamilie meistens hinter der Nummer eins. Das galt eine gefühlte Ewigkeit lang für Helmut Kohl und ebenfalls eine gefühlte Ewigkeit für Angela Merkel. Diese Professionalität war stets ein Unterscheidungsmerkmal im Vergleich zur SPD und zu den Grünen. So konnte die Union, trotz einer entgegenlaufenden gesellschaftlichen Dynamik, ihren Status als Volkspartei sichern und Stabilität im Regierungshandeln garantieren.

Doch die handwerklichen Fähigkeiten beim Krisenmanagement und bei der Organisation von Macht sind in der Union am Ende der Ära Merkel verkümmert. Bei der Eindämmung der Pandemie sind auch Politikerinnen und Politiker anderer Parteien überfordert. Die meisten Entscheidungsträger sind allerdings führende Mitglieder von CDU und CSU. Die Korruptionsfälle bei der Maskenbeschaffung haben den Ruf der Union weiter beschädigt. Und der offen ausgetragene und verletzende Streit zwischen Laschet und Söder und ihren Lagern zeigt, dass der respektvolle Umgang innerhalb der Parteienfamilie nicht mehr gelingt.

Markus Söder nimmt in dieser Entwicklung eine Schlüsselrolle ein. Sein Satz, er würde eine Entscheidung gegen ihn «ohne Groll» hinnehmen, klang großmütig. Doch als das Votum am folgenden Tag in Präsidium und Vorstand der CDU nicht in seinem Sinne ausfiel, machte er sich über die Spitzengremien der CDU als «Hinterzimmer» lustig. Ihm sind Meinungsumfragen wichtiger. Nicht zehn, zwanzig oder dreißig Menschen würden allein entscheiden. «Wir leben in einer modernen Form der Demokratie», so Söder.

Die wichtigsten Gremien der wichtigsten Regierungspartei derart abzutun, offenbart ein fragwürdiges Verständnis der bundesdeutschen Parteiendemokratie. Wenn ihm die gewählten Gremien auf dem Weg zur Kanzlerschaft im Wege stehen, schiebt Söder sie kurzerhand zur Seite. Offenkundig ist er bereit, die Basis des demokratischen Ordnungssystems zu schleifen.

Es würde Markus Söder unverhältnismäßig groß machen, ihn mit Donald Trump zu vergleichen. Zu unterschiedlich sind die Länder, auch die Egos. Aber in diesen nervösen Apriltagen wird offenbar, dass Söder einige Grundelemente des Trumpismus verinnerlicht hat: den taktischen Umgang mit der Wahrheit und den eigenen Worten («mein Platz ist in Bayern», «Wenn die große Schwester sagt, das ist nicht ihr Vorschlag, dann würden wir das akzeptieren»); den Angriff auf demokratisch legitimierte Gremien; die radikale Ausrichtung an Meinungsumfragen; den Versuch, eine Bewegung neben den Parteigremien anzuführen. Auch Markus Söder gefällt sich in der Rolle des Politikers, der es mit dem Establishment aufnimmt.

Söders entfesselte Aggression gegen die Gremien der CDU erinnert, ein paar Nummern kleiner, auch an Sebastian Kurz und seinen Weg an die Macht in Österreich. Kurz hatte bei der Nationalratswahl 2017 die traditionsreiche Österreichische Volkspartei, ÖVP, ganz auf sich zugeschnitten und war mit der «Liste Sebastian Kurz – die neue Volkspartei (ÖVP)» angetreten. Mit Erfolg: Er gewann die meisten Stimmen. Ruprecht Polenz, ein ehemaliger Generalsekretär von Merkels CDU, twittert: «Was ist der Unterschied zwischen Markus Söder und Sebastian Kurz? Sebastian Kurz hat mit der ÖVP seine eigene Partei zerstört. Söder zerstört die CDU.»

Söders selbstbezogenes, autoritäres Gehabe erklärt zum Teil auch seine hohen Popularitätswerte. Die Sehnsucht nach der harten Hand, nach einem Politiker, der sich nicht um Konventionen schert, ist auch in Deutschland groß. Sie ist in den letzten Jahren sogar gewachsen. Erkennbar wird diese Sehnsucht während der allgemeinen Corona-Verunsicherung. Aber vielleicht steckt hinter dem Wunsch mehr: ein Pendelausschlag nach sechzehn Jahren Kompromiss-Kanzlerschaft von Angela Merkel.

Merkel war die Antwort auf den Basta-Politiker Gerhard Schröder, der seine Agenda-Politik gegen den Widerstand der eigenen Partei durchsetzte. Wird Markus Söder die Antwort auf die übervorsichtige GroKo-Kanzlerin sein?

Bei seinem brachialen Versuch, an die Regierungsmacht in Berlin zu kommen, ist Söder natürlich nicht allein. Seine CSU-Soldaten flankieren ihn und beten seine Parolen nach. Aber auch aus der CDU gibt es Unterstützung für Söders rücksichtslosen Politikansatz.

Mitten in der erhitzten Diskussion um die K-Frage gibt Reiner Haseloff dem *SPIEGEL* ein Interview, dessen Inhalt am Donnerstag, dem 15. April, publik wird. Als Ministerpräsident von Sachsen-Anhalt steht er gerade selbst im Wahlkampf, im Juni wird dort gewählt, es geht auch um seine Karriere. Haseloff ist Mitglied im Präsidium der CDU. Aus der Sitzung, in der sich die Präsidiumsmitglieder für Laschet als Kanzlerkandidaten aussprachen, ist nicht überliefert, dass sich Haseloff gegen seinen Parteivorsitzenden («der Armin ist mein Freund») stellte. Jetzt fordert er im Interview, sich bei der K-Frage stärker an Popularitätswerten zu orientieren. Ähnlich argumentieren auch Söders Leute. «Leider geht es jetzt nur um die harte Machtfrage: Mit wem haben wir die besten Chancen?», sagt Haseloff. «Es geht nicht um persönliche Sympathie, Vertrauen oder Charaktereigenschaften. Es hilft nichts, wenn jemand nach allgemeiner Überzeugung absolut kanzlerfähig ist, aber dieses Amt nicht erreicht, weil die Wählerinnen und Wähler ihn nicht lassen.»

Selten hat sich ein deutscher Regierungspolitiker in der Nachkriegszeit klarer für einen konsequenten Populismus ausgesprochen. Vertrauen oder Charaktereigenschaften haben keinen Wert in der Politik. Entscheidend ist allein, wer oder was hilft, an die Macht zu kommen oder die eigene Macht zu sichern. Dieses Bekenntnis bedeutet zudem eine Abkehr vom C im Parteinamen. Christliche Werte haben in Haseloffs Machtverständnis nichts zu suchen. Haseloff-Fans weisen verteidigend darauf hin, dass der ostdeutsche Ministerpräsident in einem beinharten Wettbewerb mit einer starken AfD steht, seine Klartextrhetorik käme bei vielen Wählern gut an.

Bei Haseloffs Äußerungen drängt sich jedoch ebenfalls der Gedanke an die amerikanische Politik auf. Im Präsidentschaftswahlkampf 2015/16 hatten mehrere Abgeordnete und Senatoren der republikanischen Partei die charakterliche Eignung des Kandidaten Donald Trump noch bezweifelt. Senator Lindsey Graham schimpfte, dass Trump ein verrückter Spinner sei: «Trump is a kook, he is crazy.» Nach der gewonnenen Wahl versammelte sich die republikanische Partei aber nahezu geschlossen hinter dem Präsidenten. Er wurde das Zugpferd, das den anderen die Macht sicherte. Und Lindsey Graham wurde zu Trumps Golfpartner.

Jetzt, auf dem Höhepunkt des unionsinternen Machtkampfs, scharen sich immer mehr CDU-Größen hinter Söder. Nach Haseloff meldet sich auch Tobias Hans, Ministerpräsident des Saarlands, per Interview. Gegenüber der *WELT* äußert er: «Es ist völlig klar, dass die Frage, mit welcher Person man die besseren Chancen bei den Wahlen hat, eine zentrale Rolle spielen muss.» Umfragen allein sollten nicht im Vordergrund stehen. «Aber sie geben schon einen wichtigen Hinweis darauf, wie man sich im Wahlkampf aufzustellen hat.» Es ist klar, was und vor allem wen er meint.

Für Parteichef Laschet besonders enttäuschend: Haseloff und Hans haben Sonntagnacht am Vorbereitungstreffen in der hessischen Landesvertretung und am nächsten Morgen an der Präsidiumssitzung teilgenommen. Dort erweckten sie noch den Eindruck, ihrem Parteichef den Rücken stärken zu wollen.

Doch als ab Dienstag der Wind kräftig aus München bläst, zeigen die Fähnchen der beiden Ministerpräsidenten plötzlich in eine andere Richtung. Im Verlauf der Woche dreht sich die Stimmung mehrmals. Dass sein alter Rivale Norbert Röttgen signalisiert, Söder zu unterstützen – geschenkt. Laschet wundert sich darüber nicht. Dass sich Friedrich Merz hingegen für Laschet ausspricht, ist für Außenstehende überraschend. Als ich später mit Armin Laschet über diese Woche spreche, sagt er, dies seien bewegende, heftige Tage gewesen. Und dass er viel gelernt habe. «Was haben Sie denn gelernt?» Laschet hält einen Moment inne, er seufzt. Dann: «Wie Menschen reagieren. Wie Menschen sind. Wer verlässlich ist. Und wer nicht verlässlich ist.» Schließlich schmunzelt er und fasst zusammen: «Es war lehrreich.»

Die Absetzbewegungen sind unübersehbar und massiv: Der Riss geht quer durch die CDU. Gravierende Probleme im Verhältnis zwischen Führungsriege und Basis treten zutage. Sonst wäre die Partei nicht in eine derart missliche Lage geraten. Als am Ende der Woche ARD und ZDF aktuelle Meinungsumfragen mit verheerenden Popularitätswerten für Laschet veröffentlichen, schreibt Daniel Eckert, ein Reporter der *WELT*, auf Twitter: «Es fällt mir schwer zu verstehen, wie die CDU-Delegierten Armin Laschet zum Parteivorsitzenden küren konnten, ihn laut Umfrage aber nur 17 Prozent (!) der Unionsanhänger für einen geeigneteren Kanzlerkandidaten halten. Da läuft doch was falsch in der CDU.»

Markus Söder hat sich von den Parteigremien entfremdet. Die CDU hat sich von ihren Anhängern entfremdet. Der Bruch in der Union verläuft nicht nur entlang der Kampflinien des Laschet- und des Söder-Lagers, der Bruch läuft seit langem auch zwischen der Machtelite der Union und ihrer Basis.

Tagelang ringen Söder und Laschet miteinander. Nur wenig dringt in dieser Zeit nach außen. Ein Sprecher verschickt zwischendurch eine aufmunternde SMS: «Laschet und Söder sind in guten Gesprächen». Kann man das glauben? Auf Nachfrage antwortet er: «Es passiert nichts.»

Stattdessen rasen irrsinnige Gerüchte durch die Republik: Söder habe Laschet angeboten, er könne bei einem Verzicht auf die Kanzlerkandidatur Bundespräsident werden. Oder wenigstens Superminister. Es ist wie eine Zeitreise in die Testosteron-gesteuerten Kohl-Strauß-Jahre.

Es ist kaum vorstellbar, dass Söder und Laschet freiwillig von ihrem Kopf-durch-die-Wand-Politikstil ablassen und sich anschließend für all die Verletzungen, die sie sich gegenseitig und anderen zugefügt haben, entschuldigen. Armin Laschet sagte selbst vor wenigen Tagen: «Alle Fakten liegen auf dem Tisch.» Da alle Argumente zigfach ausgetauscht und hin und her gewendet wurden, bleibt nur noch: «Ich will, ich will, ich will.» Doch die Wand gibt nicht nach. Ein Freund von Armin Laschet trifft ihn in diesen dramatischen Tagen und beschreibt ihn als «niedergeschlagen, sehr ernst, körperlich mitgenommen. So ist er sonst nie.»

Einige Grundzüge des Politikbetriebes sind seit Kohl und Strauß unverändert geblieben: Wer bereit ist, sich unendlich lange Sitzungen und Kämpfe um Listenplätze und Wahlkreise anzutun, benötigt ein großes Ego. Und auch Eitelkeit. Ohne enormen Ehrgeiz und Lust an der Macht ist ein Leben in den Schmerzräumen der Politik kaum vorstellbar. Und auch nicht auszuhalten.

Die Selbstbeschäftigung in Merkels CDU ist in den letzten zwei Jahrzehnten nie aus dem Ruder gelaufen. Sonst hätte sich die Partei nicht so lange an der Macht halten können. Der Konflikt zwischen Armin Laschet und Markus Söder ist nötig, ja unvermeidbar, weil zwei Politiker dasselbe Ziel haben. Demokratie ist kein Wünsch-dir-was. Aber die Art, wie der CDU-Chef und der CSU-Chef ihren Männerkampf austragen, erscheint aus der Zeit gefallen. Wozu soll ein Duell gut sein, wenn es am Ende nur Schwerverletzte gibt? Wenn beide Schwesterparteien und ihre Vorsitzenden Schaden nehmen?

Die Woche endet, wie sie begonnen hat: chaotisch. Am frühen Sonntagabend, dem 18. April, fliegt Markus Söder von Nürnberg nach Berlin. Mit einem Privatjet. *BILD-TV* zeigt die Flugroute sogar als Flight Tracker. Laschet landet ebenfalls in der Hauptstadt, von Düsseldorf kommend. Reporter beziehen am Reichstag und an der Landesvertretung von Nordrhein-Westfalen Stellung. Sie stehen vor dunklen Gebäuden und berichten bis spät in die Nacht. Es gibt keine harten Nachrichten, nur Spekulationen. Insider berichten Monate später, Söder habe sich in den Tagen zwischen Dienstag und Sonntag zum Rücktritt entschieden. Wenn das so war, hat Söder diese Entscheidung geschickt verborgen. Noch spielt er auf Angriff. Und immer mehr CDU-Politikerinnen und -Politiker wechseln auf seine Seite.

Die Junge Union erstellt in einer Online-Konferenz ein Meinungsbild: Vierzehn Landesverbände wollen Markus Söder. Der JU-Vorsitzende Tilman Kuban verkündet das Ergebnis in Live-Schalten der Nachrichtensendungen. Er freut sich sichtlich über die Aufmerksamkeit. Am Montag zuvor hatte er als Vorstandsmitglied der CDU noch seinem Parteivorsitzenden Laschet den Rücken gestärkt.

Auch der niedersächsische CDU-Vorsitzende Bernd Althusmann, der dem Laschet-Lager zugerechnet wird, will sich ein Bild verschaffen. Per Onlineberatung befragt er die Mitglieder seines Landesvorstands. Bald ist klar: Die Mehrheit der Bezirks- und Kreisvorsitzenden will Söder. Auch sie verweisen auf die guten Umfragewerte des CSU-Chefs.

Jetzt zeigt sich, dass Armin Laschet seine Lage falsch eingeschätzt hat. Seit Wochen hat er auf die Unterstützung der CDU-Landesverbände gesetzt. Gedanklich ist er sie alle durchgegangen, die Landesverbände im Süden, im Norden, vor allem die im Osten: Wer ist für mich, wer ist gegen mich? Wer würde im Konfliktfall zu Markus Söder überlaufen? Die Kalkulation von Laschet ging stets zu seinen Gunsten aus. Aber sie war falsch. Das spürt auch Markus Söder. Seine Leute werden in diesen Tagen und Stunden ganz euphorisch.

In den ZDF-Nachrichten liest Hauptstadtkorrespondent Theo Koll die SMS einer hochrangigen anonymen Quelle aus der CSU vor: «Der Baum fällt!» Und auf Twitter erscheint eine Nachricht von Friedrich Merz. Er habe den Präsidien von CDU und CSU angeboten, die Kanzlerkandidatur zu übernehmen. Es ist ein Fake. Jemand hat sich einen Scherz erlaubt.

Armin Laschet telefoniert unterdessen mit Vertrauten. In diesen Stunden steht alles auf dem Spiel. Für ihn, auch für seine Partei. Er hat gehört, wie sich die Parteifreunde in Niedersachsen gegen ihn stellen, auch die Junge Union. «Wo stehen meine Truppen?», fragt er. Laschet ist unsicher, er geht im Gespräch die verschiedenen Szenarien durch. Und ein Szenario ist äußerst düster. Wenn Söder sich durchsetzt, sagt er, «dann braucht die CDU einen neuen Vorsitzenden».

Er weiß, dass es um weit mehr geht als um seine Person: «Entweder die CDU bleibt. Oder sie wird zerstört.» Auch seinem Gesprächspartner am Telefon ist klar: «Das wäre das Ende der CDU.» Doch dann wendet sich Laschet einem anderen Szenario zu und gibt sich wieder unerschrocken und kämpferisch. Er will die Lösung erzwingen. Für sich: «Ich bleibe stehen!»

Das entscheidende Treffen findet in einem geräumigen Besprechungsraum im Trakt des Bundestagspräsidenten statt. Markus Söder wird von seinem Generalsekretär Markus Blume und von CSU-Landesgruppenchef Alexander Dobrindt begleitet. Armin Laschet bringt seinen Generalsekretär Paul Ziemiak und den hessischen Ministerpräsidenten Volker Bouffier mit. Hausherr Wolfgang Schäuble ist ohnehin hier.

Vor allem die Anwesenheit des Bundestagspräsidenten ist unangenehm für die Söder-Leute. Schäuble hat in den vergangenen Tagen wiederholt für Laschet geworben. Dass er kein neutraler Vermittler sein wird, gibt er dann auch gleich zu erkennen. Aber auf sein Wort hören alle in der Unionsfamilie. Inzwischen ist Schäuble 78 Jahre alt, er gehört dem Bundestag seit beinahe einem halben Jahrhundert an. Kein Politiker war jemals so lange Abgeordneter in einem deutschen Parlament. Schäuble hat unzählige Machtkämpfe und Bundestagswahlen erlebt – und auch ein Attentat überlebt. Er wollte selbst Bundeskanzler werden, auch als Bundespräsident war er im Gespräch. Er kennt die emotionalen Höhen und Tiefen des Geschäfts. Und er kennt allerhand Tricks. Angela Merkel und Horst Seehofer haben bei ihrem Zusammenprall im Jahr 2018 Wolfgang Schäuble um Mediation gebeten.

Aus dem Umfeld von Armin Laschet heißt es später, Markus Söder habe die Vermittler-Rolle von Wolfgang Schäuble in dieser Nachtsitzung nicht akzeptieren wollen. Er habe den viel älteren Schäuble sogar mit groben, unflätigen Worten attackiert.

Wolfgang Schäuble wird wütend und spricht ein Machtwort. Gegen Söder und seine Truppe: «Hört auf mit dem Theater!» Teilnehmer der Runde berichten, dass Schäuble die Delegation aus Bayern hart angeht. Sie zeige keinen Respekt vor demokratisch gewählten Gremien der CDU. So dürfe man nicht mit der großen Schwester umspringen.

Schäubles dramatische Worte machen Eindruck. Aber reichen sie? Dann ist Laschet am Zug. Er warnt Söder eindringlich: «Du wirst nicht Kanzler!» Und er droht. Wenn Söder die Kandidatur an sich reißt, wäre Laschets Rücktritt unausweichlich. So jedenfalls muss Söder ihn verstehen. Das ist Laschets größter Trumpf. Sollte er den CDU-Vorsitz nach nur drei Monaten abgeben, würde die CDU in noch größere Turbulenzen geraten. Meint es Laschet ernst? Oder blufft er nur? Söder findet es nicht heraus.

Schließlich zeigt jemand aus Laschets Gruppe den CSU-Leuten ein weiteres Folterwerkzeug. Dezent, ganz beiläufig. Eine maximale Eskalationsstufe. Der CDU-Mann braucht nur einen Ortsnamen erwähnen: «Kreuth.» Und: «Wollt Ihr das?» Söder und seine Leute verstehen sofort: Wenn sie durchziehen, kann eine wütende CDU-Führung mit oder ohne Armin Laschet Rache nehmen und ihre Partei nach Bayern ausdehnen. Eine fundamentale Krise des konservativen Lagers wäre die Folge. Und das nur wenige Monate vor der Bundestagswahl. Auch die Schuldfrage wäre in aller Öffentlichkeit geklärt: Söder wäre der Zerstörer der Union. Würde er tatsächlich Kanzlerkandidat, kann Söder an einer so tiefgreifenden Erschütterung der CDU und auch an einer zerrütteten Schwesterbeziehung kein Interesse haben.

Die Kampfhähne streiten bis 1:30 Uhr. Dann verabschieden sie sich. Ergebnislos. Erschöpft. Laschet und Ziemiak wissen nicht, wie sich Söder entschieden hat.

Am Montagvormittag, dem 19. April, berichtet *BILD* von einem Telefonat zwischen Schäuble und Laschet. Der Bundestagspräsident habe dem CDU-Vorsitzenden schonungslos die Alternativen aufgezeigt: Entweder er wird Kanzlerkandidat. Oder er tritt als Parteichef zurück. Alles oder nichts. Laschet und Ziemiak behaupten später, Schäuble habe das so nicht gesagt. Aber das Zitat bleibt zunächst in der Welt, weder Schäuble noch Laschet dementieren gleich. Das vermeintliche Zitat erhöht den Druck auf Söder. Auch mit einer Falschmeldung lässt sich Politik machen. Die Meldung berührt dennoch einen wahren Kern: Entweder Laschet wird Kanzlerkandidat. Oder sein Rücktritt ist nahezu unausweichlich. Ob er will oder nicht. Der Druck aus den eigenen Reihen würde zu groß werden. Das weiß Laschet. Und das weiß Söder. Und das weiß jetzt auch die Republik.

Nur wenige Stunden später sind die Augen der Öffentlichkeit auf einen anderen Schauplatz gerichtet. Die Grünen haben für heute ihre Antwort auf die K-Frage angekündigt. Was für ein Kontrast. In den Tagen und Wochen zuvor ist fast nichts aus dem Inner Circle nach außen gedrungen. Als hätten sich Annalena Baerbock, Robert Habeck und ihre Vertrauten ein klösterliches Schweigegelübde auferlegt. Zwar wurde von der Hauptstadtpresse immer mehr und immer deutlicher spekuliert, dass Baerbock Kanzlerkandidatin werden wird. Aber die Führungsriege hat dem Druck standgehalten. Die Grünen haben aus früheren Gemetzeln gelernt, Konflikte werden intern ausgetragen. Die Partei wirkt reifer, smarter.

Und doch ist nicht zu übersehen, welchen Preis die Grünen für diesen Ansehensgewinn bezahlen. Kaum eine Partei hat in ihrer Geschichte so viel Wert auf basisdemokratische Abläufe und Umgangsformen gelegt. Ja, die Grünen wollen die Entscheidung über die Nummer eins in einigen Wochen noch einem Parteitag zur Entscheidung vorlegen. Aber Baerbock und Habeck haben diese Wahl in einem Zweiergespräch de facto vorweggenommen. Mehr Hinterzimmer geht nicht.

Auch die Präsentation der Nummer eins am Vormittag hat die Kommunikationsabteilung der Partei nicht sonderlich transparent geplant. Tage vorher erhielten Journalisten eine Einladung zur Pressekonferenz. Corona-bedingt werde die Veranstaltung nur digital stattfinden. So weit, so vernünftig. Aber Fragen sind bei der Pressekonferenz nur an die Nummer eins gestattet. Dabei hätte man doch auch an die Nummer zwei ein paar Fragen. Nichts und niemand soll die perfekte Inszenierung stören.

Pünktlich treten Annalena Baerbock und Robert Habeck in der Malzfabrik in Berlin-Schöneberg schließlich vor die Kameras. Habeck beginnt, Baerbock steht daneben und hört zu. Schon diese Choreographie macht klar: Habeck hat seiner Co-Vorsitzenden die Kanzlerkandidatur überlassen. Er wirkt gerührt. Die Entscheidung, auf die Kanzlerkandidatur zu verzichten, hat ihn große Überwindung gekostet.

Zwei Stunden später wird er in einem Interview mit der *ZEIT* sagen: «Nichts wollte ich mehr, als dieser Republik als Kanzler zu dienen. […] Insofern war das heute der schmerzhafteste Tag in meiner politischen Laufbahn. Oder sagen wir lieber: der schwerste.»

Aber Habeck gibt bei dem Auftritt auf der Bühne ganz den Teamplayer, den fairen Sportsmann. Ja, er setzt dem Typus des machtfixierten Mannes in der Politik einen anderen Typus entgegen: den Mann, der zum Verzicht bereit ist, wenn es dem gemeinsamen Ziel dient. Wird man Habeck mit dieser Beschreibung gerecht? Oder war es ganz anders und Annalena Baerbock hat ihm im Vieraugengespräch schlicht die Grenzen aufgezeigt? Weil es in der Partei mit der langen feministischen Tradition nicht zu vermitteln gewesen wäre, wenn sich ein Mann mal wieder gegen eine Frau durchsetzt?

Zunächst berichtet Habeck nur von «manchmal schwierigen Gesprächen» mit seiner Co-Vorsitzenden. Dann lobt er sie und indirekt auch sich selbst. Das Auftreten von CDU und CSU in den letzten Tagen macht es ihm auch leicht, die Grünen als kultivierte Alternative zur Union zu präsentieren. Das grüne Führungsverständnis laufe darauf hinaus, «dass man aneinander wächst und sich nicht gegenseitig die Beine wegtritt». Robert Habeck muss die Namen Söder und Laschet nicht erwähnen.

Dann ist die neue Spitzenkandidatin an der Reihe. Sie erzählt von Corona, von Kindererziehung und von klimagerechtem Wohlstand. Auch sie packt schön klingende Schlüsselworte in ihre Ansprache. Sie strebe «eine andere politische Kultur» an, wolle «lernfähig» und «selbstkritisch» sein. Ihre Sätze klingen wie gute Vorsätze an einem Silvesterabend.

Bei der anschließenden Fragerunde spricht Baerbock davon, dass die Gespräche mit Robert Habeck zur K-Frage «nicht immer einfach» gewesen seien: «Wir haben ja nicht ausgemacht, wer gießt als Nächstes die Blumen.» Es ist schon der zweite Hinweis auf Zoff hinter den Kulissen. Ein weiterer Fingerzeig darauf, dass die Entscheidung nicht so einvernehmlich fiel, wie Baerbock und Habeck das beim gemeinsamen Interview Anfang Januar versprachen.

Wie sehr und wie lange Robert Habeck unter dieser Situation und der für ihn enttäuschend ausgegangenen Entscheidung zur Kanzlerkandidatur gelitten hat, das offenbart er mir Monate später. Er holt im Gespräch ein wenig aus und berichtet, dass seine Partei ja aus der Emanzipationsbewegung komme. Bei Listenaufstellungen bei Landtags- oder Bundestagswahlen gäbe es eben die Regel, dass die ungeraden Plätze nur Frauen offenstehen. Für die geraden Plätze könnten sich sowohl Männer wie Frauen bewerben. So sei gesichert, dass mindestens fünfzig Prozent der Mandate an Frauen gehen. Habeck findet diese Regel richtig, schließlich gäbe es in Parlamenten und in anderen gesellschaftlichen Bereichen immer noch eine gläserne Decke, die das berufliche Fortkommen von Frauen verhindere. Und auch wenn bei den Grünen für Kanzlerkandidaturen und das Amt von Ministerpräsidenten kein solches Statut existiert, war für Habeck immer klar, diese Abstufung auch bei diesen Spitzenämtern zu respektieren. «Wenn das als Kriterium wichtig ist», erklärt er. Und:

«Es wurde dann während dieser Phase als Kriterium auch wichtig.» Er betont das «auch».

Robert Habeck will den Eindruck vermeiden, dass sich Annalena Baerbock nur mit dem Hinweis auf ihr Geschlecht als Kanzlerkandidatin durchgesetzt hat. Aber andere Kriterien, die am Ende möglicherweise den Ausschlag gaben, zählt er nicht auf. Ob er wollte oder nicht, Robert Habeck musste seiner Co-Vorsitzenden den Vortritt lassen. Ihm blieb nur, gute Miene zu einem Spiel seiner Partei zu machen, dessen Regeln aus verständlichen Gründen Frauen bevorzugen.

Als die Entscheidung für Baerbock und gegen ihn feststand, habe es ihn mehrere Tage lang tief aufgewühlt, erzählt er weiter: «Ich hatte eine Ambition und musste mich eine Woche lang schütteln, um zu akzeptieren, dass ich diese Ambition nicht leben konnte.» Erst danach habe er sich in seine neue Rolle als Nummer 1B gefügt.

In der Pressekonferenz zitiert ein zugeschalteter Journalist die Kritik von Fridays For Future am Entwurf für das grüne Wahlprogramm. Er will wissen, ob die Grünen ihre eigenen Ansprüche absichtlich heruntergeschraubt hätten, um auch Wähler der Mitte anzusprechen. Eine rhetorische Frage. Annalena Baerbock windet sich und erzählt vom Kohlerevier in der Lausitz, und dass man Veränderungen breit anlegen müsse, «sonst kriegen Sie das nicht hin».

An diesem für die Grünen so wichtigen Tag kann man die frisch ausgerufene Kanzlerkandidatin beim Spagat beobachten, den das Führungsduo der Partei im Januar angekündigt hatte: Alles soll anders werden, aber – keine Angst! – nicht zu sehr. Die eigentliche Botschaft dieses Tages ist: Wir sind gut aufgestellt. Die Union ist es nicht.

Die Union steckt an diesem 19. April immer noch mitten im Machtkampf. Der Schlagabtausch geht am Mittag weiter, diesmal in Form einer improvisierten Pressekonferenz. Armin Laschet lässt auf die Schnelle einige Hauptstadtjournalisten herbeirufen. Er nutzt einen Vorwand. Auf dem Bürgersteig vor der CDU-Zentrale will er Annalena Baerbock zur Kanzlerkandidatur gratulieren. Er freue sich auf den Wahlkampf gegen sie. «Wir müssen menschlich miteinander fair umgehen», verstolpert

Laschet seine Gratulation. Natürlich denken bei den Wörtern «menschlich» und «fair» alle an Markus Söder und nicht an Annalena Baerbock. Dann kommt er im Autolärm der Klingelhöferstraße etwas überraschend auf die vergiftete politische Kultur in Amerika zu sprechen:

«Wir wissen aus den USA, was es bedeutet, polarisierte Wahlkämpfe zu führen. Und wir wissen auch, wie lange nach einer demokratischen Entscheidung dort ein neuer Präsident gebraucht hat und immer noch braucht, um das Land wieder zu versöhnen. Das sollten wir uns in Deutschland ersparen.» Auch bei diesen Worten wird er Annalena Baerbock sicher nicht im Sinn haben. Nein, es ist klar, wen und was er meint: Markus Söder ist der Polarisierer, Laschet ist der Versöhner. Söder ist Trump, er selbst ist Biden.

Am Ende seines Statements will Laschet dann einen Termin mitteilen. Er habe für 18 Uhr den CDU-Vorstand zu einer digitalen Sitzung eingeladen. Er wolle dem Gremium einen Vorschlag unterbreiten und hoffe auf eine endgültige Klärung in den nächsten Tagen.

Vierzig Minuten später tritt Markus Söder in der CSU-Zentrale vor die Presse. Er ist am Morgen nach München geflogen und hat dort eine Sondersitzung seines Parteivorstands einberufen. Armin Laschet und Paul Ziemiak sind im Konrad-Adenauer-Haus in Berlin und verfolgen gespannt Söders Pressekonferenz im Fernsehen. Sie haben keine Ahnung, was der CSU-Chef verkünden wird.

Zunächst der Schreck: In dem spontan angesetzten Auftritt vor der Presse erneuert Söder seine Bereitschaft zur Kandidatur. Aber dann: «Wenn die CDU heute Abend souverän eine klare Entscheidung trifft, werden wir dies akzeptieren.» Und noch deutlicher: «Wir sind die kleine Schwester. Wir können uns nicht überheben.»

Offenbar ist der CSU-Chef zu stolz, seine Niederlage in einem persönlichen Gespräch einzuräumen. Dass Markus Söder einknickt und dem Vorstand der CDU die Entscheidung überlässt, erfahren Laschet und Ziemiak aus der Pressekonferenz. Das sei, bestätigt Ziemiak mir gegenüber, «vorher nicht klar» gewesen. Armin Laschet erzählt die Geschichte so: «Markus Söder hat am Tag vor der Entscheidung des Bundesvorstands der CDU die Möglichkeit eröffnet, dass dieser Bundesvorstand entscheidet und die CSU das Ergebnis akzeptiert.» Das sei ihm erst während Söders Pressekonferenz deutlich geworden.

Söder holt dabei zu einem kleinen Exkurs aus. Nach der Berichterstattung in den letzten Tagen hat er das Bedürfnis, einiges klarzustellen. Nein, die aktuelle Situation habe nichts mit den Unionskonflikten 1976, 1979 und 2018 zu tun, also nichts mit Kreuth, nichts mit dem Streit um die Kanzlerkandidatur und nichts mit dem Zoff zwischen Seehofer und Merkel. Selbstverständlich habe er Respekt vor allen Gremien. Er sei schließlich ein Anhänger und Verteidiger der repräsentativen Demokratie. Er spricht jetzt nicht mehr von «moderne Form der Demokratie», sondern von «moderner repräsentativer Demokratie». Markus Söder will doch kein Bayern-Trump sein. Oder noch nicht. Er überlässt die Entscheidung in der K-Frage dem gewählten Parteivorstand der CDU.

Was ist das nun? Ein Rückzug? Eine neue Finte?

Die Antwort wird Armin Laschet erst einen Tag später erfahren. Noch muss heute Abend erst der CDU-Vorstand zu seiner virtuellen Sitzung zusammenkommen. 61 Teilnehmer aus allen Winkeln der Republik schalten sich in das Webex-Meeting. Mächtige Landesfürsten, Vertreter des Arbeitnehmerflügels, der Frauen-Union, der Jungen Union, Verbandsfunktionäre aus der Wirtschaft. Nicht alle haben ein Stimmrecht. Aber alle haben etwas zu sagen. Es gibt ungefähr so viele Wortmeldungen wie Teilnehmer. Die Diskussionsbeiträge der abendlichen Runde kann man, wie bei der Fraktionssitzung eine Woche zuvor, nahezu in Echtzeit auf Twitter verfolgen. Wieder in wörtlichen Zitaten, übermittelt von Journalisten:

«Julia Klöckner: ‹Habe Laschet unterstützt, aber Stimmung Basis Söder.›»

«Röttgen+Altmaier pro Söder. Gröhe bei Laschet»

«Schäuble genervt. Ruft zweimal: ‹Es geht alles schief.›»

«Daniel Günther: ‹Sind wir ehrlich. Mehrheit an der Basis ist nicht für Armin Laschet.›»

«Die Wahlkämpfer im Osten sind klar für Markus Söder und gegen Armin Laschet. Reiner Haseloff will Basis einbeziehen.»

«Ich korrigiere. Nicht alle Wahlkämpfer. In MeckPomm wird auch gewählt, da war Landesvorstand mehrheitlich für Armin Laschet»

«Mike Mohring wirbt für Laschet: ‹Es braucht Klarheit.› Und ‹volle Rückendeckung›.»

«CDA-Vize Wüllner: ‹Ich halte Markus Söder für charakterlich nicht geeignet.›»

«Laura Hopmann: ‹Das Momentum ist einfach bei Markus Söder.›»

«Althusmann: ‹Loyalität soll man nicht mit Gehorsam verwechseln.›»

«Bouffier: ‹Bin in großer Sorge›»

Armin Laschet und Paul Ziemiak werden die Sitzung später als außergewöhnlich intensiv und ehrlich beschreiben, aber auch als ebenso offen. Das Wort «offen» gilt nicht nur für die angstlose Aussprache. Das Wort steht auch für die Beobachtung, dass viele Äußerungen mal wieder an Journalisten durchgestochen wurden.

Paul Ziemiak erzählt mir am nächsten Tag: «Plötzlich spielte in der Sitzung die Außenwahrnehmung eine Rolle. Ich weiß nicht, ob es die Debatte verändert hat. Aber es wurde wahrgenommen. Und die Frage: In welche Richtung geht es? Welchen Spin hat es? Das hat ja nicht nur die Außenwelt beobachtet. Sondern die Diskussionsteilnehmer haben gesehen: Wie wird das aufgenommen?»

Auch Armin Laschet ist genervt, als er seine Eindrücke aus der vorherigen Nacht schildert: «Das ist eine Folge der Parteiarbeit in Pandemie-Zeiten. Dass man digital zugeschaltet ist. Es hat noch mehr Einzug gehalten, dass jede Wortmeldung quasi im Live-Ticker an Medien weitergegeben wird. Das tut auf Dauer der Demokratie innerparteilich nicht gut. Man muss auch einmal ein kritisches Wort sagen können, ohne dass man es gleich im Live-Ticker in die ganze Republik verbreitet sieht.»

Die Vorstandssitzung verläuft gleich aus mehreren Gründen ungeordnet. Und nicht immer sind die Maulwürfe in den eigenen Reihen schuld, nicht immer die twitternden Journalisten. Um Mitternacht, nach etwa sechs Stunden, werden Geschäftsordnungsfragen diskutiert. Viele Teilnehmer sind übermüdet. Hätte man das nicht vorher klären können? Als endlich mit der Abstimmung begonnen wird, gibt es technische Probleme. Einige verlangen, dass die Sitzung am nächsten Tag in Präsenz wiederholt werden soll. Entsetzen macht sich breit, in den sozialen Medien gibt es Spott von allen Seiten. Dann stellt sich heraus: Die Links mit den Anmeldedaten für die Abstimmung sind bei einigen Vorstandsmitgliedern im Spam-Ordner gelandet. Endlich geht es weiter, und zwar sehr schnell. Das Ergebnis ist, natürlich, sofort auf Twitter zu lesen:

«Breaking: 77,5 % Laschet.»

«Breaking: Armin Laschet soll Kanzlerkandidat werden»

Aber was ist das Ergebnis wert? Markus Söder hatte am Tag zuvor «ein klares Ergebnis» gefordert. Sind 77,5% klar genug? Wieder tappen Laschet und die CDU-Führung im Dunkeln. Bis zum nächsten Tag.

Am darauffolgenden Dienstagmittag, 20. April, ruft Markus Söder wieder kurzfristig zu einer Pressekonferenz und verkündet: «Die Würfel sind gefallen. Armin Laschet wird Kanzlerkandidat der Union.» Das klingt sportlich fair, souverän. Aber dann ergreift Markus Blume, sein Generalsekretär, das Wort und schränkt sogleich ein: «Markus Söder war erkennbar der Kanzlerkandidat der Herzen.»

Im Konrad-Adenauer-Haus herrscht zunächst große Erleichterung. Die Schlacht ist geschlagen. Aber was ist mit dem «Kandidaten der Herzen»?

Blumes CDU-Pendant Ziemiak gesteht, kurz nachdem er den Satz zum ersten Mal gehört hat: «Wenn Markus Blume mich nach Rat gefragt hätte und ich wäre nicht der CDU-Generalsekretär, dann hätte ich gesagt: Ist vielleicht eine ganz geschickte Formulierung. Und nimmt nochmal eine emotionale Ebene mit auf.»

Laschet und Ziemiak drücken sich in ihren Äußerungen an diesem Dienstagmittag so diplomatisch aus, wie es ihnen möglich ist. Sie loben, wie kameradschaftlich und einvernehmlich die Gespräche mit der CSU in den letzten Tagen gewesen seien. Aber es ist unmöglich, ihnen das zu glauben. Natürlich müssen beide so reden. Es geht ja jetzt um öffentliche Versöhnung, irgendwie.

Tatsächlich sind beide Seiten in den letzten Tagen massiv aufeinandergeprallt. Wie massiv, das ist zu diesem Zeitpunkt noch nicht ganz klar. Ein Teilnehmer, der bei der Sitzung im Reichstag dabei war, zieht mich ein paar Tage später zur Seite. Er wolle mir mal erzählen, wie das wirklich gelaufen ist in der entscheidenden Nacht von Sonntag auf Montag. Was er erzählt, zeigt, wie hart beide Seiten miteinander gerungen haben. Und wie nahe CDU und CSU mal wieder vor dem Bruch standen – und den gemeinsamen Erfolg bei der Bundestagswahl gefährdeten.

Lange sei nicht zu erkennen gewesen, ob Söder nur den Preis bei einer künftigen Koalitionsverhandlung habe in die Höhe treiben wollen. Oder ob er tatsächlich vorgehabt habe, die Kandidatur zu erzwingen, koste es, was es wolle.

Söder habe geglaubt, so erzählt es der Augen- und Ohrenzeuge, dass Laschet wegen des Unmuts der Basis und unter dem Eindruck seiner desaströsen Umfragewerte sehr schnell einknickt. Mit dessen erbittertem Widerstand habe er nicht gerechnet. Markus Söder habe sein Spiel nicht zu Ende gedacht. Dass Armin Laschet den Spieß umdreht und einen größtmöglichen Druck aufbaut, habe die CSU-Leute überrascht.

Stimmt es, dass Laschet im Fall einer erzwungenen Kandidatur von Söder mit Vergeltung gedroht hat? Mein Gesprächspartner zögert mit der Antwort, er fasst sich ans Kinn und denkt eine Weile nach. Er will jetzt nichts Falsches sagen. Dann: Laschet habe nicht mit der Verweigerung der CDU gedroht. Wohl aber habe er Söder klar gemacht, dass er in einem solchen Fall nicht mit seiner – Laschets – voller Unterstützung rechnen könne.

Ohne Laschet und die von ihm geführte CDU kann jedoch niemand in der Union die Wahl gewinnen. Plötzlich muss Söder das gewaltige Risiko bewusst geworden sein. Aber er ließ sich nichts anmerken.

Markus Söder selbst erzählt mir später, dass er eine Spaltung der Unionsfamilie befürchtet habe. Diese habe er vermeiden wollen. Und: Einen bundesweiten Wahlkampf aus Bayern zu führen, sei logistisch nicht möglich. Das Risiko, mit einer schlecht organisierten Kampagne zu scheitern, wollte Söder nicht eingehen.

Noch eine Episode sagt viel über das Verhältnis von Markus Söder und Armin Laschet. Als sich in der Nacht von Montag auf Dienstag nach mehr als sechs Stunden abzeichnet, dass sich der CDU-Parteivorstand für Armin Laschet als Kanzlerkandidat ausspricht, macht Wolfgang Schäuble einen Vorschlag: Beide, Laschet und Söder, sollen am kommenden Tag gemeinsam vor die Presse treten und die Einigung verkünden. Das wäre ein Zeichen von Geschlossenheit, von Aufbruch.

Doch nach neun Tagen des erbitterten Machtkampfes bleibt Söder in München. Und Laschet bleibt in Berlin. Der CSU-Chef erledigt seinen Auftritt vor der bayerischen Presse, der CDU-Chef hat seinen Auftritt vor der Hauptstadtpresse. Zwischen beiden Männern liegen an diesem Tag 600 Kilometer. Und ein tiefer Graben.

Anfang Mai veröffentlicht die ARD mal wieder einen Deutschlandtrend zur Bundestagswahl. Die Zahlen spiegeln die parteipolitischen Turbulenzen der letzten Wochen wider. Demnach antworten 26 Prozent der Befragten, sie würden am kommenden Sonntag die Grünen wählen, nur 23 Prozent die Union und 14 Prozent die SPD. Die FDP mit 11 und die AfD mit 12 Prozent sitzen der SPD im Nacken. Die Linke muss mit 6 Prozent um den Wiedereinzug ins Parlament fürchten.

Drei Prozent Vorsprung der Grünen vor der Union – viereinhalb Monate vor der Wahl ist das ein unübersehbares Zeichen für eine Wechselstimmung im Land. Und nur 14 Prozent für die Sozialdemokraten sind ein deprimierender Wert für eine Partei, die den Bundeskanzler stellen will. Seit acht Monaten steht der Kandidat der Sozialdemokraten fest, die Vorbereitungen für den Wahlkampf laufen längst hochtourig. Dennoch kommt die SPD in den Umfragen nicht vom Fleck.

Innerhalb der SPD rumort es deshalb gewaltig. Schon vor einigen Tagen hat sich Roger Lewentz, der rheinland-pfälzische Landesvorsitzende, in der *Süddeutschen Zeitung* laut über Generalsekretär Klingbeil beschwert: «Bei CDU und CSU haben Chaostage geherrscht. Armin Laschet und Markus Söder gaben beide ein verheerendes Bild ab. Ich hätte mir gewünscht, dass wir dies Tag für Tag in den Medien benennen.» Die Redakteure der Zeitung fragen: «Ihr Wahlkampfchef ist Generalsekretär Lars Klingbeil. Ist er zu vornehm?» Lewentz: «Zu vornehm oder zu zurückhaltend, das ist egal, denn es läuft auf dasselbe hinaus. Wir liegen in den Umfragen bei 15 Prozent.» «In einigen mittlerweile bei 13», wenden die Redakteure ein. Antwort: «In so einer Lage ist es wie im Fußball: Wenn du null zu zwei hinten liegst, kannst du doch nicht auf

Ergebnishalten spielen. Dann muss man angreifen und jede Chance ergreifen. Wenn einem der wichtigste Gegner, die CDU, das Feld so öffnet! Wir verpassen gerade den Wahlkampfstart.»

Bei einer Blitzumfrage des *SPIEGEL* antworten 30,2 Prozent der Befragten, dass sie Annalena Baerbock zur Kanzlerin wählen würden, 16,1 Prozent würden Olaf Scholz und nur 12,6 Prozent Armin Laschet wählen.

Nach der hartumkämpften Klärung der K-Frage in der Union ähnelt sich die Lage der Koalitionsparteien: Die SPD zieht mit einem Kandidaten in den Wahlkampf, den die Mitglieder nicht wollten – Olaf Scholz hat die Wahl zum Parteivorsitz im Herbst 2019 klar verloren. Und erdrückend viele Anhänger der Union wollen Armin Laschet nicht als Kanzlerkandidaten. In beiden Fällen hat sich das Führungspersonal durchgesetzt. Das Zwischenergebnis: Partei und Kandidat passen nicht zusammen.

SCHLAMM ODER SAND

KLEINE FEHLER, GROSSE FEHLER

Die SPD hat sich fest vorgenommen, im Wahlkampf 2021 alles besser zu machen als in den verbockten Bundestagswahlkämpfen seit 2005. Vor allem hat sich die Partei vorgenommen, aus den Fehlern der Vergangenheit zu lernen. Aber das ist leicht gesagt. Kleine handwerkliche Ausrutscher können vermieden werden. Aber manche Fehler, große Fehlentscheidungen, ziehen sich wie ein Verhaltensmuster durch die jüngere Geschichte der SPD.

Die zerstörerischen Spannungen und Widersprüche innerhalb der sozialdemokratischen Kampagne waren besonders im Wahlkampf 2013 mit Händen greifbar. Als mit Peer Steinbrück ein ehemaliger Bundesfinanzminister als Kanzlerkandidat antrat. Man muss den Film der Erinnerungen kurz zurückspulen, bis zum Abend der Bundestagswahl 2009, um das Scheitern der damaligen Kampagne zu verstehen:

Dass die Union die stärkste Partei bleiben und weiterhin mit Angela Merkel die Bundeskanzlerin stellen wird, ist am Wahlabend, an diesem 27. September 2009, zu erwarten. Dass die FDP auf 14,6 Prozent der Zweitstimmen hochschießt, ist dagegen eine Sensation. Jetzt können Merkel und FDP-Chef Guido Westerwelle ihre schwarz-gelbe Koalition schmieden.

Für die Sozialdemokraten bedeutet der Wahlausgang ein doppeltes Fiasko. Nicht nur, dass die Partei mit Kanzlerkandidat Frank-Walter Steinmeier und Parteichef Franz Müntefering mehr als 11 Prozent der Stimmen verliert und mit 23 Prozent auf ihr bis dahin schlechtestes Wahlergebnis abstürzt. Die Partei, seit immerhin elf Jahren an der Macht, scheidet aus der Bundesregierung aus und muss auf den unbequemen Oppositionsbänken (Müntefering: «Mist») Platz nehmen.

Peer Steinbrück, der als nervenstarker Minister noch ein Jahr zuvor

Deutschland mit Ach und Krach durch die Finanzkrise gelotst hat, wirft sofort die Brocken hin. Er will nicht mehr als stellvertretender Parteivorsitzender kandidieren.

Ein paar Monate später erklärt er mir seinen Rückzug reichlich verbittert so: «Mir war klar, dass die Bundestagswahl verloren gehen würde. Als es am Montag in der SPD das erste Rumoren gab – übrigens von Teilen der SPD, die dabei in meinem Ansehen nicht sehr gewonnen haben –, da war mir klar: Bevor du gejagt wirst, und bevor dir irgendwelche Leute an die Beinkleider gehen und rumzerren, ziehst du Konsequenzen. Was mit dir geschieht, bestimmst alleine du selber. Und nicht irgendein Landesverband in Berlin oder wer auch immer, die glauben, eine Aufrechnung oder ein kleines Revolutionstribunal machen zu müssen, wo die Münteferings, Steinmeiers und Steinbrücks auf die Guillotine geführt werden.»

Aufrechnung, Revolutionstribunal, Guillotine? Ein tiefer Riss tut sich auf, die Partei und ihr zu diesem Zeitpunkt prominentester Spitzenpolitiker haben sich voneinander entfremdet. An diesem Tag ist die SPD-Karriere von Peer Steinbrück zu Ende. Eigentlich.

Steinbrück zieht von nun an als Ex durchs Land, als Ex-Finanzminister, als Ex-Bankenretter, als Ex-Spitzenpolitiker der SPD. Der Ex schreibt ein Buch und hält vielbeachtete Vorträge. Für ein Filmprojekt verabrede ich mich mit ihm im Juni 2010 zu einem Interview vor dem Bundeskanzleramt, direkt an dem schweren Sicherheitsgitter. Ein symbolträchtiger Ort für ein Interview. Nicht viele Politiker und Politikerinnen würden diesen Drehort akzeptieren. Steinbrück hat keine Bedenken. Und es kommt zu einer Szene, die zwei, drei Jahre später oft aus den Archiven geholt werden wird.

Ich frage ihn: «Sie kennen den Spruch von Gerhard Schröder?»

«Ja.»

«Gerhard Schröder steht in Bonn vor dem Kanzleramt. Er rüttelt an den Stäben und ruft: ‹Ich will da rein!› Dieses Kapitel ist durch für Sie, ja?»

«Das ist so eine verfängliche Frage. Ja, Sie werden mich nicht an den Gitterstäben erleben und ich werde da allenfalls als Besucher reingehen.»

«Sie führt nur noch der Weg als Besucher da rein?»

«Ja, das ist so eine Frage: ‹Können Sie ausschließen, dass …›» (lautes Lachen).

«Ja, können Sie ausschließen, dass …?»

«Ja, ich schließe das aus. Wenn Sie es auf den Punkt haben wollen.»

Natürlich stellt sich später die Frage: Flunkert Steinbrück? Hat er Ambitionen auf die Kanzlerschaft und will damit hinterm Berg halten? Oder hat er sich im Sommer 2010 emotional so weit von der Parteipolitik entfernt, dass ihm meine Frage weltfremd vorkommt? Es erscheint plausibel, dass er damals tatsächlich nicht an eine Kanzlerkandidatur denkt. Zu frisch sind noch die Wunden, die ihm die eigenen Parteifreunde zugefügt haben. Es findet sich in diesem Sommer auch niemand in der SPD, der sich kraftvoll für Peer Steinbrück einsetzt.

Das ändert sich bald. Sein Leben als Ex, seine Vorträge und Interviews verschaffen ihm eine Beliebtheit, die er als aktiver Politiker nie hatte. Er wird von Journalisten, vor allem von *SPIEGEL* und *ZEIT*, zum möglichen Kanzlerkandidaten hochgeschrieben.

Neben Steinbrück gibt es in den Jahren 2011 und 2012 noch Parteichef Sigmar Gabriel und Fraktionschef Frank-Walter Steinmeier, die auch als Kandidaten in Frage kommen. Die drei Männer geben sich alle Mühe, ein Bild voller Solidarität und Harmonie zu vermitteln. Sie inszenieren sich als neue Troika. Dass diese Dreier-Konstruktion vorhandene Brüche allenfalls überspielt und somit im Verdacht steht, ein Lügengebilde zu sein, dass wissen Sozialdemokraten spätestens seit dem heuchlerischen Triumvirat von Gerhard Schröder, Oskar Lafontaine und Rudolf Scharping in den neunziger Jahren.

Bei der Verkündigung des Kanzlerkandidaten Peer Steinbrück im Herbst 2012 geht dann alles schief, was schief gehen kann – oder schief gehen soll. Sigmar Gabriel hat schon früh signalisiert, dass er nicht antreten will. Also blicken alle auf die beiden Steins.

Und was macht Frank-Walter Steinmeier, der als Machtpolitiker ebenso erfahren wie verschwiegen ist? Er plaudert in einer spätabendlichen Journalistenrunde aus, dass er ebenfalls nicht kandidieren will. Ein Knaller! Steinmeier hat indirekt ein wohlgehütetes Geheimnis verraten:

Peer Steinbrück wird es machen. Genauso melden es die Medien kurz darauf und durchkreuzen einen zentralen Augenblick jeder Kampagne – die dramaturgisch vorbereitete Inthronisierung des Kanzlerkandidaten oder der -kandidatin.

Sogleich wird der Wahlkampfstart von Beobachtern als «Sturzgeburt» lächerlich gemacht. Tatsächlich ist er mehr, er ist eine Missgeburt. Die SPD schlittert ohne Konzept und ohne organisatorische Vorbereitung in den Wahlkampf. Als ich im Herbst 2012 per SMS kurz mit Steinbrück Kontakt habe, schreibt er: «Das wird ein Höllenritt!» Er wird recht behalten.

Bei der Vereinbarung eines Gesprächstermins kann mir niemand im Willy-Brandt-Haus helfen, man verweist auf die Leiterin seines Abgeordnetenbüros. Die ist aber wegen der vielen Anfragen überlastet, tagelang gibt es niemanden, der Anrufe mit gebührender Gründlichkeit entgegennehmen kann. Das Momentum ist nicht nur verschenkt, es ist umgedreht.

Noch gravierender ist, dass die inhaltlichen und persönlichen Spannungen zwischen Steinbrück und weiten Teile der SPD nicht aufgearbeitet sind. Der Kandidat und seine Partei starten nur mit einem wackligen Burgfrieden in das gemeinsame Abenteuer. Steinbrück weiß das. Und er fordert von seiner Partei öffentlich «Beinfreiheit» ein. Er will sich nicht an die Kette legen lassen.

Hat die Troika um Saskia Esken, Norbert Walter-Borjans und Olaf Scholz aus der historischen Sturz- und Missgeburt gelernt? Haben sie die inhaltlichen Differenzen zwischen Partei und Kandidat geklärt, sogar beseitigt? Zumindest die Verkündigung der Kandidatur von Olaf Scholz im Sommer 2020 läuft durchdachter und professioneller. Scholz ist sehr früh als Kandidat gesetzt. Zu früh?

Um eine Kampagne in Schwung zu setzen, kommt es nicht nur auf das Wie, sondern auch auf das Wann an. Steinbrück erzählt, wie bei ihm beides in die Hose ging: «Wir hatten uns eigentlich vorgenommen, dass diese Kandidatenfrage nicht zu früh gelöst werden sollte. Ich kann mich erinnern, dass ich wörtlich sagte: Bei einer zu frühen Nominierung wird der Kandidat zwölf Monate lang an der Wand entlang gezogen. Es wird jeder Stein umgedreht, um zu gucken, ob da irgendwelche Würmer drunter sind. Und genauso ist es ja gekommen.»

Die «Würmer» sind Steinbrücks Vortragshonorare. Eine Debatte kommt in Gang, die dem Kandidaten schaden kann und schaden soll: Darf ein ehemaliger Minister mit Vorträgen Geld verdienen? Eine absurde Debatte. Steinbrück und seine Leute sind nicht vorbereitet. Ihnen fallen keine Argumente ein, um die Polemik im Keim zu ersticken.

Bei einer Diskussionsveranstaltung erwähnt der Kandidat zudem, dass er «eine Flasche Pinot Grigio, die nur fünf Euro kostet», nicht kaufen würde. Es ist das gute Recht jedes Menschen, also auch eines Kanzlerkandidaten, Wein nach seinem Geschmack und Geldbeutel zu kaufen. Aber Steinbrück wird mit dem Pinot-Grigio-Zitat wie ein Bär am Nasenring durch die Berliner Manege gezogen. In einem Interview behauptet er schließlich, dass das Gehalt von Bundeskanzlern zu niedrig sei: «Nahezu jeder Sparkassendirektor in Nordrhein-Westfalen verdient mehr als die Bundeskanzlerin.»

Das kann man so sehen. Aber prompt gerät die große Erregungsmaschine der Hauptstadt erneut in Schwung. Der Kandidat schaut nahezu ohnmächtig zu, wie er innerhalb kürzester Zeit vom Liebling der Medien zum Raffzahn heruntergeschrieben wird. Steinbrück hat schon allerhand erlebt, er war Minister in Schleswig-Holstein, Ministerpräsident in Nordrhein-Westfalen und Bundesfinanzminister. Ein Anfänger ist er wahrlich nicht. Doch die Kräfte, die bei einem Bundestagswahlkampf wirken, die gnadenlosen Mechanismen beim Rennen ums Kanzleramt sind ihm fremd. Er wirkt angeschlagen, sogar ein wenig naiv. Er entlässt seinen Pressesprecher.

Im Juni, dreieinhalb Monate vor der Bundestagswahl, ist der Druck, der auf Peer Steinbrück auch innerhalb der eigenen Partei lastet, so hoch, dass er ein paar bewegende Sekunden lang entweicht. Öffentlich. Die SPD hat in Berlin zu einer zentralen Wahlkampfveranstaltung eingeladen. Hinter der Bühne hat sie in unübersehbaren Großbuchstaben plakatiert: SPD – DAS WIR ENTSCHEIDET.

Doch von WIR ist bei der SPD in diesen Tagen wenig zu spüren.

Einige Zeitungen berichten über Streit zwischen dem Kandidaten und dem Parteivorsitzenden, der Kandidat fühle sich von Sigmar Gabriel nicht ausreichend unterstützt. Gibt Gabriel die Bundestagswahl bereits heimlich verloren und richtet sich schon auf eine Große Koalition für die Zeit danach ein? Lässt er Steinbrück im Regen stehen? Die Dementis aus dem Willy-Brandt-Haus klingen nicht kraftvoll, nicht überzeugend. Viele Beobachter spüren die Spannungen im SPD-Team.

In dieser Situation lädt die SPD also ein, das WIR zu feiern. Die Wahlkampfmanager sind auf eine besondere Idee gekommen: Es soll menscheln. Gertrud Steinbrück, die Ehefrau des Kandidaten, die sich bislang im Hintergrund aufgehalten hat, soll sprechen. Und wie es menschelt!

Frau Steinbrück ruft überraschend erregt in den Saal: «Wenn jemand das ganze Wohlergehen, die ganze Freiheit, die ganze finanzielle Sicherheit [...] aufgibt, dann muss der doch eine Aussage haben. Dann muss der doch wirklich etwas wollen. Der muss doch irgendetwas bewegen wollen, um freiwillig alles aufzugeben.»

Worte, die man aus der SPD-Führung zuvor nicht hörte. Es ist ein wenig beschämend, dass die eigene Ehefrau glaubt, ihrem Mann öffentlich zu Hilfe kommen zu müssen. Gertrud Steinbrück wird, während sie spricht, immer energischer, auch wütend. Wer macht sie so wütend? Welche Angreifer meint sie mit ihrer Verteidigungsrede? Sie nennt keine Namen. Die meisten Insider wissen ohnehin Bescheid.

Als Frau Steinbrück ihre kurze Ansprache beendet, richten sich alle Blicke auf den Mann, der neben ihr sitzt. Peer Steinbrück hebt zu einem eigenen Wortbeitrag an, er zieht das Mikrofon dicht an seinen Mund, lässt es dann aber doch sinken und winkt ab. Tränen stehen ihm in den Augen. Zwei Sekunden, drei Sekunden, vier Sekunden. Die Kameras sind auf ihn gerichtet, natürlich. Ein weinender Kandidat? Hat die Partei in diesem Augenblick die Wahl verloren? Oder hat Gertrud Steinbrück das Blatt überraschend gewendet, weil sie die Herzen der Wählerinnen und Wähler erreicht, sogar erweicht?

Es bleibt: das Bild des schluchzenden Mannes, der Bundeskanzler werden will. Kein gutes Bild. Den Wahlkampfmanagern muss das Herz in die Hose rutschen. Schnell brandet Applaus auf, die Partei will ihrem Kandidaten zumindest mit ein wenig Lautstärke helfen. Peer Steinbrück, das sieht jeder, ist zutiefst bewegt. Er bleibt regungslos sitzen und blickt tieftraurig nach unten, geschlagen.

Schräg hinter dem weinenden Kandidaten sitzt Olaf Scholz, später Steinbrücks Nachnachfolger als Finanzminister und Kanzlerkandidat. Aber klar, diese doppelte Nachfolge kann an diesem Tag noch niemand erahnen. Das Bild vom weinenden Kandidaten wird sich wohl auch im Gedächtnis von Olaf Scholz tief festsetzen. Er applaudiert brav, keinesfalls stürmisch, im Klatsch-Rhythmus der anderen. Er ist ein Teil der WIR-Partei.

Ein paar Wochen später bin ich mit dem Ehepaar Steinbrück in ihrem Wohnort Bad Godesberg verabredet. Sie wollen mir ein gemeinsames Interview geben. Um das Gespräch aufzulockern, habe ich am Kiosk ein paar Zeitungen besorgt und lege sie den beiden vor. Eine Presseschau. Der SPD-Kandidat kommt in fast allen Zeitungen schlecht weg. Die *Frankfurter Allgemeine Zeitung* macht sich ein wenig über den Tränenauftritt lustig und illustriert den Text mit einem sehr unvorteilhaften Foto: Steinbrück mit zusammengekniffenen Augen und ebenso zusammengekniffenen Lippen. Seine Frau kommentiert spontan: «Das ist ja kein schönes Bild von Dir.»

Er selbst reagiert ungehalten: «Das soll witzig sein. Das soll so eine Art Satire auf mich sein. Haut aber in dieselbe Kerbe wie viele Berichte vorher, nach dem Motto: ‹Was hat er sich in die Tasche gewirtschaftet.› Seit zweihundert Tagen lese ich so etwas. Nichts Neues! Und der Abbinder ist: ‹Und der Haifisch, der hat Tränen.› Eine Anspielung auf den Parteikonvent: Ist er da aus den Fugen geraten? Politiker müssen eigentlich über so etwas lachen, wir müssen das lustig finden, auch originell. Ich mache aber keinen Hehl daraus: Ich halte es für Schrott.»

Peer Steinbrück blättert weiter. Er ärgert sich auch über die nächsten Artikel und Schlagzeilen. Nein, die Presse meint es heute nicht gut mit ihm, mal wieder nicht. Er ahnt, warum: «Meine Person ist eine, die polarisierend wirkt auf manche. Und deshalb eigne ich mich mehr als

Frau Merkel, Gegenstand von solcher Berichterstattung zu sein. Frau Merkel hat den Vorteil, weniger fassbar zu sein.» «Ist das ein Vorteil?»

Gertrud Steinbrück antwortet sofort: «Absolut. Merkel schafft es, sich fast unsichtbar zu machen. Ich finde, Frau Merkel macht das derartig gut. Ich werde oft gefragt: Findest Du nicht auch, dass Frau Merkel das gut macht? Ich kann nur sagen, Frau Merkel macht das sensationell gut. Mein Problem ist nur: Ich hätte gerne ein anderes politisches Ergebnis. Aber von der Technik her...» Gertrud Steinbrück spitzt die Lippen und macht ein verächtliches Geräusch: «...Pfffff! Kommen wir nie heran. Super!»

Die Amtsinhaberin kann genüsslich ansehen, wie sich ihr Gegner abstrampelt, wie interne Spannungen die SPD lähmen. Einerseits findet sie Steinbrück sympathisch. Merkel schätzt seinen Humor, auch seine Belesenheit, wie sie mir erzählt. Beide haben in der Großen Koalition während der Finanzkrise harmonisch und effizient zusammengearbeitet. Aber jetzt ist Steinbrück ihr Konkurrent. Und während die Umfragewerte des SPD-Kandidaten von Woche zu Woche schlechter werden, steigen ihre eigenen Werte. Sie wird jetzt als die Politikerin gefeiert, die die Eurokrise gemeistert hat – und die Eurozone vor dem Zerbrechen bewahrt.

Dass sie dem krisengeschüttelten Griechenland einen harten Sparkurs aufzwang und bei Demonstrationen in Athen als Nazi-Kanzlerin geschmäht wurde, hilft ihrem Ansehen in der Heimat sogar. Ihr Wahlkampf ist darauf ausgerichtet, über eigene Erfolge zu reden und möglichst keine Fehler zu machen (Slogan: «Sie kennen mich»). Die SPD und ihr Kandidat, darauf verlässt sie sich, werden sich schon selbst schaden.

Dennoch unterläuft ihr ein einziges Mal ein Fehler, ein einziges Mal bietet sie Steinbrück Anlass zum Wirkungstreffer. Und ausgerechnet ich gerate zwischen die Fronten. Angela Merkel hat mir ein Interview zugesagt, es soll im Kanzleramt stattfinden. Kameras und Scheinwerfer sind im kleinen Kabinettsaal aufgebaut, die Kanzlerin erscheint, gut gelaunt, alles läuft ja nach Plan. Nach ein paar Minuten stelle ich eine eher harmlose Frage. Im bislang konturlosen Wahlkampf war immer wieder lamentiert worden, Union und SPD stünden sich politisch nah. Die

CDU habe sich unter Merkel zu einer sozialdemokratischen Partei gewandelt. Die SPD unter Steinbrück und zuvor unter Gerhard Schröder habe zu viele wirtschaftsfreundliche Positionen übernommen.

Daher nun meine Frage an die Kanzlerin: «Was sind die großen Themen, in denen sich CDU und SPD unterscheiden?» «Wir wollen keine Steuern erhöhen, wir haben sprudelnde Steuereinnahmen im Augenblick. Das ist mein erster Punkt. Der zweite Punkt ist, dass wir stärker wirtschaftliche Stärke und soziale Gerechtigkeit zusammensehen.»

Eine typische Merkel-Antwort. Wenig bis nichtssagend. Doch dann kommt sie zum dritten Punkt. Und der hat es in sich. Denn vielleicht stört die Kanzlerin das Gerede vom konturlosen Wahlkampf und sie will mal einen Kontrapunkt setzen. Also sagt sie: «Das dritte ist: In der Frage der Eurokrise ist die Sozialdemokratie total unzuverlässig. Da ist von Eurobonds, Schuldentilgungsfonds, gemeinsamer Haftung bis hin auch zum Gegenteil schon alles gesagt worden. Ich glaube, es ist sehr wichtig, dass man mit einer einheitlichen Richtung jetzt diese Krise weiter bewältigt.»

Eine überraschende Einschätzung. Die SPD hat während der Eurokrise im Bundestag stets Merkels Maßnahmen unterstützt.

Daher mein Konter: «Sie sagen, die Sozialdemokratie ist unzuverlässig beim Management der Eurokrise. Sie hat aber im Parlament immer für Ihre Politik gestimmt.» Merkel beharrt auf ihrer Position: «Ja, sie hat immer dafür gestimmt und hat deshalb ja auch große Mühen, mal wieder etwas Kritisches zu finden. Aber ich halte sie trotzdem nicht für stabil in der Frage.»

Ein ungewöhnlicher Kommentar der Kanzlerin, die ja sonst so penibel darauf achtet, alle Schärfe im Wahlkampf zu vermeiden. «Total unzuverlässig», «nicht stabil». Die knappen Sätze sind böse formuliert und böse gemeint.

Am nächsten Tag bin ich mit Peer Steinbrück zum Interview verabredet, und natürlich konfrontiere ich ihn mit den Merkel-Aussagen über die «unzuverlässige» SPD in der Eurokrise. Steinbrück hat sich als Abgeordneter in seiner Bundestagsfraktion persönlich dafür eingesetzt, die Politik der schwarz-gelben Bundesregierung während der Eurokrise nicht aus parteitaktischem Kalkül anzugreifen. Das war auch deshalb so wichtig, weil milliardenschwere Euro-Rettungsmaßnahmen wie der Europäische Stabilitätsmechanismus ESM in Merkels eigener Partei und auch in den Reihen des Koalitionspartners FDP umstritten waren. Merkel hat es Peer Steinbrück, ihrem ehemaligen Finanzminister, zu verdanken, dass ihr die SPD von der Oppositionsbank aus zur notwendigen Mehrheit verhalf.

Als Steinbrück jetzt hört, wie Merkel am Tag zuvor über die SPD herzog, scheint er kurz die Fassung zu verlieren: «Ich habe Mühe, mich höflich auszudrücken. Denn es ist die SPD gewesen, die sich nicht unzuverlässig, sondern die sich im Deutschen Bundestag höchst zuverlässig erwiesen hat. Und zwar auch in einer Situation, wo Frau Merkel die Stimmen der SPD brauchte, um eine Zweidrittel-Mehrheit für den Fiskalpakt zu bekommen. Da davon zu reden, die SPD sei unzuverlässig, könnte mich fast dazu einladen, im Deutschen Bundestag eine sehr gegenläufige Haltung gegenüber dieser Bundesregierung zu fahren.»

Steinbrück ist sichtlich verletzt. Seine Empörung ist nicht gespielt, keine Wahlkampfrhetorik.

Und dann legt er nach: «Ein solches Zitat vergesse ich nicht so schnell.»

«Das heißt?»

«Das wird einen weiter beschäftigen. Nach dem Motto: Man begegnet sich immer zwei Mal im Leben. Erst recht im politischen Leben.»

Das Interview dauert etwas mehr als eine Stunde. Ich habe meine Fragen gestellt, Steinbrück hat sie beantwortet. Üblicherweise tauscht man am Ende noch Höflichkeitsfloskeln aus, dann verabschiedet man sich. Ich rechne damit, dass Steinbrück, der als Kandidat einen sehr engen Zeitplan hat, aufsteht und zügig den Raum verlässt. Doch er bleibt sitzen. Und grübelt. Dann bittet er mich, das Zitat der Kanzlerin noch einmal zu wiederholen. Da ich um die Brisanz des Zitats weiß, habe ich es mir aufgeschrieben und lese es noch einmal vor. Peer Steinbrück bleibt weiter sitzen, wortlos. Schließlich reicht er mir die Hand zum Abschied und eilt mit den Sicherheitsbeamten zu seinem Dienstwagen.

Ein paar Tage bleibt alles ruhig. Die Umfragewerte verheißen für die SPD und ihren Kandidaten keinen guten Wahlausgang. Nur noch drei Wochen bis zum Wahltag. Dann blicken alle auf Sonntagabend, auf das mit Spannung erwartete TV-Duell. Es wird zu Steinbrücks letzter Chance hochstilisiert.

In der Sendung, vor über siebzehn Millionen Zuschauerinnen und Zuschauern, geht es bald auch um das Thema Eurokrise. Maybrit Illner will von Steinbrück in Erfahrung bringen, warum er mit seiner SPD-Fraktion im Bundestag immer für die Euro-Rettungsmaßnahmen der Bundesregierung gestimmt hat. Die Moderatorin kann nicht wissen, wie heiß das Eisen ist, das sie gerade anfasst.

Aber Steinbrück weiß es. Er erkennt die Gelegenheit sofort und antwortet: «Aus einer europapolitischen Verantwortung. Und ich weiß von einem Interview, Frau Merkel …», jetzt dreht sich Steinbrück nach rechts um und spricht die Kanzlerin direkt an, «… von einem Interview, das Sie gegeben haben, das erst noch gesendet werden wird, dass Sie der SPD eine europapolitische Unzuverlässigkeit vorwerfen. Das hat uns schon sehr getroffen. Denn wir waren es, die Ihnen auch mitgeholfen haben, eine notwendige Zweidrittel-Mehrheit zu erreichen. Und jetzt äußern Sie sich in einem solchen Interview über die Unzuverlässigkeit der SPD in der Europapolitik. Das wundert mich doch.»

Ein Schlag gegen Merkel. Und indirekt auch gegen mich. Ich habe Steinbrück zwar das Merkel-Zitat mitgeteilt, um ihm Gelegenheit zu geben, im Interview auf den Vorwurf zu antworten. Rede und Gegenrede eben. Aber Steinbrück weiß, dass das Merkel-Interview erst im Rahmen meines Films zwei Wochen später öffentlich werden wird. Er steht wegen der schlechten Umfragewerte offenbar so sehr unter Druck, dass er beim Versuch, irgendeinen rettenden Strohhalm zu ergreifen, der Kanzlerin ein noch unveröffentlichtes Zitat vorhält.

Merkel schaut Steinbrück etwas irritiert an. Weiß sie überhaupt, wovon er spricht? Sie lächelt verlegen und bemüht sich, den Streit nicht eskalieren zu lassen: «Also, ich fand es gut und richtig, dass die SPD den meisten Entscheidungen zugestimmt hat. Ist doch gar keine Frage. Das hat sie auch nicht uns zuliebe getan, sondern aus innerer Überzeugung.

Das ist auch gut, dass die Sozialdemokraten Europa nicht vergessen in schweren Stunden.»

Kein Wort mehr von den angeblich so unzuverlässigen Sozis. Und da Merkel von Steinbrück auch nicht wissen will, von welchem noch nicht gesendeten Interview er da spricht, geht der Dialog in den weiteren Turbulenzen des TV-Duells unter.

Der folgende Montag verläuft ruhig, die Nachrichtenmedien arbeiten das TV-Duell vom Vorabend auf.

Am Dienstag entlädt sich dann aber doch ein politisches Gewitter über Berlin – und leider auch über mir. Nach dem Interview in der Woche zuvor habe ich nichts mehr von Merkel und Steinbrück gehört, auch nicht von ihren Leuten. An diesem Dienstag findet die letzte Generaldebatte im Bundestag vor der Wahl statt, als Hauptredner hat die Unionsfraktion die Bundeskanzlerin und die SPD-Fraktion ihren Kanzlerkandidaten benannt. Offenbar bedauert Steinbrück es, dass seine Attacke wegen des «noch nicht gesendeten Interviews» im TV-Duell vorgestern etwas untergegangen ist. In seiner Verzweiflung und angesichts der unverändert miesen Aussichten für die nahe Wahl entscheidet er sich, die Attacke gegen Merkel zu wiederholen. Und diesmal geht sie nicht im Schlachtenlärm unter.

Wieder, und diesmal deutlicher, erwähnt Steinbrück das bislang unveröffentlichte Interview mit der Kanzlerin und fasst dann zusammen: «SPD unzuverlässig? In der Europapolitik? Das werden wir uns mal merken». «Sie müssen genau wissen, dass Sie damit Brücken zerstören. Dass Sie damit Gemeinsamkeiten in der Zukunft unmöglich machen, wo wir vielleicht auf diese Gemeinsamkeiten angewiesen sind.»

Brücken zerstören? In den Wochen vor der Wahl zeichnet sich ab, dass es wahrscheinlich zu einer Neuauflage der Großen Koalition kommen wird. Die Meinungsumfragen geben deutliche Hinweise auf die Präferenzen der Wähler. Will Steinbrück den Streit um Merkels Äußerungen tatsächlich zum Anlass nehmen, um den Brückenbau einer neuen gemeinsamen Koalition zu verhindern? Noch während der Debatte berichten Nachrichtenagenturen über den Konflikt. Und jetzt, mit zwei Tagen Verspätung, fragen sich einige Hauptstadtjournalisten, was es denn mit diesem «noch nicht gesendeten Interview» auf sich hat – und was Merkel denn tatsächlich gesagt hat.

Es dauert nicht lange, dann klingelt mein Telefon. Und es hört den ganzen Tag nicht mehr auf zu klingeln. Die Deutsche Presse-Agentur will den Wortlaut der Merkel-Äußerungen wissen, die Tagesschau bittet um Übermittlung des Mitschnitts. Und dann ruft auch noch Regierungssprecher Steffen Seibert an. Ich kann den genauen Inhalt des vertraulichen Telefonats hier nicht wiedergeben. Nur so viel: Die Kanzlerin ist not amused. Und ich bin es auch nicht. Glauben Angela Merkel und ihr Sprecher ernsthaft, ich würde mit Steinbrück gemeinsame Sache machen, um ihr im Wahlkampf zu schaden? Ein Verdacht, der nicht direkt ausgesprochen wird. Aber ich kann spüren, dass er in der Luft liegt und auf den Fluren des Kanzleramts herumgereicht wird.

Ich spüre auch: Es geht hier um meine Ehre als Journalist. Dass ich in Interviews politische Positionen herausarbeite und durch die Konfrontation verschiedener Aussagen Unterschiede aufzeige, gehört zu meinen Aufgaben als Dokumentarfilmer. Würde ich keine entsprechenden Fragen stellen und den Angegriffenen keine Gelegenheit zur Antwort geben, würde ich meinen Beruf schlecht ausüben. Zu meiner Berufsauffassung gehört auch, mich nicht auf eine Seite zu schlagen und Interviewpartnern strategische Vorteile einzuräumen. Außerdem: Ich habe die Merkel-Äußerungen nicht erfunden. Die Kanzlerin hat sie mir in die Kamera gesprochen. Vermutlich ärgert sie sich jetzt, dass ihr der Angriff – obwohl sie sonst ihre Worte so sorgfältig abwägt – herausgerutscht ist.

Noch am Abend veröffentlicht ihr Regierungssprecher eine schriftliche Klarstellung: «Gegenstand der Äußerungen von Bundeskanzlerin Angela Merkel war nicht das Abstimmungsverhalten der SPD bei wichtigen Entscheidungen zur Bewältigung der Euro-Krise, sondern vielmehr die gegensätzlichen Auffassungen von Bundesregierung und SPD über Eurobonds, Schuldentilgungsfonds und gemeinschaftliche Haftung in der Euro-Zone.»

Der SPD reicht das nicht. Fraktionsvorsitzender Steinmeier hat die Merkel-Kritik zuvor als «ehrabschneidend» und «Sauerei» bezeichnet. Sein parlamentarischer Geschäftsführer, der (inzwischen verstorbene)

Thomas Oppermann, fordert eine Entschuldigung der Kanzlerin. Doch Merkel will sich nicht entschuldigen.

Einen Tag später erhalte ich einen Anruf eines Sprechers von Peer Steinbrück. Der Kandidat will wissen, ob ich ihm übelnehme, dass er ohne meine Erlaubnis das Merkel-Zitat an eine sehr große Glocke gehängt hat und mich so als Nebenfigur in den Wahlkampf gezerrt hat. Ich höre mir seine Worte aufmerksam an, bedanke mich für den Anruf. Mehr gibt es nicht zu sagen. Offenbar hat Steinbrück ein schlechtes Gewissen. Doch der erhoffte Geländegewinn im Wahlkampfendspurt war ihm wichtiger als der respektvolle Umgang mit einem Journalisten.

Das Ganze bleibt eine hässliche Episode. Aber nicht viel mehr. Angela Merkel gewinnt auch diese Wahl. Union und SPD vereinbaren eine neue Große Koalition, ohne Peer Steinbrück. Als ich die Kanzlerin Jahre später erneut zu einem Interview treffe, verliert sie über die Angelegenheit kein Wort. Und ich erwähne den Streit auch nicht. Es geht jetzt um einen neuen Wahlkampf – und um einen neuen Gegenkandidaten.

Der Wahlkampf 2013 war ein Desaster. Nicht für die Union und für Angela Merkel, die ihre Macht verteidigten. Für Peer Steinbrück war die Kandidatur traumatisch. Er spürte, dass seine Partei nicht geschlossen hinter ihm stand. Ein Kanzlerkandidat oder eine Kanzlerkandidatin ist von morgen bis abends von vielen Menschen umgeben. Aber in all dem Trubel kann die Nummer eins auch sehr einsam sein.

Der Wahlkampf legte außerdem üble Fehlentwicklungen der politischen Berichterstattung offen. Wieso wurde Peer Steinbrück eigentlich erst hoch- und dann innerhalb weniger Wochen so undifferenziert heruntergeschrieben, dass er im Wettbewerb mit Merkel keine Chance mehr hatte? Was genau waren seine Verfehlungen?

Manche Kolleginnen und Kollegen der Hauptstadtpresse fanden Gefallen daran, aus Vortragshonoraren, Wein- und Kanzlerverdienst-Zitaten ein derart übelschmeckendes Gebräu zu mixen, dass viele Wählerinnen und Wähler Steinbrücks politische Ideen gar nicht mehr zur Kenntnis nahmen. Ihnen war der Appetit vergangen. So wie die SPD im Wahlkampf 2005 eine Negativ-Kampagne gegen die «neoliberale Merkel» führte, die die CDU-Kandidatin fast den Wahlsieg gekostet hätte, versuchten weite Teile der Presse im Wahlkampf 2013, «Pannen-Steinbrück» zur Strecke zu bringen. Dahinter steckte keine verabredete Aktion, keine ausgetüftelte Intrige.

Vielmehr machte dem Kandidaten ein gnadenloser Rudeljournalismus zu schaffen. Noch im Oktober 2011 titelte der *SPIEGEL* mit einem Helmut-Schmidt-Zitat über Steinbrück: «Er kann es». Doch als Steinbrück dann tatsächlich in den Ring stieg, galt er von Beginn an als Tollpatsch. Er und seine Leute hatten einiges zu dem Klischee beigetragen. Dennoch war es ein billiges, oberflächliches Klischee. Aber einer auf Oberflächlichkeiten fixierten Presse war es genug, um ein Negativ-Momentum in Gang zu setzen. Berichte über Steinbrücks Fehler wurden gelesen, gesehen, geklickt. Steinbrücks Pannen verkauften sich gut. So wandelte sich «Er kann es» in «Er kann es nicht».

Ein kurzer Sprung in den Januar des Wahljahres 2021. Robert Habeck steht am Anfang einer Kampagne. Er weiß noch nicht, ob er der Kanzlerkandidat der Grünen sein wird oder ob er Annalena Baerbock das Feld überlassen muss. So oder so werden beiden die intensivsten und auch turbulentesten Monate ihres Berufslebens bevorstehen. Wir sprechen über seine bisherigen Erfahrungen bei Wahlkämpfen, als Wähler ebenso wie als Kandidat. Habeck zögert nicht lange, er kommt gleich auf die erbarmungslose Härte im politischen Geschäft, vor allem in Wahlkampfzeiten, zu sprechen. Er weiß, dass ein unbedachter Satz, ein verunglücktes Bild eine ganze Kampagne ruinieren kann.

Er weiß auch längst, welche Verletzungen sich Menschen in der Politik zufügen können: «Mir persönlich missfällt, wenn man versucht, die eigene Bedeutung durch Diskreditierung des politischen Mitbewerbers herzustellen. Das finde ich einfach unangenehm. Ich selbst möchte natürlich ungerne zum Lumpen abgestempelt werden. Ich komme mir aber auch selber schlecht vor, wenn ich anderen Menschen die moralische Integrität abspreche. Das finde ich einfach unangenehm, alleine beim Zugucken. Man soll gut über das reden, was man vorhat. Man kann auch ein bisschen übertreiben, vielleicht. Es ist ja Wahlkampf. Man kann sagen, da sind wir durchdachter als alle anderen. Das ist ja sozusagen eine implizite Abwertung. Das in Ordnung. Aber nicht permanent schlecht über die anderen reden. Jedenfalls nicht die eigene Bedeutung dadurch herstellen, dass die anderen Idioten, Vaterlandsverräter, Naseweise, Nichtskönner oder so sind. Das unterschätzt doch, wie sich die öffentliche Meinung bildet. Das finden die Menschen schon selber raus: Wer was kann und wer was nicht kann.»

Finden die Menschen tatsächlich selbst heraus, wer was kann und wer nicht? Es wäre schön, wenn Habeck recht hätte. Vermutlich spüren viele Menschen, wenn Kandidaten und ihre Parteien nicht zueinander passen. Und wahrscheinlich haben viele ein feines Sensorium für die Glaubwürdigkeit und Unglaubwürdigkeit von Politikern.

Aber die Geschichte der letzten Wahlkämpfe zeigt auch, wie leicht die Wahrnehmung der Öffentlichkeit gelenkt werden kann. Man kann über den rasend schnellen Ansehensverlust von Peer Steinbrück jammern, auch über den brutalen Medienmarkt. Doch die Mechanismen der Meinungsbildung können von keiner Partei und keiner Person ausgehebelt werden. Alle Kandidaten, die sich auf dieses Spiel einlassen, wissen, was ihnen bevorsteht: ein «Höllenritt».

KRIEG UND FRIEDEN

Mitte Mai herrschen im Nahen Osten kriegsähnliche Zustände. Ein Konflikt in Jerusalem zwischen Juden und israelischen Arabern eskaliert, israelische Städte und Siedlungen werden vom Gaza-Streifen aus mit hunderten Raketen beschossen. Israel antwortet mit der Bombardierung von militärischen Stellungen der Palästinenser. Aber natürlich lassen sich die Attacken nicht auf militärische Ziele, auf Gebäude und schweres Gerät, begrenzen. Auf beiden Seiten sterben Menschen, auch Kinder sind darunter.

Die Spannungen entladen sich auch in Deutschland. In mehreren deutschen Städten versammeln sich Demonstranten und rufen antiisraelische, zum Teil auch antisemitische Parolen.

Die großen Parteien haben ihre Kanzlerkandidaten benannt; jetzt wollen viele wissen, wie die beiden Männer und die Frau, die ins Kanzleramt wollen, zur Krise im Nahen Osten stehen. Armin Laschet wird in ein paar Tagen das Stelenfeld des Berliner Denkmals für die ermordeten Juden Europas aufsuchen. Gemeinsam mit Josef Schuster, dem Präsidenten des Zentralrats der Juden in Deutschland, und Lea Rosh, der Initiatorin der Holocaust-Gedenkstätte, stellt er sich demonstrativ vor die Kameras und sagt: «Wir merken in diesen Tagen wieder, wie wichtig es ist, solche Erinnerungsorte zu haben.» Ein klares Zeichen gegen Antisemitismus. Und genau das, was von einem Politiker wie Armin Laschet zu erwarten ist.

Olaf Scholz wird ebenfalls ein eindeutiges Zeichen gegen Antisemitismus setzen und die Synagoge von Halle besuchen. Im Herbst 2019 hatte ein schwerbewaffneter Attentäter mit Schüssen gegen die hölzerne Eingangstür versucht, in das Gebäude einzudringen. Es gelang ihm nicht. Stattdessen tötete er in der näheren Umgebung zwei Menschen. Scholz gedenkt der Opfer, schweigend.

Vor allem auf Annalena Baerbock richten sich viele Blicke. Man weiß, wie sie über den Klimawandel denkt, auch ihre Äußerungen zur Corona-Politik haben sich herumgesprochen. Aber aktuelle Außenpolitik? Eigentlich beschäftigt sich Baerbock seit vielen Jahren mit außenpolitischen Themen. Dennoch sind ihre Positionen der breiten Öffentlichkeit nicht bekannt. Und natürlich haben die Worte und Gesten einer Frau, die Bundeskanzlerin werden will, ein besonderes Gewicht.

Da trifft es sich, dass die jüdische Gemeinde in Berlin-Wilmersdorf einen Solidaritäts-Gottesdienst veranstaltet und einige Politikerinnen und Politiker einlädt. Christine Lambrecht, die Bundesjustizministerin von der SPD, sagt spontan zu. Auch Kulturstaatsministerin Monika Grütters, CDU, ist dabei. Und auch Annalena Baerbock will kommen.

Am Freitagabend haben sich alle vermutlich schon auf den Beginn des Wochenendes gefreut. Aber die aktuelle Lage verlangt halt ein paar Überstunden. Als Baerbock mit ihrem Dienstwagen vor der Synagoge vorgefahren wird, warten bereits ein paar Kamerateams und Reporter. Baerbock fährt an der Gruppe vorbei und steigt zwanzig Meter entfernt aus. Bilder der grünen Kanzlerkandidatin im Auto, vermutlich mit Benzinmotor, sind ein Problem für die PR-Strategen der Partei.

Baerbock wird vom Rabbiner begrüßt. Er führt sie hinter das Gebäude und zeigt ihr das Gelände der jüdischen Gemeinde. Dann stellt sie sich den Fragen der Journalistinnen und Journalisten. Nur zwei Fragen erlaubt ihr Pressesprecher. Baerbock hat keinen Zettel dabei, aber ihre Antworten klingen wie abgelesen, wie auswendig gelernt. Jetzt keinen Fehler machen! Daher: «Antisemitische Angriffe, das Verbrennen von israelischen Fahnen, Hass und Hetze auf Menschen mitten unter uns, das ist nicht Teil des demokratischen Diskurses. Sondern das ist ein Angriff auf die Menschenwürde, egal von wem oder woher er kommt.» Und: «Ebenso erschüttert bin ich angesichts dessen, dass in Deutschland Fahnen Israels verbrannt werden, dass Angriffe auf Synagogen stattfinden.» Nachfragen sind nicht zugelassen.

Die Statements sind wasserdicht. Aber was soll sie sonst auch sagen, in einer derart aufgeheizten Situation, direkt vor einer Synagoge? Als die grüne Kanzlerkandidatin drinnen ihre kurze Ansprache hält, bleibt sie bei ihrem Kurs: volle Solidarität mit Israel. Dennoch fällt auf: Annalena Baerbock ist unsicher. Immer wieder verhaspelt sie sich und stolpert über das Wort «antisemitisch». Hätte sie einen Vortrag zur CO_2-Steuer halten müssen, hätte sie die Begriffe und Gedanken flüssig heruntergespult. Aber der Nahostkonflikt, Judentum, Antisemitismus – all das kommt ihr nicht leicht über die Lippen. Noch nicht. Der Rabbiner wirkt nicht irritiert und bedankt sich artig. Er trägt ein Gebet auf Hebräisch vor und verabschiedet seine Gäste.

In der für Deutschland so wichtigen außenpolitischen Frage, der Haltung zum Nahostkonflikt, ist in diesen Tagen kein wesentlicher Unterschied zwischen den beiden Kanzlerkandidaten und der Kandidatin zu erkennen. Annalena Baerbock kann sich auf diesem Gebiet nicht profilieren. Sie will es auch gar nicht. Der Nahostkonflikt eignet sich nicht für den Wahlkampf, alle großen Parteien wollen ihn aus dem üblichen Streit heraushalten.

IN DER MANGEL

Drei Tage später beginnt die Zeit der TV-Wahlkampfformate, die Zeit der Duelle, Trielle, Townhall-Diskussionen. Armin Laschet ist an diesem Montag, dem 17. Mai, live bei ProSieben zu Gast. Der RBB, die *Süddeutsche Zeitung* und die Bertelsmann Stiftung haben Annalena Baerbock und Olaf Scholz eingeladen. Sie sollen 75 Minuten lang Rede und Antwort stehen. Die beiden kommen mit ihren Sprechern und den Sicherheitsbeamten und nehmen den Fahrstuhl bis nach ganz oben, in den 14. Stock des Fernsehzentrums. Plötzlich treffen da, im Scheinwerferlicht, zwei Menschen aufeinander, die unbedingt denselben Job haben wollen. Die Grüne und der Sozialdemokrat begrüßen sich gelassen, freundlich. Sollte es über das Professionelle hinaus persönliche Spannungen zwischen ihnen geben, dann verstehen sie es, diese zu verbergen. Shakehands, ein, zwei Pressefotos, und es kann losgehen.

Beide Kandidaten schlüpfen gleich in ihre Rollen: Die vierzigjährige Baerbock gibt die unerschrockene, frische Newcomerin, die für einen Neuanfang deutscher Regierungspolitik steht. Olaf Scholz, zweiundzwanzig Jahre älter, gibt den Haudegen, der auf eine halbe Ewigkeit in öffentlichen Ämtern zurückblickt und den so schnell nichts umhaut. Auffällig ist, wie friedlich, ja kultiviert beide miteinander umgehen. Ein spektakulärer Streit ist nicht zu erwarten.

Baerbock hat in den vergangenen Tagen bereits die unangenehmen Begleiterscheinungen ihrer neuen Rolle zu spüren bekommen. In sozialen Medien tauchten Nacktfotos auf, sie entpuppten sich schnell als Fakes, als plumpe Montagen.

Ernster zu nehmen sind Berichte über die Umstände ihrer Studienzeit in Hamburg und London. Man merkt: Misstrauische Beobachter fangen an, die Kandidatin unter die Lupe zu nehmen. Baerbock hatte zunächst an der Universität Hamburg Politikwissenschaft studiert und das Vordiplom erlangt. Im Anschluss studierte sie an der London School of Economics Völkerrecht und schloss dort 2005 mit einem «Master of Law» ab.

Nun wird auf Twitter die Frage diskutiert, wieso Frau Baerbock denn in London einen Masterstudiengang absolvierte, ohne zuvor einen Bachelor-Abschluss erlangt zu haben. Unter dem Hashtag #studierenwiebaerbock verbreiten sich wilde Vermutungen. Die Kandidatin wird in eine Reihe mit Karl-Theodor zu Guttenberg, Annette Schavan und Franziska Giffey gestellt, deren Doktorarbeiten unter Plagiatsverdacht geraten waren. Zu Guttenberg und Schavan hatten die Enthüllungen über ihre Dissertationen ihre Ministerämter gekostet. Franziska Giffey muss in diesen Tagen ebenfalls wieder um ihr Amt bangen.

Innerhalb kurzer Zeit erhebt sich ein bedrohlicher Sturm gegen Baerbock. Die Social-Media-Mannschaft der Grünen, in Team Verteidigung und Team Angriff geteilt, ist überfordert. Um das Feuer auszutreten, entscheidet sich die Kandidatin zu einem ungewöhnlichen Schritt. Über ihren Wahlkampfsprecher Andreas Kappler lässt sie ihre Studienzeugnisse auf Twitter veröffentlichen. Dazu schreibt er: «Annalena Baerbock hat in Hamburg und London studiert und ihr Studium an der LSE mit einem Master of Laws in Public International Law abgeschlossen. Die Studienleistungen in Hamburg waren Voraussetzung für die Aufnahme an der LSE.» Und dann präzisiert er: «In Hamburg hatte sie Politische Wissenschaft auf Diplom mit Nebenfach Öffentliches Recht/Europarecht studiert. Da zu der Zeit in DE Bachelor+Master noch nicht flächendeckend eingeführt waren, war damals u. a. das Vordiplom Grundlage für Aufnahme von Masterstudiengängen im Ausland.»

Der Sturm will sich dennoch nicht legen. Es kommt heraus: In einem 2011 veröffentlichten englischen Lebenslauf der Grünen-nahen Heinrich-Böll-Stiftung war angegeben worden, dass Annalena Baerbock ihr Studium in Hamburg mit einem Bachelor-Abschluss beendet habe. Die Stiftung erklärt das Ganze mit einem Übersetzungsfehler.

In den nächsten Wochen wird Baerbock immer wieder vorgehalten werden, ihren Lebenslauf ein wenig frisiert zu haben. Dann werden die Vorwürfe jedoch fundierter und massiver sein. Dabei hat es Annalena Baerbock gar nicht nötig, mehr darzustellen als sie ist. Ihre Vita kann sich durchaus sehen lassen. Sie wurde bereits in ihrem Elternhaus bei

Hannover politisiert. Ihre Mutter, eine Sozialpädagogin, und ihren Vater, ein Maschinenbauingenieur, begleitete sie etwa zu Menschenketten gegen Atomkraft. Mit 25 Jahren wurde sie Mitglied der Grünen. Während des Studiums und danach arbeitete sie als freie Journalistin und im Büro einer grünen Europaabgeordneten. Diese Phase ihres Lebenslaufes ähnelt dem von Armin Laschet. Baerbock beschäftigte sich intensiv mit Außen- und Sicherheitsthemen und wurde ein Jahr lang für diesen Themenbereich Referentin der grünen Bundestagsfraktion. Mit ihrem Mann zog sie nach Potsdam, stieg im brandenburgischen Landesverband ihrer Partei bis zur Vorsitzenden auf und wurde 2013 über die Landesliste in den Deutschen Bundestag gewählt. Nach der Bundestagswahl 2017 war sie Delegationsmitglied bei den Verhandlungen zu einer Jamaika-Koalition. Viele Player, die heute eine wichtige Rolle haben, wie Armin Laschet und Christian Lindner, kennt sie also aus diesen komplizierten Gesprächsrunden. Im Jahr darauf, 2018, wurde Annalena Baerbock gemeinsam mit Robert Habeck zur Bundesvorsitzenden der Grünen gewählt. Mit 37 Jahren. Eine Pole-Position für den Bundestagswahlkampf 2021.

Als kurz nach ihrer Nominierung zur Kanzlerkandidatin erste Hinweise auf ihren möglicherweise aufgemotzten Lebenslauf bekannt werden, wird Baerbock nicht nur von den eigenen Parteifreunden verteidigt. Auch einige Politiker der Konkurrenz nehmen sie in diesen Tagen in Schutz. Martin Schulz, der frühere SPD-Kanzlerkandidat, schreibt: «Der beste Kanzlerkandidat ist Olaf Scholz. Was aber unter #studierenwie-Baerbock diskutiert wird, ist beschämend. Erstens hat Frau Baerbock ein beachtliches Studium absolviert. Zweitens kann man auch ohne Studium unser Land exzellent führen. Bestes Beispiel: Willy Brandt.» Schulz hat wohl auch sich selbst im Sinn, denn er hat weder Abitur noch einen Studienabschluss.

Nach diesen aufregenden Tagen sitzt Annalena Baerbock also Olaf Scholz gegenüber. Und die Moderatoren lenken das Gespräch auf den Shitstorm, der gerade über die Grüne hereingebrochen ist. Die Kandidatin erzählt, dass das alles nicht spurlos an ihr vorbeigehe, es würde ja auch «unter die Gürtellinie» gezielt. So etwas würde auch der Gesellschaft nicht gut tun.

Dann richten sich die Blicke auf Olaf Scholz. Ihr Rivale muss blitzschnell entscheiden, wie er den Streit um Baerbocks Studienzeit kommentiert – oder ob er ihn unkommentiert lässt. Scholz zögert nicht und sagt: «Was da in den letzten Tagen an Vorwürfen […] gegen Annalena Baerbock im Netz zu lesen war, finde ich völlig unmöglich. Das gehört sich nicht.»

Spannender wird die Sendung, als die Ergebnisse einer aktuellen Allensbach-Umfrage im Auftrag der Bertelsmann Stiftung vorgetragen werden. Demnach wünschen sich 61,5 Prozent der Befragten einen Regierungswechsel, der höchste Wert seit 1990. Noch interessanter wird die Angelegenheit bei den Zahlen zu den einzelnen Politikfeldern. 55,4 Prozent wünschen sich eine andere Umwelt- und Klimapolitik. Etwa gleich viele Befragte, 54,9 Prozent, hoffen auf eine andere Flüchtlings- und Integrationspolitik.

Die Erhebung macht ein Dilemma deutlich, in dem sich die künftige Bundesregierung wiederfinden wird. Bei einem Blick in die Studie fällt auf, dass das Thema Umwelt und Klima am stärksten die Menschen im Westen der Republik bewegt. Ganz anders im Osten. Dort wünschen sich deutlich mehr Menschen eine andere Flüchtlings- und Integrationspolitik. Das Thema Umwelt und Klima folgt dort, weit abgeschlagen, auf dem neunten Platz.

Wenn die Zahlen richtig sind, stehen sich grob zusammengefasst zwei Hälften der Bevölkerung gegenüber: Die Auseinandersetzung zwischen progressiven Kosmopoliten und konservativen Traditionalisten, zwischen «Anywheres» und «Somewheres» (David Goodhart), hat längst auch Deutschland erreicht. Die eine Hälfte will die Politik zu massiven Reformen der Industriegesellschaft drängen. Die andere hängt am Bestehenden und nimmt Zuwanderung vermutlich als Bedrohung wahr.

Wie soll da eine Politik aussehen, die die Wünsche der überwiegenden Mehrheit berücksichtigt? Wie kann eine Regierung eine auseinanderstrebende Gesellschaft zusammenhalten? Die Umfrage wird uns noch lange beschäftigen.

Nach der Sendung stehen Olaf Scholz und Annalena Baerbock noch eine Weile auf der großen Terrasse des Fernsehhochhauses. Man kann in diesen Abendstunden weit über Berlin blicken, überall gehen die Lichter an. Ein beeindruckendes Panorama. Mit beiden Kandidaten komme ich noch einmal auf die Ergebnisse der Umfrage zu sprechen, auf die Wechselstimmung im Land.

Olaf Scholz hat vor allem seine eigene Kampagne im Blick und behauptet, das Ergebnis dieser Umfrage würde ihm und seiner Partei Rückenwind geben: «Ja, ich sehe eine große Wechselstimmung. Und daraus ziehe ich auch den Schluss, dass es möglich ist, eine Regierung zustande zu bringen, die nicht von der CDU geführt wird, und dass ein sozialdemokratischer Kanzler das Ergebnis der Wahlentscheidung sein kann. Die Bürgerinnen und Bürger wollen, dass nicht einfach nur so weiter gemacht wird, sondern dass jetzt auch die Möglichkeiten genutzt werden, die man hat für unsere Zukunft, und dass entschieden wird, dass Führung gezeigt wird.»

Auf die Unterschiede zwischen ihm und Baerbock angesprochen, schiebt Scholz hinterher, «dass man nicht nur Ziele haben sollte, sondern sie auch umsetzen muss». Die Träumerin Baerbock und der Macher Scholz – das ist das Bild, das der SPD-Kandidat in den nächsten Wochen immer und immer wieder zeichnen wird.

Die Grünen-Kandidatin hält dagegen, sie stehe dafür, «Dinge wirklich in Zukunft anders und besser» zu machen und «nicht nur den Status quo» zu verwalten: «Ja, ich glaube, darum wird es bei dieser Bundestagswahl gehen.» Klar, auch sie wird in den nächsten Wochen versuchen, auf dem vereinfachten Bild von der grünen Reformerin und dem sozialdemokratischen Besitzstandswahrer herumzureiten. Aufgrund der Erfahrungen aus den vergangenen Tagen weiß Baerbock aber auch, dass sie in ihrer neuen Rolle «nochmal ganz anders in die Mangel genommen» werde als vor ihrer Kür zur Kanzlerkandidatin.

«Ich werde in die Mangel genommen» – dieser Satz bleibt hängen. Es dauert keine 48 Stunden, und Annalena Baerbock wird nicht mehr wissen, wo ihr der Kopf steht.

Überraschend meldet Nicola Kabel, die Sprecherin der Grünen, zwei Tage später, dass die Co-Vorsitzende der Partei der Bundestagsverwaltung vor kurzem mehrere tausend Euro Nebeneinkünfte angezeigt hat, nachträglich. Es handele sich vor allem um Sonderzahlungen der Partei. Und schnell wird erklärt: Da Baerbock nicht nur Parteichefin ist, sondern auch Bundestagsabgeordnete, erhält sie neben ihren Abgeordnetenbezügen kein reguläres Gehalt von der Partei. Wie andere Mitarbeiter der Bundesgeschäftsstelle kam sie jedoch in den Genuss von Sonderzahlungen, etwa zu Weihnachten, nach erfolgreichen Wahlkämpfen oder wegen der Coronapandemie.

Auf Baerbocks Abgeordnetenseite ließ die Kandidatin die Angaben nun folgendermaßen aktualisieren: «Sonderzahlung, 2018, Stufe 2; 2019, Stufe 3; 2020, Stufe 3. Publizistische Tätigkeit, Stufe 3.» Abgeordnete müssen keine exakten, aber grobe Angaben über Zusatzeinkünfte machen. Stufe 2 bedeutet bis 7000 Euro, Stufe 3 bis 15 000 Euro.

Die Parteisprecherin legt Wert auf die Feststellung, dass die Zahlungen im März 2021 «eigenständig nachträglich» angezeigt wurden. Der Bundesvorsitzenden und der Bundesgeschäftsstelle der Partei sei zuvor «aufgefallen, dass dies versehentlich noch nicht erfolgt war».

Der Vorgang ist keine Straftat. Und er ist überhaupt nicht mit den Korruptionsfällen und anrüchigen Geschäften von Unionsabgeordneten in den letzten Monaten vergleichbar. Aber er hinterlässt einen schlechten Eindruck. Es wirkt so, als habe Annalena Baerbock kurz vor der Bekanntgabe ihrer Kanzlerkandidatur geprüft, ob sie irgendwo weiche Stellen hat, an denen sie für politische Gegner angreifbar ist. Es wirkt: unprofessionell.

Die nachträgliche Veröffentlichung gegenüber der Bundestagsverwaltung ist ein Versuch der Schadensbegrenzung. Ganz ohne Schrammen wird sie aus dem Vorgang nicht herauskommen, das wissen ihre Leute in der Parteiführung. Und das weiß sie selbst. Thomas Bareiß, parlamentarischer Staatssekretär im Bundeswirtschaftsministerium und CDU-Mitglied, schreibt spontan auf Twitter: «Man stelle sich mal kurz vor, was im Land los wäre, wenn der Kanzlerkandidat der CDU und CSU in den Jahren 2018 – 2020 insgesamt 37 000 Euro ‹vergessen› hätte anzugeben.» Da ist sie, die erste Schramme.

Zunächst hat Baerbock Glück im Unglück. Die Pressemeldungen über die verspätete Anzeige ihrer Nebeneinkünfte schlägt auch deshalb noch keine hohen Wellen, weil am selben Tag eine viel spektakulärere Angelegenheit das Land bewegt: Franziska Giffey tritt als Ministerin für Familie, Senioren, Frauen und Jugend zurück. Der Druck auf die SPD-Politikerin war nach den jahrelangen Ermittlungen und erneuerten Plagiatsvorwürfen im Zusammenhang mit ihrer Doktorarbeit zu groß geworden. Aber an ihrer Spitzenkandidatur für das Amt der Regierenden Bürgermeisterin von Berlin will sie festhalten. Auch dort wird im September gewählt. Wie soll man das verstehen? Ein Rücktritt, um unbelastet den Wahlkampf für ein anderes Amt führen zu können?

Olaf Scholz kommt der Wirbel um seine Parteifreundin äußerst ungelegen. Vor wenigen Tagen hat er auf dem SPD-Parteitag noch zur großen Aufholjagd im Bundestagswahlkampf geblasen. Jetzt muss er sich über neue Negativschlagzeilen ärgern. Über eine Parteifreundin, der nachgesagt wird, das Gespür für Anstand in der Politik verloren zu haben.

Olaf Scholz entscheidet sich für die Vorwärtsverteidigung. Tapfer teilt er mit: «Mit schwerem Herzen, großem Respekt und tiefem Bedauern habe ich die Entscheidung von Franziska aufgenommen, von ihrem Amt als Bundesfamilienministerin zurückzutreten. Berlin braucht Dich im Roten Rathaus.» Im Bundestag schickt er ihr noch ein paar warme Worte hinterher: Er nennt sie eine «durchsetzungsstarke Politikerin mit Herz und Rückgrat». «Die Klarheit, die Franziska Giffey hier an den Tag gelegt hat, ist wirklich bemerkenswert.»

Kaum verwunderlich, dass Politikerinnen und Politiker der Opposition und auch viele Kommentatoren da ganz anderer Meinung sind. Der *SPIEGEL* schreibt: «Wir sind gerade Zeugen eines bemerkenswerten politischen Zaubertricks. Franziska Giffey hat beim Verfassen ihrer Doktorarbeit zumindest unsauber gearbeitet, wahrscheinlich unredlich geschlampt, womöglich wissentlich betrogen. Und doch hat sie die Chuzpe, sich im Abgang als absolut vertrauenswürdige, integre Politikerin zu inszenieren. […] Familienministerin wäre sie, Doktortitel hin oder her, ohnehin längstens noch wenige Monate geblieben, bis zur Bildung einer neuen Regierung nach der Bundestagswahl. Der Amtsverzicht soll offenbar wirken wie eine Buße, in Wahrheit jedoch hat sie ihn nur billig vorverlegt, wie jemand, der ein gemietetes Auto mit großer Geste zwei Stunden vor Ablauf der Frist zurückbringt: ‹Der Autovermieter hat schon jetzt Anspruch auf Klarheit und Verbindlichkeit.› Zumal Giffeys nächste Fahrgelegenheit bereits mit laufendem Motor auf sie wartet: Jetzt kann sie sich ganz auf den Berliner Wahlkampf konzentrieren.»

Auch die Kommentatorin des Inforadio von RBB ist entsetzt: «Was ist das für ein durchsichtiges Manöver, das Franziska Giffey hier versucht. Sie tut so, als lege sie in der Plagiats-Affäre ihr Amt als Bundesfamilienministerin mit Größe nieder. Dabei wirkt das alles ziemlich klein. Ihre persönliche Rücktrittserklärung ist eine Beleidigung an die Intelligenz aller, die sie lesen.»

Nein, die SPD kann noch so viele prominente Stimmen aufbringen, sie kann der scheidenden Kabinettskollegin noch so viele Blumen hinterherschicken, der Rücktritt wirft die Partei bei der Aufholjagd im Bundestagswahlkampf zurück. Die Sozialdemokraten verlieren zudem die einzige ostdeutsche Ministerin im Bundeskabinett.

Und Annalena Baerbock gewinnt ein, zwei Tage Zeit. Doch als sich die erste Aufregung um Franziska Giffey gelegt hat, wendet sich die Aufmerksamkeitsmaschine von Politik und Medien wieder der Frau zu, die Bundeskanzlerin werden will. Diesmal gnadenloser, härter. Annalena Baerbock spürt in diesen Tagen erstmals am eigenen Leib, dass man als Nummer eins in einem Bundestagswahlkampf nicht nur alles gewinnen, sondern auch alles verlieren kann. Es geht nicht nur ums Kanzleramt. Es geht auch um persönliche Glaubwürdigkeit. Es geht um alles. Und das auf der größten Bühne des Landes.

IM LABYRINTH DER MACHT

Kein anderer Kandidat der jüngeren deutschen Geschichte hat innerhalb so kurzer Zeit sowohl die emotionalen Höhen wie die fürchterlichen Tiefen des politischen Geschäfts erlebt wie Martin Schulz. Sein Aufstieg und sein Absturz ereigneten sich innerhalb nur eines Jahres.

Die Entscheidung für die Kanzlerkandidatur von Martin Schulz ähnelt ebenfalls einer Sturzgeburt. Eingeleitet wurde sie durch den damaligen Parteivorsitzenden. Sigmar Gabriel verband die Verkündigung des Kandidaten mit einem ausgestreckten Mittelfinger in Richtung der eigenen Leute. Es war ein miserabler Start, eigentlich.

Am Dienstag, den 24. Januar 2017, sorgt eine Meldung für Aufsehen: «SPD-Chef Sigmar Gabriel verzichtet auf die Kanzlerkandidatur und legt auch den Parteivorsitz nieder. Das sagte Gabriel in einem Interview mit dem *STERN*. Demnach will er den früheren EU-Parlamentspräsidenten Martin Schulz zur Kanzlerkandidatur und der Übernahme des Parteivorsitzes auffordern.»

Rücktritt, Machtwechsel, Ankündigung des neuen Parteivorsitzenden und des Kanzlerkandidaten – das alles per Zeitschrifteninterview. Für die Genossinnen und Genossen ist das ein Schlag ins Gesicht. Und genauso ist Gabriels Alleingang auch gemeint: Ihr könnt mich mal. Entsprechend fallen die Reaktionen aus. *SPIEGEL Online* schreibt Stunden später: «Kurz vor 15 Uhr an diesem Dienstag weihte Gabriel die Bundestagsfraktion ein. Der Beifall der Abgeordneten hielt sich nach Berichten von Teilnehmern allerdings in Grenzen. [...] Gabriel wendete sich mit einer emotionalen Ansprache an die Abgeordneten: ‹Es geht um das Überleben der SPD.› Er habe sieben Jahre lang Konflikte austragen müssen, etwa um die Vorratsdatenspeicherung und das Handelsabkommen CETA. Das sei für die Außendarstellung nicht gut. In einer solchen Lage, so der Noch-Parteichef, müsse man die eigenen Ambitionen zurückstellen.»

Am Ende wird Gabriel mit einem Satz zitiert, der der Partei noch lange nachhängen wird: «Wenn wir 2017 nicht gut abschneiden, dann geht 2021 erst recht nichts.»

Eine düstere Prophezeiung.

Doch es dauert nicht lange, und die Partei versammelt sich hinter Martin Schulz. Der König ist tot, es lebe der König. Tatsächlich löst der Neue eine Euphorie aus, der sich kaum ein Parteimitglied entziehen kann. An eine vergleichbare Aufbruchstimmung können sich nur noch die Älteren, die Zeitgenossen von Willy Brandt, erinnern. Innerhalb weniger Wochen verzeichnet die SPD 10 000 Neueintritte.

Zwei Monate später wählt ein außerordentlicher Bundesparteitag Schulz mit 100 Prozent der Delegiertenstimmen zum neuen Vorsitzenden, außerdem zum Kanzlerkandidaten. Man kann diesmal wirklich nicht sagen, dass die Partei nicht hinter ihrem Kandidaten steht. Schulz «kann es», er hat das Zeug, Angela Merkel aus dem Kanzleramt zu vertreiben – davon sind viele Parteimitglieder überzeugt. Und er hat anfangs weite Teile der Presse auf seiner Seite. Wohl weniger, weil die Journalistinnen und Journalisten von Schulz genauso begeistert sind wie die SPD-Delegierten. Eher, weil sie einen spannenderen Wahlkampf ersehnen. Der Kandidat, der bislang kein nennenswertes Regierungsamt in Deutschland innehatte, dient als Projektionsfläche für allerlei Hoffnungen. Fast so wie vier Jahre später Annalena Baerbock in ihren ersten Wochen als Kandidatin.

Martin Schulz können die genauen Beweggründe für den Hype im Frühjahr egal sein. Vorübergehend ist er populärer als Angela Merkel. Diese Dynamik lässt sich nutzen. Er und seine Leute sind bereit, die Welle so lange wie möglich zu reiten. Vom Schulz-Zug ist schnell die Rede, Fans verbreiten, nur halbironisch, den Begriff «Gottkanzler». Schulz lässt es geschehen.

Auch die politische Konkurrenz lässt es geschehen, allen voran die Kanzlerin. Sie und die Strategen im Konrad-Adenauer-Haus sind nicht vorbereitet auf einen derart beliebten Gegenkandidaten. Monate später gesteht mir Horst Seehofer, damals noch CSU-Chef und bayerischer Ministerpräsident: «Dass eine neue Person zunächst Hoffnung und Begeisterung auslöst, war für mich klar. Ob wir dies noch einmal umdrehen können, das war für mich unsicher und offen.»

Auch der *WELT*-Journalist Robin Alexander ist überrascht: «Schulz war bereit. Er war in Topform, er war vorbereitet. Man merkte ihm auch an: Er will es. Und er hat ja auch einen furiosen Start hingelegt. Und da hat die CDU gepennt. Die CDU hatte keine Gegenwehr, die wussten gar nicht, wie ihnen geschieht.»

Mit Martin Schulz betritt ein Politiker die nationale Bühne, den die Deutschen zwar irgendwie als langjährigen Präsidenten des EU-Parlaments aus den Nachrichten kennen, der sich aber bislang aus den Streitereien in Berlin herausgehalten hat. Außerdem bietet er eine Erzählung an, die zutiefst menschlich klingt. Schulz redet offen von seiner frühen Zeit als gescheiterter Fußballer, auch von seinen Jahren als Alkoholiker. Als wir uns zum Interview treffen, bekennt er, dass er lange darunter gelitten hat, kein Abitur gemacht und nicht studiert zu haben.

«Kann man sagen, dass Sie einen Minderwertigkeitskomplex hatten?» «Es ist ganz ohne Zweifel so, dass ich, nachdem diese Fußballkarriere nichts wurde und ich die Schule geschmissen hatte und alle anderen an mir vorbeizogen, ein Unterlegenheitsgefühl, ein Minderwertigkeitsgefühl entwickelt habe.»

Schulz bringt ein neues Element in den Wahlkampf: das Bekenntnis zur eigenen Schwäche. Ist es vorstellbar, dass Angela Merkel so offen von ihrer Scheidung spricht, vielleicht auch von Angstzuständen am Kabinettstisch von Helmut Kohl? Plötzlich wirkt Merkel steif, unnahbar. Aber der Reiz des Neuen verfliegt schnell.

Was ist passiert, dass Martin Schulz das Momentum des Wahlkampfes verliert, sogar an die CDU weitergibt? Dass so schnell aus einem Siegertyp ein Verlierertyp wird? Von ganz oben nach ganz unten in weniger als zwölf Monaten. Sind es eigene Fehler, sind es unglückliche Umstände? 2017 ist kein Jahr großer Naturkatastrophen. Die Flüchtlingskrise ist nicht mehr das dominierende Thema, die Corona-Krise noch nicht. Auch wird Europa nicht von einer Finanz- oder Eurokrise heimgesucht. Anders als in den Jahren zuvor kann sich die Kanzlerin nicht als ausgebuffte Krisenmanagerin bewähren. Und dennoch sinken im Frühsommer die Zustimmungswerte der SPD, während sie für Merkel und die CDU wieder steigen. Was passiert da? Die Antwort findet man bei der SPD und bei folgenschweren Fehlentscheidungen. Auch Martin Schulz trägt eine Mitschuld.

Der politische Kalender des Jahres 2017 sieht nicht nur die Bundestagswahl im September vor, sondern auch Landtagswahlen im Saarland, in Schleswig-Holstein und in Nordrhein-Westfalen. Aus Sicht der Strategen in der Hauptstadt ist das ein Vorprogramm mit großen Chancen, aber auch mit erheblichen Risiken. Wenn es gelingt, so das Kalkül der SPD-Wahlkampfmanager, Annegret Kramp-Karrenbauer, die beliebte

CDU-Ministerpräsidentin im Saarland, zu schlagen, dann kann das die nachfolgenden Wahlkämpfe in Schleswig-Holstein, Nordrhein-Westfalen und anschließend im Bund beflügeln.

Ein Erfolg im Saarland, wo Union und SPD als Koalition regieren, ist entscheidend. Die Hoffnungen der SPD steigen von Tag zu Tag, immerhin findet die Wahl nur eine Woche nach dem berauschenden 100-Prozent-Wahlparteitag in Berlin statt. Der Schulz-Zug hat mächtig Fahrt aufgenommen, nichts und niemand scheint ihn stoppen zu können. Auch nicht die Wählerinnen und Wähler im Saarland, die Umfragewerte dort geben ebenfalls Anlass zur Hoffnung. Noch wenige Tage vor der Wahl sagen die Demoskopen ein knappes Rennen um Platz eins zwischen CDU und SPD voraus, außerdem deutlich über zehn Prozent für die Linke, die im Saarland wegen des ortsansässigen Linken-Mitgründers Oskar Lafontaine besonders beliebt ist. Wenn die Grünen die Fünf-Prozent-Hürde schaffen, dann ist ein rot-rot-grünes Regierungsbündnis möglich. Aber auch ohne die Grünen im Landtag haben SPD und Linke gemeinsam eine Chance. Kurzum: Die SPD hat eine klare Machtoption für die Führung der nächsten Landesregierung.

In dieser verheißungsvollen Ausgangslage und offenbar immer noch berauscht von den vielen positiven Zeitungsartikeln der vergangenen Wochen beginnt die Parteiführung um Martin Schulz öffentlich und gezielt mit einem rot-roten Bündnis im Saarland zu liebäugeln. Und denkt schon zwei, drei Schritte weiter: Gewinnt man die Linke im Saarland als Koalitionspartner, kann ein mit den Grünen erweitertes Bündnis auch im Bund funktionieren – und Martin Schulz ist dann im Herbst Bundeskanzler. Sozialdemokratische Blütenträume im März.

Also wagt Schulz wenige Tage vor der Wahl einen Vorstoß. In einem Interview mit dem Saarländischen Rundfunk sagt er Sätze, die die saarländischen Wählerinnen und Wähler zwar nicht als Koalitionsaussage, aber doch als heftigen Flirt mit den Linken deuten: «Ich kann mich daran erinnern, dass Oskar Lafontaine das Saarland von 1985 bis 1998 als Ministerpräsident relativ erfolgreich geführt hat. Als saarländischer Landespolitiker verfügt er ganz sicher über große Erfahrung, die er in einer Landesregierung auch mit einbringen kann.»

In der SPD lösen solche Sympathiebekundungen gemischte Gefühle aus. Viele Genossen haben Lafontaine nie verziehen, dass er die Partei vor Jahren im Streit verließ und Die Linke als Konkurrenzprojekt aufbaute. Aber der neue Parteichef Schulz ist offenbar bereit, über den Schatten seiner Partei zu springen, wenn es ihm nutzt, die Bundestagswahl zu gewinnen. Was für eine Ironie: Ausgerechnet Oskar Lafontaine soll Schulz helfen, Bundeskanzler zu werden.

Was Martin Schulz und seine Leute völlig falsch einschätzen: Für viele Wählerinnen und Wähler im Saarland ist Rot-Rot ein Schreckgespenst. Mit seinen Äußerungen treibt der SPD-Chef seiner wichtigsten Mitbewerberin in den Tagen vor der Wahl zigtausende Stimmen zu. Die CDU gewinnt 5,5 Prozent mehr als bei der Wahl zuvor und erreicht mit über 40 Prozent ein sensationelles Ergebnis. Die SPD verliert, trotz des Hypes um den neuen Parteivorsitzenden, ein Prozent, die Linke verliert sogar über drei Prozent. Annegret Kramp-Karrenbauer kann als Ministerpräsidentin weiterregieren und sich sogar Hoffnungen machen, eines fernen Tages Angela Merkel in Berlin abzulösen.

Der Schulz-Zug ist ins Stocken geraten.

Der Kanzlerkandidat taucht ein paar Tage ab. Natürlich darf auch ein Politiker über die Osterfeiertage entspannen. Aber nach der missratenen Wahl im Saarland werden erste kritische Stimmen laut: Wo steckt Schulz? In Schleswig-Holstein und Nordrhein-Westfalen stehen zwei weitere Wahlen bevor. Er will den Wahlkampf seiner Genossen nicht überlagern, lässt er verbreiten. Erste Risse bei der SPD werden erkennbar.

Als ich ihn vier Wochen später in Köln treffe, hat er sich einigermaßen gefangen und gibt sich wieder zuversichtlich: «Wir liegen stabil bei 31 Prozent. Am 24. Januar hat mich das Präsidium der SPD nominiert, das ist jetzt drei Monate her. Das lagen wir bei 21 Prozent. Wir haben in einem Vierteljahr zehn Prozent dazu geholt. Das ist ein ermutigender Befund auf dem Weg zum September.»

Schulz hat zu diesem Zeitpunkt tatsächlich noch eine Chance, die Wahl im Herbst für sich zu entscheiden. Aber dann verliert die SPD auch die Landtagswahlen in Schleswig-Holstein und Nordrhein-Westfalen. Und die CDU hat mit Annegret Kramp-Karrenbauer und Armin Laschet plötzlich zwei aussichtsreiche Kandidaten, die künftig als Nachfolger für Merkel in Frage kommen.

Und Schulz hat ein großes Problem. Rot-Rot-Grün ist wegen der Erfahrung im Saarland eine unrealistische Machtoption. Die Presse beginnt, an dem Kandidaten herumzumäkeln. Die Umfragewerte für die SPD fallen deutlich unter 30 Prozent.

Wie vier Jahre zuvor kann Angela Merkel erneut genussvoll zusehen, wie ihr Gegenkandidat in Schwierigkeiten gerät. Zudem ergeben sich jetzt Gelegenheiten, auch die internationale Bühne für sich zu nutzen. Medien im In- und Ausland schreiben Merkel zur liberalen Gegenspielerin des neuen amerikanischen Präsidenten Trump hoch.

Um sich ganz auf seinen Wahlkampf zu konzentrieren, hat Martin Schulz im Frühjahr darauf verzichtet, ein Regierungsamt zu übernehmen. Das hat große Nachteile: Während Merkel in Washington, Paris und Brüssel glänzt, bleiben ihm nur die deutschen Marktplätze und Talkshows. Wieder verlässt sich Merkel auf ihre Strategie, Fehler zu vermeiden und dem Gegner keine Angriffsfläche zu bieten.

Die Chancen von Martin Schulz nehmen von Woche zu Woche ab. Doch Ende Juni findet der SPD-Parteitag in Dortmund statt, da will er den Trend endlich umkehren. Kurz vorher besuche ich ihn in seinem Büro im Willy-Brandt-Haus. Er bespricht mit seinem Team die Choreographie der Veranstaltung und kümmert sich sogar um Details. Generalsekretär Hubertus Heil sitzt mit am Tisch, auch die Bundesgeschäftsführerin.

Das Imagevideo, das auf die Großbildleinwand projiziert werden soll, hat Schulz tags zuvor seiner Frau Inge gezeigt. Sie hat noch Änderungsvorschläge. Ihrem Urteil vertraut Schulz: «Wollt Ihr nicht eine Szene in Slowmotion zeigen?» Die Bundesgeschäftsführerin gibt Tipps, wann er wie auf der Bühne stehen soll, um den frenetischen Applaus entgegenzunehmen. «Nach der Rede wird es ja sehr lange Applaus geben.» Schulz: «Na, das wollen wir hoffen.» Alle lachen.

Schulz will den Parteitag vor allem als Frontalangriff auf die Kanzlerin nutzen. Dass ihm Merkel bislang keine Gelegenheit zum politischen

Streit gegeben hat, treibt den Kandidaten zur Weißglut. Ein paar Tage später schlägt er in Dortmund tatsächlich zu: «Während wir uns mit unseren Ideen der öffentlichen Debatte und Auseinandersetzung stellen, wird auf der anderen Seite geschwiegen. Es gibt ja Angela Merkel, das reicht ja. [...] Wenn ein Hauptquartier einer Partei und eine Regierungszentrale das Absinken der Wahlbeteiligung mit System betreibt, mit Vorsatz, als wahltaktische Maßnahme, dann nennt man das in Berliner Kreisen vielleicht asymmetrische Demobilisierung. Ich nenne das einen Anschlag auf die Demokratie.»

Schulz wählt bewusst harsche Worte, um den Streit in der knapper werdenden Zeit anzuheizen. Das gelingt auch. Doch die Debatte richtet sich eher gegen ihn selbst als gegen die Kanzlerin.

Auf Horst Seehofer wirkt der SPD-Kandidat in dieser Phase hilflos: «Im Grunde ist es ja eine Selbstanklage. Wenn eine Opposition es nicht schafft, eine Kanzlerin zu fordern, mit inhaltlicher Auseinandersetzung, dann liegt es nicht an der Kanzlerin.»

Seehofer spricht tatsächlich von «Opposition». Obwohl Martin Schulz in der Großen Koalition ja eine Regierungspartei anführt. Auch Tina Hildebrandt von der *ZEIT* findet den Angriff von Schulz überzogen: «Es kann nicht von der Kanzlerin erwartet werden, dass sie den Diskurs gegen sich selbst organisiert. Das müssen dann schon andere machen.»

Schulz merkt, dass sein Wahlkampf ins Leere läuft. Er wird immer aggressiver, sucht nach neuen Themen. Im Juli kommt es am Rande des G20-Gipfels in Hamburg zu schweren Krawallen. CDU-Politiker machen SPD-Bürgermeister Olaf Scholz verantwortlich. Das ist gemein, heißt es bei der SPD. Die Kanzlerin sei schließlich als Regierungschefin Gastgeberin des Gipfels und stehe somit genauso in der Verantwortung.

Als Schulz ein paar Tage später mit seinem Wahlkampftross in Aachen Halt macht und aus dem Bus steigt, platzt ihm der Kragen: «Ich habe einen Wahlkampf der Fairness angeboten. Ich erlebe das persönlich in den Verunglimpfungen jeden Tag. Was da über mich alles, nicht von irgendwelchen Medien, sondern von CDU und CSU erzählt wird. Das hat mit Fairness nichts zu tun. Wer von Angela Merkel Fairness erwartet, der irrt sich. Angela Merkel ist eine kühl kalkulierende Machtpolitikerin.

In dem kühlen Machtkalkül spielt Fairness selten eine Rolle. Ich erlebe sie jedenfalls nicht als faire Partnerin.»

Ein harter persönlicher Angriff. Was sagt die Kanzlerin dazu? Wie vier Jahre zuvor beim Streit mit Peer Steinbrück soll die Person, gegen die sich die Attacke richtet, Gelegenheit zur Antwort erhalten. Wieder bin ich mit Angela Merkel zum Interview im Kanzleramt verabredet. Ich lese ihr vor, was Schulz über sie gesagt hat. Und sie kontert trocken: «Gut, das ist seine Einschätzung.» Soll er doch, mir kann er nichts. Das ist das, was Merkel meint.

Die Kanzlerin vermeidet es, öffentlich dagegenzuhalten. Warum auch? Jede weitere Schärfe würde zu einer Eskalation führen – und genau die will sie vermeiden.

Ein einziges Mal wird Merkel aber auch in diesem Wahlkampf auf dem falschen Fuß erwischt. Martin Schulz hat angekündigt, im Falle eines Wahlsiegs die «Ehe für alle» durchzusetzen. Auch Grüne, FDP und Linke fordern, dass gleichgeschlechtliche Paare gleiche Rechte erhalten müssen. Jeder mögliche Koalitionspartner der Union hat also denselben Punkt im Wahlprogramm und ihn zur Bedingung für eine Regierungsbeteiligung erklärt. Und die Union? An einem Samstag im Juni treffen sich Angela Merkel und CSU-Chef Seehofer zum Frühstück in Berlin und stimmen sich zu dieser Frage ab. Sie fassen den Plan, bei einer Bundestagsdebatte im Herbst nicht auf Fraktionsdisziplin zu bestehen, sondern den Abgeordneten die freie Wahl zu lassen.

Merkel spielt auf Zeit. Doch dieses eine Mal ist der SPD-Kandidat schneller.

Schulz: «Mit dem Abräumen der Ehe für alle waren für sie ja wieder alle Koalitionen möglich. Da habe ich gesagt: Okay, eine Gewissenentscheidung ist nicht an Fristen gebunden, die kann sie jetzt haben. Diese Art von Spielerei mit einem so virulenten Thema ging mir auf die Nerven.»

Gemeinsam mit den Grünen und den Linken setzt die SPD das Anliegen sehr kurzfristig auf die Tagesordnung des Bundestages. Eine rot-rot-grüne Zusammenarbeit bei einem Sachthema, immerhin. Und Schulz hat Erfolg: Nach jahrelangen Diskussionen verabschiedet der Bundestag tatsächlich die Ehe für alle. Gegen die Stimme von Angela Merkel.

In unserem Interview erklärt sie, sie sei ganz zufrieden gewesen, dass die Abstimmung doch noch stattgefunden hat. Mit Horst Seehofer habe sie ja verabredet, diese Entscheidung zu einer Gewissensfrage zu machen, weil sie wussten, dass es in der Union unterschiedliche Meinungen hierzu gab. Sie habe aber persönlich gegen die Ehe für alle gestimmt: «Ich habe mit Nein gestimmt, weil für mich nach dem Grundgesetz die Ehe, wie sie dort beschrieben ist, die Ehe von Mann und Frau ist.»

Merkels Vorgehen macht Martin Schulz wieder wütend: «Als ich das gehört habe, habe ich das nicht für möglich gehalten. Da wird also aus Koalitionserwägungen, damit man etwas in einen Koalitionsvertrag kriegt, eine taktische Volte geschlagen. Und anschließend stimmt man aus Gewissensgründen dagegen.»

Martin Schulz hat die Ehe für alle durchgesetzt, er kann sich ein paar Tage lang für den Erfolg feiern lassen. Auch schafft er es, die Kanzlerin vorübergehend schlecht aussehen zu lassen, als gewissenlose Machtpolitikerin. Dennoch erweist sich Angela Merkel als gewieftere Wahlkampfstrategin. Mit der Abstimmung im Bundestag verschwindet das Thema Ehe für alle aus dem Wahlkampf.

Merkels vierter und letzter Wahlkampf läuft weitgehend reibungslos. Ohne gefährliche Auseinandersetzung, ohne große Aufregung. Auch ihr letzter Gegenkandidat schlägt sich selbst.

Der öffentlichen Debatte, dem Ringen um bessere Ideen und Konzepte für die Zukunft des Landes schadet Merkels Art der Wahlkampfführung. Doch ihr selbst hilft die Strategie – sie bleibt Dauerkanzlerin. Der Machtwechsel bleibt aus, wieder einmal.

Bei den Sozialdemokraten wird nach der schweren Wahlniederlage viel gerätselt. Warum sind wir von Umfragewerten über 30 Prozent am Anfang des Wahljahres auf ein historisch schlechtes Wahlergebnis von 20,5 Prozent gestürzt? Kann sich Martin Schulz als Parteivorsitzender halten? Wird Olaf Scholz versuchen, Schulz an der Spitze der Partei zu verdrängen?

Olaf Scholz setzt sich an seinen Computer und verfasst ein Pamphlet, das viele Beobachter wie eine Abrechnung verstehen. Eine Abrechnung mit seiner Partei und mit der Führung von Martin Schulz. Obwohl der Name des Parteivorsitzenden in dem Papier gar nicht vorkommt. Aber natürlich ist auch Martin Schulz gemeint. Das Verhältnis zwischen Schulz und Scholz galt schon in den Monaten zuvor als angespannt, sogar zerrüttet. Aber was heißt schon «zerrüttet» bei den Sozialdemokraten? Wer auf Google «SPD» und «zerrüttet» eingibt, wird unzählige Artikel über zerbrochene Freundschaften in der Partei finden. Aber auch ein paar Texte über Friedensschlüsse. Scholz und Schulz werden sich später versöhnen.

Bald nach der für die SPD so miserabel gelaufenen Bundestagswahl bemüht sich der gescheiterte Kanzlerkandidat zunächst, seine Partei erhobenen Hauptes in die Opposition zu führen – und auch sein Amt als Parteivorsitzender zu retten. Eine heikle Mission, misstrauisch beäugt von seinem Stellvertreter, Genosse Olaf.

In dieser bedrückenden Stimmung schreibt Scholz also sein Manifest mit dem Titel «Keine Ausflüchte!». Er spielt es der *Süddeutschen Zeitung* zu und etwas später der parteieigenen Zeitung *Vorwärts*. Die Schlüsselsätze lauten:

«Die Sozialdemokratische Partei Deutschlands hat es nun viermal hintereinander nicht geschafft, die Bundestagswahl für sich zu entscheiden und ein Mandat zur Bildung einer neuen Bundesregierung zu erhalten. In den letzten drei nationalen Abstimmungen konnte sie nur noch deutlich weniger als dreißig Prozent der Wählerinnen und Wähler überzeugen […]. Es ist also Zeit für eine schonungslose Betrachtung der Lage.»

Über «die plötzlich ansteigenden Umfragewerte zu Beginn des Jahres 2017» schreibt Scholz: «Es war eine hoffnungsvolle Projektion der Wählerinnen und Wähler, die erneut möglich ist, wenn sie es plausibel finden, dass die SPD diese Erwartungen erfüllt.»

Am Ende urteilt er schonungslos: «Die SPD wird seit längerem als zu taktisch wahrgenommen. Diese Wahrnehmung darf nicht auf die leichte Schulter genommen werden. Denn wenn Reformvorstellungen als nicht ernstgemeint angesehen werden oder als Vorschläge, die präsentiert werden, um Wählerinnen und Wähler anzusprechen und nicht, weil sie der SPD wichtig sind, dann sind sie auch nur die Hälfte wert.»

Die Abrechnung von Olaf Scholz kommt bei vielen in der Partei gar nicht gut an. Beim Parteitag im Dezember wird er zwar als stellvertretender Vorsitzender wiedergewählt, aber nur von etwa 59 Prozent der Delegierten. Eine Ohrfeige. Olaf Scholz ist nicht sonderlich beliebt in seiner Partei.

Der geforderte Umbruch in der SPD bleibt aus. Auch eine offene Diskussion über eine Neuausrichtung in der Opposition findet nicht statt. Die Partei ist im Herbst mit anderen Fragen beschäftigt. Als Merkels Versuch, mit FDP und Grünen eine Jamaika-Koalition zu schmieden, überraschend scheitert, muss sich die SPD entscheiden: Geht sie in die Opposition und stürzt das Land in die Unregierbarkeit? Oder tritt sie doch wieder in eine Große Koalition ein und wird weiter als Merkels Anhängsel wahrgenommen?

Jetzt beginnt Martin Schulz' Gang durch den Irrgarten. Am Tag nach dem Scheitern von Jamaika erklärt der SPD-Parteichef öffentlich: «Wir stehen für den Eintritt in eine Große Koalition nicht zur Verfügung.» Diese Aussage hat er mit der engsten Parteiführung abgestimmt. Doch der Satz hält nur wenige Stunden. In den folgenden Tagen und Wochen verlieren die Sozialdemokraten die Orientierung: Was ist gut für uns, was ist gut fürs Land? Kevin Kühnert, der einflussreiche Chef der Jungsozialisten, macht gegen eine neue Regierungsbeteiligung mit der Union mobil («NoGroKo»). Martin Schulz unterdrückt – auf Drängen des Bundespräsidenten Steinmeier – seine Zweifel und wirbt jetzt doch für den Eintritt in eine neue Merkel-Regierung. Schulz gegen Kühnert – ein Duell, das die Partei spaltet.

Am Ende gewinnt Schulz. Aber er verliert in diesen Wochen seine Glaubwürdigkeit. Noch am Tag nach der Bundestagswahl war er bei einer Pressekonferenz gefragt worden: «Schließen Sie aus, dass sie in ein von Frau Merkel oder von der CDU/CSU geführtes Kabinett eintreten als Minister?» Schulz legte sich fest: «Ja, ganz klar. In eine Regierung von Angela Merkel werde ich nicht eintreten.» Die Kameraleute und die

Tonassistenten haben den Satz aufgezeichnet, die schreibenden Kollegen haben ihn notiert. Alle werden ihn viereinhalb Monate später wieder hervorholen.

Nachdem sich die SPD-Spitze durch zähe Koalitionsverhandlungen mit der Union gequält hat, sorgt Martin Schulz Anfang Februar mit dem Satz für Verwirrung: «Ich möchte, vorausgesetzt wir bekommen ein Mandat unserer Mitglieder, in die Regierung als Außenminister der Bundesrepublik Deutschland eintreten.» Für Außenpolitik hat das Herz von Martin Schulz schon seit langem geschlagen, mit dem Einzug ins Außenamt würde für ihn ein Traum in Erfüllung gehen. Aber was ist mit seiner Festlegung vom Herbst? Sie ist ja gerade mal ein paar Wochen alt.

Schulz hat die Stimmung an der Parteibasis falsch eingeschätzt. Sein Konkurrent Olaf Scholz hat in seinem Manifest ja behauptet: «Die SPD wird seit längerem als zu taktisch wahrgenommen.» Im aktuellen Fall trifft die Beobachtung jedenfalls voll zu. Überall melden sich jetzt Parteimitglieder und werfen Martin Schulz Wortbruch vor. Dem Sturm der Entrüstung kann er unmöglich standhalten. Schulz hat vorher bereits angekündigt, als Parteichef zurückzutreten. Jetzt muss er auch sein persönliches Ziel aufgeben, Außenminister zu werden. Er hat seine Partei und sich selbst schwer beschädigt.

Auch für Angela Merkel steht eine Menge auf dem Spiel, es geht um ihre Zukunft als Kanzlerin. Die Entscheidung der SPD, die Große Koalition fortzusetzen, bewahrt das Land zwar vor einer Regierungskrise. Sie entzündet jedoch einen Schwelbrand, der in den kommenden vier Jahren nicht gestoppt werden wird.

Merkels letzte Regierungsjahre werden für die GroKo-Parteien phasenweise zur Tortur. Sowohl Sozialdemokraten wie führende Mitglieder der Union haben dem neuen Bündnis nur sehr widerwillig zugestimmt. Die Deutschen wollen aber nicht von schlechtgelaunten, sich misstrauenden Politikern regiert werden. Die neue GroKo-Regierung entwickelt sich zur Notregierung.

Die Union wird durch anschließende Wahlniederlagen und Machtkämpfe um Merkels Nachfolge personell und programmatisch gelähmt.

Der SPD ergeht es nicht besser, sie erleidet ebenfalls weitere schmerzhafte Niederlagen, in wichtigen Bundesländern und bei der Europawahl. In vier Jahren probieren sich mehrere Männer und Frauen an der Parteispitze: Martin Schulz, Olaf Scholz (kommissarisch), Andrea Nahles, das kommissarische Team Malu Dreyer, Manuela Schwesig, Thorsten Schäfer-Gümbel und schließlich das Duo Saskia Esken und Norbert Walter-Borjans.

Wie hat Sigmar Gabriel zu Beginn des Wahljahres 2017 prophezeit: «Es geht um das Überleben der Partei. Wenn wir 2017 nicht gut abschneiden, dann geht 2021 erst recht nichts.»

INNERE WIDERSPRÜCHE

Am Samstag, dem 29. Mai 2021, sind es noch acht Tage bis zur Landtagswahl in Sachsen-Anhalt. Die Politprominenz aus Berlin reist die zwei Stunden südwestlich in ein Flächenland, das auf der politischen Karte Deutschlands sonst nur wenig Beachtung findet. Einige Regionalpolitiker klagen, Sachsen-Anhalt würde «die in Berlin» nur dann interessieren, wenn es Wahlen oder Ärger gibt.

Christian Lindner kommt, Annalena Baerbock ist in der Nähe. Markus Söder ist aus Bayern angereist, natürlich als Erster. Armin Laschet lässt sich jetzt auch durch Sachsen-Anhalt fahren. Der Kanzlerkandidat schreibt Autogramme, lässt sich mit Nonnen fotografieren, besichtigt ein Braunkohlerevier. Zwei Tage lang. Zwei Tage lang Seite an Seite mit Reiner Haseloff, dem Ministerpräsidenten und Parteifreund. Aber kann man Haseloff wirklich «Freund» nennen, nach allem, was vor gerade mal sechs Wochen vorgefallen ist?

Beim Machtkampf zwischen Laschet und Söder hatte sich Haseloff zunächst zurückgehalten, Laschet tatsächlich «meinen Freund» genannt, war ihm dann doch in den Rücken gefallen und hatte sich lautstark Markus Söder an den Hals geworfen. Haseloff war der erste wichtige Politiker aus den eigenen Reihen, der sich von seinem Parteivorsitzenden abgesetzt hatte. Er löste eine mittlere Lawine aus, die um ein Haar den frisch gewählten Parteichef Laschet und mit ihm die ganze Partei in die Tiefe gerissen hätte. Haseloff blickte nur auf sich, rechnete sich durch das Manöver bessere Chancen für seinen Landtagswahlkampf aus. Mit diesem Mann tingelt Laschet jetzt also durch das östliche Bundesland und lächelt in jede Kamera, die er erblicken kann. Dem Deutschlandfunk sagt Laschet über Haseloff sogar: «Er ist ein anständiger Kerl.»

Wie biegsam muss Armin Laschet sein, um dieses Schauspiel aufzuführen, um solche Sätze zu sagen? Noch im April hatte er sich maßlos über Haseloff geärgert, über den Mann, der bereit war, seine politische Karriere zu zerstören. Kann der Katholik Laschet so schnell verzeihen? Oder hat er keine Gefühle, die man verletzen kann?

Eine ähnliche Verrenkung hat Armin Laschet vor kurzem aufgeführt, als er zum allgemeinen Erstaunen Friedrich Merz in sein Wahlkampfteam holte. Ausgerechnet den Konkurrenten um den Parteivorsitz, mit dem er sich Ende letzten Jahres um Terminfragen bei der Ausrichtung des Parteitages erbittert gestritten hatte. Den Mann, der ihm nur Minuten nach der Wahl zum CDU-Vorsitz die Pistole auf die Brust gesetzt und den Posten des Wirtschaftsministers gefordert hatte. Ausgerechnet diesen Friedrich Merz hat Armin Laschet jetzt in sein Team geholt und ihm das Ressort in Aussicht gestellt, das er ihm im Januar noch verweigert hatte.

Der Umgang mit Haseloff und Merz offenbart Laschets herausragende Fähigkeit. Aber auch seine besondere Schwäche. Sein Politikstil hat doch weit mehr mit Angela Merkel zu tun als mit Helmut Kohl. Denn Kohl verstand Politik als ein komplexes Netz von persönlichen Abhängigkeiten, von Freundschaften – aber auch von hasserfüllten Feindschaften. Die Liste der zerbrochenen Beziehungen ist lang und legendär: Schäuble, Blüm, von Weizsäcker, Süssmuth, Geißler und viele mehr.

Ganz anders bei Merkel. In ihrem politischen Kosmos haben persönliche Beziehungen ausschließlich funktionale Bedeutung. So konnte sie selbst nach den tiefsten Verletzungen immer noch mit Wladimir Putin und Horst Seehofer reden, als sei nichts vorgefallen. Im politischen Geschäft ist die Unterdrückung von Gefühlen eine Stärke. Ihr verdankt Angela Merkel wesentlich ihren jahrelangen Erfolg.

Die Kehrseite ist jedoch eine politische und auch persönliche Konturlosigkeit. Und wer jahrzehntelang seine eigenen Gefühle missachtet und dem politischen Erfolg unterordnet, kann große physische und psychische Schäden davontragen. Über diese Nebenwirkung spricht Angela Merkel nie öffentlich. Aber Menschen, die mit ihr oft und nahe zusammenarbeiten, sprechen seit Jahren hinter vorgehaltener Hand vom emotionalen – und zunehmend auch körperlichen – Leiden der Dauerkanzlerin.

Armin Laschet wirkt zwar nach sechzig Lebensjahren – die allermeisten davon hat er in der Politik verbracht – immer noch so, als könne ihn so schnell nichts aus seiner rheinischen Gemütsverfassung bringen. Und vermutlich ist er tatsächlich mit mehr emotionalen Widerstandskräften ausgestattet als die meisten Menschen. Aber der Vorsitz der mächtigsten Partei in Deutschland, der Kampf um die Kanzlerkandidatur, der Wahlkampf und all das, was anschließend folgen mag, wird auch bei Armin Laschet tiefe Spuren hinterlassen.

Sein besonderer Politikstil, der Ausgleich, die Integration von Gegnern, ermöglicht ihm den Aufstieg nach ganz oben. Aber diese Art, Politik zu betreiben, fordert ihren Preis.

Eine Woche vor der Landtagswahl kommt auch Olaf Scholz nach Sachsen-Anhalt, natürlich. Die SPD hat Halle an der Saale als wichtigsten Ort für ihren Wahlkampf auserkoren. In der Geburtsstadt Georg Friedrich Händels steht ein modernes Konzerthaus, das erste, das nach 1989 in den ostdeutschen Ländern erbaut wurde. Zweitausend Menschen haben darin Platz.

Hier, unter einer gewaltigen Orgel, veranstaltet die SPD ihren Ostkonvent, ein Treffen der Spitzengenossen aus Berlin mit den Parteigrößen aus Sachsen-Anhalt. Neben Olaf Scholz kommt auch Lars Klingbeil. Sogar Franziska Giffey reist aus Berlin an, per Bahn, zweite Klasse, die letzten Kilometer fährt sie mit dem Taxi. Die Dienstwagenjahre gehören nach ihrem Rücktritt als Bundesministerin vorübergehend der Vergangenheit an.

Die beiden Parteivorsitzenden, Saskia Esken und Norbert Walter-

Borjans, lassen sich entschuldigen. Sie schicken Videobotschaften. Wollen oder sollen sie nicht kommen? Es fällt schon auf, wie wenig sie in den letzten Wochen öffentlich präsent sind. Es wirkt so, als ob sie um ihre geringe Strahlkraft wissen – und auch darum, dass sie auf unentschlossene Wählerinnen und Wähler möglicherweise sogar eine abschreckende Wirkung ausüben. Solche Parteivorsitzende können vielleicht in ihren Heimatregionen, im Schwarzwald und Rheinland, punkten. Aber hier, bei der zentralen Kundgebung im ostdeutschen Landtagswahlkampf, bleiben sie besser fern. Videobotschaften sollen reichen.

So muss Olaf Scholz die Kampagne im Land und im Bund nahezu allein bestreiten. Und er tut sich sichtlich schwer. Die Umfragewerte verharren unverändert im 15-Prozent-Bereich. Ach, könnte er nur darüber klagen, dass die Luft im Kampf ums Kanzleramt immer dünner wird, je länger dieser Kampf dauert. Aber Scholz ringt in diesen Wochen darum, dass er und seine Partei überhaupt wahrgenommen werden.

Die Medien berichten über die Erfolge und Misserfolge der Unionskampagne. Und natürlich auch über die Grünen. Laschet und sein ewiges Fingerhakeln mit Söder, Baerbock und ihre kleinen und größeren Fehltritte. Aber Olaf Scholz und seine Partei, die so stolz darauf sind, dass sie fehlerfrei durchs Wahljahr surfen, finden im Moment nur im medialen Schatten von Grünen und Union statt, wenn überhaupt.

Tatsächlich ist der Umfrageabstand zu ihren Verfolgern, zur AfD und FDP, gerade geringer als zu den Grünen und der Union, die längst enteilt sind. Schon beginnen die ersten FDP-Politiker und Journalisten zu stänkern, die für August und September geplanten TV-Trielle seien ja wohl ein Witz. Wenn Olaf Scholz als Vertreter einer 15-Prozent-Partei eingeladen werde, dann müsse ja wohl auch Christian Lindner als Vertreter einer 12-Prozent-Partei dabei sein. Diese Zahlen wies die letzte Infratest-dimap-Umfrage der ARD aus. In einer anderen Umfrage liegen beide Parteien bei 14 Prozent. In Sachsen-Anhalt droht die SPD nach ganz unten durchgereicht zu werden. Sie liegt in der Woche vor der Wahl mit Linken, FDP und Grünen nahezu gleichauf. Bei der Landtagswahl 1998 erreichte sie noch 35,9 Prozent. Jetzt hat sie Mühe, die 10-Prozent-Marke zu erreichen.

Die Entscheidung für das Georg-Friedrich-Händel-Festhaus wirkt vor diesem Hintergrund so, als hätte jemand die Halle vor 23 Jahren für die heutige Veranstaltung gebucht, als der rot-grüne Zeitgeist noch durchs Land wehte, natürlich lange vor Corona. Jetzt aber ist die Halle für die zentrale SPD-Wahlkampfveranstaltung völlig überdimensioniert. Wegen der Pandemie müssen die allermeisten Plätze ohnehin leerbleiben. Nur 1100 Menschen in ganz Deutschland verfolgen den Online-Stream der Veranstaltung. Selbst wenn sie alle gekommen wären, wäre die Halle nur halbvoll gewesen.

Neben einigen Journalisten und Kameraleuten sind jetzt nur ein paar Parteifreunde hier. So sprechen die Spitzengenossen in einem nahezu menschenleeren Saal. Sie versuchen, mit launigen Bemerkungen sich selbst in Stimmung zu bringen, niemand weiß, ob man klatschen oder besser schweigen soll. Ist dieser Sonntag in Halle an der Saale der Tiefpunkt auch der bundesweiten Wahlkampagne? Ein Haufen von aufrechten Politikerinnen und Politikern, die in einer zu großen Halle um Aufmerksamkeit ringen und zu sich selbst sprechen. Wie tief kann die Partei, die zu Recht stolz auf ihre lange, bewegte Geschichte und ihre zahllosen Errungenschaften zurückblickt, noch sinken?

Im Eingangsbereich eilt Olaf Scholz zum Ausgang, raus aus dem Gebäude, zu seinem Berliner Dienstwagen. Kurz stellt er sich noch der Frage, warum es seiner Partei im Osten, vor allem in Sachsen, Sachsen-Anhalt und Thüringen, so schlecht gehe. Scholz tut sich schwer mit einer Antwort. Seine Partei habe im Osten eben «eine andere Startsituation gehabt als viele andere Parteien». Was er damit meint, sagt er nicht. Die fehlenden Parteistrukturen, die anfängliche Konkurrenz durch die PDS? Müsste nicht beides längst überwunden sein, dreißig Jahre nach der Wiedervereinigung? Und stand die SPD in Sachsen-Anhalt zwischenzeitlich nicht viel besser da? Etwa als der Sozialdemokrat Reinhard Höppner acht Jahre lang die Regierungsgeschäfte leitete. Inzwischen ist hier die AfD der SPD weit enteilt. Die Rechtsaußen-Partei wurde aber erst 2013, also lange nach der Wiedervereinigung, gegründet.

Vielleicht hat Franziska Giffey eine überzeugendere Erklärung. Sie ist im Kreis Fürstenwalde im Osten Brandenburgs aufgewachsen. Giffey kennt die Besonderheiten Ostdeutschlands und kommt gleich auf den Erfolg der AfD zu sprechen, der den Sozialdemokraten große Sorgen bereite. Sie fordert von ihrer Partei, dem Osten künftig «eine Repräsentanz, eine Wahrnehmung und auch eine Anerkennung und Wertschätzung» zu verschaffen, die sie im bundesdeutschen Diskurs vermisse. Man müsse den Blick darauf lenken, «was hier geschafft wurde in den letzten dreißig Jahren», statt immer nur vom Rückstand des Ostens zu sprechen: «Das ist eine unwahrscheinliche Leistung, die hier erbracht wurde von den Ostdeutschen, die mit einer schwierigen Situation höchst flexibel umgegangen sind. Die sich angepasst haben an neue Herausforderungen, und die Großes gemeistert haben. Damit es heute so aussieht, wie es aussieht, an ganz vielen Stellen in Ostdeutschland. Diesen Stolz nach vorne zu bringen, finde ich wichtig.»

Ja, die Leistungen der Ostdeutschen werden im übrigen Teil des Landes nicht ausreichend gewürdigt, auch, weil sie nicht repräsentiert werden. Ostdeutsche haben an den Schaltstellen der Macht, in der Wirtschaft und vor allem in der Bundespolitik, kaum Platz. Angela Merkel war eine Ausnahme und hat so den Blick auf das Problem verstellt.

Die einzige Bundesministerin mit einer ostdeutschen Biografie war bis vor kurzem, eben, Franziska Giffey. Sie denkt rückblickend, «dass viele Ostdeutsche es schon sehr wichtig fanden», durch sie im Bundeskabinett repräsentiert zu werden: «Das habe ich gemerkt an den Reaktionen, die ich damals bekommen habe, als ich ins Amt gekommen bin. Viele Ostdeutsche haben sich darüber sehr gefreut. Die große Herausforderung wird es auch in Zukunft sein, dass eben in einer neuen Regierung, in einer neuen Phase der politischen Gestaltung sichtbar wird, dass auch künftig Ostdeutsche in Führungspositionen des Landes stärker vertreten sind. Nicht nur in der Politik, auch in der Wirtschaft. Auch in der Gesellschaft, in der Sozialwirtschaft. All das wird wichtig sein.»

Was Franziska Giffey vorträgt, wird kaum jemand bestreiten. Aber sie hat mit ihrem unehrenhaften Abgang aus dem Bundeskabinett der vielbeschworenen Repräsentanz der Ostdeutschen geschadet. Für sie stellt sich die Lage, wie zu erwarten, anders dar: «Für mich ist wichtig, dass ich vor mir selbst bestehen kann, dass ich selbstbestimmt eine Entscheidung getroffen habe. Dass ich auch Wort gehalten habe und Konsequenzen gezogen habe. Aber für mich ist genauso wichtig, dass ich auch für mein Versprechen in Berlin Wort halte. Und das heißt, ich stehe als Spitzenkandidatin zur Verfügung für das Land Berlin mit einem klaren Programm, mit all meiner Erfahrung und Kompetenz aus fast zwanzig Jahren politischer Arbeit, die ich mitbringe.»

Vielleicht lassen sich an der Krise der SPD in Sachsen-Anhalt auch die Gründe für die schlechte Lage der Partei im Bund in den letzten Jahren ablesen. Dazu lohnt es, kurz auf die vergangene Landtagswahl und die komplizierte Regierungsbildung zurückblicken. Das Votum der Wählerinnen und Wähler ließ die Politik im Frühjahr 2016 ratlos zurück. CDU und Linke erlitten teils schwere Verluste, die SPD wurde sogar halbiert. Die AfD erhielt aus dem Stand fast jede vierte Stimme und war fortan zweitstärkste Kraft im Landtag. Aber sie kam, das hatten die anderen vorher fest versprochen, für eine Koalition nicht in Frage. Wenn man sich nicht mit der Linken zusammentun wollte, blieb folglich nur noch eine ungewöhnliche Koalition aus CDU, SPD und Grünen. Eine Notregierung, die nur durch eine einzige Absicht zusammengehalten wurde: Die Regierungsbeteiligung der AfD musste um jeden Preis verhindert werden. Die drei Koalitionsparteien bauten ein «Bollwerk gegen Rechts».

Die Landes-SPD war in die Kenia-Koalition nur widerwillig eingetreten. Das Bündnis wackelte häufig und stand Ende 2020 im Streit um den öffentlich-rechtlichen Rundfunkbeitrag spektakulär vor dem Scheitern. Doch statt ihren Überzeugungen zu folgen, entschieden sich die Sozialdemokraten in einer Mischung aus staatsbürgerlicher Verantwortung und Machtverliebtheit zum Verbleib in der Regierung.

Ein ähnlicher Vorgang ereignete sich im Bund. Zwei Lager kämpften in der SPD nach der Bundestagswahl 2017 zunächst gegeneinander: einerseits die von Martin Schulz angeführte Gruppe, die ihren anfänglichen Widerwillen gegen einen neuerlichen Regierungseintritt unterdrückte und für eine Wiederauflage der GroKo warb; andererseits die von Kevin Kühnert angeführten NoGroKo-Dogmatiker. Zwar setzten sich die GroKo-Befürworter um Schulz am Ende durch. Doch eineinhalb Jahre später, im Herbst 2019, kam es zur Revanche. Mit Saskia Esken und Norbert Walter-Borjans wurden zwei GroKo-Skeptiker zur neuen Doppelspitze der Partei gewählt – kräftig unterstützt von Kevin Kühnert und seinen Jusos.

Aber das war noch nicht das Ende. Als das neue Führungs-Trio nur wenige Monate später Olaf Scholz – neben Merkel das prominenteste GroKo-Mitglied – zum Kanzlerkandidaten erkor, war die Verwirrung komplett. Was sollen die Wählerinnen und Wähler von diesem Durcheinander halten? Hatte Norbert Walter-Borjans nicht im parteiinternen Wahlkampf zuvor davon abgeraten, einen Kanzlerkandidaten aufzustellen? Und hatte Saskia Esken nicht Olaf Scholz abgesprochen, ein «standhafter Sozialdemokrat» zu sein (und sich später dafür entschuldigt)?

Ist die SPD eine Regierungspartei oder ist sie eine Oppositionspartei, die den Absprung nicht schafft? Das gilt für die SPD in der Kenia-Koalition in Sachsen-Anhalt. Und das gilt genauso für die SPD in der Großen Koalition im Bund. Die SPD erhielt bei der Bundestagswahl 2017 20,5 Prozent der Stimmen. Nachdem sie Anfang Februar 2018 erneut einen Koalitionsvertrag mit der Union schloss, ist sie bei der Sonntagsfrage von infratest dimap dreieinhalb Jahre lang nie wieder in die Nähe dieser Zahl gekommen. Seit Mai 2019 blieb die Partei dauerhaft unter 18 Prozent, meist sogar deutlich darunter. Das ändert sich entscheidend erst im Wahlkampfendspurt, im August 2021.

Seit der personellen Neuaufstellung wurden die Parteiführung und der Kandidat nicht müde, ihre «Geschlossenheit» zu rühmen. Die Parteispitze ist sich der Zerstörungskraft ihres inneren Widerspruchs jedoch bewusst. Diese ungeheure Spannung muss um jeden Preis kaschiert werden. So haben sich die GroKo-Skeptiker bei der Entscheidung, mit Olaf Scholz den amtierenden GroKo-Vizekanzler als Nummer eins ins Rennen zu schicken, auch zu einem gewagten Schauspiel der Harmonie entschieden.

Längst spricht auch Olaf Scholz davon, die GroKo habe keine Zukunft. Aber macht ihn das nach so vielen Jahren in Regierungsämtern, als Personifizierung der GroKo, glaubwürdiger?

Es mag noch andere Gründe für die lange Krise der Partei geben.

Doch die Wählerinnen und Wähler spüren die Widersprüchlichkeit des sozialdemokratischen Auftritts.

Ausbaden muss das Problem monatelang Lars Klingbeil, der oberste Wahlkampfmanager. Am Rande des deprimierenden Ostkonvents in Halle treffen wir uns zu einem längeren Gespräch. Klingbeil redet nicht drumherum. Die Lage der SPD ist immer noch mies, die Stimmung nervös, alle sind gereizt. Der Generalsekretär sucht nach Strohhalmen. Er hat den Verlauf früherer Wahlkämpfe studiert. 2002 wurde die Stimmung überraschend gedreht, da half der SPD das Nein der Regierung Schröder gegen den Irakkrieg, auch das fernsehgerechte Anpacken des Bundeskanzlers bei der Flutkatastrophe. «Aber das kann man nicht planen», sagt Klingbeil. «Klar, wenn das Momentum da ist, dann braucht man das Gespür, das zu nutzen. Gerade erlebe ich, dass bei der Union wahnsinnig viele Fehler passieren. Dass auch bei den Grünen Fehler passieren. Und es wird den Punkt geben, wo man sich dann auch als SPD festbeißt. Und das richtig hochzieht.»

Dieser Punkt, der Wendepunkt der SPD-Kampagne, ist jetzt, Ende Mai, nicht zu erkennen. Noch nicht. Je länger das Wahljahr dauert, desto größer wird der Druck für den Wahlkampfmanager. Klingbeil kennt die Interviews, in denen sich Politiker der eigenen Partei hässlich über ihn äußern. Er weiß, dass er auch persönlich in der Kritik steht: «Das geht nicht an mir vorbei.» Dennoch sei er überzeugt, einen eigenen Stil entwickelt zu haben und als Politiker für etwas anderes als die klassische Haudrauf-Rhetorik zu stehen: «Dieses Wadenbeißen und dieses nur breitbeinige Rumrennen halte ich für völligen Quatsch. Man muss zuschlagen, wo es einen Fehler gibt. Aber nicht als Grundhaltung, irgendwie aggressiv zu sein. So funktioniert Politik nicht mehr.» Wenn er von Kritik an seiner Arbeit aus den eigenen Reihen lese, ist er selbstredend aufgewühlt. Aber: «Ich denke darüber nach. Und frage mich dann auch immer, was stimmt daran? Und was nicht? Meistens sage ich: Damit muss ich leben. Wenn man diese Position hat und wenn man sich traut, Wahlkampfmanager bei einer 15-, 16-, 17-Prozent-Partei zu sein und zu sagen: ‹Wir wollen trotzdem ins Kanzleramt›, dann wird es Kritik geben.»

Armin Laschet bemüht sich, Konflikte wegzulächeln, selbst härteste

Gegner aus den eigenen Reihen zu umarmen. So hat er es weit gebracht. Und Olaf Scholz? Es ist schwerer, hinter seine Fassade zu blicken, seinen Gleichmut zu entschlüsseln.

In diesen Wochen, in denen Wahlkampagnen in große Not geraten, werden Risse erkennbar. Im Bild aller Kandidaten. Peer Steinbrück kamen in dieser Phase die Tränen. Martin Schulz schlug wild gegen die Kanzlerin. Und Scholz?

Auf die Frage, wie der SPD-Kanzlerkandidat den Druck aushalte, antwortet Klingbeil, Scholz gehöre zu den robustesten Personen im politischen Betrieb, die er je kennengelernt habe: «Also, der ist wirklich sehr reflektiert, festgelegt auf einen Weg. Auch überzeugt davon, dass eine Strategie sehr richtig ist.» Diese Zielstrebigkeit sei bewundernswert, vor allem im Vergleich mit dem Gegenteil: «Ich bin Generalsekretär geworden unter Martin Schulz, den ich menschlich wahnsinnig schätze. Aber der wahnsinnig verunsichert war. Und man kann in Berlin Gefahr laufen, kaputt beraten zu werden. Also, dass viele Leute sagen: Mach mal das, mach mal das, mach mal das. Man kriegt tausend Ratschläge am Tag. Man kann sich vor Ratschlägen gar nicht retten. Und da wird man auch kirre, wenn man nicht robust dagegen ist.»

Klingbeil macht sich nicht nur Gedanken, wie er seine Partei aus dem Tief herausführen kann, sondern auch um seine persönliche Zukunft. Er ahnt, dass er nach einer krachenden Wahlniederlage bei der Bundestagswahl als Generalsekretär abgesetzt werden würde. Existentielle Nöte hat er nicht, er kann auf ein erneutes Bundestagsmandat hoffen. Aber die große Kraftanstrengung der letzten Jahre und Monate wird vermutlich nicht honoriert werden. Die Partei, die so viel von «Respekt» redet, wird bei einer Niederlage nicht sonderlich respektvoll mit ihm umgehen.

Wenn ein Fernsehformat beim Publikum nicht ankommt, wenn die Einschaltquoten dauerhaft schlecht sind, wird das Format abgesetzt. Die deutschen Sozialdemokraten haben das Schicksal der französischen Partie socialiste vor Augen. Sie stürzte bei den Präsidentschaftswahlen 2017 fürchterlich ab, ihr Kandidat erreichte gerade mal 6,36 Prozent der Stimmen. Die französischen Genossen mussten ums politische Überleben fürchten.

Doch die Entscheidungszyklen der Parteiendemokratie sind anders, langfristiger als im Fernsehgeschäft. Tiefe Krisen können ebenso schmerzhaft wie hilfreich sein. Die Grünen verpassten 1990 den Einzug in den Bundestag. Ähnlich erging es 2013 der FDP. Beide Parteien nutzten die Chance und schafften ein Comeback.

An welchem Punkt steht die SPD? Überwiegt die Hoffnung oder die Verzweiflung? Haben sich die Wahlkämpfer der SPD jetzt, Ende Mai, knapp vier Monate vor der Bundestagswahl, bereits aufgegeben? Niemand würde das hier und heute offen zugeben. Das gebietet die Selbstachtung.

Aber der Glaube an einen Turnaround ist an diesem Sonntag in der Georg-Friedrich-Händel-Halle in keinem der Gespräche mit den Wahlkämpfern der SPD herauszuhören. Wenn den Parteifreunden etwas Hoffnung macht, dann sind es die Fehler der Konkurrenz: Die «Schmutzeleien» (Zitat Armin Laschet) Söders, die Nachmeldungen von Baerbock, die Ausrutscher Habecks. Doch dann folgt gleich die Ernüchterung. Von keinem Fehler der anderen Parteien und Kandidaten konnte die SPD bislang profitieren. Sie muss es aus eigener Kraft schaffen. Irgendwie. Aber woher soll die SPD die Energie nehmen, das Blatt selbst zu wenden? Oder werden der Konkurrenz noch größere, noch folgenschwerere Fehler unterlaufen?

Bei einem Höllenritt sind 119 Tage eine verdammt lange Zeit. In 119 Tagen kann viel passieren.

DICKE BRETTER

Seit Tagen ist Olaf Scholz in Sachsen-Anhalt unterwegs, er weiß um die Bedeutung dieser Landtagswahl. Sollte die SPD unter zehn Prozent rutschen, wäre das ein weiterer Rückschlag auf seinem Weg ins Kanzleramt. Jeder Auftritt von ihm ist wichtig. Aber jetzt, zwei Tage vor der Wahl, hat Scholz einen ganz anderen Termin, den er unmöglich verschieben kann. Und deshalb eilt er aus dem Wahlkampf in Halle, Magdeburg und den vielen sachsen-anhaltinischen Dörfern kurz zurück in seine Potsdamer Wohnung. Er schläft nur ein paar Stunden. Am nächsten Morgen um sechs Uhr wartet bereits der Fahrer, um ihn zum Regierungsterminal des neuen Flughafens Willy Brandt zu fahren.

Ein Flughafen, der nach einem früheren SPD-Kanzler benannt ist. Was wird Scholz bei diesem Namen wohl durch den Kopf gehen? Er wurde von Willy Brandt geprägt, er trat als Gymnasiast in die SPD ein, als Brandt nicht mehr Kanzler war, aber immer noch Parteivorsitzender. Für viele in seiner Generation war Brandt eine Lichtgestalt, weil er Politik stets auch moralisch verstand, weil er mit seinem Leben für seine Überzeugungen einstand. Brandt wusste, so sahen ihn jedenfalls seine Anhänger, was richtig und was falsch war. Ein Mann, an dessen Integrität man sich orientieren konnte. Brandt war kein gewiefter Machtpolitiker, der sich nach oben boxte und dann an seinen Ämtern klebte.

Es wäre unfair, Scholz und Brandt miteinander zu vergleichen. Ihre Lebenswege, die Herausforderungen ihrer Zeit, sind zu verschieden. Brandt trat mit sechzehn Jahren in die SPD ein, er ging wegen den Nationalsozialisten ins Exil nach Skandinavien, war dort im Widerstand gegen die Gewaltherrschaft in seinem Heimatland aktiv, auch als Journalist. Olaf Scholz dagegen ist in der sozialen Marktwirtschaft Westdeutschlands aufgewachsen, seine Themen waren soziale Gerechtigkeit und sozialer Aufstieg. Brandt beherrschte die Kunst der großen Geste, Scholz beherrscht das Kunsthandwerk der kleinen Schritte.

Während Brandt eine Jahrhundertgestalt wurde, hat Scholz einen mühsamen Weg durch die demokratischen Institutionen hinter sich – und erhebt jetzt, mit 62 Jahren, den Anspruch, das zu werden, was Brandt einmal war: Kanzler. In Hamburg, der Heimatstadt von Olaf Scholz, wurde ebenfalls ein Flughafen nach einem sozialdemokratischen Regierungschef benannt, nach Helmut Schmidt.

Es ist in diesen Junitagen schwer vorstellbar, dass auch nach Olaf Scholz eines fernen Tages einmal ein Flughafen benannt werden wird. Scholz ist gerade schmerzhaft weit von seinem Ziel entfernt, die nächste Regierung anzuführen. Wenn nicht irgendein Großereignis die politische Lage völlig neu ordnet, wird das Kanzleramt wohl ein Traum bleiben, sein Traum. Olaf Scholz ist in diesen Wochen einer der wenigen, die noch an Olaf Scholz glauben.

Aber heute bricht er zu einer Mission auf, an deren Ende er aus gutem Grund die Worte «historisch» und «revolutionär» in den Mund nehmen kann. Wird diese Mission seine Lage wesentlich verbessern? Immerhin: Er wird den vielleicht größten Erfolg seiner Zeit als Finanzminister feiern. Denn das ist er ja auch noch: Bundesfinanzminister. Für zwei Tage entflieht Scholz der Enge des Wahlkampfs in Sachsen-Anhalt, um die ungleich größere und schönere Bühne eines G7-Finanzministertreffens zu besteigen: statt Halle an der Saale nun London an der Themse, statt Katja Pähle, Vorsitzende der SPD-Landtagsfraktion, Janet Yellen, Finanzministerin der Vereinigten Staaten.

Als Scholz um 6:45 Uhr am kleinen Regierungsterminal im militärischen Teil des Flughafens vorfährt, steht ein Luftwaffen-Airbus A-319 für ihn bereit. Nur Scholz und sein kleines Team aus zwei Staatssekretären, Sprecher und Sicherheitsbeamten gehen an Bord. Fast alle anderen Plätze bleiben leer. Wegen der strengen Corona-Bestimmungen lassen die britischen Behörden keine sonstigen Delegationsmitglieder ins Land.

Noch ist Scholz nicht voll auf die internationale Finanzpolitik fokussiert. Sondern ein eher kleines, beinahe kleinliches Thema, reist mit ihm. Ein Thema, das jedoch große Sprengkraft hat. Scholz' Gedanken kreisen um sechzehn Cent. Der Name des Kanzlerkandidaten, sein Name, steht an diesem Morgen groß in allen Zeitungen. Er liefert sich einen harten Streit mit seiner grünen Konkurrentin. Annalena Baerbock hat verlangt, dass der Benzinpreis weiter steigen soll: «Sechs Cent Preiserhöhung gab es jetzt zum Jahresbeginn, weil erstmalig auch ein CO_2-Preis auf Benzin eingeführt worden ist. Wir sagen, dass das schrittweise weiter angehoben werden muss auf sechzehn Cent.»

Die Bundesregierung hatte nach einem Urteil des Bundesverfassungsgerichts selbst die deutschen Klimaziele verschärft bzw. verschärfen müssen. Die Grünen wollen den CO_2-Preis für Verkehr und Gebäude nicht erst im Jahr 2025 auf 55 Euro, sondern schon im Jahr 2023 auf 60 Euro pro Tonne steigen lassen. Außerdem regen sie an, die Einnahmen aus dem CO_2-Preis in Form eines Energiegeldes pro Kopf an die Bürgerinnen und Bürger zurückzubezahlen. Soziale Verwerfungen sollen so vermieden werden.

Hinter der Idee der Benzinpreiserhöhung steht der Versuch, das Verhalten der Verbraucher auf lange Sicht zu verändern. Autofahrer sollen dazu bewegt werden, auf öffentliche Verkehrsmittel oder klimafreundlichere Fahrzeuge umzusteigen. Die Grünen beziehen sich vor allem auf die Ergebnisse des Klimagipfels der Großen Koalition von September 2019. Damals wurde, bei Nachverhandlungen und mit Zustimmung der Grünen im Bundesrat, eine Anhebung des Benzinpreises sowie ein Ausgleich durch eine höhere Pendlerpauschale verabredet. Die Beschlüsse von damals werden nun allmählich spürbar. Und sie müssen für die Autofahrer auch spürbar sein, nur dann werden sie die beabsichtige Wirkung entfalten. Ein Thema, wie geschaffen für den Wahlkampf.

Olaf Scholz, der vor zwei Jahren für seine Partei die Verhandlungen zum Klimapaket führte, stellt sich nun gegen die Forderung der Grünen: «Wer jetzt einfach immer weiter an der Spritpreisschraube dreht, der zeigt, wie egal ihm die Nöte der Bürgerinnen und Bürger sind.» Ein immer höherer CO_2-Preis würde nicht für mehr Klimaschutz, sondern nur «für mehr Frust» sorgen. Und: «Die Grünen wollen Beschränkungen, Verbote und den ländlichen Raum abhängen. Das will ich nicht.»

Mit ähnlichen Sätzen steht Scholz also in allen Zeitungen, als er an diesem Freitag den fast leeren Regierungsjet in Richtung London besteigt.

Über den Wolken servieren die Servicekräfte der Flugbereitschaft ein leichtes Frühstück, ein wenig Small Talk, dann kommt das Gespräch auf das aktuelle Aufreger-Thema:

«Nicht jeder kauft sich jemals ein nagelneues Auto von der Fabrik, sondern meistens ein gebrauchtes», so Scholz. «Wenn man jetzt plötzlich einfach nur die Preise erhöht, ohne dass die Bürgerinnen und Bürger und Unternehmen ausweichen können, dann wird es eben nur teurer, aber weniger gerecht. […] Das wäre nicht klug.»

Bei der Benzinpreis-Debatte zeigt sich, wie ernst es den politischen Parteien mit ihren Bekenntnissen zu einer ehrgeizigeren Klimapolitik ist.

Wieder geht es um Interessenabwägung, auch um das Spannungsfeld zwischen Überzeugung und Populismus.

Weniger als vier Monate vor der Bundestagswahl ist den meisten Parteien der Schutz der Autofahrer, und somit der Wähler, offenbar wichtiger als der Schutz des Klimas. Die anderen Oppositionsparteien FDP und Linke lehnen die Forderung der Grünen ab, auch die CSU, die AfD sowieso. Die CDU hält sich auffällig zurück. Vielleicht will sie erst einmal beobachten, in welche Richtung die Diskussion läuft. Und die Debatte nimmt schnell Fahrt auf. Fraktionschef Dietmar Bartsch von den Linken gibt sich ebenfalls autofahrernah: «Tanken muss auch für das schmale Portemonnaie bezahlbar sein.»

Der Streit um die Sechzehn-Cent-Anhebung des Benzinpreises offenbart, was die schönen Worte «Zukunftsmissionen», «Jahrhundertaufgabe», «Aufgabe einer Generation», «Kulturwandel» und so weiter wirklich wert sind. Parteien verweisen gerne darauf, dass Politik die Bevölkerung mitnehmen muss. Der Grundgedanke ist unbestreitbar richtig und berührt den Wesenskern von Demokratie: Politik für und mit der Bevölkerung zu machen und nicht gegen sie. Aber zur Aufgabe von Politik gehört es auch, für sinnvolle Maßnahmen zu werben, sie zu erklären und nicht vorschnell nervösen Stimmungen nachzugeben. Helmut Kohl verwies zu Recht darauf, dass er die Einführung des Euro niemals hätte durchsetzen können, wenn er den Stimmungsschwankungen der Deutschen nachgegeben hätte. Und hatte es nicht der junge Willy Brandt mit völlig anderen Widerständen zu tun? Auch als Bundeskanzler musste Brandt größten Druck aushalten. Am Widerstand gegen seine Ostpolitik wäre seine Kanzlerschaft fast gescheitert.

Zugegeben, weder Brandt noch Kohl waren der zerstörerischen Wucht, die sich in sozialen Medien entfalten kann, ausgesetzt. Aber schmälert das ihre Leistung? Die Größe von Politikern lässt sich auch daran bemessen, ob sie bei Gegenwind fest zu ihren Überzeugungen stehen. Muss man nicht bereit sein, vorübergehend einen Sturm der öffentlichen Meinung auszuhalten? Merken Wählerinnen und Wähler nicht auf Dauer, ob man Politik aus wahltaktischen Erwägungen oder aus echter Überzeugung heraus betreibt? Das hatte Olaf Scholz Ende 2017 ja selbst geschrieben.

Auch die Grünen müssen sich Vorwürfe machen. Sie haben ihren Vorstoß zur Benzinpreiserhöhung zu beiläufig und undurchdacht lanciert. Robert Habeck hatte in der Sendung von Maybrit Illner von staatlichen Lenkungsinstrumenten gesprochen und vorgerechnet, auf welches Niveau der Benzinpreis steigen muss, damit man die erhoffte Verhaltensveränderung in der Bevölkerung erwirkt. Annalena Baerbock hat in Interviews umständlich und wenig überzeugend für eine moderate Benzinpreiserhöhung geworben. Beide verstanden es nicht, mit Nachdruck zu erklären, dass sich die Benzinpreiserhöhung wesentlich aus dem Klimapaket der Großen Koalition ergibt. Und mit ihrer Botschaft, dass sie die staatlichen Einnahmen in Form eines Energiegeldes zurückzahlen wollen, drangen sie in der Aufregung um den Benzinpreis nicht durch.

Das Konzept fordert die Bürger, weil es sie fordern soll. Und deshalb muss es ausführlich erklärt werden. Aber genau das, die verständliche Begründung ihres Vorhabens, unterließen die Grünen. Sie hatten keine griffige Formulierung vorbereitet, keinen knackigen Slogan, mit dem sie die Bürger von der Notwendigkeit eines gesetzlichen Benzinpreisanstiegs überzeugen und ihnen gleichzeitig die Angst nehmen können.

Ahnungslos traten die Grünen eine Lawine los. Sie machten es ihrer Konkurrenz leicht, sie zur Partei der Preiserhöhungen abzustempeln; zur Partei, die die Bürger bestrafen und ihnen das Geld wegnehmen will. Baerbock und Habeck hatten sich argumentativ in eine Sackgasse manövriert, aus der sie kaum noch herausfanden.

Robert Habeck gesteht später zerknirscht, dass die politische Kommunikation der Grünen bei dem Thema misslungen sei. Statt einer Diskussion über sinnvolle Maßnahmen gegen den Klimawandel bleibt eine angstgetriebene Diskussion um sechzehn Cent. Ein Fest für Populisten. Und ein Tiefpunkt des Wahljahres.

Der Wirbel um die Benzinpreisdebatte begleitet Olaf Scholz also auf dem Flug nach England. Aber in London wird es um weit mehr als sechzehn Cent gehen. Drei Jahre lang bereitete der Kreis der G7-Finanzminister in wechselnden Besetzungen eine Entscheidung von enormer Tragweite vor. Nun soll sie gefällt werden.

Als Olaf Scholz im verregneten Londoner Flughafen Stansted landet, ist die wichtigste Person des G7-Clubs bereits da, die US-amerikanische Finanzministerin Janet Yellen. Der Airbus des Deutschen parkt direkt neben der Boeing der Amerikanerin. Yellen war einmal Chefin der mächtigen Federal Reserve, der amerikanischen Notenbank, kurz Fed. Präsident Trump drängte sie aus dem Amt. Joe Biden, sein Nachfolger, ernannte sie vor einem halben Jahr zur Finanzministerin der USA, als erste Frau überhaupt.

Im altehrwürdigen Lancaster House, nicht weit vom Buckingham Palast, begegnen sich Scholz und Yellen zum ersten Mal. Und schon sehr bald ist klar: Dieses Treffen wird ganz anders verlaufen als die G7-Treffen während der Trump-Jahre.

Die Gruppe will das Problem der Steuerflucht internationaler Konzerne lösen. Vielen Ländern, darunter Deutschland und Frankreich, war es lange ein Dorn im Auge, dass global operierende Tech-Konzerne wie Amazon, Google und Facebook und auch Pharmakonzerne in ihren Ländern riesenhafte Umsätze erwirtschaften, ohne nennenswert Steuern zu bezahlen. Vor allem auf Betreiben von Olaf Scholz, der einen Vorschlag des Finanzministeriumsbeamten Martin Kreienbaum aufnahm, verhandelten die G7-Finanzminister viele Jahre lang. Doch erst seit Joe Bidens neue Ministerin am Verhandlungstisch sitzt, scheint eine Lösung möglich zu sein. Als Scholz am Abend das Lancaster House verlässt, strahlt er Zuversicht aus. Bei dem Treffen könne ein historischer Durchbruch gelingen.

Doch nur wenige deutsche Journalisten interessieren sich heute Abend für Olaf Scholz. Mehr Aufmerksamkeit widmen ihm britische Medien. Scholz steht der BBC und Sky News Rede und Antwort. Er spricht davon, dass das «race to the bottom», der Unterbietungswettlauf der Nationen, um mit möglichst niedrigen Steuersätzen Konzerne anzulocken, künftig ein Ende habe. Abends ist Scholz mit seinem Satz auf den Bildschirmen in englischen Pubs und Wohnzimmern zu sehen und zu hören. In Deutschland nimmt man von den Verhandlungen kaum Notiz. Vorerst.

Als der Bundesfinanzminister abends mit seinen engsten Mitarbeitern an der Hotelbar auf den sich abzeichnenden Erfolg anstößt, ist der Runde vermutlich klar: Wenn das Verhandlungsergebnis morgen offiziell verkündet wird, müssen starke, griffige Vokabeln her.

Am nächsten Tag spricht Scholz dann auch von einer «historischen», ja von einer «revolutionären» Einigung. Tatsächlich hat die Runde eine globale Mindeststeuer von fünfzehn Prozent beschlossen. Wenn ein internationaler Konzern eine Profitmarge von mehr als zehn Prozent erwirtschaftet, soll künftig ein Fünftel des Gewinns über dieser Schwelle in dem Land versteuert werden, in dem der Umsatz entsteht. Unter Fachleuten gilt die Vereinbarung als Sensation.

Die Verhandler in London sind zwar voller Hoffnung, dass auch die G20, darunter China, Indien und Brasilien, so wie viele andere Regierungen die Vereinbarung absegnen werden. Aber einige Länder mit wichtigen Finanzplätzen werden wohl nicht zustimmen Auch die Bemessungsgrundlage für die Steuererhebung steht noch nicht fest. Und manche Aktivisten kritisieren, der verabredete Steuersatz von fünfzehn Prozent sei zu niedrig.

Aber wenn die heute beschlossene globale Mindeststeuer bald eingetrieben wird, ist das zumindest der erste große Schritt auf dem Weg zu einer globalen Steuergerechtigkeit. Zusätzliche Milliardensummen werden dadurch weltweit in die klammen Staatshaushalte fließen. Das Ende des Unterbietungsrennens könnte zu einer Verbesserung von Arbeitsbedingungen, Löhnen und Sozialleistungen führen.

Olaf Scholz wird bei seinen Gesprächen in London von seinem Staatssekretär Wolfgang Schmidt begleitet. Auch Martin Kreienbaum ist dabei, der als Erfinder der Regelung gilt. Aber Scholz ist der Kopf der Gruppe. Für ihn wiegt der Erfolg der Reise besonders schwer. Er kann ihn stolz im Bundestagswahlkampf vorzeigen. An diesem Mittag ist er so entspannt wie sonst nur selten. Auf dem Rückflug nach Berlin macht er es sich im kleinen Séparée des Regierungsfliegers bequem. Es gibt hier zwei Sessel, eine Schlafcouch und einen kleinen Arbeitstisch. Scholz kommt ins Schwärmen: «Das ist für mich heute ein großer Durchbruch.»

Der Finanzminister wirkt geradezu euphorisch, weil sich sein genauso besonnener wie hartnäckiger Stil in einer entscheidenden Frage ausgezahlt hat. Er erzählt, dass Politik für ihn kein «Western» sei, mit einem zentralen Showdown, sondern das sprichwörtliche Bohren dicker Bretter: «Tatsächlich geht es um viele Jahre, wo man immer wieder neue Anläufe unternehmen und auch Rückschläge hinnehmen muss. Mit vielen andern, die total unterschiedliche Ansichten und Interessen haben. Wenn es dann klappt, [...] ist das auch ein Beweis, dass Politik richtig etwas bewirken kann.»

Einmal in Fahrt, erzählt Scholz auch davon, wie er die Doppelbelastung als wahlkämpfender Kanzlerkandidat und Finanzminister aushält. Er wird persönlich, na ja, ein wenig, mehr ist von ihm nicht zu erwarten. Scholz sagt, dass er im Grunde ein ziemlich ausgeglichener Typ sei, der auch unter Druck seine Gelassenheit niemals verliere. Und dass er vor Jahren angefangen habe, Sport zu machen. Das Laufen sei ihm wichtig.

Der Vizekanzler ist an diesem Tag allerbester Laune. Vielleicht wünscht er sich, dass dieser Flug und diese Stimmung noch eine Weile andauern. Doch als der Bordmonitor die Stadt Magdeburg anzeigt und die Maschine Sachsen-Anhalt überfliegt, scheint Scholz zu ahnen, dass er bald unsanft landen wird.

Seine Erwartungen mit Blick auf die anstehende Landtagswahl sind gedämpft: «Ein sehr ordentliches Ergebnis für die SPD wäre gerecht. Also ein besseres Ergebnis als beim letzten Mal.»

Beim letzten Mal? Da hatte die SPD fast elf Prozent verloren und war bei 10,6 Prozent aufgeschlagen. Es kann gar nicht schlimmer kommen, denkt Scholz.

SIGNALE AUS DEM OSTEN

Auf dem Redaktionsschiff von *The Pioneer* stehen am Wahlsonntag drei Redakteure mit einigen Politikerinnen und Politikern in der Hauptstadt in engem Kontakt, um die bundespolitischen Auswirkungen der Landtagswahl in Sachsen-Anhalt zu ermessen. Noch gibt es keine handfesten

Zahlen. Aber die Meinungsumfragen der letzten Tage lassen darauf schließen, dass Ministerpräsident Haseloff mit seiner CDU der klare Wahlsieger sein wird. Der Urnengang in dem ostdeutschen Flächenland ist aus mehreren Gründen spannend. Zunächst geht es um die CDU und um Armin Laschet. Sachsen-Anhalt ist der erste Stimmungstest seit dem wilden Machtkampf zwischen ihm und Söder. Noch vor wenigen Wochen hieß es: Wenn die CDU hier schlecht abschneidet, wird es wieder eng für Laschet. Söder könnte dann doch noch versuchen, seinen Rivalen aus dem Rennen zu kicken und selbst Kanzlerkandidat zu werden.

Michael Bröcker, der Chefredakteur des Redaktionsschiffs, hat beobachtet, dass Laschet im Osten Deutschlands sehr schlecht ankommt: «Armin Laschet ist für viele ostdeutsche Christdemokraten die Reinkarnation von Angela Merkel. Das hat nicht nur mit der Flüchtlingskrise zu tun, als er sehr stark ihre Position verteidigt hat. Laschet vertritt auch die liberale, modernisierte CDU wie kaum ein anderer. Insofern gilt für viele Christdemokraten im Osten: Mit Armin Laschet kriegen wir ein ‹Weiter so mit Angela Merkel›. Das lehnen dort viele ab.» Die CDU-Wähler im Osten, erklärt Bröcker, würden sich nach klarer konservativer Kante im politischen Streit sehnen. Deshalb seien Friedrich Merz und Markus Söder bei ihnen so populär. Und nicht Armin Laschet.

Zu den spannenden Fragen dieses Wahltages gehören auch: Wie schneiden die Grünen ab? Und wo landet die SPD? Können die Sozialdemokraten ihren Abwärtstrend stoppen? Und wenn nicht: Kann eine Partei, die in einigen Bundesländern mittlerweile sogar unter zehn Prozent landet, ernsthaft einen Kanzlerkandidaten-Wahlkampf führen?

Gordon Repinski, der stellvertretende Redaktionsleiter, beschäftigt sich seit vielen Jahren mit der SPD. Und er staunt: «Es gibt in diesem Wahlkampf keinen Widerstand gegen den eigenen Niedergang. Es gibt keine Emotionalität. Im letzten Herbst habe ich mich mit ein paar führenden Sozialdemokraten unterhalten. Die haben gesagt: ‹Wenn wir im März, April nicht aus diesen fünfzehn Prozent raus sind, dann gibt's Ärger in der Partei.› Aber es gibt keinen Ärger. Die Partei dämmert vor sich hin.»

Während die Redakteure von *The Pioneer* die ersten Zahlen der Exit Polls, also der Befragung von Wählerinnen und Wählern unmittelbar nach dem Verlassen der Wahllokale, erhalten, betritt Paul Ziemiak sein Büro im Konrad-Adenauer-Haus. Der Generalsekretär ist an diesem Tag in Siegerstimmung, auch er hat bereits erste Zahlen erfahren. Ziemiak versammelt seine engsten Mitarbeiter am großen Besprechungstisch. Stefan Hennewig, der Bundesgeschäftsführer, ist dabei, Simone Großner, die Leiterin des Bereichs «Programm und Analyse», und Vivien Keilbar, Ziemiaks persönliche Referentin. Um diese Uhrzeit schicken sich viele Journalistinnen und Journalisten in der Hauptstadt bereits die ersten Zahlen zu, vorsichtig werden Kommentare und Pressemitteilungen vorbereitet.

Noch sind die Zahlen ungenau, aber die CDU wird wohl ein überraschend gutes Ergebnis von deutlich über dreißig Prozent erzielen. Die AfD wird nur leicht verlieren, die SPD voraussichtlich unter zehn Prozent rutschen. Und die Grünen werden, anders als erwartet, kaum dazugewinnen.

Im fünften Stock der CDU-Parteizentrale ist die Stimmung entsprechend gelöst. Ziemiak gibt das Wording, die Sprachregelung für die anschließenden Pressemitteilungen und Interviews, vor. Um Punkt 18 Uhr, wenn ARD, ZDF und die Nachrichtenagenturen die ersten Trends vermelden, will Ziemiak die Deutungshoheit über das Wahlergebnis erlangen. Deshalb feilt er an leicht konsumierbaren Sätzen, die seine Mitarbeiterinnen notieren: «Wir brauchen klare Botschaften, die über den Ticker laufen. Lieber das Statement kürzer machen. So dass es jeder versteht. Wenn die Zahlen sich so bewahrheiten, ist für mich klar: Die Menschen haben entschieden: Reiner Haseloff bleibt Ministerpräsident. Er soll Sachsen-Anhalt in die Zukunft führen. Er hat einen eindeutigen Regierungsauftrag.»

Simone Großner nickt. Aber sie will wissen, was sie zu den anderen Parteien sagen sollen. Vor allem zum Abschneiden der AfD, deren Ergebnis sei ja nicht so erfreulich. Darauf Ziemiak: «Ich würde dazu gar nichts sagen. Lass das doch die anderen machen. Die SPD und die Grünen werden heute eine Strategie fahren, dass sie die Wähler aufgerufen haben, die CDU zu wählen. Damit die AfD nicht stärkste Partei wird. Und das darf man denen nicht durchgehen lassen. […] Niemand von den Grünen, niemand von der SPD hat aufgerufen, CDU zu wählen. Das ist doch Quatsch. Quatsch mit Soße.»

Ein paar Kilometer von der CDU-Zentrale entfernt tritt Annalena Baerbock vor eine einsame Kamera in einem leeren Saal. Es ist derselbe Saal der Heinrich-Böll-Stiftung, in dem sie im Januar mit Robert Habeck gemeinsam die virtuelle Jahresauftaktpressekonferenz der Grünen bestritten hat. Damals strahlte sie große Zuversicht aus. Jetzt, am Wahlsonntag um 18:10 Uhr, steht sie ganz allein im Scheinwerferlicht und muss der Öffentlichkeit erklären, warum ihre Partei in Sachsen-Anhalt nicht zweistellig wurde, sondern sich, ausgehend von 5,2 Prozent, im Schneckentempo gerade mal in Richtung 6 Prozent bewegt. Die Enttäuschung steht Baerbock ins Gesicht geschrieben, ihr Lächeln wirkt bemüht.

Die Ansprache der grünen Kanzlerkandidatin dauert nur zwei, drei Minuten. Dann stürzt sie in einen dunkelgrauen Minivan und lässt sich schnell zum wenige hundert Meter entfernten ARD-Hauptstadtstudio fahren. Dass sie sich an diesem Abend nicht weg duckt, ist tapfer. Die beiden Männer, die im Herbst ebenfalls ins Kanzleramt wollen, halten sich noch im Hintergrund. Allerdings aus unterschiedlichen Gründen. Armin Laschet lässt als CDU-Vorsitzender, wie früher Angela Merkel, zunächst seinen Generalsekretär die Landtagswahlergebnisse kommentieren. Olaf Scholz hatte nach dem Sieg seiner Partei in Rheinland-Pfalz im März noch höchstpersönlich die Fernsehstudios aufgesucht. Heute Abend meidet er die Öffentlichkeit. Weil es nichts zu feiern gibt.

Als ich Baerbock im Studio treffe, gibt sie sofort zu, dass der Wahltag nicht gut gelaufen ist. Die Grünen hätten in Sachsen-Anhalt dafür gesorgt, dass die Kenia-Koalition zusammengeblieben sei. Das sei nicht immer einfach gewesen. Viele Menschen hätten nicht gewollt, dass Rechtsextreme an die Regierung kommen, und hätten deshalb die Partei des Ministerpräsidenten gewählt.

Über die anderen Gründe, aus denen die Grünen ihr Wahlziel von zehn Prozent plus X verfehlt haben, spricht Baerbock eher ungern. Seit

Wochen muss sie sich dieselben Fragen anhören: Warum haben Sie Ihre Bonuszahlungen und Honorare nicht rechtzeitig dem Bundestag gemeldet? Stimmen die Angaben in Ihrem akademischen Lebenslauf? Kurz vor einer Wahl sind solche öffentlichen Zweifel an der Professionalität und Redlichkeit einer Kandidatin Gift für die Kampagne.

Und die Pannenserie reißt nicht ab. Gestern, am Tag vor der Landtagswahl, musste ihr Sprecher weitere Ungenauigkeiten einräumen. Baerbock hatte im Lebenslauf auf ihrer Website unter «Mitgliedschaften» allerhand wohlklingende Institutionen angegeben. Bei einigen ist sie tatsächlich Mitglied, bei anderen nicht. Hat sie wissentlich geflunkert? Sie hat einmal beim Fellowship-Programm des German Marshall Fund teilgenommen, ist aber kein Mitglied bei der US-amerikanischen Stiftung. Und sie ist, anders als von ihr angegeben, auch kein Mitglied des UNHCR. Sie spendet Geldbeträge an die UNO-Flüchtlingshilfe, den deutschen Partner des Flüchtlingshilfswerks der Vereinten Nationen, UNHCR.

Als ein Journalist öffentlich auf die falschen Angaben hinweist, lässt Baerbock ihren Lebenslauf in Windeseile überarbeiten. Ihr Sprecher schreibt auf Twitter: «Da es Nachfragen zu angegebenen ‹Mitgliedschaften› im Lebenslauf von Frau Baerbock gab, wurden die Angaben präzisiert und korrigiert. Danke für die Hinweise.» Auf der offiziellen Website wird die Überschrift «Mitgliedschaften» ersetzt durch «Beiräte, (Förder-) Mitgliedschaften, regelmäßige Unterstützung».

Peter Ruhenstroth-Bauer, der Geschäftsführer der UNO-Flüchtlingshilfe in Deutschland, wundert sich über Baerbocks fehlerhafte Liste. Er weiß, dass die Grünen-Politikerin seit Jahren Geld überweist: «Frau Baerbock ist seit 2013 Dauerspenderin der UNO-Flüchtlingshilfe». Aber wieso gibt die Politikerin an, Mitglied beim UNHCR zu sein? Dort kann man doch gar kein Mitglied sein.

Ruhenstroth-Bauer arbeitete 1998 selbst als Wahlkampfhelfer, als die SPD ihr Strategiecenter «Kampa» einrichtete. Werbefachleute, Meinungsforscher und auch befreundete Journalisten (eigentlich ein Unding) sorgten in der neuen, schicken Wahlkampfzentrale unter der Leitung von Matthias Machnig für den richtigen Spin, der Gerhard Schröder ins

Kanzleramt half. Ruhenstroth-Bauer weiß daher auch, wie unerbittlich üblicherweise Lebensläufe von Kandidaten geprüft werden. Es geht um heimliche Liebesbeziehungen, um Steuerdelikte, um Alkohol- und Drogenprobleme, um Ungereimtheiten in Ausbildungs- und Berufsbiografien. Kurzum, es geht um alle menschlichen Schwächen, die bei einer Kanzlerkandidatur zum Problem, schlimmstenfalls zum Verhängnis werden können.

Die erneute Korrektur von Baerbocks Angaben ist eine Peinlichkeit. Für die Kandidatin, aber auch für die Partei und für ihre Wahlkampfmannschaft und deren Leiter Michael Kellner. In den vergangenen Monaten hatten die Grünen geschwärmt, sie würden Historisches wagen und mit der Kanzlerkandidatur nach den Sternen greifen. Jetzt zeigt sich, dass das Kampagnenteam mit den einfachsten handwerklichen Aufgaben zur Vorbereitung der Kandidatur überfordert ist. Eine parteiinterne Taskforce hätte schon seit Monaten die beiden Bewerber um die Kandidatur, Baerbock und Habeck, erbarmungslos prüfen müssen. Schwachstellen hätten erkannt und möglichst geräuschlos ausgebügelt werden müssen. Bevor politische Gegner oder Journalisten auf sie aufmerksam werden.

Ruhenstroth-Bauer sagt: «Ich erwarte von den Teams der Bewerber für das Amt des Bundeskanzlers bzw. der Bundeskanzlerin, dass sie dafür Sorge tragen, dass vor einer Veröffentlichung alle Angaben auf ihre Richtigkeit geprüft sind.»

Die Nachmeldung von Nebeneinkünften und die Überarbeitung von Lebensläufen mag den Grünen als Nebensächlichkeit erscheinen. In einem Wahlkampf, in dem es um Klimawandel, Corona, Wirtschaftskrise, Digitalisierung, Schulbildung etc. geht, sind die falschen Angaben der Kandidatin tatsächlich Kleinigkeiten. Aber sie können die Dynamik eines Wahlkampfes entscheidend beeinflussen. Sie können ein Bild verfestigen, das die Kandidatin so leicht nicht mehr loswird: das Bild einer Angeberin, wenn nicht gar Hochstaplerin, die indes noch über keinerlei Erfahrung in höheren Regierungsämtern verfügt.

Baerbock knurrt in unserem Gespräch: «Ja, es gab in den letzten Wochen viele Fragen zu meinem Leben. Auch sehr legitime. Die sachlichen Fragen habe ich offen und transparent beantwortet. Aber ich habe mich bei manchen Fragestellern schon gefragt, ob es da wirklich um die Sache geht.»

Vermutlich geht es sogar den wenigsten Fragestellern um die Sache, etwa um ihre Angaben zum UNHCR. In Wahlkämpfen wird immer auf verschiedenen Ebenen gekämpft, über Bande und auch mit versteckten Fouls. Angela Merkel war ja auch deshalb eine erfolgreiche Wahlkämpferin, weil sie abwartend beobachtete, wie ihre Gegner durch den Wahlkampf stolperten, während sie sich darauf konzentrierte, Fehler zu vermeiden.

Auch wenn ihre Kandidatur anfangs, nicht zuletzt vor dem Hintergrund des unwürdigen Machtkampfs in der Union, wie eine perfekte Inszenierung ausgesehen hatte: Annalena Baerbock schlitterte ohne ausreichende Vorbereitung in den Wahlkampf, ihr Team stolperte blauäugig in das Abenteuer. Viele Wählerinnen und Wähler werden sich nun fragen, ob sie dieser Frau und diesem Team den Schlüssel zum Kanzleramt anvertrauen sollen.

Was Baerbock und ihre Kampagne in diesen Wochen erleben, kann sich für die Grünen im schlechtesten Fall zu einer Kombination aus dem Steinbrück- und dem Schulz-Effekt auswachsen: einer anhaltenden Debatte über viele kleine Pannen (Steinbrück) *und* einem schlechten Landtagswahlergebnis zum dramaturgisch ungünstigsten Zeitpunkt (Schulz). Das Zeitfenster rund um die Bekanntgabe der grünen Kanzlerkandidatur war klein; doch die Chance, das Momentum bis zur Bundestagswahl zu nutzen, wurde verspielt.

Direkt nach den Landtagswahlen in Baden-Württemberg und Rheinland-Pfalz sprach Robert Habeck noch hoffnungsfroh von den «Tipping Points», dem Drehmoment, der den angestrebten Wechsel auf Bundesebene einleiten sollte. Möglicherweise erleben die Grünen nach der Landtagswahl in Sachsen-Anhalt erneut «Tipping Points», allerdings in die andere Richtung. Schon schreiben einige Zeitungen in Anspielung auf die unglückliche Martin-Schulz-Kampagne: «Der Baerbock-Zug entgleist». Noch sind dreieinhalb Monate Zeit. Findet die Grünen-Kampagne zurück in die Spur?

Aufmerksame Journalisten werfen in diesen Tagen auch einen genaueren Blick auf Armin Laschets Lebenslauf und stellen eine Ungereimtheit fest. Laschet war von 1999 bis 2015 als Lehrbeauftragter des Europastudiengangs der Rheinisch-Westfälischen Technischen Hochschule (RWTH) in Aachen tätig. Eigentlich eine Tätigkeit, die sich in einer Vita gut macht. Aber Laschet hatte seine Dozentur unrühmlich beendet, nachdem er studentische Arbeiten verschludert und dafür dennoch Noten verteilt hatte. Offenbar nahm er seine Lehrtätigkeit auf die leichte Schulter. Nachdem Laschet die Studierenden schriftlich informiert hatte, dass ihre Klausuren «auf dem Postweg abhandengekommen» seien, verteilte er in großzügiger Manier Zensuren. Offenbar zu großzügig. Wie Tobias Blasius und Moritz Küpper in ihrer Laschet-Biografie «Der Machtmenschliche» berichten, meldeten sich sieben Studierende, die von Laschet zwar Noten erhalten, aber keine Klausur geschrieben hatten. Obwohl nur 28 Studierende an der Klausur teilgenommen hatten, vergab er 35 Noten. Laschet behauptete, die Noten aufgrund von eigenen Notizen ermittelt zu haben. Doch als jemand diese Notizen sehen wollte, behauptete er nach Angaben der *BILD*-Zeitung, sie «inzwischen entsorgt» zu haben.

Über den Vorgang selbst war mehrfach berichtet worden. Doch dem Politiker ist die Angelegenheit offenbar so unangenehm, dass er die sechzehnjährige Lehrtätigkeit in seinem offiziellen Lebenslauf gar nicht erwähnt. Und genau das sorgt jetzt, Anfang Juni, für Fragezeichen.

Aber Laschet hat Glück: Als die Lücke in seiner Vita auffällt, richten sich die Blicke mehr auf den Lebenslauf seiner grünen Konkurrentin. Außerdem kann sich Laschet wegen des Wahlerfolges in Sachsen-Anhalt feiern lassen. Seine kleine Lebenslauf-Affäre geht im allgemeinen Schlachtenlärm dieses Wochenendes unter.

Am Wahlabend steht Lars Klingbeil auf dem Bürgersteig neben dem ARD-Hauptstadtstudio an der Spree. Er wäre wohl froh, wenn er nur die Sorgen der Wahlkampfmanager von CDU und Grünen hätte. Obwohl Olaf Scholz tatsächlich der einzige Kanzlerkandidat ist, der bislang weitgehend fehlerfrei durch die Kandidatur gekommen ist, erlebt Klingbeil, wie seine Partei in einen Sog aus schlechten Umfragen und einem miesen Wahlergebnis gezogen wird. Immer tiefer. In Sachsen-Anhalt sind es nicht einmal mehr zehn Prozent, sondern nur knapp über acht Prozent geworden. Dabei hatte Scholz doch gerade noch die Hoffnung geäußert, die mickrigen zehneinhalb Prozent von 2016 steigern zu können. Wie die Grünen sieht auch Klingbeil den Grund für die Wahlschlappe von Sachsen-Anhalt in der polarisierten Frage: Haseloff oder die AfD? Viele hätten letztlich die CDU gewählt, um zu verhindern, dass die AfD zu stark wird.

Ein paar Meter weiter steht Bernd Baumann, der parlamentarische Geschäftsführer der AfD-Bundestagsfraktion. Seine Partei hat in Sachsen-Anhalt zwar über drei Prozent verloren, aber sie erhielt dennoch knapp 21 Prozent. Und sie wird künftig wieder die mit weitem Abstand zweitstärkste Fraktion im Magdeburger Landtag sein. Baumann redet entsprechend breitbeinig über das Ergebnis:

«Es gibt zwei große Parteien, die CDU und die AfD. Die hätten zusammen 65 Prozent. Das heißt, es gibt eine große Mehrheit in Sachsen-Anhalt, die eine wertkonservative Politik will. Wir sind fast dreimal so stark wie die SPD. Wir sind viermal so stark wie die Grünen und wie die FDP. Der Tag ist gut gelaufen.»

Baumann übertreibt. Der Abstand zu SPD, FDP und Grünen ist groß, aber nicht so groß, wie er es darstellt. Und viele CDU-Politiker wie Reiner Haseloff werden es als anmaßend empfinden, gemeinsam mit der AfD einem großen «wertkonservativen» Lager zugerechnet zu werden. Dennoch sind die Wahlerfolge der AfD in Ostdeutschland nicht zu leugnen. Baumann zählt mehrere Gründe auf: die Finanzpolitik, die Sparern Negativzinsen aufzwinge; «Schuldenübernahmen für andere EU-Länder»; «Klimahysterie», so nennt er die Maßnahmen gegen den menschengemachten Klimawandel, Deutschland habe beim CO_2-Ausstoß ja nur einen Anteil von zwei Prozent; und natürlich der AfD-Dauerbrenner «offene Grenzen und Migranten». Seit einigen Tagen hat Baumann noch einen weiteren Grund für die Unzufriedenheit der Bevölkerung und den Erfolg seiner Partei ausgemacht – die Diskussion um den Benzinpreis. Er holt zu einem weiteren Rundumschlag aus: «Die

Benzinpreise erhöhen, die Kohlekraftwerke abschalten, die Atomkraftwerke abschalten. Das macht überhaupt keinen Sinn. Was bringt das dem Weltklima? Das schädigt die deutschen Familien. Das schädigt den Mittelstand, die Unterschicht zumal. Das ist politischer Wahn, Hysterie.»

Die Ablehnung der von den Grünen geforderten weiteren Benzinpreiserhöhung ist wohl der einzige Punkt, in dem sich Bernd Baumann und Lars Klingbeil einig sind. Klingbeil muss seine Einwände jedoch deutlich weniger krachend formulieren. Und anders als die AfD kann er seine SPD nicht als Protestpartei positionieren. Solange sie im Bund und in vielen Ländern Regierungspartei ist, würde ihr niemand eine Fundamentalkritik abnehmen. Klingbeil muss daher mitansehen, wie die AfD in Ostdeutschland als Anti-Establishment-Partei weiterhin die Stimmen vieler Unzufriedenen einsammelt und in den meisten Landtagen ungleich stärker vertreten ist als die SPD.

Der anhaltende Erfolg der AfD wurmt ihn ungemein. Für den Generalsekretär ist die Wahlniederlage seiner Partei auch eine persönliche Niederlage, seit seiner Jugend engagiert er sich ja gegen Rechtsextremismus. Warum gelingt es ihm und seiner Partei nicht, die AfD klein zu halten? In seiner Antwort klingt Selbstkritik an: «Wir hier in Berlin müssen Lebensrealitäten von Menschen noch stärker in den Fokus nehmen. Also, diese Woche mit der Benzinpreis-Frage», Klingbeil seufzt unglücklich, «wo hier einfach Politik gemacht wird gegen einen Großteil der Menschen. Wenn man sagt: Ja, dann erhöhen wir den Liter Benzin halt mal um sechzehn Cent. Fünfzig Prozent der Menschen haben gar keine Möglichkeit, aufs Auto zu verzichten. Für die ist das ein Schlag ins Gesicht. Die wenden sich vielleicht von den demokratischen Parteien ab.»

Die Abkehr von den klassischen Parteien ist gerade das große Thema in der Hauptstadt. Mal wieder.

DER AUSSTIEG

In der Woche nach der Landtagswahl in Sachsen-Anhalt sitzt Selina Fullert am Rand eines Sandkastens. Weit draußen, im Hamburger Vorort Rahlstedt. Mit ihren beiden kleinen Kindern bewohnt sie eine Wohnung in einem großen Mehrfamilienhaus. Ein paar Etagen unter ihr wohnt ihr Vater. Das ist praktisch, denn er kann gelegentlich auf die Kinder aufpassen, wenn Selina Fullert unterwegs ist. Im vergangenen Jahr und in diesem Frühjahr war sie viel unterwegs. Auch, um Querdenker-Demonstrationen zu organisieren.

Doch inzwischen ist es viel ruhiger geworden im Leben der jungen Mutter. Und das liegt nicht nur daran, dass sich die Aufregung um die Pandemie und die Anti-Corona-Maßnahmen der Regierung gerade etwas gelegt hat. Selina Fullert hat ihrem Leben einen weiteren Richtungswechsel verpasst. Jetzt sitzt sie am Sandkasten, schaut ihren Kindern beim Spielen zu und erzählt, warum sie die Querdenker-Szene verlassen hat.

Vor einigen Monaten hat die junge Mutter noch selbst Demonstrationen in Hamburg angeführt. Im Winter, als die Temperaturen in den Keller gingen, fuhr sie mit Gleichgesinnten in Autokorsos durch die Stadt und freute sich über die Staus, die sie verursachten.

Aber das, was Selina Fullert eigentlich verursachen wollte, nämlich eine Korrektur der Corona-Politik, erreichte sie nicht. «Da gab es einen Knick», berichtet sie, «als die Menschen gesagt haben: Wir sind müde, wir haben über ein knappes Jahr demonstriert. Und ja, die Teilnehmerzahl ist eingebrochen.»

Im Frühjahr 2021 gibt es in anderen Städten, etwa in Stuttgart, weiterhin Demonstrationen. Auch semiprofessionell organisierte Großveranstaltungen, mit breiten Bühnen, Musik und Rednern. Das gefällt der Hamburgerin nicht; sie findet, dass die Veranstaltungen zu groß werden, sich zu Protest-Events entwickeln.

Dann passiert, was Selina Fullert heute als i-Tüpfelchen-Moment beschreibt. Der Verfassungsschutz fängt an, sich intensiv mit der Querdenker-Szene zu beschäftigen und die Strukturen der Bewegung unter die Lupe zu nehmen, ihre Kommunikation. Natürlich sehen sich die Beamten auch die Personen genau an, die für die Demonstrationen verantwortlich zeichnen. Selina Fullert ist inzwischen ein wenig prominent. Ihr Name steht auf der Website von «Querdenken 40», sie gibt Interviews und ist auch Ansprechpartnerin für andere Gruppen in Norddeutschland. Es ist nur noch eine Frage der Zeit, bis auch Fullert ins Visier des Verfassungsschutzes gerät.

Sie erzählt: «Dann kam die Nachricht aus den Medien, dass der Hamburger Verfassungsschutz ein Auge auf Querdenken Hamburg bzw. auf die Hauptinitiatoren geworfen hat. Das ging mir sehr nah. Man rechnet mit viel. Aber nicht damit. Und das war dann für mich der Punkt: Es wird Zeit, sich zurückzuziehen.»

Ihre Entscheidung kommt für viele Mitstreiter überraschend. Sie hat doch schon allerhand ausgehalten: Ärger bei der Arbeit, Nachbarn, die sie schräg ansehen. Was soll ihr die Beobachtung des Verfassungsschutzes denn anhaben? Selina Fullert hat sich umgehört und Bekannte befragt, deren Wohnungen von Verfassungsschützern durchsucht wurden. Wie läuft so etwas ab, will sie wissen: «Wenn vielleicht zehn starke Männer und Frauen vor meiner Tür stehen, meine Kinder sind zuhause, und die durchsuchen unsere Wohnung, nehmen Dinge mit, dann fragt man natürlich: Inwieweit mute ich mir das zu? Da muss man dann seine Schmerzgrenze setzen: Nee, da betrifft es meine Familie. Und dann ist Feierabend.»

Auf die Frage, ob sie selbst einmal eine solche Hausdurchsuchung erlebt hat, antwortet die Mutter der beiden kleinen Kinder, man habe sie in Ruhe gelassen. Überhaupt habe sie Polizisten bei Demonstrationen immer als friedlich und kooperativ empfunden. Als Veranstalterin habe sie ein gutes Verhältnis zu ihnen gehabt.

Im Gespräch am Rande des Sandkastens spürt man deutlich: Selina Fullert will zwar politisch aktiv bleiben und sich in lokalen Initiativen organisieren. Auch schaut sie sich neue Gruppierungen wie «Die Basis» oder «Bündnis 21» an und überlegt, bei der Bundestagswahl eine solche Kleinpartei zu wählen. Aber die Querdenker-Bewegung, oder besser:

ihre eigene Rolle darin, ist ihr über den Kopf gewachsen. Die Sache wurde ihr zu heiß. Deshalb ist sie ausgestiegen.

«SCHEISSE»

Der Parteitag der Grünen soll hybrid stattfinden, in einer Mischung aus Präsenz- und Online-Veranstaltung. Weder Fisch noch Fleisch, murren einige Gäste. Die Partei hat in eine ehemalige Lagerhalle in Berlin-Kreuzberg geladen. Zum ersten Mal seit vielen Monaten dürfen auch Journalisten dabei sein. Und für ein, zwei Stunden etwa hundert Neumitglieder. Die Mehrzahl der Delegierten sitzt zuhause am Bildschirm. Die Parteiprominenz lässt sich, von ganz wenigen Ausnahmen abgesehen, nicht blicken. Nicht an diesem Tag und nicht an diesem Ort. Dabei wäre es gerade heute so wichtig, der Kanzlerkandidatin den Rücken zu stärken. Jetzt, bei ihrer Rede, so kurz vor Beginn der heißen Wahlkampfphase. In einer Zeit, in der sie schwer ins Straucheln geraten ist. Auch die Kandidatin selbst ist am Vormittag nicht zu sehen. Sie sitzt irgendwo abgeschirmt und bereitet sich auf ihren Auftritt vor.

Dagegen ist Robert Habeck fast überall zu sehen. Klar, er ist Co-Vorsitzender der Partei und soll heute offiziell als andere Hälfte des Spitzen-Duos gewählt werden. Aber die Abwesenheit Baerbocks und die Omnipräsenz Habecks fallen auf. In Umfragen sind die Grünen in kürzester Zeit um fünf auf zwanzig Prozent abgestürzt. Annalena Baerbocks Zustimmungswerte im Kandidatenvergleich sind sogar von 28 auf nur noch 16 Prozent gefallen.

Unter Journalisten wird auf dem Parteitag phasenweise mehr über Baerbocks Lebenslauf-Korrekturen gesprochen als über Maßnahmen gegen den Klimawandel oder Steuerkonzepte. Zwei Tage zuvor hatte die Publizistin Bettina Gaus im Web-Angebot des *SPIEGEL* gefordert, die Grünen sollten sie als Kanzlerkandidatin absetzen und an ihrer Stelle Robert Habeck zum Kanzlerkandidaten machen. Der Schritt müsste allerdings von ihr selbst ausgehen: «Wenn Annalena Baerbock so klug ist, wie viele glauben, dann zieht sie sich zurück und sagt sinngemäß: Blöde, kleine Fehler von mir gefährden derzeit, dass wir das verwirklichen können, was uns allen am meisten am Herzen liegt. Nämlich unsere Politik, vor allem den Kampf gegen den Klimawandel. Um unsere Chancen zu maximieren, übergebe ich den Stab an Robert [...] Ich glaube nicht, dass sie das tun wird. Und deshalb heißt der nächste Kanzler Armin Laschet.»

Diese paar Zeilen haben wohl die meisten auf dem Parteitag gelesen. Und viele Journalisten, die sich im Flüsterton austauschen, meinen: Bettina Gaus hat recht, Habeck wäre der bessere Kandidat.

Habeck selbst hat die Diskussion der letzten Tage und Stunden auch mitbekommen, natürlich. Wenn Baerbock schwächelt, kommt es auf ihn an. Er hat sie am Tag zuvor mit einer fulminanten Rede unterstützt und gefordert, man solle sie nicht im Regen stehen lassen. Jetzt sei die Zeit, in der sich echte Kameradschaft beweise. Erleben wir einen Steinbrück-Moment? Die Kandidatin ist schwer angeschlagen und auch aus den eigenen Reihen unter Druck geraten. Bei Steinbrück kam die Ehefrau zu Hilfe, bei Baerbock ihr Co-Parteichef. Und die Kandidatin? Sie wird schon nicht in Tränen ausbrechen wie Steinbrück vor acht Jahren. Aber sie spürt, dass die Nation und mindestens ihre Parteifreunde auf ein starkes Zeichen von ihr warten, auf eine Gefühlsregung.

Seit Tagen verkündet Baerbock daher überall, ob gefragt oder ungefragt, wie leid ihr die Pannen der letzten Zeit tun, sie spricht von «Mist», von «Schlamperei» und davon, wie sehr sie sich über sich selbst ärgert. Was aber wird sie in ihrer Rede sagen? Kann sie sich mit einer großen Ansprache aus dem selbst verursachten Schlamassel befreien?

Während alle auf die Kandidatin warten, dreht Robert Habeck mächtig auf. Er tänzelt geradezu durch den Parteitag, spricht angeregt mit den Delegierten, begrüßt Gäste, gibt Interviews. Selten sah man ihn in letzter Zeit so agil und so strahlend. Als wäre der Tenor der öffentlichen Meinung, er sei der bessere Kandidat, Balsam auf seiner Seele. Ohne Habeck ist die Kandidatin jetzt verloren. Seine Position scheint mächtiger denn je. Gleichzeitig wirkt er in diesen Stunden aber auch wie eine Vorband, die dem Publikum vor dem Auftritt des eigentlichen Stars einheizen soll.

Wie denkt er über diese seltsame Situation? Und wie denkt er über die Pannenserie der Frontfrau? Wir treffen uns in einer fußballfeldgroßen, leeren Nebenhalle des Parteitages. Und Habeck redet ganz offen: «Die letzten Wochen sind nicht glänzend gewesen. Aber der Tag gestern hat die Partei stabilisiert.» Er hat dabei auch seine demonstrative Unterstützungsrede für die strauchelnde Kandidatin im Sinn. Habeck sagt es so nicht, aber was er meint, ist klar: Er hat die Partei stabilisiert. Niemand sonst.

Und dann erzählt er, wie er die Fehler in den letzten Wochen erlebt hat. Die Pannen, die die grüne Kampagne so mächtig aus dem Tritt gebracht haben: «Ich, und ich glaube wir alle, haben das als Verkettung von lauter nicht so wichtigen Dingen wahrgenommen. Aber in der Verkettung wurde es dann auf einmal ein starkes Narrativ: Irgendwas stimmt da nicht. Und so war das auch in der internen Kommunikation. Beim ersten Mal war ich achselzuckend, beim zweiten haben wir telefoniert, beim dritten haben alle gesagt: Oh je, was passiert denn jetzt gerade? Dann hat es einfach einen Tick zu lange gedauert, um das alles sauber hinzukriegen.»

Der Kampagnenführung sei bewusst gewesen, dass es im Wahlkampf hart zugehe, dass jeder Stein umgedreht werde, erzählt Habeck. Aber als die ersten Berichte über Baerbocks Bonus-Nachmeldungen und ungenaue Lebenslaufangaben kamen, «da waren wir nicht auf die Sekunde sprechfähig. Auch Annalena konnte das alles nicht erklären. Deswegen sind wir tatsächlich überrascht worden.» Der Seitenhieb sitzt.

Die Grünen wurden mächtig durchgerüttelt in den letzten Tagen. Mit weichen Knien haben sie zugleich bangend und hoffend auf ihren Parteitag geblickt. Zumindest für den Moment wirken sie geschlossen, das ist auch Habecks Verdienst.

Es sind noch gut hundert Tage bis zur Bundestagswahl, bis zum Tag der großen Abrechnung. Hält die Ruhe, schafft die Kampagnenleitung die Imagereparatur im laufenden Betrieb? Habeck sagt, seine Partei befinde sich noch «im ersten Akt» des Wahlkampfdramas. Das ist etwas ungenau. Die Frage ist, ob wir es mit einem Zwei-, Drei- oder Fünfakter zu tun haben. Und mit einer Tragödie oder mit einem Lustspiel. Der frühere Schriftsteller denkt an einen Dreiakter. Ob ihm bewusst sei, dass sich bei Shakespeare in der Mitte des Stückes oft ein Königsmord ereignet? Habeck wittert die Gefahr und kontert: «Shakespeare war ein großer Übertreiber.»

Und Baerbock selbst? Sie und Robert Habeck wurden mit 98 Prozent der Delegierten als Spitzen-Duo für den Wahlkampf gewählt. Sie weiß in diesen Tagen zu schätzen, dass ihr der Co-Vorsitzende demonstrativ den Rücken stärkt. Was wäre sie jetzt ohne ihn? Als ich sie treffe, redet sie überschwänglich von Habecks Unterstützung, die ihr «total wichtig» sei, und zwar nicht nur jetzt, sondern auch in den letzten dreieinhalb Jahren der gemeinsamen Parteiführung. Sie und Habeck hätten von Anfang an einen permanenten Rollenwechsel vereinbart: «Mal ist der eine vorne auf der Front-Stage, der andere backstage. Dann ist es wieder andersherum.» Dass es auf absehbare Zeit keinen Rollentausch mehr geben wird, sagt Annalena Baerbock nicht. Sie steht jetzt ganz allein und ganz vorne auf der Bühne. Das Scheinwerferlicht leuchtet jeden Winkel ihrer Persönlichkeit aus, ihr Vorleben, ihre Überzeugungen, ihre Fähigkeiten und Defizite. Mit ihr steht und fällt der Erfolg der grünen Kampagne. Und im Moment kommt die Kampagne ins Rutschen.

Auch Michael Kellner, den obersten Wahlkampfmanager, treffe ich kurz. Er stand neben Annalena Baerbock im Mittelpunkt der Aufregung der letzten Tage. Ihm und seinem Team wurde angelastet, die Lebenslaufangaben der Kandidatin nicht früh und nicht gewissenhaft genug geprüft zu haben. «Überfordert» seien die Grünen, «naiv». Kellner hat eine schwere Zeit hinter sich. Natürlich werde es harte Manöverkritik geben, sagt er. Aber bitte schön nicht öffentlich, sondern intern.

Andere aus dem inneren Machtzirkel der Partei reden offener. Sie bestehen zwar ebenfalls darauf, ihre Kritik nicht in direkter Rede und unter Nennung ihres Namens wiederzugeben. Aber immerhin wollen sie ihrem Ärger ein wenig Luft machen und darlegen, was in der Kampagne aus ihrer Sicht schiefgelaufen ist. Schon vor zwei Jahren hätte eine kleine Arbeitsgruppe damit beginnen sollen, die Lebensläufe von Robert Habeck und Annalena Baerbock intensiv zu prüfen. Vor genau zwei Jahren, im Mai 2019, als der *STERN* titelte: «Robert Habeck – unser nächster Kanzler?» Zu diesem Zeitpunkt hatte Habeck die weitaus besseren Chancen auf eine Kandidatur. Baerbock war Außenseiterin. Die Grünen begannen, sich ernsthaft mit der K-Frage auseinanderzusetzen. Klar war, dass andere das grüne Spitzen-Duo ins Visier nehmen würden, um Munition gegen den Kandidaten oder die Kandidatin zu sammeln. Das ist das Geschäft von politischen Mitbewerbern und Journalisten.

Vermutlich waren die Grünen vom eigenen Hoch in den Umfragen berauscht, denken auch meine Gesprächspartner, die ganze Parteizentrale habe in dieser Phase die nötige kritische Distanz zu den beiden Kandidaten verloren. Erst sehr viel später habe man sich daran gemacht, unvoreingenommen das Vorleben von Habeck und Baerbock unter die Lupe zu nehmen.

Aber plötzlich seien wieder andere Aufgaben angefallen, die noch wichtiger zu sein schienen: Die Kampagne musste organisiert werden, Marketingkonzepte mussten entwickelt, inhaltliche Debatten und Personalgespräche geführt werden. Die Arbeit in der Bundesgeschäftsstelle sei zudem schwierig gewesen, monatelang habe man es ja mit einer Großbaustelle zu tun gehabt.

Jetzt mache sich auch schmerzlich bemerkbar, dass die Grünen seit der Bundestagswahl 2017 mit 8,9 Prozent die kleinste Oppositionspartei im Parlament sind – mit entsprechend schmalem Budget. Ihre geringen Mittel stünden in einem großen Spannungsverhältnis zu ihrem ungemein ehrgeizigen Anspruch. Andere Kandidaten könnten auf mächtige Apparate zurückgreifen, etwa auf eine Staatskanzlei, sagen sie bei den Grünen. Der Hinweis zielt auf Armin Laschet, der ja immer noch Ministerpräsident von Nordrhein-Westfalen ist. Eine Unterstützung durch Mitarbeiter der Staatskanzlei im Wahlkampf wäre jedoch illegal, und meine Gesprächspartner können oder wollen auch keine Beweise für eine unzulässige Verquickung der Landesbediensteten mit der CDU-Wahlkampagne im Bund vorlegen. So bleibt es beim Klagelied der Underdogs, die bei den ganz Großen mitspielen wollen und jetzt Angst haben, gefressen zu werden.

Natürlich ist auch die Hauptstadtpresse Teil des Dschungels. Sie folgt einer schwer beeinflussbaren Dynamik. Als sich Mitte April Armin

Laschet und Markus Söder wegen der K-Frage bekriegten und Annalena Baerbock verhältnismäßig geräuschlos die ganz große Bühne betrat, da wurden sie und ihre Partei von sehr vielen Journalistinnen und Journalisten hochgeschrieben. Der *SPIEGEL* titelte: «Die Frau für alle Fälle», der *STERN*: «Endlich anders». Die Konkurrenz und auch einige Medienjournalisten fanden den Hype aus unterschiedlichen Gründen unangemessen und unterstellten manchen Verlagen und Sendern Kumpanei.

Keine Journalistin, kein Journalist mit Ehrgefühl will sich Komplizenschaft nachsagen lassen. So nutzte man die nächstbeste Gelegenheit, um den Fahrstuhl wieder nach unten zu schicken. Die Kommentare wurden härter, die Fragen ebenso.

Niemand sollte sich darüber wundern. Die ungeschriebenen Gesetze der Medienbranche werden nicht von Politikern gemacht, und sie können von keinem Kandidaten und keiner Kandidatin ausgehebelt werden. Für Wahlkämpfer bleibt nur: Wer sich auf den Kampf um die Macht einlässt, muss sich gewissenhaft und genau vorbereiten. Die Grünen haben dies versäumt und machen sich jetzt selbst schwere Vorwürfe. Es gibt viele Erklärungen für die Schlamperei bei der Kampagnenvorbereitung. Aber keine Entschuldigung. Das Wahlkampfmanagement hat Fehler gemacht, Annalena Baerbock hat Fehler gemacht.

Für den heutigen Tag, den zweiten Tag der Bundesdelegiertenkonferenz, haben sich die Grünen eine Art emotionalen Neustart vorgenommen. Fußballer sprechen nach schweren Niederlagen und vor dem nächsten Spiel gerne vom «Mundabwischen und Nachvorneschauen». So bleibt beim Grünen-Parteitag die Frage: Wie wird Annalena Baerbock sich in ihrer Rede den Mund abwischen? Die Kandidatin, die soeben von den Delegierten offiziell gewählt wurde, betritt die Bühne und fängt sofort an: «Wir, vor allem ich, haben Fehler gemacht, über die ich mich tierisch geärgert habe.» Reicht das?

Baerbock bringt ihre so wichtige Rede hinter sich. Ordentlich. Aber nicht unfallfrei. Als sie von der Bühne tritt, ruft sie Habeck zu: «Scheiße!» Sie glaubt, dass ihr Mikrofon abgeschaltet ist, doch es ist noch auf Sendung. Umstehende vernehmen den Fluch. Baerbock ärgert sich über einen Versprecher. Als sie in ihrer Rede davor warnte, sich beim Ausbau der digitalen Infrastruktur vom chinesischen Staat abhängig zu machen, verhaspelte sie sich: «Die Angriffe von heute finden ja vor allen Dingen digital statt. Und die liberalen Feinde innen wie außen wissen das gezielt zu nutzen. Was früher...», hier nun stoppte die Grünen-Chefin und fing neu an: «Die Feinde der liberalen Demokratie innen wie außen wissen das natürlich gezielt zu nutzen.» Dieser Teil ihrer Rede ist also «scheiße» gelaufen. Natürlich fehlt der Hinweis auf den Patzer in fast keinem Parteitagsbericht.

Über politische Inhalte wird bei diesem Parteitag auch gestritten. Und hier können die Pannenserie, die verkorkste Benzinpreis-Debatte und das Umfragetief der letzten Wochen sogar eine Chance für die grüne Parteiführung sein. 3280 Änderungsanträge für das Wahlprogramm wurden eingereicht und diskutiert. Nicht alle kommen zur Abstimmung. Aber genügend. Den allermeisten Antragstellern ist die Linie der Parteispitze zu lasch. Viele vermuten, dass sich die beiden Vorsitzenden ein Regierungsbündnis mit der Union nicht verbauen wollen. Die meisten Antragsteller fordern eine Verschärfung des Programms, eine noch höhere CO_2-Steuer, einen noch höheren Mindestlohn, einen noch höheren Spitzensteuersatz, eine Streichung der Schuldenbremse im Grundgesetz. Das sind Forderungen von der Basis.

In manchen Momenten wirkt der Parteitag wie eine vorweggenommene Koalitionsverhandlung. Als würden Armin Laschet und Markus Söder mit am Tisch sitzen. Es kommt zu beherzten Reden und ebenso leidenschaftlichen Gegenreden. Am Ende setzt sich das Parteiestablishment durch. Die Änderungsanträge werden abgelehnt. Nahezu ausnahmslos. Die Partei stellt ihre inhaltlichen Zweifel zurück. Sie will regieren.

Zehn Tage nach dem Parteitag, diskutiert der Bundestag einen Antrag, den drei Abgeordnete von Bündnis 90/Die Grünen eingebracht haben. Sie sorgen sich um die Sicherheit der vielen tausend ortsansässigen Zivilisten, die in den vergangenen Jahren für die Bundeswehr, deutsche Behörden und Hilfsorganisationen gearbeitet haben. In wenigen Tagen werden die letzten deutschen Soldatinnen und Soldaten das Land verlassen. Die Taliban rücken in immer mehr Gebiete Afghanistans vor. Deshalb fordern die grünen Abgeordneten geradezu flehentlich ein Gruppenverfahren zur «großzügigen Aufnahme afghanischer Ortskräfte, die für deutsche Behörden und Organisationen arbeiten oder gearbeitet haben». Außerdem verlangen sie, den Familienangehörigen der Ortskräfte ebenfalls Visa auszustellen.

Schon Anfang Juni hat der Bundestag wegen des Abzugs der NATO-Streitkräfte über die veränderte Sicherheitslage in Afghanistan debattiert. Außenminister Heiko Maas beschwichtigte. Er gehe nicht davon aus, dass die Taliban in Afghanistan in wenigen Wochen «das Zepter in der Hand» haben werden. Die Abgeordneten der Grünen und der Linken überzeugte das nicht. Sie fürchten um das Leben der ortsansässigen Helfer und fordern rasche Hilfe.

Die Debatte im Plenum beginnt an diesem 23. Juni spät, es ist 20:45 Uhr, als der letzte Tagesordnungspunkt aufgerufen wird. Viele Abgeordnete drängt es nach Hause, in einer Viertelstunde beginnt das wichtige EM-Vorrundenspiel Deutschland gegen Ungarn. Für die CDU/CSU-Fraktion ergreift ihr stellvertretender Vorsitzender Thorsten Frei aus dem Schwarzwald das Wort. Er setzt gleich den Ton der Debatte – gegen den Antrag der Grünen. Frei bekennt sich zwar grundsätzlich zur Verantwortung Deutschlands für seine örtlichen Helfer in Afghanistan. Doch dann folgt ein großes und folgenschweres Aber: «Es ist eben nicht so, dass man allein aufgrund der Tätigkeit für die Bundesrepublik Deutschland, in welcher Form auch immer, automatisch Rückschlüsse auf eine lebensgefährdende Situation ziehen kann, weil die Sicherheitslage in Afghanistan höchst unterschiedlich ist. Wenn man beispielsweise auf das Vordringen der Taliban schaut, erkennt man: Das betrifft vielleicht 10 Distrikte von 400 Distrikten in Afghanistan.» Kurzum: Er empfiehlt, den Antrag der Grünen abzulehnen.

Nach einer halbstündigen Diskussion wird abgestimmt. Die Koalitionsfraktionen von CDU/CSU und SPD stimmen gegen den Antrag der Grünen, die AfD ebenfalls. Nur die Linke stimmt dafür, die FDP enthält sich. Somit erhält der Antrag der Grünen nicht die erforderliche Mehrheit. Es wird kein Gruppenverfahren zur «großzügigen Aufnahme afghanischer Ortskräfte» geben. Für unzählige Menschen in Afghanistan, die in den vergangenen Jahren für die Bundeswehr und deutsche Behörden tätig waren und sich auf diese verlassen haben, ist diese Nachricht niederschmetternd. Sie wissen, wie schnell und wie brutal die Taliban vorrücken. Sie fürchten um ihr Leben.

Um 20:11 Uhr erzielt der ungarische Stürmer Ádám Szalai das 1:0 gegen Deutschland. Dreizehn Minuten später beschließt Dagmar Ziegler, die Vizepräsidentin des Bundestages, die Sitzung mit den Worten: «Wir sind am Schluss der heutigen Tagesordnung. Wir wünschen der deutschen Nationalmannschaft, dass sie das Spiel noch dreht.»

BILDSPRACHE

Die Woche läuft glänzend für Armin Laschet. Oder sollte man sagen: blendend? Es wird die Woche der Optik. Der Bilder, die kurze, klare Botschaften aussenden. Im Wahlkampf, das wissen alle, die sich beruflich mit solchen Kampagnen beschäftigen, sind Bilder meist wirkmächtiger als Worte. Wie sehr hat es Gerhard Schröder im Wahlkampf 2002 genutzt, als er in Gummistiefeln die vom Elbhochwasser betroffenen Gemeinden in Ostdeutschland besuchte. Gegenkandidat Edmund Stoiber schimpfte irgendetwas von «Hochwassertourismus». Erst viel später reiste er ins überflutete Gebiet und nahm kameragerecht einen Sandsack in die Hand, im hellblauen Polohemd.

Natürlich waren die Aufnahmen von der grünen Öljacke über Schröders blütenweißem Hemd und den schwarzen Gummistiefeln, in denen die Kanzlerfüße steckten, überzeugender als das Gemeckere und der missratene Auftritt seines Gegners aus München. Und wie sehr hat sich Martin Schulz geärgert, als er im Mai 2017 im Regionalexpress RE 21631 mit dem damaligen SPD-Ministerpräsidenten Torsten Albig durch Schleswig-Holstein fuhr und jemand ein Foto machte, das Schulz wutschnaubend aus dem Fenster blickend und Albig desinteressiert abgewendet zeigte. Schulz verschränkte die Arme über der Brust, er war geladen und schmollte wie ein Kind. So wirkte er. Zwischen den beiden Männern herrschte wegen eines unglücklichen Interviews von Albig tatsächlich dicke Luft. Jetzt hatte die Öffentlichkeit den Foto-Beweis. Albig verlor die Wahl in seinem Bundesland, und Schulz hatte ein weiteres Problem. Auf derselben Zugfahrt wurden übrigens noch mehr Fotos von den beiden gemacht. Sie lachten und verbreiteten allerbeste Laune. Aber es half ihnen nichts. Nur das Foto der offenkundig zerrütteten Beziehung zwischen Schulz und Albig dominierte die Berichterstattung.

Vier Jahr später, in dieser letzten Juniwoche 2021, hat sich Armin Laschet fest vorgenommen, keine verrutschten Aufnahmen zuzulassen und nur schöne Bilder in die Welt zu senden. Bilder der Eintracht, der Zuversicht.

An diesem Montag geht es eigentlich um die Vorstellung des Wahlprogramms der Union. Nach den Programmdiskussionen der SPD und der Grünen soll niemand mehr sagen, die beiden Schwesterparteien der Union wären nur an der Macht interessiert und hätten keine Inhalte. Dass Programm ist 139 Seiten dick, aber konkrete Aussagen und klare Ziele sind darin dünn gesät. Im Mittelpunkt stehen Bürokratieabbau und Erleichterungen etwa bei Firmengründungen. Die private Zusatzvorsorge zur Rente soll neu aufgestellt, der Erwerb von Wohneigentum erleichtert werden. In der Klimapolitik vertraut die Union auf das Steuerungsinstrument Emissionshandel und technologische Innovationen. Sie will zurück zu einem Haushalt ohne neue Schulden, sagt aber nicht, wann die «Schwarze Null» wieder erreicht werden soll.

Mit der Frage der Finanzierung von zahlreichen Vorhaben will sich Laschet offenbar erst nach der Wahl und einem entsprechenden Kassensturz beschäftigen. Das bringt ihm einerseits den Vorwurf der unpräzisen, ja unlauteren Planung ein. Anderseits wird er sich ohne allzu starre Festlegungen bei möglichen Koalitionsverhandlungen geschmeidig verhalten können.

Weitaus wichtiger als die Vorstellung des Wahlprogramms mit den vielen bedruckten Seiten ist jedoch: ein Bild. Die Aufnahme von Armin Laschet und Markus Söder, die, beide vorschriftsmäßig mit Mund-Nasen-Schutz, ihre Ellenbogen zu einer Art Versöhnungsgeste aneinanderhalten. Söder ist eigens aus Nürnberg angereist. Es ist der erste öffentliche Auftritt der beiden Unionsparteichefs seit ihrem selbstzerstörerischen Kampf im April. Söder hat in den letzten Wochen weiter kleine Nadelstiche gegen Armin Laschet gesetzt. Doch der Kanzlerkandidat hat gelassen reagiert, als wolle er sagen: Schaut her, meine Haut ist dick genug, der kann mir nichts anhaben. Jetzt stehen Laschet und Söder gemeinsam auf einer Bühne, loben und umschmeicheln sich gegenseitig und behaupten somit eine Freundschaft, die nicht existiert.

Beide wundern sich bei dieser Aufführung vermutlich über ihre Schauspielkunst. Ihr Auftritt gelingt, nahezu alle Zeitungen und Sender zeigen das Bild der Eintracht großformatig und ausführlich. Wer will schon genau wissen, wie «ein staatlicher Monatsbeitrag zur Anlage in einem Pensionsfonds» ausgestaltet und finanziert werden soll? Die Nachricht des Tages lautet: Laschet und Söder vertragen sich wieder, die Union geht geschlossen in die nächsten Wahlkampfwochen. War da was?

Ein paar Tage später kann sich Laschet erneut freuen: *BILD-TV* zeigt das Ergebnis einer Umfrage. Zum Suggestivsatz «Ich habe Angst davor, dass mit Annalena Baerbock eine Grüne Kanzlerin werden könnte» sagen 49,8 Prozent der Befragten: «Ich stimme zu». Der Moderator nennt die Umfrage eine «Hammerfrage», nennt das Ergebnis «Baerbock-Angst in Deutschland» und schaltet zu Politik-Reporterin Nena Schink. Die *BILD*-Frau ist ganz aus dem Häuschen. Sie sei «heilfroh», dass die Deutschen endlich verstanden hätten, was unter einer Kanzlerin Baerbock passieren würde. Es sei ein großer Tag, weil sie die Angst zu hundert Prozent verstehen würde. Sollte Annalena Baerbock ins Kanzleramt einziehen, wäre dies «der direkte Weg in eine Planwirtschaft». Das Vorbild für solche Art Journalismus ist offensichtlich: *BILD-TV* hetzt und schürt Angst ganz im Stil von Fox News in den USA.

Armin Laschet, der ja selbst äußerst gemischte Erfahrungen mit *BILD* gemacht hat, wird sich über diese Form der Wahlkampf-Einmischung nicht beklagen. Ein immer noch reichweitenstarkes Medium bemüht sich, in den Köpfen der Deutschen einen abfälligen Kampf-Begriff über seine härteste Konkurrentin zu verankern: «Baerbock-Angst». Zusammen mit dem Begriff «Planwirtschaft» rührt *BILD* eine giftige Mischung an. Laschet und seine Wahlkampfhelfer können in Ruhe zusehen, wie da etwas brodelt. Sie können den Deutschen, sollten sie denn tatsächlich so fühlen, die Angst vor Baerbock und Planwirtschaft nehmen.

Auch Christian Lindner wird sich über diese publizistische Kampagne freuen. Er zeichnet seit Monaten ebenfalls ein Bild der Grünen als Verbotspartei und stilisiert sich und seine FDP als Vorkämpfer für Freiheit und gallisches Dorf gegen einen starken Staat.

Beide, Armin Laschet und Christian Lindner, haben für Freitag, den 25. Juni, Plätze im selben Flug gebucht: Eurowings EW 8070 von Berlin nach Köln/Bonn. Beide haben dasselbe Reiseziel, sie wollen zu einer Feier auf den Düsseldorfer Rheinwiesen. Vor vier Jahren wurde dort der Koalitionsvertrag der schwarz-gelben Regierung in Nordrhein-Westfalen unterzeichnet. Es gab schöne Bilder der frisch gebackenen Koalitionäre Laschet und Lindner, sie vermittelten Harmonie und Aufbruch. Und genau dieses Grundgefühl wollen Laschet und Lindner zum Jahrestag erneuern.

Dass beide im selben Flugzeug sitzen, liegt vor allem daran, dass die Flugverbindungen zwischen Berlin und dem Rheinland gerade so spärlich sind. Lindner sitzt auf 2A, und nach einigem Hin und Her nimmt Laschet neben ihm auf 2C Platz. Auf dem einstündigen Flug kommen die beiden Männer ins Schwärmen. Wie wunderbar doch ihre Zusammenarbeit in Nordrhein-Westfalen funktioniere, wie sehr sie sich vertrauen und ja, eine solche Kombination können sich beide bestens auch in einer künftigen Bundesregierung vorstellen. Armin Laschet dämpft die aufkeimende Euphorie ein wenig. Die Wählerinnen und Wähler hätten ja noch das Wort, ihr Votum wolle man selbstverständlich abwarten. Aber es wird klar: Hier fliegen zwei, die sich für das Traum-Duo der deutschen Politik halten.

Als sie in Düsseldorf ankommen, werden sie von regionaler Politikprominenz und Journalistinnen und Journalisten aus der Landeshauptstadt erwartet. Alle stehen geduldig vor einem Buffet mit Grillwürstchen und Kartoffelsalat. Die beiden Hauptpersonen, Laschet und Lindner, steigen auf ein kleines Podest, nehmen am Tisch Platz und halten eine

67 Seiten dicke Broschüre in die Höhe: «Arbeitsbericht, 4 Jahre Landesregierung Nordrhein-Westfalen». Fotografen und Kameraleute drängeln sich aufgeregt hinter einer lose gespannten Kordel, um in die beste Position für ihre Aufnahmen zu gelangen. Es geht darum, ein möglichst identisches Foto wie vor vier Jahren zu schießen, in demselben Licht, aus derselben Perspektive, mit derselben Rheinkniebrücke im Hintergrund. Alles soll stimmen, heile Welt. Dazu der Geruch der Würstchen.

Selbst Gerhard Schröder und Joschka Fischer hatten im Bundestagswahlkampf 1998 nicht so schamlos füreinander geworben. Irgendwann hatte Schröder etwas Freundliches über den Grünen Jürgen Trittin gesagt, den er gut aus Niedersachsen kannte. Es wurde damals über ein rot-grünes Projekt spekuliert. Aber beide Parteien legten Wert auf einen eigenständigen Wahlkampf, auch auf ihre Rivalität.

Jetzt, 23 Jahre später, müssen Laschet und Lindner die anwesenden Journalistinnen und Journalisten daran erinnern, dass sie Vorsitzende von zwei verschiedenen Parteien seien. So liebevoll fällt der Auftritt der beiden Duzfreunde Armin und Christian aus, dass für einen Moment jegliche Trennschärfe zwischen den beiden verschwimmt.

Wieder gelingt es Laschet, ein Bild zu produzieren, das stärker ist als alle Zweifel an seiner politischen Schauspielkunst. Ein Bild von Effizienz und Vertrauen, kurzum: von Erfolg. Ein Bild, zu dem die aktuellen Koalitionäre in Berlin am Ende der Legislaturperiode nicht mehr in der Lage sind. Und genau diesen Vergleich bemüht Laschet heute fortwährend: Die in Berlin sind zerstritten. Schaut her, wir, die schwarz-gelbe Koalition in Düsseldorf, arbeiten tatsächlich: ohne Groll.

Auch Christian Lindner nimmt die Gelegenheit wahr und gibt zahlreiche Interviews. Er ist ebenfalls auf Optik aus, aber aus einem anderen Grund. Lindner bemüht sich, ein altes Bild aus dem Gedächtnis der Deutschen zu radieren: das Bild vom Ende der Jamaika-Verhandlungen im November 2017, als Lindner mit seiner FDP-Entourage bedeutungsschwer vor die Presse trat. Er hat damals den Satz gesagt: «Es ist besser nicht zu regieren, als falsch zu regieren.» Seit damals gilt Lindner als Luftikus, als Politiker, der sich vor der Regierungsverantwortung drückt. Hier in Düsseldorf kann er zeigen, dass seine FDP in einem großen Bundesland sehr wohl koalitionsfähig ist. Aber wird Lindner die regnerische Novembernacht von 2017 und sein Image als personifizierte staatspolitische Verantwortungslosigkeit jemals wieder los?

Einmal in Schwung, produziert Armin Laschet heute Abend noch ein weiteres, kühl kalkuliertes Bild. Vor ein paar Tagen hatte er sich bei einigen Medien schlechte Presse eingehandelt, weil er das Angebot zu einem Social-Media-Triell zwischen ihm, Baerbock und Scholz ablehnte. Es sollte von Rezo und dem Journalisten Tilo Jung moderiert werden. Stattdessen hat er sich nun mit dem Model Sophia Thomalla zu einer Facebook-Live-Veranstaltung verabredet. Frau Thomalla hat sich zumindest bislang noch keinen Namen als kritische Journalistin gemacht, außerdem ist sie bekennendes CDU-Mitglied. Das Treffen des Kanzlerkandidaten mit der Boulevard-Schönheit wirkt daher wie ein Elfmeter ohne Torwart.

Das Model besucht Laschet zunächst in der Staatskanzlei, dann fahren beide die paar Kilometer hinüber zur Zentrale der Landes-CDU in der Wasserstraße. In einem kleinen, improvisierten Studio des Altbaus nehmen sie vor ein paar Kameras Platz. Nach einer kurzen Begrüßung beginnt Thomalla den Talk mit der Frage: «Ich bin ja sehr politikinteressiert. Aber es gibt Leute, wie zum Beispiel Rezo und Tilo Jung, die noch politikinteressierter sind. Denen haben Sie die Möglichkeit auf ein Gespräch nicht gegeben. […] Warum ich, aber die anderen beiden nicht?» Laschet stammelt irgendetwas davon, es gebe so viele Anfragen für Duelle und überhaupt so viele Medienanfragen, da habe man sich gegen jemanden entschieden, der ja offenkundig Aktivist sei.

Thomallas Einstieg ist überraschend treffend, Laschets Antwort offenbart seine Angst vor einem harten Streitgespräch. Natürlich wäre es spannend gewesen, das Trio Laschet/Scholz/Baerbock angesichts der zu erwartenden Provokationen von Rezo und Tilo Jung zu erleben. Aber Laschets Union liegt in den Umfragen im Moment weit vorne. Warum, so wird er sich denken, soll er sich einer derart unkalkulierbaren Gesprächssituation aussetzen? Risikovermeidung als Kampagnenprinzip – darauf hat Angela Merkel viele Jahre lang gesetzt. Und die eiserne Beachtung dieses Prinzips soll jetzt auch Armin Laschet ins Ziel tragen.

Die Woche endet, wie sie begonnen hat: mit schönen Bildern. Nachdem sich am Montag Armin Laschet und Markus Söder zur Versöhnungs-Pose vor die Kameras stellten, flirtet Laschet jetzt neben Sophia Thomalla mit den Kameras. Das Model kommt braun gebrannt, aufwendig geschminkt, mit sehr hochhackigen Pumps zu diesem Termin. Sie lächelt abgeklärt. Frau Thomalla hat zweifelsohne mehr Erfahrung im Posing. Aber Armin Laschet lernt schnell.

IM SCHÜTZENGRABEN

Am Dienstag, den 29. Juni, geht um 16:38 Uhr eine E-Mail von Michael Kellner, dem grünen Wahlkampfmanager, ein. Betreff: «Das ist Rufmord!». Drei Tage später, in der Nacht von Freitag auf Samstag, um Mitternacht, verschickt der Wahlkampfsprecher von Annalena Baerbock eine weitere E-Mail. Betreff: «Urlaub». Der Sprecher verabschiedet sich für zwei Wochen und schreibt: «Auch Frau Baerbock ist in dieser Zeit in Urlaub». Zwischen diesen beiden Mails liegen die bislang unruhigsten, ja verstörendsten Tage der grünen Wahlkampagne.

Den Anfang dieser septimana horribilis, dieser für die Partei so schrecklichen Woche, markiert ein Tweet, den der Plagiatsjäger Stefan Weber am Montag zuvor um 17:43 Uhr von Wien aus absetzt. Überschrift: «#Plagiatsvorwurf gegenüber Annalena Baerbock-Buch ‹Jetzt. Wie wir unser Land erneuern›». Der Tweet ist auf Webers Blog verlinkt, wo er sich einige Stellen in Baerbocks kürzlich erschienenem Buch vornimmt. Mehrere Sätze stammen aus fremden Quellen, ohne dass auf die eigentlichen Urheber hingewiesen würde. Als Beispiel nennt Weber eine Textpassage, die der amerikanische Politikwissenschaftler Michael T. Klare 2019 in einem Aufsatz für das Magazin *Internationale Politik* unter dem Titel «Kriegstreiber Klimawandel» publiziert hat. Eine andere Passage stammt von einer Veröffentlichung der Bundeszentrale für politische Bildung, ebenfalls aus 2019. Die Identität der Textstellen fällt sofort ins Auge und wird auch von Baerbock und ihrem Verlag nicht bestritten. Der Plagiatsjäger landet einen Treffer. Aber was er wert ist und ob er für einen Skandal taugt, darüber wird in den nächsten Tagen ein heftiger Streit geführt.

Der 51 Jahre alte Stefan Weber ist promovierter Kommunikationswissenschaftler. Seit vielen Jahren bietet er seine Recherchen zu mutmaßlichen Plagiatsfällen auch als kommerziellen Dienst an. Das Buch von Annalena Baerbock habe er jedoch ohne einen fremden Auftrag untersucht, versichert er. Ob er von politischen Motiven, eher aus sportlichem Ehrgeiz getrieben wird oder ob er schlicht Werbung in eigener Sache machen will, bleibt unklar.

Das immerhin steht fest: Weber ist kein Anfänger. Er ist sich der Brisanz und auch der Tragweite seiner Hinweise bewusst. Er weiß aber auch um die Tatsache, dass es sich bei Baerbocks Buch nicht um einen schweren Plagiatsfall handelt wie bei einer wissenschaftlichen Qualifikationsarbeit; letzteres Vergehen hatte bei etlichen Politikerinnen und Politikern in Deutschland und Österreich in den vergangenen Jahren zu Rücktritten geführt. Daher leitet der Plagiatsjäger seine Belege auf dem Blog mit der Bemerkung ein, dass ein Sachbuch zwar keine Dissertation sei und dass in Baerbocks Buch überhaupt keine Quellen angegeben würden. Dies sei aber «noch lange keine Legitimation für schwerwiegende Textplagiate». Diese seien ethisch nicht korrekt. Stefan Weber, der Wochen zuvor schon zu Baerbocks Lebenlauf recherchiert und öffentlich auf Ungereimtheiten hingewiesen hat, formuliert ein harsches Gesamturteil: «Nun kommt zum Lebenslauf-Frisier-Fall Baerbock auch noch der Plagiatsfall Baerbock hinzu. Und wenn man es genau nimmt, handelt es sich auch um mehrere Urheberrechtsverletzungen.»

Als Annalena Baerbock und ihr Wahlkampfteam von den neuen Vorwürfen aus Wien erfahren, reagieren sie mit einer Mischung aus Niedergeschlagenheit, Wut und Trotz. Die Vorwürfe wecken auch ihre Kampfeslust. Die Anschuldigungen gegen Annalena Baerbock in den vergangenen Wochen – zu spät gemeldete Boni, falsche Angaben im Lebenslauf – haben die Kandidatin und ihr Team mehr oder minder klaglos hingenommen. Baerbock wurde nicht müde, sich bei Reden und in Interviews in den Staub zu werfen, ihre Missgeschicke zu bereuen und Besserung zu geloben. Am Ende des Parteitags hatten die Spitzengrünen das Gefühl, aus dem Gröbsten heraus zu sein und aus der permanenten Verteidigungsstellung wieder in den Angriffsmodus schalten zu können. Dass die Sache ausgestanden sei, war das Grundgefühl, das die Spitzengrünen verbreiteten.

Doch sie irrten sich. Die Plagiatsvorwürfe sind so massiv und unwiderlegbar, dass sie die ohnehin angeschlagene Glaubwürdigkeit der Kandidatin weiter erschüttern. Der Unmut über Annalena Baerbock wächst auch in der eigenen Partei. Warum, fragen einige aus der Führung, musste sie überhaupt dieses Buch schreiben? Die Vorbereitung auf den Wahlkampf im vergangenen Winter und Frühjahr war doch fordernd genug. Annalena Baerbock hat sich diese Frage selbst gestellt. Im Vorwort ihres Buches schreibt sie: «Eigentlich war es das Letzte, was ich mir vorstellen konnte, bei all dem Drumherum.» Sie entschied sich dennoch für das Buch und arbeitete in der Endphase der Herstellung im Frühling oft bis spät in die Nacht, einmal bis um sieben Uhr morgens. Jetzt, nach Erscheinen, bleibt der erhoffte Imagegewinn aus. Er schlägt sogar ins Gegenteil um. «Die grüne Kandidatin schmückt sich mit fremden Federn, sie ist eine Angeberin» – das ist der Tenor vieler Kommentare. Mit Annalena Baerbock droht die gesamte grüne Kampagne in sich zusammenzufallen. Und genau das soll nun verhindert werden.

Die Kampagnenleitung entscheidet sich für eine Dreifachstrategie. Erstens: Diesmal soll kein Fehler zugegeben werden, es soll kein Mea Culpa, kein «Mist» und kein «Ich habe mich tierisch geärgert» geben. Zweitens: Mit Christian Schertz wird ein bekannter und klagefreudiger Medienanwalt beauftragt. Schertz verkündet sofort, dass die Anschuldigung «jeglicher Grundlage» entbehre. Er zielt auf eine Formulierung in Webers Blog, dass es sich, wenn man es genau nehme, bei Baerbocks Textübernahmen um «mehrere Urheberrechtsverletzungen» handele. Schertz argumentiert, er könne «nicht im Ansatz eine Urheberrechtsverletzung erkennen, da es sich bei den wenigen in Bezug genommenen Passagen um nichts anderes handelt, als um die Wiedergabe allgemein bekannter Fakten sowie politischer Ansichten». Der Name Schertz und sein Konter machen in der Debatte spontan Eindruck.

Dann aber folgt der dritte Teil der grünen Strategie, Michael Kellners

Rufmord-Rundmail. Er schreibt darin: «Zum wiederholten Male werden falsche Behauptungen zu unserer Kanzlerkandidatin Annalena Baerbock verbreitet. Diesmal geht es um den absurden Vorwurf des Plagiats – wieder vollkommen haltlos.» Und: «Das ist der Versuch von Rufmord und Teil einer Kampagne gegen Annalena Baerbock! Twittere selbst dazu oder retweete und zeige damit volle Solidarität mit Annalena!»

Michael Kellner hat seinen Aufruf zum Widerstand offenbar in großer Eile und Emotionalität formuliert. Ob der Vorwurf des Plagiats «absurd» und «vollkommen haltlos» ist und ob es sich wirklich um den Versuch einer Rufmord-Kampagne handelt, ist an diesem Tag offen. Alle Nachrichtenmedien werden diese Frage diskutieren. Erschwerend kommt für die Grünen hinzu, dass Stefan Weber Schlag auf Schlag, Tag für Tag weitere Textstellen benennt, die Baerbock aus anderen Publikationen übernommen hat, ohne auf die Quellen hinzuweisen.

Am Samstag, den 3. Juli um 23 Uhr, zieht Weber triumphierend ein Zwischenfazit auf seinem Blog: «Anzahl verifizierter Plagiatsfragmente: 29. Umfang der Vergleichstabelle Original – Plagiat: 15 Seiten, A4. Plagiierte Autorinnen und Autoren: 16. Plagiierte Massenmedien und Webquellen: 14». Seine Fundstücke werden von einigen Medien, allen voran der *BILD*, großformatig präsentiert.

Den Grünen bleibt angesichts dieser aus Wien orchestrierten und von deutschen Zeitungen verstärkten Offensive vor allem eine Chance. Sie besteht darin – wie bei der japanischen Kampfkunst Aikido –, die Energie des Angriffs zu nutzen und in eine andere Richtung zu lenken. Bestenfalls gelingt es sogar, mit dem Schwung des Angriffs gegen die Angreifer zurückzuschlagen.

Ob es sich bei einigen der zahlreichen Fundstellen tatsächlich um Urheberrechtsverletzungen handelt oder nicht, können wohl die wenigsten Laien beurteilen. Die Frage ist eine Angelegenheit für Anwälte und möglicherweise Gerichte. Entscheidend für die grüne Abwehrschlacht ist vielmehr die Relevanzfrage. Und genau hier, beim Versuch, die Plagiatsdebatte angesichts der globalen Themen wie Corona und Klima als kleinlich abzutun, besteht die Chance der Kampagnenleitung. Die Angreifer sollen als Kleinkrämer, sogar als Rufmörder abgestempelt werden.

Es stimmt ja auch: Der Wahlkampf, der Anfang des Jahres mit feierlichen Grundsatzreden über die Aufgaben von geradezu menschheitsgeschichtlicher Dimension begann, droht im Streit über Lebenslaufangaben und Schludrigkeiten beim Verfassen eines Buches auf dem Marktplatz des Boulevards zu enden. Gelingt es den Grünen, sich als Partei zu inszenieren, die als einzige dem Sog der Trivialisierung widersteht? Das grüne Wahlkampfteam wird sich denken: Ein Versuch ist es wert. Und tatsächlich beginnen seriöse Medien nach ein paar Tagen, sich über die anfängliche Aufgeregtheit der Debatte zu erheben und eine Rückkehr zu einem sachlichen Wahlkampf zu fordern. Auch eine Aufrechnung zwischen Baerbocks Verfehlungen und dem Maskenskandal der Unions-Abgeordneten im vergangenen Frühjahr ist zu beobachten. Nach dem Motto: Die anderen sind doch viel schlimmer.

Die grüne Abwehrstrategie scheint zu greifen. Aber ein Problem bleibt: Die Kanzlerkandidatin ist schwer angeschlagen, ihr Ruf durch die seit Wochen anhaltenden Enthüllungen erschüttert. Kein einzelner Vorwurf, kein einzelner Artikel hat das Zeug, die Kandidatin nachhaltig zu beschädigen. Es ist die Aneinanderreihung, der Seriencharakter der Berichterstattung, der zu einem kaum noch zu bewältigenden Imageproblem anwächst.

Schließlich, am Ende dieser für die Grünen so verheerenden Woche, aus der heraus sich die Nummer eins der Grünen in den Urlaub verabschiedet, platzt am Sonntagnachmittag ein Artikel in die Debatte, der die Partei und ihre Kanzlerkandidatin ins Mark trifft. Der Angriff ist so ungemein gefährlich, weil er nicht von einem österreichischen Plagiatsjäger, nicht von den CSU-Männern aus Bayern und nicht von der *BILD*-Zeitung kommt, sondern von einer Zeitung, die den Grünen traditionell nahesteht. Der Angriff kommt von der *taz*.

Die Autorin Silke Mertins spricht gleich in der Überschrift ihres Textes das politische Todesurteil: «Es ist vorbei, Baerbock!» Der Kommentar argumentiert ähnlich wie Bettina Gaus einige Wochen zuvor im *SPIEGEL*: «Die Grünen-Kanzlerkandidatin ist an ihrem Ehrgeiz gescheitert und kann die Wahlen nicht mehr gewinnen.» Wenn sie das Klima retten wolle, solle sie an Habeck abgeben. Dann geht Mertins in Gedanken die Vor- und Nachteile des Manövers durch. Es sei ungewöhnlich und auch risikoreich, im Galopp die Pferde zu wechseln. Aber: «Anders als die SPD mit Martin Schulz vor vier Jahren haben die Grünen mit Habeck eine herausragende Alternative. Hätte Baerbock als Frau entsprechend der grünen Statuten nicht das erste Zugriffsrecht gehabt, wäre ohnehin er Kanzlerkandidat der Grünen geworden.»

Habeck ist in ihren Augen ohnehin der bessere Kandidat, weil er weit über das grüne Milieu hinaus gut ankomme. Außerdem habe er alles, was Baerbock fehle. Die *taz*-Autorin verweist darauf, dass Habeck Wahlen gewonnen hat und Regierungserfahrung mitbringt, dass er frei und ohne ständige Versprecher reden kann. Schließlich habe er außerdem seine Bücher selbst geschrieben. Vor allem aber, so stellt sie fest, würde er über das wichtigste Gut bei einer Wahl verfügen: Glaubwürdigkeit. Aus feministischer Sicht sei Baerbocks Scheitern bedauerlich, und für die Sache der Frauen bedeute es einen Rückschlag.

Dann aber kommt die *taz*-Kolumnistin zum Schluss: «Doch man muss auch zur Kenntnis nehmen, dass Gleichstellung bedeutet, die Frau bei gleicher Qualifikation vorzuziehen. Baerbock und Habeck waren nie gleich gut qualifiziert. Für Baerbock ist diese Kandidatur zu früh gekommen, sie ist zu jung, zu unerfahren und politisch zu unreif. Die Wahrscheinlichkeit, dass so etwas schiefgeht, ist überproportional groß. Und es ist ein gefundenes Fressen für jene, die Frauen ohnehin weniger zutrauen. Mit ihrer Selbstüberschätzung hat Baerbock dem Feminismus einen Bärendienst erwiesen.»

In diesen schweren Tagen gibt es von Robert Habeck kein öffentliches Wort. Er ist im Urlaub und will ihn für eine Pressekonferenz oder zumindest für ein Interview auch nicht unterbrechen. Später erzählt er, er habe gezeltet und sich etwa auf die Essenszubereitung mit dem Campingkocher konzentriert. Daher habe er sich nicht unvorbereitet in die Debatte um das Buch einmischen wollen: «Ich war im Urlaub, und zwar richtig. Also mit dem Zelt wild unterwegs. Ich habe zwar aus den Augenwinkeln immer morgens und abends nachgeschaut, was da so in Deutschland passiert. Aber ich war nicht in die Kommunikationsprozesse eingebunden. Und wollte es auch nicht sein. Das waren die fünf Tage, die ich haben wollte, um noch einmal Kraft zu tanken. Dann ist es auch unangemessen, vom Strand aus kluge Ratschläge zu geben.» «War das rückblickend gesehen ein Fehler?» «Ich weiß nicht, wie ich geraten hätte. Rückblickend kann man da nichts Gescheites sagen, weil es ja rückblickend ist. Es gab einen Fehler, der wurde gemacht: Das als «Rufmord» abzutun und quasi so eine Art Kampagne zu unterstellen. Da kamen dann nachher zu viele weitere Textstellen.»

Dass Robert Habeck die unheilvolle Diskussion um Annalena Baerbocks Buch tagelang laufen lässt, erinnert ein wenig an Horst Seehofer, der in der Nacht vom 4. auf den 5. September 2015 in seinem Ferienhaus im Altmühltal nicht an sein Handy ging, als Kanzlerin Merkel ihn dringend wegen der vielen tausend Flüchtlinge sprechen musste, die auf dem Weg zur österreichisch-deutschen Grenze waren.

Noch aus einem anderen Grund ist das Krisenmanagement der Grünen, auch das von Robert Habeck, verheerend: Von Politikerinnen und Politikern, die den Anspruch erheben, das Land zu führen, erwartet man Handlungsbereitschaft rund um die Uhr.

So entsteht der Eindruck – und Habeck lässt ihn zu –, dass er und Baerbock in dieser Phase nicht Seit an Seit stehen und sich wie eine Schicksalsgemeinschaft gegen die Krise stemmen.

Am darauffolgenden Mittwoch unterbricht Annalena Baerbock schließlich ihren Urlaub. Sie gibt der *Süddeutschen Zeitung* ein kurzes Interview und klingt dabei wieder so reumütig wie im Mai und Juni, nach den ersten Enthüllungen. Es wäre rückblickend besser gewesen, räumt sie ein, wenn sie beim Verfassen des Buches mit einem Quellenverzeichnis gearbeitet hätte. Außerdem geht sie auf Distanz zu der heftigen Reaktion der Kampagnenleitung nach den ersten Plagiatsvorwürfen. «Mehr als drei Jahre lang haben wir in der Partei, haben Robert Habeck und ich, intensiv daran gearbeitet, über eine andere Ansprache und Haltung Gräben zu überwinden.» Diese Form der politischen Kommunikation werde wegen persönlicher Anfeindungen während eines harten Wahlkampfs auf die Probe gestellt: «Auch ich bin da kurz in alte Schützengräben gerutscht.»

Baerbock sagt es nicht offen, aber man kann zwischen den Zeilen lesen: Die Rufmord-Rundmail von Michael Kellner hält sie, mit dem Abstand von ein paar Tagen, für einen Fehler. Sie war wohl nicht nur Kellners Fehler. Die E-Mail war höchstwahrscheinlich mit ihr abgestimmt. Sie spricht ja auch davon, sie selbst sei wieder «kurz in alte Schützengräben» gestiegen.

Die Erinnerung an den Satz von Olaf Scholz zu Beginn des Wahljahres drängt sich erneut auf: «Wer die Nerven verliert, weil ihn ein paar politische Wettbewerber angreifen, der hat wahrscheinlich auch nicht die Nerven dafür, Bundeskanzler zu sein.» Es ist jetzt, ein paar Wochen vor der Wahl, zu früh, um abschließend zu beurteilen, ob Annalena Baerbock genügend Nervenstärke für das Amt der Bundeskanzlerin hat. Aber offensichtlich ist: Sie ist in den vergangenen Tagen so stark unter Druck geraten, dass sie die Nerven verloren hat.

Auch ein enger Vertrauter von ihr, der grüne Vize-Fraktionschef Oliver Krischer, verliert in diesen Tagen die Nerven. Am Mittwoch, den 30. Juni, um 17:21 Uhr, also gut 24 Stunden nach Kellners Rufmord-Rundmail, schreibt Krischer auf Twitter: «Diese #LaschetPolitik kostet überall auf der Welt – gerade in #Kanada – Menschen das Leben. In #NRW und ganz Deutschland vernichtet sie zehntausende Arbeitsplätze und die wirtschaftliche Basis unseres Landes.»

Ein klassisches Ablenkungsmanöver. Es ist verständlich, dass Krischer versucht, die Debatte wieder auf die ureigenen Themen der Grünen zu lenken, etwa auf die extreme Hitzewelle in Kanada. Er benutzt dabei eine so überzogene Wortwahl, dass er tatsächlich Aufmerksamkeit auf sich zieht. Aber er verstärkt den Eindruck, dass einigen Grünen gerade die Kontrolle über ihre eigenen Gefühle entgleitet.

Am nächsten Tag entschuldigt sich Krischer: «Es liegt mir völlig fern, @ArminLaschet eine persönliche Verantwortung für konkrete Ereignisse zu unterstellen.» Krischer hat seine Entgleisung schnell eingesehen und korrigiert.

Ein paar Tage später sitzt er in der Sendung von Markus Lanz und gibt erneut eine unglückliche Figur ab. Auf die Textübernahmen in Annalena Baerbocks Buch angesprochen, will er überhaupt nicht erkennen, wo denn das Problem liegt. Es ginge um eine «Lappalie», um eine «Unterstellung» und nur um «einzelne kleine Sätze». Krischer will das loyale Bollwerk gegen die Baerbock-feindliche Kampagne sein. Er redet sich um Kopf und Kragen.

Vor allem mit seinem verunglückten Laschet-Tweet schadet der Grüne nicht nur seinem eigenen Ansehen. Er schadet auch der grünen Wahlkampf-Strategie. Baerbock, Habeck und Kellner hatten sich am Anfang des Wahljahres fest vorgenommen, sich nicht in die Falle von unsachlichen oder gar schmutzigen Kampagnen ziehen zu lassen. Sie wollten vernünftiger, abgeklärter wirken und sich als regierungsfähig, ja staatstragend präsentieren. Mit den Ausfällen von Krischer ist die Strategie, zumindest für die nahe Zukunft, zusammengebrochen. Die Spitzengrünen können politischen Gegnern nicht mehr üble Wahlkampfrhetorik vorwerfen, ohne eine Retourkutsche mit Verweis auf Krischers Aussagen zu kassieren.

Erst am Ende der folgenden Woche, nach dröhnend langem Schweigen, meldet sich Robert Habeck und bemüht sich in der *Süddeutschen Zeitung* um eine Art Machtwort. Es ist nicht so sehr an die politischen Gegner gerichtet als vielmehr an die Hitzköpfe in den eigenen Reihen: «Der wahre Angriff auf diejenigen, die hart zuschlagen, ist ja nicht, genauso hart zurückzuschlagen, sondern ihre Schläge ins Leere laufen zu lassen, den Kampfplatz zu ändern, eine andere Debatte zu führen.» Aikido eben.

Ob der Grünen-Co-Vorsitzende diese Linie lange durchhalten wird, ist unklar. Stefan Weber, der Plagiatsjäger aus Wien, kündigt einen Tag später an, auch die Bücher, die der Schriftsteller Robert Habeck geschrieben hat, prüfen zu wollen. Aber Weber wird nicht fündig.

Inmitten dieser turbulenten Tage, in denen sich die Republik wegen abgeschriebener Passagen in einem Politikerinnen-Buch erregt, begibt sich ein anderer Politiker auf eine Wanderung. Frank-Walter Steinmeier will, wie schon Jahre zuvor, entlang der ehemaligen innerdeutschen Grenze das Land betrachten, mit Bürgerinnen und Bürgern ins Gespräch kommen. Und er will das tun, was man beim Wandern besonders gut kann: nachdenken. Am Sonntag, den 4. Juli, stiefelt der Bundespräsident mal mit Sweatshirt, mal mit Pullover und Regenjacke durch Niedersachsen und Sachsen-Anhalt. Sein Ziel ist der Dreieckige Pfahl, ein Grenzstein aus dem 19. Jahrhundert im Nationalpark Harz. Dann will er auf den knapp tausend Meter hohen Wurmberg und auf den Brocken, mit 1141 Metern der höchste Berg im Mittelgebirge. Von hier aus hat man einen wunderbaren Panoramablick weit über das Land.

Ganz oben auf dem Brocken wartet ein Team des ZDF zum verabredeten Interview. Da es hier stark windet, ziehen der Präsident und das TV-Team sicherheitshalber in die verglaste Aussichtsplattform.

Das Gespräch kommt auf den Wahlkampf. Gegen Olaf Scholz waren in den Tagen zuvor Vorwürfe laut geworden, er habe das von ihm geführte Ministerium für ein SPD-Steuerkonzept eingespannt; das wäre nicht legal. Und gegen Annalena Baerbock gibt es fast täglich neue Vorwürfe. Auch haben, so berichtet es *t-online*, «Hintermänner» aus parteinahen Kreisen Plagiatsjäger angefragt, ob sie gegen die grüne Kanzlerkandidatin recherchieren können. Daher will Moderator Theo Koll vom Bundespräsidenten wissen, ob wir «auf dem Weg zu einer Schlammschlacht» sind. Steinmeier antwortet, ja, er habe Sorge, dass der Wahlkampf zu einer Schlammschlacht werden könne.

Der Präsident ruft die Parteien zur Mäßigung auf. Es könne ja sein, dass einige von ihnen demnächst miteinander koalieren wollen oder müssen: «Gerade in der deutschen Demokratie, die wegen des Wahlsystems auf Koalitionen angewiesen ist, muss man bei jedem Wort, bei jedem Satz daran denken, dass man möglicherweise hinterher wieder gemeinsam am Tisch sitzen muss und diese Verantwortung gemeinsam tragen muss.»

Die Sonntagsworte des Bundespräsidenten sind als Appell vernünftig, natürlich. Die Sprache im öffentlichen Raum ist in den vergangenen Jahren roher, aggressiver geworden. Politikerinnen und Politiker aller Parteien beklagen zunehmend Beleidigungen und Hetze gegen sie, vor allem in sozialen Medien. Auch Wahlkämpfer haben eine Vorbildfunktion und sollten sich in ihrer Wortwahl nicht vom Hass im Internet mitreißen lassen.

Dennoch stellt sich die Frage, ob man aktuell wirklich von einem schmutzigen Wahlkampf, von einer Schlammschlacht sprechen kann. Diejenigen, die das mächtigste Amt im Staat anstreben, müssen sich auch harten Fragen und Vorwürfen stellen. Solange diese für die Beurteilung der politischen Kompetenz und der persönlichen Eignung für das hohe Amt sinnvoll sind, ist das ein notwendiger Teil des demokratischen Wettstreits. Natürlich muss sich Annalena Baerbock eine Auseinandersetzung um die Nachmeldung ihrer Boni, um das Aufhübschen ihrer Vita und um ihr Buch gefallen lassen. Die Angriffe mögen für sie schmerzhaft sein. Aber sie sind deswegen noch nicht schmutzig.

Schmutz, das waren gefakte Nacktaufnahmen von ihr, die im Frühjahr gezielt ins Internet gestellt wurden. Schmutz, das waren Abhöraktionen von Republikanern gegen das Wahlkampfbüro der Demokraten im Hotel Watergate 1972. Das waren falsche Aids-Vorwürfe des CDU-Ministerpräsidenten Uwe Barschel gegen seinen SPD-Herausforderer Björn Engholm im Jahr 1987. Eine Schmutzkampagne muss nicht notwendigerweise aus kriminellen Machenschaften bestehen. Auch das unwürdige Aufblasen von Nichtigkeiten wie Peer Steinbrücks Pinot-Grigio-Aussage 2012 war alles andere als sauber.

Aber ist zu diesem Zeitpunkt, etwa zehn Wochen vor der Wahl im September 2021, das Wort «Schlammschlacht» tatsächlich angebracht?

Zu beobachten ist ein anderes Phänomen: Die Berichterstattung hat sich unverhältnismäßig stark auf die Fehler der grünen Kanzlerkandidatin konzentriert. Im Kern ist diese Mediendynamik unpolitisch. Sie folgt der inneren Logik von Erzählrhythmen. Längst sind Serien ja nicht nur narrative Muster in der Fernseh-Fiktion, sondern auch im Journalismus. Der damalige Bundespräsident Christian Wulff musste sich in einer Art Skandal-Soap nicht nur mit Enthüllungen über seinen Hauskauf herumschlagen, sondern in schneller Folge auch mit Falschmeldungen über die Vergangenheit seiner Ehefrau, also der First Lady, außerdem mit Berichten über Hotelübernachtungen, private Flüge und ein geschenktes Bobbycar. Jeder einzelne Vorwurf war klein, teilweise kleinlich. Erst die Reihung schaffte den Skandal, dessen Wucht Wulff nicht mehr standhalten konnte.

Dennoch fällt auf, dass Annalena Baerbock im Wahlkampfsommer 2021 bis zu diesem Zeitpunkt alleine Objekt des Skandalisierungspotentials deutscher Medien ist. Handelt es sich bei ihren Mitbewerbern Laschet und Scholz um Ehrenmänner mit blütenweißen Westen, fernab von Fehl und Tadel?

Beide, Laschet und Scholz, schleppen durch diesen Wahlkampf ebenfalls Vorwürfe im Gepäck. Aber diese sind teilweise schon recht alt. Über Armin Laschets Notenskandal wegen der im Jahr 2014 verschluderten Klausuren an der Rheinisch-Westfälischen Technischen Hochschule wurde bereits vor Jahren berichtet.

Auch die Anschuldigungen im Zusammenhang mit der Vermittlung eines Maskengeschäfts des Landes Nordrhein-Westfalen durch Laschets Sohn Johannes stammen aus dem Jahr 2020. Der Mode-Influencer «Joe» Laschet hatte im ersten Corona-Frühjahr seinem Vater die Telefonnummer seines Werbepartners gegeben. Der Hemdenhersteller van Laack biete sich auch für die Fabrikation von Schutzkitteln an. Vater Armin übernahm den Kontakt, und sehr bald darauf wurde vom Gesundheitsministerium ein Deal über 38,5 Millionen Euro vereinbart. Später wurde noch ein Geschäft für die Herstellung von Schutzmasken für die Landespolizei abgeschlossen. Die Opposition wetterte, bei den Geschäften sei gegen geltendes Vergaberecht verstoßen worden. Die Landesregierung von Armin Laschet hat stets dementiert, van Laack bevorzugt zu haben. Man habe unter großem Zeitdruck handeln müssen, die Angebote seien dennoch durch die zuständige Vergabestelle gründlich geprüft worden. Armin Laschet hat glaubhaft beteuert, weder er noch sein Sohn hätten sich bereichert. Dennoch wurde er den Vorwurf der Mauschelei nie ganz los.

Noch schwerwiegender sind die Vorhaltungen, mit denen sich Olaf Scholz seit vielen Monaten herumschlagen muss. Die Hamburger Privatbank Warburg war in den Cum-Ex-Skandal verwickelt, gegen einen der Eigentümer wurde wegen des Verdachts auf schwere Steuerhinterziehung ermittelt. Es ging um 47 Millionen Euro. Eine Forderung, die das Hamburger Finanzamt 2016 erheben konnte, aber verjähren ließ. Ein Untersuchungsausschuss ging der Frage nach, ob Olaf Scholz in seiner Zeit als Erster Hamburger Bürgermeister Einfluss auf die steuerliche Behandlung der Bank genommen hat. Er hatte sich drei Mal mit dem Miteigentümer der Bank getroffen, die Treffen aber erst mit großer Verzögerung zugegeben. Zudem gab es Hinweise auf eine besondere Behandlung durch die Finanzbehörde. Scholz sagte aus, «auf das Steuerverfahren niemals Einfluss genommen» zu haben. Außerdem erklärte er, sich an konkrete Inhalte seiner Gespräche mit dem Bankeigentümer nicht mehr erinnern zu können.

Auch bei der Aufarbeitung des Wirecard-Skandals ging es um die Rolle von Olaf Scholz, diesmal als Bundesfinanzminister. Der DAX-Konzern hätte eigentlich einer strengen Kontrolle unterliegen müssen. Doch die privaten Wirtschaftsprüfer von EY und die staatlichen Kontrolleure der Bundesanstalt für Finanzdienstleistungsaufsicht, kurz Bafin, ließen sich offenbar täuschen. Jahrelang wurden Bilanzen gefälscht und riesige Geschäfte vorgegaukelt. Bei der Untersuchung des Milliarden-Skandals kam heraus, dass die Arbeitsweise der deutschen Finanzmarktaufsicht völlig veraltet und den kriminellen Machenschaften einzelner Manager nicht gewachsen war. Olaf Scholz wurde als zuständiger Bundesfinanzminister, wie viele andere Kabinettsmitglieder, vor den parlamentarischen Untersuchungsausschuss geladen. Eine wie auch immer geartete Verantwortung für den Wirecard-Skandal stritt er ab.

Gegen die Affären, mit denen sich Armin Laschet und Olaf Scholz herumschlagen müssen, wirken die Vorhaltungen gegen Annalena Baerbock in diesem Sommer eher winzig. Und doch steht sie wochenlang im Zentrum eines medialen Sturms, der auf Twitter unter dem Hashtag #Baerplag verstärkt wird. Gelegentlich wankt die Kandidatin so stark, dass einige Beobachter schon ihren frühen Fall voraussagen. Für diese ungleiche Berichterstattung gibt es eine Reihe von Gründen.

Für einige Journalisten und Journalistinnen ist Baerbock nach ihrem fulminanten Start als Kanzlerkandidatin ein lohnendes Ziel für Recherchen. Obwohl sie schon seit dreieinhalb Jahren Co-Vorsitzende der Grünen ist, ist die junge Frau in der breiten Öffentlichkeit immer noch wenig bekannt. Baerbock mag bei einigen Rechercheuren sogar einen Jagdinstinkt geweckt haben. Der Medienwissenschaftler und Plagiatsjäger Stefan Weber erklärt ja offen, sich in den Fall Baerbock «verbissen» zu haben. Warum nur?

Natürlich können Rechercheure wie Weber ihre Kampagnen, den seriell vorgetragenen Angriff gegen Baerbock, nur dann starten, wenn sie Substantielles finden. Und er ist auch fündig geworden. Bei Armin

Laschet und Olaf Scholz gab es hingegen viel Geraune, auch harte Recherchen und Ermittlungen. Aber dem CDU-Ministerpräsidenten und dem SPD-Minister konnte nichts Gravierendes gerichtsfest nachgewiesen werden.

Dieser Unterschied erklärt jedoch nur unzureichend, wieso sämtliche Nachrichtenmedien tage- und wochenlang so stark auf die vergleichsweise geringen Verfehlungen der grünen Kandidatin eingestiegen sind.

Der Grund liegt genau darin: Die Verfehlungen sind klein. Sie sind so klein, dass sie Fernsehzuschauer, die Leserinnen und Leser von Tages- und Wochenzeitungen sofort verstehen. Es ist kinderleicht, sich eine Meinung zu bilden. Eine schlichte Gegenüberstellung einer Textpassage in Baerbocks Buch «Jetzt» mit einer abgekupferten Passage eines fremden Werkes reicht aus. Ebenso die Vorher-Nachher-Gegenüberstellung des alten mit dem korrigierten Baerbock-Lebenslauf. Der Nachweis der Schlamperei muss nicht, wie bei einem Finanzskandal, durch einen aufwendigen Untersuchungsausschuss erbracht werden. Es müssen keine Zeugen befragt, keine Gutachten in Auftrag gegeben werden. Die Verfehlungen von Annalena Baerbock sind von überschaubar geringer Größe. Und genau deshalb sind sie für sie und ihre Partei so gefährlich.

Die Sorge des Bundespräsidenten vor einem schmutzigen Wahlkampf ist verständlich. Aber noch gibt es nicht so viel Anlass zur Sorge. Der Wahlkampf droht nicht, zur Schlammschlacht zu werden. Es gibt ein anderes, noch größeres Problem: Der Wahlkampf droht zu versanden. Beides ist politisch unangenehm. Aber Sand lässt sich noch weniger greifen als Schlamm.

STIMMUNGSWECHSEL

Schon länger haben die Wahlkämpfer nicht mehr von «Kulturwandel», «Zukunftsmissionen», «Revolution» und dergleichen gesprochen. Die großen Fragen, die das Land und die Parteien zu Beginn des Wahljahres beschäftigt haben, scheinen in diesem Sommer an Bedeutung zu verlieren. Die Grünen sind zu sehr mit sich selbst beschäftigt. Olaf Scholz konzentriert sich vorübergehend auf globale Steuerfragen. Und der Union von Armin Laschet kommt ein lauer Wahlkampf noch ganz gelegen. Die Umfragen sagen ihm Anfang Juli stabil einen Sieg im Herbst voraus. Ist Deutschland nach eineinhalb Corona-Jahren müde, alle liebgewonnenen Gewohnheiten in Frage zu stellen? Sehnt sich das Land mehr nach ruhiger Normalität als nach Aufbruch?

Im vergangenen Mai, bei der Diskussionssendung im RBB, stellte Robert Vehrkamp von der Bertelsmann Stiftung seine viel beachtete Umfrage vor. Ergebnis: Noch nie in den vergangenen dreißig Jahren war die Wechselstimmung in Deutschland so stark wie im Augenblick. Wie passen die Untersuchungsergebnisse zu einem schlappen Wahlkampf, der von Nebensächlichkeiten dominiert wird? Hat sich die Sehnsucht nach einer völlig anderen Politik innerhalb von zwei Monaten verflüchtigt?

Zoom-Anruf bei Robert Vehrkamp in Berlin. Er ist promovierter Volkswirt und beschäftigt sich seit vielen Jahren mit den politischen Strömungen in der deutschen Gesellschaft. Vehrkamp berichtet davon, dass das Institut für Demoskopie Allensbach im Auftrag der Bertelsmann Stiftung seit 1990 die politische Stimmung im Land untersucht. In den Jahren 1998 und 2005 sei die Wechselstimmung jeweils deutlich stärker gewesen als in anderen Wahljahren. In beiden Jahren habe es einen Regierungswechsel gegeben, die Erhebung habe also in die richtige Richtung gedeutet.

Im Jahr 2021 stellt Vehrkamp erneut einen starken Wunsch nach einem Politikwechsel fest. Die Deutschen würden sich gleich aus mehreren Gründen eine andere Politik wünschen. Früher sei es oft so gewesen, dass ein einziges Thema alle anderen Themen überlagert habe. Dies sei aktuell anders. Die Unzufriedenheit sei bei sehr vielen Politikfeldern feststellbar. Klima und Migration seien dabei nur zwei von mehreren Themengebieten. Der Veränderungswunsch sei breit motiviert. Vehrkamp kommt mit Blick auf die Bundestagswahl zum Schluss: «Wer es schafft, diesen Wind der Veränderung hinter seine Segel zu bekommen, muss sich um sein Wahlergebnis wenig Sorgen machen.»

An diesem Punkt unseres Gespräches stoßen wir auf die Beobachtung, die scheinbar nicht zu dem Ergebnis der Studie passt: Warum führen die

Parteien nach den stürmischen Absichtsbekundungen vom Frühjahr ihre Kampagnen jetzt so zaghaft? Wo ist der Schwung vom Anfang geblieben? Vehrkamp stellt ebenfalls einen veränderten, vorsichtigeren Tonfall im Sommer fest. Die Wahlkämpfer würden ihre Forderungen gerade «etwas eindampfen, um die Bürger nicht zu sehr zu beunruhigen». Er führt das darauf zurück, «dass die Deutschen die Veränderung an sich nicht so sehr lieben».

Dennoch bleibt er dabei, dass im Land ein Gefühl vorherrsche: So, wie in den letzten Jahren Politik gemacht wurde, kann es nicht weitergehen. Die Deutschen würden spüren, dass die Politiker, etwa bei den Themen Pandemie, Klima und Digitalisierung, «gepennt» hätten.

Auch Robert Vehrkamp hat die feurigen Reden der Politikerinnen und Politiker im Frühjahr vernommen, natürlich. Die Forderung von Ralph Brinkhaus, angesichts des Reformstaus brauche Deutschland «eine Revolution», nimmt ja Bezug auf das Verlangen nach grundsätzlichen Kurskorrekturen. Vehrkamp meint: «Wenn der Fraktionsvorsitzende der Regierungspartei der letzten 16 Jahre von ‹Revolution› spricht, hat das panische Züge.»

Ja, die Deutschen würden sich nach den langen, schweren Corona-Monaten nach Normalität sehnen. Aber ihnen sei klar, dass sich ihre Normalität wandeln müsse. Das Bedürfnis nach einer neuen Lebensweise würde im Wahlkampf gerade etwas gedämpft. Das liege aber vor allem an der Wahlkampfführung der Union. Vehrkamp sucht nach einem passenden Wort. Und er findet ein hübsches neues Verb: «Diese Grundstimmung wird gerade ‹eingelaschet›. Aber die Grundstimmung ist weiterhin da.» Er glaubt, dass der aktuelle Wohlfühl-Wahlkampf der Union und ihres Kandidaten nicht so erfolgreich sein werde wie bei früheren Kampagnen von Angela Merkel. Heile-Welt-Parolen würden bei der breiten Mehrheit nicht mehr verfangen.

Zum Schluss will Vehrkamp noch auf sehr langfristige, strukturelle Veränderungen in unserem politischen System hinweisen. Er spricht sogar von einem «schleichenden Verfassungswandel». Viel würde über das Ende der Ära Merkel gesprochen. Dabei würde übersehen, dass sich gerade «die Spielregeln der Politik ändern». Das liege daran, dass künftig nicht mehr nur drei oder vier Parteien im Parlament vertreten seien, sondern sechs, sieben, vielleicht sogar acht oder neun Parteien: «Das verändert alles».

Er nennt ein Beispiel: «Die Wähler in Deutschland wählen nicht mehr, wer Bundeskanzler oder Bundeskanzlerin wird.» In der neuen Welt des Vielparteien-Systems werde die Frage, wer Kanzler wird, völlig unabhängig von den Kanzlerpräferenzen der Wähler entschieden. Das sei in der Geschichte der Bundesrepublik stets anders gewesen: «Die Partei, die die Wahl gewonnen hat, hat bislang immer den Kanzler bzw. die Kanzlerin gestellt.» Ja, es gab seltene Ausnahmen. Aber mit der Logik Wahlsieg = Kanzlerschaft sei es künftig vorbei. «Wir werden den Begriff ‹politische Stabilität› neu definieren müssen.» Die formale Stabilität einer sechzehnjährigen Kanzlerschaft sei bei wichtigen Politikfeldern wie Klimawandel nicht gut fürs Land gewesen. Ein Regierungswechsel hätte mehr Schwung bedeuten können. Stabilität sei daher kein Selbstzweck.

Die Veränderungen der Parteienlandschaft und die großen politischen Herausforderungen würden künftig neue, ungewohnte Bündnisse zur Folge haben. Die im Parlament vertretenen Parteien werden sich laut Verhrkamp nur noch bedingt an das Votum der Wähler gebunden fühlen. Er prognostiziert: «Wir werden uns daran gewöhnen müssen, dass es innerhalb von Legislaturperioden Regierungswechsel geben wird.»

TRÜGERISCHE ATEMPAUSE

Der Temperaturunterschied zwischen unserem ersten Treffen und heute beträgt etwa vierzig Grad. Damals, im Februar, waren es zehn Grad minus, heute, am 6. Juli, erreicht das Thermometer knapp dreißig Grad. Am Horizont zieht ein Sommergewitter auf. Die Virologin Melanie Brinkmann empfängt nicht in ihrem Labor, sondern zuhause. Die Familie ist gerade umgezogen, überall stehen Kartons, ein Handwerker kümmert sich um die Wasserversorgung. Die Kinder kommen bald von der Schule.

Die Nachrichten dieses Tages sind lange ersehnt: Das Robert-Koch-Institut meldet eine Corona-Inzidenz von knapp 5, die niedrigsten Infektionszahlen seit elf Monaten. Melanie Brinkmann freut sich ebenfalls über die anhaltend gute Entwicklung, natürlich, ihre Kinder können mit Freunden spielen. Das gesellschaftliche Leben in Deutschland blüht wieder auf.

Dennoch ist die Virologin besorgt. Die Bürger, auch die Regierungspolitiker, werden ihr zu leichtsinnig. Brinkmann, die in ähnlichen Situationen im Sommer vergangenen Jahres und auch in diesem Frühjahr davor gewarnt hatte, sich von Erholungsphasen blenden zu lassen und die weiterhin bestehende Gefahr zu unterschätzen, sagt auch diesmal: Die Pandemie sei noch lange nicht vorüber. Ja, die Impfungen würden das Leben vieler Menschen sicherer machen.

Aber noch seien viel zu viele Menschen nicht geimpft, vor allem Kinder hätten meistens noch keinen Impfschutz. Außerdem verweist sie darauf, dass sich zwar die Lage in Deutschland verbessert habe, dass aber große Teile der Welt noch immer eine viel zu niedrige Impfquote und entsprechend sehr hohe Infektionszahlen hätten. Auch in Großbritannien seien die Zahlen wieder in die Höhe geschnellt, trotz der hohen Impfquote. Die Pandemie, das meint sie, ist noch nicht besiegt.

Wir haben uns verabredet, um, mit etwas Abstand, über die Erfahrungen aus eineinhalb Jahren Pandemie zu sprechen, auch über das bisherige Krisenmanagement der Regierungen in Deutschland, also von Bund und Ländern. Melanie Brinkmann schwankt im Gespräch hin und her. Sie sei Wissenschaftlerin, betont sie erneut, im politischen Geschäft, im Parteienstreit, sei sie nicht zuhause. Kurz darauf platzt es dann doch aus ihr heraus. Im vergangenen Frühjahr sei sie entsetzt gewesen über den Zickzack-Kurs der deutschen Corona-Krisenmanager. Der Bevölkerung seien laufend widersprüchliche Signale gesendet worden. Mal sollten die Maßnahmen verschärft, dann wieder gelockert werden. Die Krisenkommunikation sei katastrophal gewesen. Und vor allem: Man habe kein klares Ziel bei all den Maßnahmen erkennen können. Brinkmann: «Ich kann nicht fassen, dass ein Land wie Deutschland, das so hochentwickelt ist und eigentlich auch sehr organisiert ist – zumindest sagt man das über uns – so schlecht mit dieser Krise umgegangen ist. Das hat mich schon sehr erstaunt. Für mich hat die Politik da versagt.»

Die unterschiedliche Inzidenz-Grenzwertsetzung im Frühjahr – mal 50, dann 35, dann 100 – sei völlig unverständlich gewesen. Und natürlich war Brinkmann enttäuscht, dass die Regierungen ihrem NoCovid-Konzept nicht gefolgt sind, um die Inzidenzen nahe null zu drücken. Auch Angela Merkel, deren Krisenmanagement sie eigentlich als sehr durchdacht schätzt, kam ihr in diesem Frühjahr oft führungsschwach vor: «Es gab keine Faust, die mal auf den Tisch gehauen hat.»

Besonders unheilvoll empfand die Virologin den Machtkampf zwischen Markus Söder und Armin Laschet im April, als Deutschland mitten in der dritten Coronawelle steckte. Zwei wichtige Ministerpräsidenten waren sehr mit ihrem persönlichen Fortkommen beschäftigt und daher abgelenkt. Dabei hätte die Pandemie ihre volle Aufmerksamkeit verlangt.

Melanie Brinkmann ist eine eher zurückhaltende, vorsichtige Person. Sie will ihren Ärger nicht an einer einzelnen Regierung oder an einzelnen Personen festmachen. Sie vermeidet es, konkrete Namen zu nennen. Aber sie hat ja selbst von «Politikversagen» gesprochen. Was meint sie damit? Glaubt sie, dass die zuständigen Politikerinnen und Politiker verantwortlich für den Tod und die Krankheit von tausenden Menschen in Deutschland sind? Melanie Brinkmann zögert nicht lange: «Wer, wenn nicht die Politik, trägt die Verantwortung?» Dann schiebt sie nach, die zuständigen Politikerinnen und Politiker trügen «Verantwortung für Tote, für Erkrankte. Für Menschen, die in die Rehabilitation müssen. Für Familien, deren Kinder nicht in die Schule gegangen sind.»

Und es gibt noch etwas, das sie erstaunt, ja erzürnt. Die politischen Entscheidungsträger hätten in den vergangenen Monaten nicht aus ihren Fehlern gelernt. Nach ihrer Einschätzung droht Deutschland daher im Herbst erneut eine schwerwiegende Verschlechterung der gesundheitlichen Lage. Trotz all der Fortschritte beim Impfen. Sie hat gehört, dass mehrere Politikerinnen und Politiker gerade darum wetteifern, wer am schnellsten sämtliche Corona-Schutzmaßnahmen aufzugeben bereit ist. Also keine Testpflicht mehr, keine Schutzmaskenpflicht, keine Abstandsregeln.

Brinkmann ist fassungslos: «Wir stehen an einem Scheidepunkt. Jetzt wäre die beste Gelegenheit, diese Niedriginzidenz zu halten. So dass wir uns hier in Deutschland auch weniger Sorgen machen müssen um Varianten, die ins Land kommen. Denn weltweit zirkuliert dieses Virus und es werden weitere Varianten entstehen. Wenn wir aber unten bleiben mit den Infektionszahlen, kratzt uns das weniger. Mich erinnert die Diskussion, wo es wieder darum geht ‹Ach, jetzt können wir doch alle Maßnahmen fallen lassen, wir haben das doch alles im Griff› an den letzten Sommer. Wo ja auch von einigen kommuniziert wurde: ‹Eine zweite Welle wird es nicht geben, Deutschland scheint etwas Besonderes zu sein.›» Ihr Fazit: «Ich habe das nie verstanden.»

Wahrscheinlich wird Melanie Brinkmann diese Warnung in wenigen Tagen auch der Bundeskanzlerin vortragen. Angela Merkel hat sie und andere Virologinnen und Virologen zum Abendessen eingeladen. Sie freut sich auf den offenen Austausch.

In den Tagen nach dem Besuch bei Melanie Brinkmann klettert die Corona-Inzidenz wieder. Und zwar rasant: Von 5 auf 6, von 8 auf über 20. Die Corona-Modellierer von der Technischen Universität Berlin schlagen Alarm. Man kennt das inzwischen. Für den Herbst sagen sie eine vierte Pandemiewelle voraus.

Herbert Reul, der 68jährige Innenminister von Nordrhein-Westfalen, wird Mitte Juli einen Satz sagen, der nach Lebensweisheit klingt: «Das Wesen von Katastrophen ist, dass sie nicht vorhersehbar sind.» Es gibt Experten, etwa den Wetterjournalisten Jörg Kachelmann, die das ganz anders sehen. Noch wichtiger ist jedoch die Frage nach den Ursachen von Katastrophen – ob und, wenn ja, wie sie vermeidbar sind. Genau darüber wird Deutschland in den nächsten Tagen diskutieren. Und auch die Frage, wie sich Politikerinnen und Politiker in einer Katastrophe verhalten, wird das Land beschäftigen.

GUMMISTIEFEL-TAGE

Es regnet. Es regnet seit Stunden, seit Tagen. Der Wolkenbruch scheint gar nicht mehr zu Ende zu gehen. Er ergießt sich in einem breiten Streifen Deutschlands von Sachsen bis in die Eifel. Besonders betroffen ist zunächst Nordrhein-Westfalen, in den Städten Wuppertal, Hagen und vielen kleinen Orten stöhnen die Menschen. So viel Wasser von oben haben sie noch nicht erlebt. Auch Rheinland-Pfalz ist vom lange anhaltenden Starkregen betroffen, dort sind es vor allem Ortschaften entlang der Ahr. An einigen Stellen fallen innerhalb von 48 Stunden bis zu 200 Liter Regen pro Quadratmeter. Sogar die CDU-Zentrale in Berlin bekommt das Unwetter zu spüren. Die Server der Partei stehen in Rheinbach bei Bonn. Wegen eines Stromausfalls können die Mitarbeiter im Konrad-Adenauer-Haus keine E-Mails mehr senden und empfangen. Auch die Website der Partei ist plötzlich offline.

Armin Laschet hört ebenfalls von den schweren Regenfällen in seinem Bundesland, auch in seiner Heimatregion rund um Aachen. Doch er sieht und spürt selbst verhältnismäßig wenig von den heftigen Niederschlägen. Der Ministerpräsident von Nordrhein-Westfalen und Kanzlerkandidat ist an diesem Mittwoch, dem 14. Juli, in Süddeutschland unterwegs. Er will ein paar Tage Urlaub machen und hat sich mit seiner Frau und den Kindern am Bodensee verabredet. Außerdem hat er Wahlkampftermine. In Ehningen besucht er IBM, dort lässt er sich einen Quantencomputer zeigen. Am Mittag will er eine Rede vor dem Verband der Metall- und Elektroindustrie Baden-Württembergs, kurz: Südwestmetall, halten.

An diesem Tag prallen gleich mehrere Ereignisse aufeinander. Nicht nur feuchtwarme Luftmassen von zwei Hochdruckgebieten treffen auf kühlere Luftmassen eines Tiefdruckgebiets. Auch eine Rede der EU-Kommissionspräsidentin Ursula von der Leyen in Brüssel stößt inhaltlich mit einer Ansprache ihres Parteifreundes und CDU-Chefs Armin Laschet beim Arbeitgeberverband in Stuttgart zusammen.

Von der Leyen hat lange auf diesen Tag gewartet. Sie will das klimapolitische Konzept der EU-Kommission vorstellen. Endlich. Wegen der Corona-Pandemie erschien eine solche Rede in den vergangenen Monaten unpassend. Das Projekt soll das politische Herzstück ihrer Amtszeit werden. Jetzt aber, da die Pandemie nicht mehr die tägliche Nachrichtenlage dominiert, hält sie den richtigen Zeitpunkt für gekommen. Von der Leyen stellt ihren ehrgeizigen Klimaschutz-Plan «Fit for 55» vor. Vor zwei Jahren hatte sie ihr Vorhaben einmal als Masterplan, als historischen Schritt, sogar als «Mann-auf-dem-Mond-Moment» angekündigt. Nun wird es konkret: Bis zum Jahr 2030 soll der Ausstoß von CO_2 um 55 Prozent im Vergleich zu 1990 gesenkt werden, der Staatenverbund soll bis 2050 klimaneutral sein. Für Deutschland und seine Automobilindustrie besonders spannend, aber auch heikel: Jeder ab 2035 zugelassene Neuwagen soll emissionsfrei sein, also keinen Diesel- oder Benzin-Verbrennungsmotor mehr haben. Die Umsetzung ihres Plans mit zahlreichen Einzel-Maßnahmen will die EU-Kommissionspräsidentin mit dem EU-Parlament und dem Rat der Mitgliedsstaaten im kommenden Herbst verhandeln.

Auch die Nachrichten aus Brüssel hat Armin Laschet vernommen, als er am Mittag die kleine Bühne von Südwestmetall besteigt und in den gut gefüllten Versammlungssaal blickt. Er will ein paar Minuten frei sprechen und dann Fragen aus dem Publikum beantworten. Dort sitzen keine Handwerker, keine einfachen Angestellten, keine umweltbewegten Studentinnen und Studenten. Im Saal sitzen Industrielle, die sich um den Wirtschaftsstandort Südwestdeutschland sorgen. Viele Unternehmen, die in diesem Interessenverband zusammengeschlossen sind, hängen direkt oder indirekt von den großen Automobilherstellern ab, von Daimler oder von Porsche.

Als Laschet nach den Neuigkeiten aus Brüssel gefragt wird, mault er, das Konzept sei ja grundsätzlich in Ordnung. Aber man müsse aufpassen und sich alles genau anschauen. Er drückt auf die Bremse: «Die Verhandlungen finden ja zwischen Oktober und Weihnachten statt.» Laschet geht offenkundig davon aus – und die aktuellen Meinungsumfragen bestätigen seine Annahme –, dass er im Herbst als Wahlsieger die Koalitionsverhandlungen leiten wird. Vorsorglich dämpft er daher die Erwartungen an zu einschneidende Beschlüsse im Herbst. Die Unternehmer im Saal hören das sicher gerne.

Dann wird es konkret: Keine Verbrennungsmotoren mehr ab 2035? Die europäische Vorgabe schmeckt ihm gar nicht: «Ich finde nicht, dass Politik ein Datum nennen muss. Man muss das technologieoffen angehen [...] Das wird sich ergeben. Ich verstehe immer nicht, warum wir im Juli 2021 als Politik vorgeben müssen, was im März 2043 oder 2033 passiert.» Wenn es nach Laschet geht, wird die Klimakrise vom Markt, also von Angebot und Nachfrage, und nicht von Regierungen gelöst.

Laschet spricht von einer bevorstehenden «Richtungsentscheidung». Aber er versteht etwas anderes darunter als seine Konkurrenten von den Grünen. Er wirbt für den Erhalt des Industriestandorts im Südwesten, vor allem der Automobilindustrie, auch der Unternehmen, die Stahl, Aluminium und Glas herstellen. Und wieder holt er zu einem Rundumschlag aus: «Einige glauben, man könne die Probleme, die vor uns liegen, mit der ‹Methode Corona› lösen. Das wird nicht funktionieren. Die ‹Methode Corona› war: Wir regeln alles mit Verordnungen und Gesetzen, bis ins letzte Detail. Und wenn irgendwo ein Problem auftaucht, schütten wir es mit Milliarden zu und machen neue Schulden.»

War das wirklich die «Methode Corona»? Gibt es eine solche Methode überhaupt? Laschet ist auf Wahlkampftour, da will er plakative Ansprachen halten. Er warnt davor, die Wirtschaft mit Regulierungen gängeln zu wollen. Auch das kommt im Publikum gut an. Dann wird er mit Blick auf die Corona-bedingten Lockdown-Phasen bissig: «Die Gesellschaft ist gespalten. Ein Teil der Gesellschaft hat gesagt: Das war doch gar nicht so schlecht, alles ein bisschen entschleunigt. Meistens Menschen des öffentlichen Dienstes mit gesicherten Arbeitsplätzen. Und des öffentlich-rechtlichen Rundfunks.»

Ein Reporter der *Frankfurter Allgemeinen Zeitung* notiert: «Laschet grenzte sich in der Rede immer wieder von den Grünen ab, ohne grüne Politiker oder die Partei namentlich zu nennen. Lediglich die baden-württembergischen Grünen lobte er für ihren Pragmatismus. ‹Wir wollen die Wertschöpfung hier halten. Ist dem Klima wirklich gedient, wenn der Stahl in Indien produziert wird?›. [...]

Deutschland habe am weltweiten CO_2-Ausstoß nur einen Anteil von zwei Prozent.»

Armin Laschet nimmt das Wort «Klimahysterie» nicht in den Mund. Aber man merkt: Die Diskussion über den Klimaschutz geht nach seinem Geschmack in die falsche Richtung: zu viele Verbote, zu viele Verordnungen.

Während Laschet in Stuttgart spricht, regnet es in Nordrhein-Westfalen weiter. Es regnet so stark, dass aus Bächen reißende Flüsse werden, Seen treten über die Ufer, Dämme und eine Talsperre drohen zu brechen. Die Feuerwehr ist im Dauereinsatz. Menschen werden in den nächsten Stunden von den Fluten weggeschwemmt, viele bleiben vermisst. Hochwasserkatastrophen hat es in Deutschland schon häufig gegeben, wenn auch selten in so dramatischen Ausmaßen. Aber Wissenschaftler weisen darauf hin, dass Intensität und Häufigkeit dieser Extremlagen zunehmen. Das liegt, so ist der allgemeine Tenor, am Klimawandel.

Armin Laschets Worte vor dem Arbeitgeberverband klingen plötzlich deplatziert. Überhaupt wirkt seine Anwesenheit in Süddeutschland gerade unpassend. Er ist zur falschen Zeit am falschen Ort. Morgen, am Donnerstag, will er zum mit Spannung erwarteten Klausurtreffen der CSU-Landesgruppe ins bayerische Kloster Seeon reisen. Markus Söder und ein schwelender Streit über Steuersenkungen warten dort auf ihn.

Doch Armin Laschet weiß um die Macht der Bilder. Ihm ist bewusst, dass inszeniert wirkende Harmonie-Fotos mit Markus Söder bei einer parallel stattfindenden Hochwasserkatastrophe in seinem Heimatbundesland eine ganz eigene, politische Katastrophe auslösen können. Mit einem Schlag ist klar: Wenn Laschet nach Seeon reist, riskiert er die Kanzlerschaft. Laschet hat die Bilder von Gerhard Schröders Besuch im Elbehochwasser im Gedächtnis. Er weiß, wie wichtig, vielleicht entscheidend diese Bilder im Wahlkampf 2002 waren.

Der Journalist Nils Minkmar schreibt am späten Nachmittag auf Twitter: «Wer als erste/r in Gummistiefeln in NRW ist, wird KanzlerIn. #Remember2002».

Armin Laschet berät sich kurz mit seinen Vertrauten. Seine Mitarbeiter prüfen, ob er schneller per Bahn oder mit dem Auto zurück nach Nordrhein-Westfalen kommt. Er ruft Alexander Dobrindt und Markus Söder an. Dann lässt er sich noch in der Nacht Richtung Norden fahren und übernachtet in der vom Hochwasser betroffenen Stadt Hagen. Am nächsten Morgen zieht er sich in aller Frühe beim westfälischen Ort Altena – wie einst Gerhard Schröder – schwarze Gummistiefel an und eine dunkelblaue Regenjacke über das strahlend weiße Hemd. Dann geht der Ministerpräsident und Wahlkämpfer in Richtung des Überschwemmungsgebiets, an eine «Gefahrenrandlage», wie der Stadtkämmerer sagt. Die Stadtverwaltung von Altena weiß zunächst nichts von Laschets Besuch. Aber die Redaktion von *BILD-TV* in Berlin erfährt davon.

Der Kontakt zwischen dem Team des Kandidaten und der Boulevard-Redaktion ist jetzt deutlich besser als noch vor einigen Monaten. Vielleicht liegt das daran, dass Armin Laschet im Juni die ehemalige *BILD*-Chefredakteurin Tanit Koch engagiert hat. Sie koordiniert von nun an die Kommunikations- und Pressearbeit von Laschets Kampagne. Ein Vertrauter von Olaf Scholz reagiert enttäuscht auf diese Personalie. Nicht weil Laschet eine ehemalige Führungskraft vom ungeliebten Springer-Blatt an Bord holt. Sondern weil das Team von Olaf Scholz selbst darüber nachgedacht hat, Tanit Koch zu sich zu lotsen. Doch Scholz und seine Leute kamen zu spät.

So gibt Armin Laschet an diesem Donnerstagmorgen *BILD-TV* sein erstes Interview. Im Wasser. Der Ministerpräsident ist sichtlich betroffen. Zwei Feuerwehrleute sind bei ihrem Einsatz gestorben.

Die Katastrophe und Laschets Nachtfahrt nach Hagen setzt seine Konkurrenten Olaf Scholz und Annalena Baerbock unter Druck. Beide sind in einem Kurzurlaub, um Kraft für die heiße Wahlkampfphase zu tanken. Scholz ist im Allgäu. Er unterbricht seinen Aufenthalt und reist nach Rheinland-Pfalz. Dort regiert seine Parteifreundin Malu Dreyer. Mit ihr besucht er ebenfalls ein Hochwassergebiet und verspricht schnelle finanzielle Hilfe. Auch Annalena Baerbock gibt bekannt, dass sie ihren Urlaub abbrechen wird.

Die Kandidaten haben keine Alternative. Der Zwang, sich im Wahlkampf als Kümmerer zeigen zu müssen, ist zu groß. Die Gummistiefelbilder soll kein Kandidat exklusiv haben. Natürlich setzen sich die Bewerber ums Kanzleramt dem Vorwurf des Katastrophentourismus aus. Aber wie würden Medien berichten, wenn sie ihren Urlaub oder ihre Wahlkampftour nicht unterbrechen würden? Symbolpolitik gehört in einer Mediendemokratie zu den ureigenen Aufgaben von Spitzenpolitikern. Insofern ist es zwingend, dass Politiker und Politikerinnen mit Exekutivfunktionen ins Katastrophengebiet reisen.

Armin Laschet ist als Ministerpräsident besonders gefordert. Er sagt alle weiteren Termine ab und bleibt in der Region. Am Donnerstagnachmittag trifft er bei der Feuerwehrwache in Hagen-Hohenlimburg zu einer improvisierten Pressekonferenz ein. Jetzt in Halbschuhen. Er stellt sich vor einen Feuerwehrwagen. Auch das gibt ein schönes Bild. Aber Laschet wiegelt ab: «Das ist keine Lage, mit der man Bilder erzeugen will.» Dann sagt er: «Wir brauchen bei den Maßnahmen zum Klimaschutz mehr Tempo!» Seine Brems-Rede vor den Südwestmetallern ist gerade mal 28 Stunden her.

Der nächste Tag, Freitag, ist für die vom Hochwasser betroffenen Regionen erneut ein Horror-Tag. Polizei und Feuerwehr zählen dutzende Tote, hunderte Menschen sind weiterhin vermisst. Viele Anwohner haben ihr Hab und Gut verloren, einige übernachten im Freien, andere bei Freunden oder in Notunterkünften.

So schlecht es den Menschen in Nordrhein-Westfalen und Rheinland-Pfalz gerade geht – politisch geht es Armin Laschet in diesen Stunden gut. Er reagiert schnell und gibt den Kümmerer. Das ist die Rolle, in der ihn wohl die meisten Menschen hier jetzt sehen wollen.

Am Freitagabend gibt er der Aktuellen Stunde des *WDR* von Aachen aus ein Interview. Laschet kommt gleich auf die Kernfrage: Ist die Katastrophe auf den Klimawandel zurückzuführen, war sie also vermeidbar? Er kennt die Diskussion, natürlich. Und er ahnt die Fragen. Er ist oft genervt von der Berichterstattung seines Heimatsenders. Daher spricht er von sich aus davon, dass ja Nordrhein-Westfalen wegen des Klimawandels aus der Braunkohleverstromung aussteigen werde: «Wir sind das Bundesland, das mehr als jedes andere Bundesland CO_2 reduziert.»

Moderatorin Susanne Wieseler gibt sich mit der Antwort nicht zufrieden und wirft Laschet vor, nicht genug für den Klimaschutz zu tun. Laschet wird unruhig. «Nein, Entschuldigung, Frau …», ihm fällt der Name der Moderatorin nicht gleich ein. Das kann passieren. In sozialen Medien wird der kleine Lapsus vielfach herumgereicht und – absichtlich oder unabsichtlich – falsch interpretiert. Laschet habe gesagt: «Entschuldigung, junge Frau». Aber das ist falsch. Dennoch erlebt Laschet seinen ersten Shitstorm während der Hochwasserkatastrophe.

Politisch brisanter ist der nachfolgende Satz von ihm, der in der Aufregung beinahe untergeht: «Weil jetzt ein solcher Tag ist, ändert man nicht die Politik.» Von einem zuständigen Ministerpräsidenten kann man in extremen Notlagen Nachdenklichkeit erwarten, auch ein grundsätzliches Infragestellen bisheriger Maßnahmen. Laschets Beharren auf der Angemessenheit seiner Politik wirkt stur. Sein Bild als souveräner Krisenmanager, um das er sich gerade so bemüht, erhält einen ersten Kratzer.

Weitaus gravierender und sicher folgenschwerer ist die Szene, die sich am nächsten Tag, am Samstag, ereignet. Bundespräsident Steinmeier kommt zu Besuch nach Erftstadt. Der Ort ist teilweise verwüstet, im Ortsteil Blessem hat es einen riesigen Erdrutsch gegeben. Mehrere Häuser sind eingestürzt, auch die historische Burg ist stark beschädigt. Viele Menschen sind verschwunden. Ihre Angehörigen sind voller Sorge.

In dieser Stimmung schreitet Steinmeier in der Feuerwehrleitzentrale des Stadtteils Liblar vor die Mikrofone und spricht den Betroffenen sein Mitgefühl aus. Im Hintergrund hört man Sirenen. Der Präsident sagt mit getragener Stimme: «Wir trauern mit denen, die ihre Freunde, Bekannten, Familienangehörige verloren haben. Ihr Schicksal zerreißt uns das Herz.»

Die Ansprache wird live im Fernsehen übertragen. Daher sehen alle, die um 13:29 Uhr genau hinschauen, wie Armin Laschet ein paar Meter entfernt anfängt zu lachen. Er ist von einigen Männern und einer Frau umgeben. Hat jemand einen Scherz gemacht? Die Frau beugt sich in Richtung des Ministerpräsidenten, auch sie lacht ungehemmt. Laschet kann sich gar nicht mehr beruhigen. Er lacht und lacht, fast wie in einer Karnevalssitzung. Später heißt es, ein Fotograf sei sehr ungelenk auf dem

Boden vor dem Bundespräsidenten herumgekrochen. Das habe die Gruppe so erheitert. Doch das war wohl nicht der Grund. Den wahren Anlass für die plötzliche Heiterkeit wollen die Beteiligten nicht verraten. Einer, der in der Gruppe um Laschet stand und weiß, was den urplötzlichen Anfall guter Laune auslöste, antwortet auf meine entsprechende Frage später nur mit einem Wort: «Omertà». Um die Schweigepflicht der Mafia handelt es sich ziemlich sicher nicht. Eher um den Versuch, keinen neuen Stoff für Nachrichten zu liefern und das Thema zu beerdigen. Aber natürlich gelingt das nicht.

Laschets Lachnummer geht als Video im Internet viral. Tausende Male wird es geteilt und noch viel häufiger gesehen und kommentiert. Einhelliges Urteil: Unmöglich! Wer sich angesichts des Leids vieler Menschen so unangemessen verhält, hat nicht das Zeug zum obersten Krisenmanager der Republik.

Na klar, auch Politiker der anderen Parteien hauen in diese Kerbe. Lars Klingbeil sagt einer Sonntagszeitung: «In Krisenzeiten zeigt sich der Charakter, heißt es. Wer ohne Gespür in solch schwierigen Situationen herumfeixt, der disqualifiziert sich selbst».

Ist das der Wendepunkt, die Krise des Gegners, von der Klingbeil noch vor wenigen Wochen sprach? Kurz vor der Wahl in Sachsen-Anhalt war er wegen des Stimmungstiefs seiner Partei deprimiert und kündigte mit dem Mut der Verzweiflung an: «Wenn das Momentum da ist, dann braucht man das Gespür, das zu nutzen.» Wenn sich die Gelegenheit ergebe, dann würden er und seine Leute zuschlagen. So wie Gerhard Schröder 2005 gegen Merkels Steuerpläne schlagen ließ. Oder wie Steinbrück und Schulz geschlagen wurden, als sie in ihren Wahlkämpfen Fehler machten. Jetzt bietet Armin Laschet gegnerischen Wahlkämpfern wie Lars Klingbeil Gelegenheit zum Schlagen. Und zwar reichlich.

Igor Levit schreibt aus der Ferne auf Twitter, dass ihm zwei Kanzlerkandidaten einfallen, denen «ein solch würdeloses Verhalten nicht passiert wäre».

Laschets Leuten ist die Sprengwirkung, das Game-Changer-Potential, dieses Augenblicks sehr schnell bewusst. Auf der Rückfahrt in die Düsseldorfer Staatskanzlei weisen sie ihren Chef darauf hin, was sich gerade im Internet gegen ihn zusammenbraut. Es dauert sechs quälend lange Stunden. Dann reagiert Laschet abends um 19:26 Uhr mit einer schriftlichen Erklärung. Tanit Koch formuliert für ihren Chef: «Ich danke dem Bundespräsidenten für seinen Besuch. Uns liegt das Schicksal der Betroffenen am Herzen, von dem wir in vielen Gesprächen gehört haben. Umso mehr bedauere ich den Eindruck, der durch eine Gesprächssituation entstanden ist. Dies war unpassend und es tut mir leid.» Ein Mitarbeiter aus Laschets Team beschreibt den Ablauf dieses Tages als traumatisch. Laschet selbst spürt, dass die Angelegenheit nicht mit einem kurzen Statement aus der Welt zu schaffen ist. Später erzählt er:

«Das war ärgerlich. Und es ärgerte mich selbst am meisten. Weil es gar nicht zu dem passte, was ich eigentlich in den Tagen davor und danach selbst empfunden habe.»

Natürlich wittern Laschets Konkurrenten schnell, dass der CDU-Chef sich einen kolossalen Fehltritt geleistet hat. Robert Habeck urteilt: «Das Lachen habe ich als absolut unangemessen erlebt und die Diskussion darüber als berechtigt. Ich versuche wirklich, nicht auf jeden Topf drauf zu schlagen, der da hingehalten wird. Aber in einer Situation, wo der Bundespräsident den Toten gedenkt, wo die Nation trauert, wo Solidarität fast das Einzige ist, was die Menschen haben, als Ministerpräsident in seinem Bundesland vor den Opfern der Flut so zu kichern, ist aus meiner Sicht ein politisches K. O. Das geht nicht, das gehört sich nicht. Es geht gar nicht darum, dass man weiß, dass da Kameras sind. Wenn man sich in der Situation nicht angemessen bewegen kann, ist man wahrscheinlich nicht der angemessene Politiker dafür.»

Entscheiden dreizehn Sekunden, dreizehn Sekunden Kontrollverlust, den Bundestagswahlkampf? Die mühevoll entwickelte Dramaturgie einer monatelangen Kampagne? Sind sie der Wendepunkt mindestens im politischen Leben von Armin Laschet? Oder hängt der Wahlkampf, anders gemessen, an 100 Zentimetern? Wäre Armin Laschet zum Lachen nur einen Schritt hinter die Außenmauer der Feuerwehrzentrale gegangen, wäre er von den Fotografen und TV-Teams nicht einsehbar gewesen. Seine unangemessene Heiterkeit hätte die Öffentlichkeit nicht bemerkt.

Viele Wochen später, als die Umfragewerte für die Union und noch mehr für ihren Kanzlerkandidaten abgestürzt sind, geben Leute aus seinem Umfeld zu, dass es im Wahlkampf eine Zeit vor dem Lachen und eine Zeit nach dem Lachen gegeben habe. Die dreizehn Sekunden von Erftstadt hätten eine verheerende, möglicherweise zerstörerische Wirkung gehabt. Aber, darauf weisen andere Vertraute von Laschet hin, vielleicht war es auch nur so, dass die Lach-Szene bei vielen Wählerinnen und Wählern einen Eindruck verfestigt hat, den sie ohnehin von dem Kandidaten hatten.Das Lachen nicht als Ursache, sondern als Symbol von Laschets Krise.

Auch für Annalena Baerbock birgt die Hochwasserkatastrophe politische Risiken. Soll sie, wie Laschet und Scholz, medienwirksam in die zerstörten Regionen reisen? Sie hat keine Exekutivfunktion, die einen solchen Aufenthalt notwendig machen würde. Ihr Co-Vorsitzender Habeck hat ihr über ein Interview bereits die Richtung gewiesen: «Ich weiß, dass in solchen Situationen gaffende Politiker nur im Weg rumstehen.»

Baerbock entscheidet sich für einen Mittelweg. Sie reist erst am Freitag nach Rheinland-Pfalz und trifft Anne Spiegel, die dortige Umweltministerin, eine grüne Parteifreundin. Ganz ohne Begleitpresse. Also ohne Interview und vor allem: ohne Bilder. Die öffentliche Diskussion wird ohnehin auf die grüne Klimaschutz-Partei zulaufen, wird sie sich denken. Zum ersten Mal seit Wochen werden Annalena Baerbock und ihre Partei in der Presse durchweg freundlich behandelt. Weil die Kandidatin, ganz skandalfrei, nichts sagt. Erst am Freitagabend veröffentlicht sie ein kurzes Videostatement. Ohne Gummistiefel. Vor neutralem Hintergrund.

SIEG ODER NIEDERLAGE

HEISSE PHASE

Anfang August, eine seltsame Woche. Einige Politiker und Journalisten kommen aus den Sommerferien zurück. Die sogenannte heiße Wahlkampfphase beginnt, also die letzten Wochen vor der Bundestagswahl Ende September. Aber eigentlich beginnt die Bundestagswahl bereits in zwei Wochen, dann haben die ersten Wählerinnen und Wähler die Möglichkeit, per Briefwahl abzustimmen. Also werden jede Regung und jeder Satz der Kandidaten und der Kandidatin noch genauer geprüft: Was hilft, was schadet? Armin Laschet hat einige fürchterliche Tage hinter sich. Die Wirkung seines Lachanfalls im Hochwassergebiet bekam er in Form von Zahlen präsentiert. Laut Forschungsgruppe Wahlen haben auf die Frage «Wen hätten Sie lieber als Kanzler/in?» nur noch 29 Prozent der Befragten «Armin Laschet» geantwortet, das sind 8 Prozent weniger als Mitte Juli, vor dem Unwetter und seiner persönlichen Katastrophe. Auch in der Sonntagsfrage sackt die Union um zwei Prozent ab. Genauso schlimm: Viele Medien berichten plötzlich ganz anders über den Unionskandidaten. Wurde bis Mitte Juli noch ein wenig an seiner lauwarmen Wahlkampfführung («Schlafwagen») und an seinen schwammigen inhaltlichen Aussagen herumgemäkelt, ist jetzt häufig zu lesen und zu hören: Er kann es nicht, Laschet ist nicht kanzlertauglich. So kurz vor Beginn der Abstimmungsmöglichkeit per Briefwahl ist diese Dynamik bedrohlich, vielleicht fatal.

Laschet und seine Leute setzen gegen den rapiden Ansehensverfall eine Seriositätsoffensive. Am ersten Augustwochenende fliegt der Unionskandidat nach Warschau, zu einer Veranstaltung, die an den Aufstand gegen die deutsche Besatzung vor 77 Jahren erinnert. Laschet reist die 1100 Kilometer von Düsseldorf in die polnische Hauptstadt, er wird von seinem polnischstämmigen Generalsekretär Ziemiak begleitet, um

Kränze niederzulegen und Zeitzeugen zu sprechen. Jeder Schritt, jede Äußerung wird von den mitgereisten Journalisten aufmerksam registriert, die entsprechenden Fotos nach Hause gesendet. Laschet weiß, was er an diesem Wochenende vor allem machen muss: ein ernstes Gesicht. Angesichts des Anlasses fällt das nicht schwer. Aber genau das war ja sein Problem vor zwei Wochen: die schreckliche Diskrepanz zwischen der Schwere des Augenblicks bei der Ansprache des Bundespräsidenten im Hochwassergebiet und Laschets grotesk gut gelauntem Ausrutscher. Jetzt also legt Laschet alle Ernsthaftigkeit, zu der er fähig ist, in seinen Gesichtsausdruck und behält diese Mimik bei allen öffentlichen Auftritten an diesem Wochenende bei.

Die kurze Auslandsreise des Kandidaten wird überschattet von weiteren schlechten Nachrichten aus der Heimat. Ein selbsternannter Plagiatsjäger hat am Freitag Vorwürfe gegen Laschets Buch «Die Aufsteigerrepublik. Zuwanderung als Chance» von 2009 erhoben. In dem 291-Seiten-Buch hat Laschet etwa eine halbe Seite aus einem Buch des früheren bayerischen Kultusministers Hans Maier übernommen, ohne dies als Zitat kenntlich zu machen. Ist Laschet ein Plagiatssünder wie Annalena Baerbock? Das ist die Frage, die in sozialen und klassischen Medien sofort diskutiert wird. Laschet hat die überzogene Reaktion von Baerbock und ihrem Wahlkampfleiter Kellner natürlich beobachtet und tappt nicht in die «Rufmord»-Falle. Er will die Debatte mit einer schriftlichen Entschuldigung im Keim ersticken. Das gelingt ihm nicht wirklich. Die Parallelerzählung von zwei Plagiatsaffären konkurrierender Kandidaten ist einfach zu süffig, zu verlockend, als dass sie von den allermeisten Nachrichtenmedien ignoriert werden kann. Auch die Tagesschau berichtet über die kleine Enthüllung. Laschet hat an diesem Wochenende also gleich mehrere Probleme: die miesen Umfragewerte, die Plagiatsvorwürfe und seine zweite Entschuldigung innerhalb von wenigen Tagen. Der CDU-Chef, der demnächst Bundeskanzler werden will, wirkt unsouverän.

Je größer die Zweifel an der Kanzlertauglichkeit von Annalena Baerbock und Armin Laschet werden, desto stärker wächst das Ansehen ihres Mitbewerbers Olaf Scholz. Er hat in diesen Wochen keine Plagiatsaffäre am Hals, er hat sich im Hochwassergebiet vorsichtig und ausschließlich respektvoll bewegt. Und er konnte in seiner Funktion als Bundesfinanzminister den von der Katastrophe betroffenen Kommunen schnelle und unbürokratische Finanzhilfen des Bundes versprechen. Ohne allzu großes Zutun springen seine persönlichen Werte in derselben Umfrage um sechs Prozent. Er ist mit 34 Prozent nun der Politiker, den die Deutschen am liebsten als Kanzler sehen würden.

Und plötzlich schreiben dieselben Zeitungen und Zeitschriften, die noch vor kurzem die Wahlaussichten der SPD in den düstersten Farben dargestellt haben, dass die Scholz-SPD – oh Wunder – doch eine Chance hat, die nächste Bundesregierung anzuführen. In den Artikeln stecken viele Konjunktive und Wenn-dann-Sätze. Also: Wenn die SPD mehr Stimmen als die Grünen erhält, dann könnte sie eine Ampel-Koalition mit Grünen und FDP schmieden. Und dann wäre Olaf Scholz Bundeskanzler. Es ist noch unklar, ob von den gestiegenen persönlichen Werten des Kandidaten auch seine Partei profitieren wird. Aber die Stimmung im Willy-Brandt-Haus hat sich in den vergangenen zwei Wochen merklich aufgehellt, sogar gedreht. Die Partei erhält zu Beginn dieser heißen Wahlkampfphase einen überraschend kräftigen Motivationsschub.

Anfang August steht noch nicht fest, ob sich nur die politische Stimmung in der Hauptstadt ändert oder ob mehr in Bewegung gerät: die Präferenzen vieler bislang unentschiedener Wählerinnen und Wähler.

In dieser unübersichtlichen und für die Grünen besorgniserregenden Lage kommt Robert Habeck zum Interview. Er hat zwar seine eigene Sommerwahlkampftour an Badeorten von Nord- und Ostsee hinter sich. Aber er hat nicht oft und erst recht nicht gerne über die missratene Kampagne seiner Partei gesprochen. Schlechte Nachrichten kamen zudem aus dem Saarland. Dort gab es massiven parteiinternen Streit. Bei der Aufstellung der Landesliste hatten auch Mitglieder ihre Stimme abgegeben, die nicht wahlberechtigt waren. Nach Einschätzung des Schiedsgerichts sei bei der Wahl eines Mannes als Nummer eins gegen das Frauenstatut der Partei verstoßen worden. Folglich wurde die Landesliste der

Grünen vom Bundeswahlausschuss für die Bundestagswahl ausgeschlossen. Ein schwerer Schlag.

Noch schlimmer wiegen die Plagiatsvorwürfe gegen die Kanzlerkandidatin Baerbock vor einigen Wochen. Sie beeinträchtigen die Aussichten der Grünen bei der Bundestagswahl massiv. Habeck ist genervt: «Das war jetzt keine gute Phase. Der Hintergrund ist ein durchaus ernster. Politik wird von Menschen gemacht. Und Menschen wollen sich von Menschen vertreten wissen. Das ist ja eigentlich eine tröstliche Ansage, sonst könnten wir da ja einen Wahl-O-Mat hinstellen: Man tippt seine Vorlieben ein und dann kommt irgendetwas heraus. So ist es aber nicht. [...]. Menschen werden von Menschen begeistert – oder enttäuscht. Am Ende sind Wahlen ja Vertrauensdelegationsakte. Man überlegt sich in der Wahlkabine: Diese Person wird es wahrscheinlich in meinem Sinne regeln. Und dann setzt man sein Kreuz dahin. Der menschliche Faktor ist ein entscheidender. Insofern sind die Fragen nach Lebensläufen usw. relevante Fragen. Und deswegen war es ärgerlich. Diese Phase hat wehgetan.»

Aber dann schränkt Habeck gleich ein. Seine Co-Vorsitzende möge bitteschön nicht nur auf die unkorrekten Angaben in ihrem Lebenslauf und die Plagiatsstellen in ihrem Buch reduziert werden. Sie sei keine Hochstaplerin. Er würde ihren Ehrgeiz und ihre Leidenschaft kennen und schätzen. Und er hoffe, dass es seiner Partei gelingt, in den verbleibenden Wochen die Affären um die Kandidatin vergessen zu machen und verloren gegangenes Vertrauen wieder herzustellen.

Robert Habeck quält sich spürbar durch das Interview. Er weiß, dass er sich all den unangenehmen Fragen nicht entziehen kann. Fragen, die sich eigentlich nicht auf ihn beziehen, sondern auf die Frau, die sich im Frühjahr bei der Entscheidung über die Kanzlerkandidatur gegen ihn durchgesetzt hat. Aber Robert Habeck lebt mit Annalena Baerbock in einer politischen Schicksalsgemeinschaft. Ihre Fehler bekommt auch er zu spüren. Ihre Unsicherheit muss auch er aushalten, gelegentlich sogar ausbügeln. So verbietet es sich, die Kandidatin öffentlich zu kritisieren. Nein, Robert Habeck muss sich auf die Zunge beißen und loyal bleiben – mindestens bis zur Bundestagswahl.

In den ersten Augustwochen, als der Wahlkampf auf den Straßen und Marktplätzen Fahrt aufnimmt, beginnen auch die Koalitionsspekulationen. Über die Schwäche von Union und Grünen freut sich die Wahlkampfleitung der FDP. Geht die Bundestagswahl ungefähr so aus, wie die aktuellen Sonntagsfragen es ahnen lassen, wird eine Dreierkoalition wahrscheinlich. Und da sich die SPD nach den für sie schmerzhaften Jahren in der Großen Koalition vermutlich sträuben wird, wieder in eine Koalition mit der Union einzutreten, richten sich die Blicke zunehmend auf die FDP. Was will sie, was will ihr Vorsitzender? Christian Lindner mag solche Fragen, sie verleihen ihm Gewicht. Vielleicht wird er in wenigen Wochen ja eine Schlüsselposition einnehmen und über Wohl und Wehe von Union, SPD und Grünen entscheiden. Lindner als Königsmacher. Bei einem Gespräch im Reichstag geht der FDP-Chef im Geiste schon mal die verschiedenen Koalitionsmöglichkeiten durch. Und auch die Ressortverteilung scheint er sehr klar vor Augen zu haben: «Nach meiner Erwartung wird es drei Schlüsselressorts in der nächsten Bundesregierung geben: Das Finanzministerium. Grundsatzfragen werden auch in einem Arbeits- und Sozialministerium entschieden werden. Und in einem von mir vermuteten Klima- und Umweltministerium.» Dann kommt der entscheidende Nachsatz: «Wenn es die Gelegenheit zur Gestaltung gibt, dann stehe ich gerne zur Verfügung. Zum Beispiel für das Finanzressort.»

Alice Weidel ergeht es in diesen Wochen völlig anders. Niemand will mit ihr über Koalitionsmöglichkeiten und Ressortverteilung sprechen. Die Co-Fraktionsvorsitzende der AfD muss einsehen, dass ihre Partei im Bundestagswahlkampf nur eine kleine Nebenrolle spielt. Das mag an unklaren politischen Positionen liegen, an internen Machtkämpfen, auch an abschreckenden Spendenskandalen und juristischen Ermittlungen gegen einige Führungspersonen der Partei. Ganz sicher aber fehlt der AfD auf Bundesebene jegliche Machtperspektive. Sie ist als radikale Rechtsaußen-Partei bei der Partnersuche im Parlament weiterhin unvermittelbar. Weidel ist zerknirscht: «Ob ich enttäuscht bin, dass man die AfD nicht zu Sondierungsgesprächen einlädt auf Bundesebene? Natürlich bin ich das.» Dann macht sie sich ein wenig Mut. Die AfD habe wie jede andere Partei das Ziel, in eine Regierungsbeteiligung zu kommen. In Landesregierungen, vor allem in Ostdeutschland, sei eine Koalition mit der AfD bald unvermeidbar, behauptet sie. Ihre Partei sei im Osten einfach zu stark. Aber Alice Weidel ist Bundespolitikerin. Und daher schmerzt es sie, dass sie und ihre Partei bei Verhandlungen zur Bildung einer Bundesregierung von allen anderen Parteien ignoriert werden. «Natürlich ist es ein Stück weit, ich will nicht sagen: frustrierend, aber herausfordernd für uns, auch für mich persönlich, dass man nicht in die Umsetzung kommt. Es ist wichtig, eine Oppositionskraft zu sein, eine Stimme in der Opposition zu haben. Aber letztendlich kann man nicht umsetzen.»

RÜCKENWIND

Lars Klingbeil bemüht sich, Zuversicht auszustrahlen. Wenn man ihn in diesen Augusttagen trifft, verweist er darauf, dass sich der Wind des Wahlkampfs gerade mächtig in eine neue Richtung dreht, und zwar zu Gunsten seiner SPD. An diesem Vormittag hat Klingbeil ins Berliner Kino Delphi Lux geladen, um bei Popcorn und Limonade die Kampagnenmotive vorzustellen. Im Eingangsbereich des Kinos hängen Filmplakate, und wer will, kann sich die Zeit damit vertreiben, eine politische Bedeutung in die Filmtitel hineinzulesen: «Promising young woman. Rache war nie so süß», «Quo vadis?», «Die Welt wird eine andere sein» und «Doch das Böse gibt es nicht».

Dann: Vorhang auf, Lars Klingbeil betritt die Bühne. Er hat schwere Wochen in den Knochen. Die heftige Wahlniederlage in Sachsen-Anhalt, die anhaltend schlechten Umfragewerte, auch die Kritik an seiner Wahlkampfführung. Obwohl die grüne Kanzlerkandidatin zwischen Mitte Mai und Mitte Juli kaum aus den Negativschlagzeilen herauskam, konnte die SPD lange nicht von davon profitieren. Klingbeil klagt bei seinem Eingangsstatement vor der geladenen Hauptstadtpresse, die SPD sei «noch lange, lange nicht» da, wo sie sein solle.

Dann zählt er all die Fehler und Schwachstellen der anderen auf und dass sich Laschet und Baerbock permanent für Patzer entschuldigen müssten. Einmal in Schwung empört sich Klingbeil darüber, dass das

Rechtsaußen-CDU-Mitglied Hans-Georg Maaßen in Südthüringen für den Bundestag kandidiert. Natürlich verweist er auf die guten persönlichen Werte von Olaf Scholz und darauf, dass die Deutschen in den nächsten Wochen vor allem dessen Kompetenz schätzen lernen würden. Im Wahlkampf ginge es ja um den Vergleich dreier Personen, also Baerbock, Laschet und Scholz. Klingbeil versucht allerhand, um Olaf Scholz als das zentrale Argument seiner Kampagne herauszustellen. Doch noch immer hat er kein Rezept dafür gefunden, wie sich die Zustimmungswerte von Scholz auf seine Partei übertragen lassen.

Tapfer bleibt der Kampagnenmanager dabei: Die Lage der SPD ändere sich gerade, Olaf Scholz habe eine realistische Chance, Kanzler zu werden. So haben er und Scholz zwar auch schon im März gesprochen, als die Landtagswahl in Rheinland-Pfalz der SPD ein Zwischenhoch bescherte. Aber danach verfielen die Parteigrößen wochenlang in eine kollektive Depression und sahen wie gelähmt zu, wie sich ihre SPD aus dem Dreikampf mit Union und Grünen verabschiedete und sich der Wahlkampf zu einem Duell entwickelte – ohne sie. Beide Parteien, Union und Grüne, hatten ihre Kanzlerkandidaten sehr spät, erst im April, benannt und somit wochenlang ungleich mehr Aufmerksamkeit erhalten als die SPD, deren Kandidat nun seit einem Jahr bekannt ist. Die Sozialdemokraten lieferten eine eher langweilige Geschichte. Die Erzählung vom großen Aufbruch, von den Zukunftsmissionen, war dem langjährigen GroKo-Vizekanzler Scholz nicht abzunehmen.

Was also hat sich geändert, dass Klingbeil jetzt plötzlich so zuversichtlich ist? Der Stimmungsumschwung liegt ja nicht nur am Verhandlungserfolg von Olaf Scholz zur globalen Mindeststeuer. Viel mehr wurde in klassischen und sozialen Medien immer wieder Laschets Lachen im Hochwassergebiet gezeigt.

Schon zuvor hatte mir eine Mitarbeiterin des Willy-Brandt-Hauses davon berichtet, dass sie und ihre Kollegen und Kolleginnen an jenem Samstag Mitte Juli gebannt in den sozialen Medien verfolgten, wie aus dem kleinen Video mit Laschets Lachen eine Lawine von Retweets und bösen Kommentaren anwuchs. Und wie sie sich freuten, dass die Kraft dieser Lawine immer wuchtiger und zerstörerischer wurde.

Lars Klingbeil muss Laschets unglückliches Verhalten wie ein Geschenk des Himmels erschienen sein. Nur darf er das jetzt so nicht sagen. Aber er kann den selbstbewussten Angreifer geben, dessen Chance sich auf wundersame Art vergrößert hat. Plötzlich bekommt seine Kampagne Boden unter die Füße. Die Sprüche und Spots zielen auf die Schwächen der Konkurrenz und schildern die Charaktereigenschaften von Olaf Scholz in den schillerndsten Farben: Scholz, der Zuverlässige, der Handwerker; Scholz, die personifizierte Kompetenz. Die Kampagne ist so bieder wie ihr Kandidat. Aber vielleicht entfaltet sie jetzt gerade deshalb ihre Wirkung – weil die Kandidaten der anderen Parteien so labil, so unberechenbar wirken.

Am Ende der Veranstaltung präsentiert Klingbeil einen Spot, der gar nicht zu dem bisher so zurückhaltenden Stil des Wahlkampfs seiner Partei passt. In dem kurzen Film werden die Gesichter von prominenten CDU-Mitgliedern auf russischen Matrjoschka-Puppen gezeigt. Friedrich Merz ist da zu sehen, Hans-Georg Maaßen, die Bundesminister Andreas Scheuer und Jens Spahn, sogar Nathanael Liminski, Laschets einflussreicher Staatskanzleichef in Düsseldorf. Zu den Figuren gibt es hässliche, herablassende Sätze: «Wer Armin Laschet und die CDU wählt, wählt eine Politik, die Reiche reicher und Arme ärmer macht. Kandidierende, die die CDU an den rechten Rand rücken. Erzkatholische Laschet-Vertraute, für die Sex vor der Ehe ein Tabu ist. Minister, die für maue Leistungen statt für Mobilität von morgen stehen. Und ein Programm, das inhaltsleer ist.» Am Ende des Spots sieht man – nachdem eine hölzerne Puppe nach der anderen hervorgezogen wurde – den Innenraum der letzten Puppe. Er ist, na klar: leer.

Die Wahlkampfleitung unter Führung von Lars Klingbeil hat sich unter dem Druck der schwachen Werte der vergangenen Wochen und Monate offenbar zu einem Negative Campaigning entschlossen. So wie Gerhard Schröders Kampagnenteam unter Frank Stauss im Jahr 2005 versuchte, den Wahlkampf trotz einer miserablen Ausgangsposition noch zu wenden. Damit setzt Klingbeil ein Zeichen: In den nächsten Wochen soll es ungemütlich zugehen, ja, ruppig.

Als die Journalistinnen und Journalisten der Hauptstadtpresse gegangen sind, bleibt Klingbeil eine Weile im leeren Kinosaal zurück. Der letzte

Spot mit Matrjoschka-Puppen wirkt noch nach. Die hässliche Bezeichnung «erzkatholisch». Man sieht Klingbeil die Anstrengung der letzten Zeit an, die unzähligen Meetings, die Krisentelefonate, den permanenten Gegenwind. Schnell kommen wir auf den letzten Spot zu sprechen. Der Generalsekretär wundert sich über die Frage, wieso er plötzlich auf Negative Campaigning setze, ja, er gibt sich sogar ein wenig entrüstet: «Das ist kein Negative Campaigning. Das ist kein Schmutzwahlkampf oder so etwas. Sondern das ist ein klares Benennen von Fakten. Das gehört in einer Wahlauseinandersetzung dazu. Da sollten wir nicht so zimperlich sein.»

Es dauert nicht lange – und der Kinospot findet seinen Weg ins Internet. Die Reaktionen vor allem aus der CDU fallen ausgesprochen zimperlich aus. Sich über die religiöse Gesinnung eines Politikers zu erheben, sei unterste Schublade. Armin Laschet gibt sich gegenüber RTL entrüstet: «Mich hat das überrascht, welche Methoden jetzt Olaf Scholz anwendet, um Wahlkampf zu machen.» Generalsekretär Ziemiak rät seinem Gegenspieler von der SPD öffentlich, den Spot zurückzuziehen. Es hagelt Kritik von mehreren Seiten. Natürlich hat die Kampagnenleitung der SPD mit solchen Reaktionen gerechnet. Genau deswegen hat sie sich ja für den Spot entschieden – er soll Stimmung in einen schläfrigen Wahlkampf und die SPD wieder ins Gespräch bringen. Doch nur wenige Tage nach der Kinovorführung verlässt die SPD-Spitze der Mut. Sie gibt bekannt, den Spot nicht mehr vorzuführen. Die Kampagne der SPD kam in den letzten Monaten etwas schlaff daher, aber sie fiel – anders als die Kampagnen von Grünen und CDU – nicht durch gravierende Fehler auf. Jetzt erleben auch die Sozialdemokraten, dass sie wegen ihrer Kampagne ins Gerede kommen. Sind sie übers Ziel hinausgeschossen? Innerhalb der Partei ist der kurze Film umstritten, einige Genossen meinen, man müsse all die Entrüstung aushalten und den Spot weiter öffentlich vorführen. Aber die parteiinternen Gegner des Spots setzen sich durch, der Matrjoschka-Puppen-Film landet im Giftschrank des Willy-Brandt-Hauses (natürlich geistert er weiter durchs Internet).

Als Erklärung für das Hin und Her bietet eine Sprecherin der Wahlkampfleitung folgende Geschichte an: Es sei stets geplant gewesen, den Spot nur ein einziges Mal vorzuführen, nämlich im Delphi-Lux-Kino vor der Hauptstadtpresse. Man habe damit gerechnet, dass der Spot mitgeschnitten wird und so ein Eigenleben in sozialen Medien führt. Man habe ihn also gar nicht «gestoppt» oder «zurückgezogen». Über die so ausgelöste Debatte sei man sehr zufrieden. Ist diese Erklärung glaubwürdig? Eine andere Mitarbeiterin des Willy-Brandt-Hauses erzählt die Geschichte anders. Man habe die Wirkung des Spots bei der Vorführung vor der Hauptstadtpresse testen wollen, um ihn bei Erfolg später offensiv einzusetzen. Doch dann habe man sich anders entschieden. Zu viel steht für die SPD auf dem Spiel. Die Partei weiß – und die letzten Wochen haben das eindringlich gezeigt –, dass kleine Fehltritte im Wahlkampf eine große, zerstörerische Wirkung entfalten können.

Wegen der anhaltenden Diskussion muss sich jetzt auch Olaf Scholz der Frage stellen, ob er den Spot gekannt und gebilligt hat. Als ich ihn ein paar Tage nach der Kinovorführung zum Interview treffe, wirkt er noch schmallippiger als sonst. Er will nicht über den umstrittenen Spot sprechen, sondern lieber über die vielen schönen Wahlplakate seiner Partei. Ein klassisches Ausweichmanöver. Dann entwickelt sich ein Dialog, der auch gut in ein absurdes Theaterstück passen könnte. Das ungekürzte Gespräch sagt wenig über die Kampagne der SPD aus und viel über das misstrauische und vorsichtige Interviewverhalten ihres Kandidaten:

«Herr Scholz, kannten Sie den Spot?»

«Der Kampagnenleiter hat mir berichtet, dass er nicht ausgesendet wird und dass er nur einmal gezeigt worden ist.»

«Warum?»

«Es ist so, dass die Kampagne sich konzentriert auf die Dinge, die für die Zukunft unseres Landes wichtig sind. Und deshalb geht es mir um die Plakate und die Botschaften, die wir damit verbinden und das, was wir da vorgebracht haben.»

«Herr, Scholz, es tut mir leid, ich muss da nachfragen und beharren: Es gibt doch einen Grund, warum der Spot gezeigt wurde. Da waren etwa vierzig Journalistinnen und Journalisten, die sich wie ich jetzt alle wundern, dass dieser Spot nicht mehr gezeigt werden wird. Eine ganz einfache Frage: Warum? Doch nicht, weil Sie die Zukunft Deutschlands gestalten wollen. Das hat doch mit dem Spot zu tun.»

«Wir brauchen eine klare Debatte zum Beispiel über die Frage, dass es nicht in Ordnung ist für den Zusammenhalt unserer Gesellschaft und für die Frage, wie wir unsere Zukunft finanzieren, wenn jetzt einige Parteien antreten und sagen, ihr Konzept sei, dass die Leute, die sehr viel Geld verdienen, weniger Steuern zahlen sollen. Nachdem wir 400 Milliarden Euro an Krediten aufgenommen haben, um Arbeitsplätze und Unternehmen zu retten und durch die Coronakrise zu bringen.»

«Noch einmal, nur damit ich es verstehe: Kannten Sie den Spot?»

Scholz kommt – für ihn ungewöhnlich – ins Stottern: «Die Maßnahmen, die ich gebilligt habe, sind diejenigen, über die wir gesprochen haben und die ich auch richtig finde. Das sind die Plakate, über die wir hier reden. Und manches, was noch keiner kennt und demnächst kommt.»

«Es tut mir leid, ich muss darauf beharren: Kannten Sie den Spot?»

Wieder Stottern: «Ich habe, ich wiederhole, ich habe sehr klar gesagt: Meine Billigung haben die Plakate gefunden, die inhaltliche Ausrichtung. Und viele Maßnahmen, die wir jetzt noch sehen werden.»

«Was war das Problem mit dem Spot?»

Erneutes Stottern, unzusammenhängende Worte: «Es hat jetzt eine Debatte gegeben über diese Frage, eine Debatte gegeben. Was in Ordnung ist.»

«Was für eine Debatte?»

«Viele haben sich dazu geäußert, Zeitungen haben geschrieben. Insbesondere zum Beispiel auch über Fragen, die mit dem zu tun haben, was ich eben geschildert habe: Wie ist es eigentlich mit den finanziellen Vorstellungen, die die Parteien haben, mit der Frage: Geht es gerecht zu in diesem Land?»

«War es nicht so, dass es eine andere Kultur war, nämlich negativ über Mitbewerber zu berichten – und die Kommentare waren entsprechend –, was Sie dazu verleitet hat, diesen Spot nicht zu zeigen?»

«Aus meiner Sicht wird es im Wahlkampf noch viele Situationen geben, in denen auch über politische Unterschiede gesprochen wird. Über die Frage, wie man eine liberale, offene Gesellschaft organisieren kann. Über die Frage, wie wir Recht und Ordnung organisieren können …»

Olaf Scholz hat unzählige Nebelkerzen gezündet. Schließlich sieht er mich fest an, vermutlich um zu prüfen, ob er mich ausreichend verwirrt hat. Er beginnt, zu lächeln. Wir können dieses Frage-Antwort-Spiel noch zwanzig weitere Minuten spielen – es ist völlig klar: Olaf Scholz wird auf meine Fragen nicht wirklich antworten. Jede klare Antwort ist für ihn riskant. Entweder er kannte den Spot, dann drängt sich die Anschluss-Frage auf, warum er dessen Präsentation billigte. Oder er kannte den Spot nicht, dann steht er wie ein Kandidat da, der die wichtigsten Werbemittel seiner Kampagne nicht kennt. Bei einer klaren, ausführlichen Antwort könnte auch ein Konflikt zwischen dem Kandidaten und seinem Wahlkampfmanager erkennbar werden. Daher hat sich Scholz entschieden, meine Frage mit möglichst vielen Worten zu umgehen. Da ist er wieder: der Scholzomat. Ich bedanke mich und beende das Interview.

In diesen Tagen bin ich auch mit Armin Laschet im Konrad-Adenauer-Haus verabredet. Er wirkt zerknirscht, steht mächtig unter Strom. Immer wieder spricht er davon, diese Wahlkampfphase sei «turbulent», «ja, sie ist turbulent». Er und die CDU haben mal wieder einen schlechten Tag. Wegen der Hochwasserkatastrophe und vermutlich auch wegen der wütenden Proteste von betroffenen Bewohnern, die eine schnellere finanzielle Hilfe einfordern, hat die Kampagnenleitung heute Vormittag beschlossen, den Auftakt von Laschets Wahlkampfreise abzusagen. Jetzt sei nicht die Zeit für solche Auftritte, sagt Laschet. Sein Wahlkampf, das merkt man, ist durch die Ereignisse in seinem Heimat-Bundesland mächtig durcheinandergeraten. Dazu kommt, dass die Corona-Infektionszahlen wieder steigen. Laschet wird mehrfach als Krisenmanager gefordert. Aber vor allem muss er seine eigene Image-Krise in den Griff bekommen. Und zwar möglichst schnell.

Und noch ein weiteres Thema drängt mit Macht in den Bundestagswahlkampf. Seit Wochen und Tagen mehren sich besorgniserregende Berichte aus Afghanistan. Die Taliban sind auf dem Vormarsch, sie nehmen eine Stadt nach der anderen ein. Viele Menschen sind auf der Flucht und hoffen auf Schutz in der Hauptstadt Kabul. Wie lange dauert es, bis Kabul fällt? Müssen wir nach dem Abzug der Amerikaner und der anderen NATO-Staaten mit vielen tausend neuen Flüchtlingen auch in Deutschland rechnen?

Armin Laschet will sich nicht festlegen. Wie die gesamte Bundesregierung ist auch der CDU-Chef von der dramatischen Zuspitzung des afghanischen Bürgerkriegs überrascht. Noch hat er kein Konzept. Nicht für eine angemessene Reaktion Deutschlands in Afghanistan. Nicht für seine Afghanistan-Position im Wahlkampf. Er sagt: «Es geht darum, dass wir denen, die wirklich verfolgt sind, auch Schutz gewähren. Aber dass die, die nicht schutzbedürftig sind, möglichst gar nicht erst die Europäische Union betreten. Darum muss der Schutz der Außengrenze verbessert werden. Und das findet beides derzeit statt.» Zum Abschied sagt der Kandidat wieder, diese Tage seien «turbulent». Was er nicht weiß: Es wird noch turbulenter werden.

DER BAERBOCK-ZUG

Am Montag, 9. August, fährt um 13:33 Uhr auf Gleis 13 des Berliner Hauptbahnhofs der ICE 797 ein. Annalena Baerbock, Robert Habeck, Mitarbeiterinnen der Geschäftsstelle der Grünen sowie ein paar Sicherheitsbeamte steigen ein. Auch Michael Kellner, der oberste Wahlkampfmanager der Partei, und Michael Scharfschwerdt, der Leiter der Wahlkampftour, sind dabei. Die Bahn hat kurzfristig einen Ersatzzug bereitgestellt, so dass die Reservierungen ihre Gültigkeit verlieren und alle irgendwo einen freien Platz suchen müssen. Die grüne Reisegesellschaft will zwei Stunden weit bis nach Hildesheim fahren, dort hat sie mit weiteren Helfern die erste von zahlreichen Wahlkampfveranstaltungen vorbereitet. Die Parteispitze reist in großer Mannschaftsstärke an, um maximale Geschlossenheit in schwierigen Zeiten zu demonstrieren.

Die Zugfahrt bietet Gelegenheit, die Stimmung im Inner Circle zu erfahren – all das, worüber niemand aus der Gruppe öffentlich sprechen würde. Es wird deutlich, dass die Grünen zwar glauben, aus dem Allerschlimmsten der Baerbock-Lebenslauf-Plagiats-Pannenserie heraus zu sein. Aber ebenso klar wird, dass die vergangenen Wochen der Kampagne einen vermutlich irreparablen Schaden zugefügt haben. Die Nummer eins, also Annalena Baerbock, ist schwer angeschlagen, ihre Glaubwürdigkeit schmerzlich in Frage gestellt. Es ist unwahrscheinlich geworden, dass sich die Kandidatin und damit die Grünen in den Wochen bis zum Wahltag davon erholen. Die Union ist jetzt nicht mehr der wichtigste Gegenspieler, die Grünenspitze hat den Kampf um Platz eins praktisch aufgegeben. Jetzt muss die Partei mit der SPD um Platz zwei ringen. Noch liegt die Union in Umfragen vorne. «Aber das Momentum liegt jetzt klar bei Olaf Scholz», sagt jemand aus dem Führungskreis.

Dieser Montag ist noch aus einem anderen Grund bemerkenswert. Am Vormittag hat der Weltklimarat IPCC (Intergovernmental Panel on Climate Change) einen neuen Sachstandsbericht veröffentlicht. Eine Art Inventur, in der alle nennenswerten wissenschaftlichen Forschungen zum Klimawandel zusammengefasst werden. Die Erkenntnisse sind furchteinflößend: Nicht erst – wie ursprünglich vermutet – im Jahr 2040, sondern schon im Jahr 2030 könnte der kritische Wert von 1,5 Grad Erderwärmung im Verhältnis zum vorindustriellen Zeitalter erreicht sein. Der Bericht lässt keinen Zweifel daran, dass der Klimawandel maßgeblich von Menschen verursacht wird. Er lässt ebenso wenig Zweifel daran, dass der Mensch nur bei einer großen und vor allem schnellen Kraftanstrengung, nämlich einer drastischen Verminderung des Treibhausgasausstoßes, die Erderwärmung bremsen kann. Außerdem sagen die Forscher eine weitere Zunahme von Unwetter-Katastrophen voraus. Extremhitze wie zuletzt in Kanada oder Südeuropa, Brände wie in der Türkei, in Griechenland und Süditalien, Überschwemmungen wie im Westen Deutschlands werden demnach weiter zunehmen.

Natürlich haben auch Annalena Baerbock und Robert Habeck von dem Bericht erfahren. Beide sitzen in einem Erste-Klasse-Wagon nebeneinander und reden über die wichtigste Nachricht des Tages. Sie wirken nicht sonderlich überrascht, eine Zunahme der Naturkatastrophen in Folge des Klimawandels sagen sie ja seit langem voraus. Dann reden sie über sich, das heißt: über ihren Wahlkampf. Und so wird an diesem Mittag, im Zug von Berlin nach Hildesheim, ein großes, ja vielleicht das zentrale Dilemma der Grünen erkennbar. Während Deutschland und

Europa einen Katastrophensommer erleben und die Medien laufend über das Überthema Klimawandel berichten, steckt die Klima- und Umweltschutz-Partei wochenlang im Selbstbeschäftigungsmodus fest. Sie muss sich nach außen für ihre unprofessionelle Kampagne rechtfertigen und nach innen schmerzliche Aufklärungsarbeit leisten: Wer ist schuld an den Pannen, wo stimmen die Abläufe nicht?

Die Partei, die es sich im Frühjahr wie keine andere im Bundestag vertretene Partei zum Ziel gesetzt hat, die Regierungspolitik in Deutschland neu auszurichten und konsequent dem Klima- und Umweltschutz unterzuordnen, ist gefangen in einer Spirale aus eigenen Fehler, vorwurfsvoller Berichterstattung und Angriffen von politischen Gegnern. Die Spirale zieht die Umfragewerte der Grünen nach unten und ebenso die Stimmung in der Kampagnenleitung. Annalena Baerbock gibt im Gespräch freimütig zu, dass sie und ihr Team einiges zu der unheilvollen Entwicklung beigetragen haben. Robert Habeck sitzt daneben und lauscht den Worten seiner Co-Vorsitzenden, seiner Kanzlerkandidatin. Er wird immer unruhiger. Dann platzt es aus ihm heraus. Er klagt über die «Entpolitisierung in dieser hochpolitischen Zeit». Er befürchtet, dass sich in Folge des aktuellen Wahlkampfes populistische Parteien und Bewegungen gründen, und verweist auf die Entwicklung in anderen europäischen Ländern. «Also ist dieser Pustekuchen-Wahlkampf…», Habeck zögert, er will nicht allzu defätistisch klingen, «… zumindest eine Herausforderung für die nächste Regierung. Weil sie sich ja mit Problemen beschäftigen wird, die ja da sind, obwohl sie nicht ausreichend diskutiert wurden.»

Die Grünen fahren an diesem Tag einer unguten Zukunft entgegen. Sie ahnen, dass ihr Traum, ihr Plan, das Kanzleramt zu erobern, gerade in unerreichbar weite Ferne rückt. Sie müssen sogar darum bangen, überhaupt Mitglied einer künftigen Bundesregierung zu werden. Union, SPD und FDP könnten, so die Sorge, eine sogenannte Deutschlandkoalition anstreben. Dass das nicht völlig abwegig ist, erleben die Grünen gerade in Sachsen-Anhalt. Dort haben die drei Parteien eine solche Koalition vereinbart, ohne die Grünen. Auch das ist eine Nachricht des heutigen Tages. Die Partei findet sich in Sachsen-Anhalt unerwartet auf der Oppositionsbank wieder. Selbst wenn es im Bund für am Ende eine

Regierungsbeteiligung reichen sollte, werden die Grünen die Verhandlungen möglicherweise nicht aus der erwarteten Position der Stärke, sondern als desillusionierter Juniorpartner führen. Noch sind das Gedankenspiele, es bleiben ja knapp sieben Wochen bis zum Wahltag. Aber Baerbock, Habeck, Kellner und all die anderen grünen Wahlkämpfer im Zug ICE 797 strotzen in diesen Tagen nicht gerade vor Selbstbewusstsein. Im Gegenteil: Sie fahren reichlich verunsichert nach Hildesheim, zum Auftakt ihrer Wahlkampftour.

DEBAKEL, DESASTER, KATASTROPHE

Sechs Tage später, am Sonntag, 15. August, überrennen die Taliban die afghanische Hauptstadt Kabul. Die Regierungstruppen, die in den Jahren zuvor von den NATO-Streitkräften hochgerüstet und ausgebildet wurden, leisten kaum Widerstand. Die Mitglieder der Bundesregierung, die für den Rückzug der Bundeswehr, für die Evakuierung deutscher Staatsbürger und örtlicher Helfer und für eine zügige Visa-Erteilung verantwortlich sind, nehmen die Meldungen aus dem fernen Land fassungslos zur Kenntnis. Schon kurz darauf stellt sich heraus, dass es schon länger konkrete Warnungen aus der deutschen Botschaft vor einem Sturm der Taliban gab. Der stellvertretende Botschafter Jan Hendrik van Thiel schrieb, nach ARD-Informationen, am Freitag vor dem Fall von Kabul, «dass den dringenden Appellen der Botschaft über längere Zeit erst in dieser Woche Abhilfe geschaffen» worden sei. Offenbar wurde in Berlin erst sehr kurz vor dem Einmarsch der Taliban der Einsatz von A400M-Transportflugzeugen der Bundeswehr für Rettungsflüge ins Auge gefasst. Zu lange wurde der Notruf aus der Botschaft nicht ernst genommen.

In der sich dramatisch zuspitzenden Situation machen sich zahllose Deutsche und afghanische Mitarbeiterinnen und Mitarbeiter auf den Weg zum internationalen Flughafen. Die dort wartende Menschenmenge schwillt schnell an, immer mehr Menschen versuchen, einen der wenigen Flüge zu ergattern. Raus aus Kabul, egal wohin. Hauptsache raus.

Es dauert viel zu lange, bis die zuständigen Ministerien in Berlin eine

Rettungsaktion starten. Die ersten Transportmaschinen starten mit großer Verspätung. Wegen der chaotischen Lage am Kabuler Flughafen können sie zunächst nur sehr wenige Flüchtlinge an Bord nehmen.

In Berlin beginnt das Schwarze-Peter-Spiel. Politikerinnen und Politiker versuchen, sich möglichst wortstark von den Geschehnissen in Afghanistan zu distanzieren und ihre Abscheu auszudrücken. Abwechselnd ist von «Debakel», «Destaster» und «Katastrophe» die Rede. Zwar bekennt Außenminister Heiko Maas, vorübergehend die Orientierung verloren zu haben: «Es gibt nichts zu beschönigen: Wir alle – die Bundesregierung, die Nachrichtendienste, die internationale Gemeinschaft – wir haben die Lage falsch eingeschätzt.» Aber personelle Konsequenzen, Rücktritte, bleiben aus. Sie wären während der laufenden Evakuierungsaktion auch nicht opportun und so kurz vor der Bundestagswahl ohnehin eher von symbolischem Wert.

Aber allen Beteiligten und Beobachtern ist klar: Beim zögerlichen Agieren der Bundesregierung in Afghanistan handelt es sich um die größte und folgenschwerste Fehlleistung in der deutschen Außen- und Verteidigungspolitik der vergangenen Jahrzehnte. So deutlich sagen das die Regierungsmitglieder natürlich nicht. Stattdessen schieben sie die Verantwortung für die dramatische Lage zwischen Außen-, Innen- und Verteidigungsministerium und dem Bundesnachrichtendienst hin und her. Alle verweisen auf den überstürzten Abzug der Amerikaner und die Fehleinschätzung der US-Nachrichtendienste. Dabei trägt alleine die Bundesregierung die Verantwortung für ihre Staatsangehörigen und Helfer in Afghanistan. Außenpolitisch endet die Regierungszeit von Angela Merkel im Chaos.

Beim Fall von Kabul Mitte August werden nicht nur die Fehleinschätzungen der letzten Wochen offenbar. Der Abzug der internationalen Truppen war miserabel koordiniert. Die Kampfkraft der vom Westen unterstützten Regierungstruppen wurde völlig über- und die Kampfkraft der Taliban gefährlich unterschätzt. Viele Jahre lang wurden die verantwortlichen Regierungspolitikerinnen und -politiker in Berlin von ihren Geheimdiensten und der Bundeswehrleitung falsch informiert. Oder sie wurden korrekt über die Gefahrenlage unterrichtet und hatten vermeintlich Wichtigeres zu tun, als sich um die Probleme in Afghanistan zu kümmern. Die gravierenden Fehler der Afghanistan-Politik der Bundesregierung werden von niemandem in Berlin ernsthaft bestritten. Aber die Einsicht kommt zu spät.

Ein paar Tage nach dem Einmarsch der Taliban und dem Beginn der Evakuierungsaktion treffe ich Annalena Baerbock erneut zum Interview. Natürlich sprechen wir über die aktuellen Nachrichten aus Afghanistan. Wie alle im politischen Berlin ist die grüne Kandidatin geschockt. Die Bilder der Menschen, die sich am Kabuler Flughafen an startende Militärflugzeuge klammern und später vom Himmel stürzen, sind kaum zu ertragen.

Ein Thema für den deutschen Wahlkampf? Aber selbstverständlich. Baerbock wird sogar ein wenig wütend: «Diese Bundesregierung hatte sich entschieden, dass sie vor dem Wahlkampf über die Frage Afghanistan eigentlich lieber nicht reden will. Obwohl es massive Warnungen gab, dass man mit dem Abzug der Bundeswehr Ortskräfte frühzeitig außer Landes hätte bringen müssen.»

Ist Annalena Baerbock überrascht, dass die Bundesregierung von der Situation in Kabul überrascht war? Sie schüttelt den Kopf: Niemand konnte davon überrascht sein. Und sie erinnert daran, dass die Bundestagsfraktion der Grünen Ende Juni einen Antrag im Bundestag eingebracht hat, die Visa-Vergaben zu erleichtern und die Ortskräfte schneller außer Landes zu bringen. Diese Maßnahmen hätten die Regierungsfraktionen aus Union und SPD per Mehrheitsbeschluss verhindert. Ihr Urteil: «Deswegen war es unlauter, um nicht zu sagen mehr als zynisch, dann, anderthalb Monate danach, als die Lage so dramatisch war, zu behaupten, man hätte das alles nicht kommen sehen.»

SCHUBUMKEHR

Die letzten Tage waren wieder fürchterlich für Armin Laschet und seine Wahlkämpfer. Nach der Flutkatastrophe im Juli jetzt das Afghanistan-Debakel. Alle schauen auf die Kanzlerkandidaten der beiden Regierungsparteien, also auch auf den Chef der CDU: Wie verhält sich Armin

Laschet in dieser Krise? Findet er die richtigen Worte, welches Konzept, welchen Plan hat er für Afghanistan, auch für die zu erwartende Zunahme von Flüchtlingen, die nach Deutschland wollen?

Offenbar haben die Deutschen nicht allzu viel Vertrauen in den Unionskandidaten. In einigen Sonntagsfragen rutscht die Union auf 24, ja sogar auf 23 Prozent ab, die persönlichen Werte von Armin Laschet sind noch viel schlechter. Die Grünen verlieren ebenfalls etwas an Boden. Profiteure sind die SPD und vor allem ihr Kandidat Olaf Scholz. Weil Annalena Baerbock und Armin Laschet wochenlang durch den Wahlkampf stolpern, gewinnt der Vizekanzler an Gewicht und Anerkennung. Sein Hauptverdienst in dieser Phase des Wahlkampfs: Er macht keine Fehler. Die verunglückte Kommunikation wegen des Negative-Campaigning-Spots entfaltet nicht die Wucht, seinen Lauf zu beeinträchtigen. Olaf Scholz erweist sich für die Union als der deutlich härtere, weil schwerer zu attackierende Gegner als die im Regierungshandeln unerfahrene Annalena Barebock.

Scholz verfügt als einziger Kanzlerkandidat über langjährige Erfahrung in der Bundespolitik. Und seine bedächtige, ausgleichende Art ist jetzt von Vorteil. Hat er die nötige Ruhe und Abgebrühtheit, um in schweren Krisen einen kühlen Kopf zu bewahren? Plötzlich drängt die Putin-Frage in den Wahlkampf. Also: Wer hat, wenn es richtig hart auf hart kommt, etwa bei internationalen Konflikten, die stärkeren Nerven? Wer verhandelt standfester mit Wladimir Putin, Xi Jinping oder den Taliban – Baerbock, Laschet oder Scholz? Das sind die Fragen, an der die beiden Kandidaten und die Kandidatin jetzt, in der Schlussphase des Wahlkampfs, gemessen werden. In internationalen Krisen sind Nervenstärke und Verhandlungssicherheit gefordert, so wie sie die Deutschen jahrelang an Angela Merkel geschätzt haben.

War das nicht der Trumpf, den ursprünglich Armin Laschet im Wahlkampf ausspielen wollte: der beliebten Dauerkanzlerin und Krisenmanagerin ähnlich zu sein? Eine «Sie-kennen-mich»-Kampagne ohne inhaltliches Profil und ohne Fehler? Jetzt wächst mit Olaf Scholz eine andere Variante von Angela Merkel als ernstzunehmende Konkurrenz für Laschet und die Union heran.

Die Kampagnenleitung um Paul Ziemiak wird von der neuen Konkurrenz auf dem falschen Fuß erwischt. War das Konrad-Adenauer-Haus am Anfang des Wahljahres davon ausgegangen, sich gegen die Grünen als Hauptgegner wehren zu müssen, hat es die Union plötzlich vor allem mit Scholz und der SPD zu tun. Gegen den amtierenden Bundesfinanzminister aus der gemeinsamen Koalition tun sich die Wahlkämpfer der Union schwer. Sein Habitus und politisches Profil sind der Union viel näher, die Abgrenzung von Scholz fällt viel schwerer als von der grünen Doppelspitze Baerbock/Habeck. In ihrer Verzweiflung greifen die Wahlkämpfer der Union daher auch nur selten den sozialdemokratischen Kandidaten direkt an. Vielmehr zielen sie auf die Parteiführung der SPD, also auf Saskia Esken, Norbert Walter-Borjans und Vize Kevin Kühnert.

Generalsekretär Ziemiak feuert via Twitter gleichermaßen gegen die SPD-Führung und gegen die FDP: «Wer @FDP wählt, muss in Kauf nehmen, dass er am Ende mit Esken und Kühnert am Kabinettstisch aufwacht.» Christian Lindner hatte viel später mit solchen Angriffen gerechnet. Vor wenigen Tagen sagte er im Gespräch: «Meine Erwartung ist, dass die Union in der Endphase einen harten Wahlkampf gegen die FDP machen wird.» Ein Mitarbeiter des Konrad-Adenauer-Hauses gibt zu, dass solche Angriffe eigentlich erst für die letzten Tage des Wahlkampfes geplant waren. Wegen der schwierigen Lage habe man jedoch entschieden, bereits jetzt, Ende August, vor einer Ampel-Koalition unter Führung der SPD zu warnen. Das Problem dieses Strategiewechsels: Die Warnungen nutzen sich schnell ab, ihre Wirkung kann bis zum Wahltag nachlassen.

Doch die Union muss ihre Planung neu ausrichten und improvisieren. Im Tagesrhythmus kommen neue miese Umfragewerte für Laschet persönlich und auch für die Union. Nahezu jedes Institut sieht die Union im freien Fall und die SPD im Aufwind. Die Wahlkämpfer im Konrad-Adenauer-Haus können sich nicht mit der mangelnden Seriosität eines demoskopischen Instituts trösten. Der Trend ist zu eindeutig. Erstmals seit sechzehn Jahren ist ein Szenario realistisch, das die Union nach Bundestagswahlen in der Opposition sieht. Die Unruhe in der Unionsfamilie wächst bedrohlich an, fast so wie zuletzt im April, als Söder und Laschet um die Kanzlerkandidatur rangen. Immer mehr Bundestagsabgeordnete fürchten um den Verlust ihrer Mandate. Einige fordern in internen Sitzungen, dass Markus Söder das Ruder an sich reißen soll. Ein Austausch des Kanzlerkandidaten nur wenige Wochen vor der Wahl? Das wäre ein einmaliger Vorgang und für alle Beteiligten ein Himmelfahrtskommando. Laschets Karriere wäre mit einem Schlag beendet, die CDU würde ins Chaos gestürzt. Und ob Markus Söder die drohende Niederlage tatsächlich abwenden kann, ist keineswegs sicher. Würde die Union mit einem Last-Minute-Kandidaten Söder die Wahl verlieren, wäre auch der bayerische Ministerpräsident schwer beschädigt. Nein, die Union wird so kurz vor dem Wahltag kein unkalkulierbares Manöver starten. Sie muss die nächsten Wochen mit Anstand und Kampfeslust durchstehen.

Das ist die Lage an diesem Samstag, 21. August, als die Union ins Berliner Tempodrom einlädt. Angela Merkel hat angekündigt, bei zwei Veranstaltungen gemeinsam mit Laschet aufzutreten. Heute will sie sich zum ersten Mal mit Laschet im Wahlkampf zeigen. Und auch Markus Söder ist gekommen. Geschlossenheit – das ist der Eindruck, den die Drei vermitteln wollen.

Das Tempodrom ist wegen der wieder aufflammenden Pandemie nur spärlich besetzt. Ein paar dutzend Journalistinnen und Journalisten sind in der Halle, ein wenig Parteiprominenz. Ansonsten sitzen vor allem Wahlkämpfer der Jungen Union in den ersten Reihen, sie sollen applaudieren und den Anschein einer normalen Wahlkampfveranstaltung erwecken. Doch heute ist nichts normal.

Gleich in mehrfacher Hinsicht fühlt sich dieser Tag wie ein historischer Tag an. Es ist der Abschied von Angela Merkel als Wahlkämpferin (dass sie schon wenige Tage später erneut und außerplanmäßig in den Wahlkampf eingreifen wird, kann heute noch niemand wissen). Hunderte, vielleicht tausende solcher Veranstaltungen hat sie absolviert. Seit 2005 hat sie stets für sich selbst geworben. Jetzt soll sie also für einen anderen Kanzlerkandidaten werben. Wie wird sie das tun?

Wenn es für die Union in den nächsten fünf Wochen nicht besser läuft und der Negativtrend anhält, dann wird dieser Tag auch als großes, aber erfolgloses Aufbäumen in Erinnerung bleiben. Dann wird man wohl auch Armin Laschet und Markus Söder nicht mehr gemeinsam auf einer Bühne sehen.

Unter den wartenden Journalistinnen und Journalisten wird wild spekuliert. Vor allem über die Frage, wie Armin Laschet seiner leblosen Kampagne neues Leben einhauchen will. Der Wohlfühl-Wahlkampf galt bei Beobachtern bis Mitte Juli, bis zur Unwetterkatastrophe, als inhaltsleere Kampagne aus der Mottenkiste. In den verbleibenden Wochen muss Laschet nun versuchen, mit konkreten Positionen zu punkten. Auch er muss von seinem Plan abweichen und improvisieren. Das zeigt, wie verfahren die Lage der Union ist. Das zeigt aber auch, dass Laschet und die Union schwer kalkulierbare Risiken eingehen. Wer sich im Wahlkampf zu sehr auf ein inhaltliches Profil festlegt – das ist ja die Lehre aus den erfolgreichen Wahlkämpfen von Angela Merkel –, macht sich angreifbar. Und genau das wollte Laschet eigentlich vermeiden. Ein erfahrener Reporter, der viele Bundestagswahlkämpfe begleitet hat, raunt: «Wer im Wahlkampf über Inhalte redet, ist verloren.»

In dieser schwierigen Lage betritt Angela Merkel um 11:25 Uhr die Bühne des Tempodroms. Sie spricht ernst, manchmal lächelt sie milde. Dann erklärt sie, was ohnehin die meisten im Saal wissen dürften, dass die erste Bundestagswahl seit 1949 bevorsteht, bei der nicht ein amtierender Kanzler oder eine amtierende Kanzlerin zur Wiederwahl antritt. «Das heißt also», spricht sie, «die Karten werden neu gemischt». Einige Wahlkämpfer im Saal werden bei diesen Worten weiche Knie bekommen. Dann legt Merkel nach: «Von 72 Jahren Bundesrepublik Deutschland haben CDU und CSU über 50 Jahre den Bundeskanzler bzw. die Bundeskanzlerin gestellt.» Angesichts der aktuellen Krise der Union bedeutet dieser Satz: Diese Phase kann sehr bald, in wenigen Wochen, zu Ende gehen.

Bevor ihre Rede allzu bedeutungsschwer und unheilahnend daherkommt, schlägt Merkel schnell einen Bogen zu Armin Laschet. Sie lobt ihn als aufrechten Christdemokraten, ja, als aufrechten Christen. Sie könnte ebenso gut sagen: Armin ist ein feiner Kerl. Merkel stellt nicht seine politischen Fähigkeiten heraus, nicht sein Talent, zwischen sehr unterschiedlichen Politikertypen und Interessen zu vermitteln. Sie belässt es dabei, Armin Laschet als Christen zu loben. Dann spricht sie von ihren eigenen Leistungen. Sie redet über Afghanistan, dankt den Soldatinnen und Soldaten. Sie spricht von den großen Herausforderungen der nächsten Jahre, die sie ihrem Nachfolger oder ihrer Nachfolgerin überlassen wird, von der Digitalisierung, von den sozialen Sicherungssystemen, vom Klimawandel, von Corona, von der Energiewende. Dann kommt sie wieder auf die eigenen Leistungen zu sprechen. Immer noch kein Wort, das geeignet wäre, Armin Laschet, dem angeschlagenen Kandidaten, wirklich den Rücken zu stärken. Ihre Rede wirkt pflichtschuldig, ohne Inspiration. Der Wert der Rede besteht nicht in ihrem Inhalt, sondern alleine darin, dass Merkel sie hält. Soll später niemand sagen, sie hätte keine Wahlkampfrede gehalten.

Am Ende spricht die Kanzlerin davon, dass der Kampf für einen Sieg von CDU und CSU bei der Bundestagswahl lohne und «natürlich für Armin Laschet als unseren zukünftigen Bundeskanzler». Merkel ruft der anwesenden Presse keinen starken Satz für ihre Artikel und Berichte zu, keine griffige Formulierung über den Kanzlerkandidaten. Laut Programm sollte sie fünfzehn Minuten sprechen, nach vierzehn Minuten bedankt sie sich und setzt sich wieder, in die erste Reihe, zwischen Laschet und Söder.

Kurz darauf steht der CSU-Chef auf und betritt die Bühne. Er hat sich vorgenommen, nicht im Ungefähren zu verweilen, sondern sehr konkret und warnend zu sprechen. Soll später niemand sagen, er hätte nicht konkret und warnend gesprochen. Also ruft Söder in den Saal: «Lasst uns einen Moment ehrlich sein: Es ist knapp. Es wird sehr knapp werden in den nächsten Wochen. [...] Es ist nicht die Frage, des ‹Wie des›-Regierens, sondern möglicherweise des ‹Obs›. Es ist der schwerste Wahlgang seit 1998.» Söder spielt auf Kohls letzte Wahlschlacht an und auch auf den Verlust der Macht von CDU und CSU nach sechzehn Jahren.

Dann wird er sehr deutlich: «Ich habe keine Lust, keinen Bock auf Opposition.» Merkel applaudiert rhythmisch, Laschet ebenso. Söder ist gekommen, um den gemeinsamen Kanzlerkandidaten zu unterstützen.

Das sagt er jedenfalls. Aber er ist auch gekommen, um ausreichend Distanz zwischen sich und dem Kandidaten zu markieren. Daher sagt er, auch in Richtung von Armin Laschet, der nur fünf, sechs Schritte von ihm entfernt sitzt: «Lasst uns endlich einen vernünftigen Wahlkampf machen!» Und: «Es ist Zeit für klare Worte». Übersetzt heißt das: Wenn die Sache schief geht, ist Armin Laschet schuld. Denn der war ja, trotz des Weckrufs, nicht in der Lage, einen vernünftigen Wahlkampf zu führen und klare Worte zu sprechen. Söder spricht nicht nur für das Publikum, das heute im Saal ist. Er spricht auch für das Publikum, das sich irgendwann nach der Wahl seine Rede noch einmal anhören wird. Falls die Sache, Laschets Sache, schief geht. Hätte man doch damals, im August, bloß auf ihn gehört.

Die anwesenden Journalistinnen und Journalisten der Hauptstadtpresse werden Söders Sätze begierig aufsaugen. Anders als Merkel zuvor liefert ihnen der bayerische Ministerpräsident markante Sätze. Sätze, die auf Zwietracht zwischen ihm und dem Kandidaten schließen lassen, mindestens auf seine Unzufriedenheit mit ihm. Aber Söder will Laschet heute auch nicht komplett bloßstellen. Soll ja niemand später sagen, er habe den Kandidaten demontiert und sei mit schuld an der Niederlage. Also schickt Söder noch ein paar freundliche Worte in Richtung Laschet. Und baut dann lange Bögen über Corona, Klimawandel, Afghanistan, die AfD, die Grünen, bis zur Mütterrente und Steuern.

Auch Söders Rede war von der Regie für 15 Minuten angesetzt. Aber Söder redet und redet und scheint gar nicht mehr aufhören zu wollen. Er führt sich auf wie der eigentliche Star der Veranstaltung. Hinter der Bühne, dort wo die Ablaufregisseure, die Maskenbildner und Assistenten die Rede verfolgen, beklagt sich ein Mitarbeiter des Konrad-Adenauer-Hauses: «Der hört ja gar nicht mehr auf. Das ist eine Machtdemonstration!» Söder sprengt den Rahmen. Nach 31 Minuten kommt er doch zum Ende. Er setzt seine Corona-Maske wieder auf, verlässt die Bühne und setzt sich wieder. Zwischen Merkel und «unseren Armin».

Als Armin Laschet spricht, warten alle im Saal auf eine große Ruck-Rede. Auf eine Ansprache, die der zuletzt so unglücklich verlaufenden Kampagne wieder Kraft geben soll. Laschet tastet sich gedanklich vor, er dankt Merkel für ihre Kanzlerschaft, er dankt auch Markus Söder dafür, «dass er hier ist». Er ruft in Erinnerung, dass sie manchmal unterschiedlicher Meinung waren, dass sie «gerungen» haben. Aber Laschet will heute versöhnlich nach innen klingen – und kampfeslustig nach außen. Dann knüpft er sich die politischen Gegner vor, vor allem Grüne und die SPD. Lange spricht er über das Debakel in Afghanistan. Vor allem diese Passage seiner Rede ist ein Drahtseilakt. Einerseits will er sich außenpolitisch profilieren. Vor wenigen Tagen hat er einen Afghanistan-Plan vorgelegt. Er fordert eine schnellere Evakuierung von Deutschen und ihren ortsansässigen Helfern. Er fordert eine internationale Konferenz. Laschet will die Debatte dominieren und ihr nicht hinterherlaufen.

Andererseits kann er die Bundesregierung wegen ihres Versagens beim unkoordinierten Abzug der Bundeswehr und der verschleppten Evakuierungsaktion nicht allzu hart angehen. Schließlich sitzt die amtierende Regierungschefin, die das Debakel zu verantworten hat, ja direkt vor ihm. Und er selbst ist Chef der Regierungspartei CDU. So gerät dieser Teil seiner Rede unentschlossen. Beim Afghanistan-Thema ist für ihn nicht viel zu holen.

Er versucht es mit Angriffen auf die politische Konkurrenz, das kommt bei den eigenen Leuten gut an, natürlich. Aber Laschet tut sich auch schwer, seinen inzwischen wohl gefährlichsten Konkurrenten Olaf Scholz hart zu attackieren. Daher zielt er, wie tags zuvor sein Generalsekretär, auf die SPD-Vorsitzenden hinter Scholz, also auf das Trio Esken, Walter-Borjans, Kühnert. Die würden hinter ihrem Kandidaten zwar den Ton angeben, aber vor der Öffentlichkeit versteckt werden. Laschet probiert es mit einer Anleihe aus der Welt der Comics: «Bei Kevin Kühnert kommt mir das so vor, ich weiß nicht, ob Sie das noch kennen: Früher bei den Asterix-Heften war am Ende immer der Troubadix. Das war ein Mensch, der schrecklich gesungen hat. Den haben sie dann immer an den Baum gefesselt, ein Tuch in den Mund gesteckt, damit er bloß nicht den Mund aufmacht.» Das Bild passt nicht ganz: Ausgerechnet an diesem Tag veröffentlicht der *SPIEGEL* ein Streitgespräch unter anderem mit Kevin Kühnert.

Markus Söder spielt während Laschets Rede minutenlang mit seinem Handy. Wie schwer muss es dem Kanzlerkandidaten fallen, in einen Saal zu sprechen, in dem sein alter Widersacher vor ihm sitzt und sein Desinteresse derart offen zur Schau stellt? Aber Armin Laschet ist tapfer. Er will energisch wirken. Und es gelingt ihm: «Ich werde kämpfen. Mit allem, was ich kann.» Er redet 36 Minuten lang, fünf Minuten länger als Söder. Soll niemand sagen, der Kanzlerkandidat habe kürzer gesprochen.

Zum Schluss nimmt Laschet den Applaus der Parteifreunde entgegen, Söder und Merkel erheben sich zögerlich und begeben sich mit schweren Schritten auf die Bühne. Neben Laschet. Neben den Mann, an dem in diesen Wochen das Schicksal der Unionsfamilie hängt. Alle drei winken ins Publikum. Wie oft werden sie noch Gelegenheit haben, so freundlich ins Publikum zu winken?

Ein paar Minuten nach der Veranstaltung im Tempodrom setzt sich der Wahlkampftour-Bus mit dem riesigen Konterfei von Armin Laschet in Bewegung. An Bord sind der Kandidat und sein Kampagnenteam. Vor dem Bus fahren die Personenschützer, dahinter folgen unzählige PKW von Hauptstadtjournalisten. Das Ziel des Konvois ist eine gutbürgerliche Siedlung weit im Westen Berlins, in Kladow. Dort trifft Laschet auf eine Gruppe von lokalen Unterstützern. Mit ihnen zieht er von Haus zu Haus. Straßenwahlkampf. Einige Anwohner in dem Viertel wurden vorab informiert. Andere werden von der riesigen Gruppe aus Menschen, Luftballons und Kameras überrascht. Als Laschet an einem Haus klingelt, blickt eine etwas ältere Dame aus der Haustür hervor. Sie erschrickt. Und schließt die Tür sofort wieder. Am Gartenzaun eines anderen Hauses wird Laschet von Hunden angekläfft. Ansonsten sind die Menschen in der Siedlung freundlich und lassen sich gerne auf einen Smalltalk mit dem Mann ein, den sie aus dem Fernsehen kennen.

Der Tag begann schwierig für Armin Laschet, umso mehr kann er den sonnigen Nachmittag in Kladow genießen. Laschet liebt den direkten Kontakt, das leichtfüßige, unverfängliche Gespräch.

Aber der Tag endet frustrierend für ihn. Die *Bild am Sonntag* meldet vorab das Ergebnis einer neuen Sonntagsfrage: Die Union hat weiter an Prozentpunkten verloren, die SPD entsprechend gewonnen. «22:22» steht am nächsten Tag in fetten Lettern, riesengroß, weiß auf schwarz, auf der Titelseite. Wie hatte Markus Söder am Mittag gesagt: «Es ist knapp. Es wird sehr knapp werden in den nächsten Wochen. […] Es ist nicht die Frage des ‹Wie des›-Regierens, sondern möglicherweise des ‹Obs›.»

Drei Tage später bin ich mit dem CSU-Chef in München zum Interview verabredet. Uhrzeit: 9 Uhr morgens. Der Pressesprecher sagt, sein Chef sei Frühaufsteher. Söder kommt leger, in Jeans, das weiße Hemd ganz leicht aus der Hose. Er grüßt grantelnd. Muss man als bayerischer Ministerpräsident granteln? Heute hat Söder allerdings Grund, mürrisch zu sein. Am Abend zuvor hat wieder ein Umfrageinstitut einen Gleichstand zwischen Union und SPD gemeldet: 23:23. Nachrichtenmedien verbreiten außerdem Sätze, die bei einem Besuch von Friedrich Merz bei einem «öffentlichen Dämmerschoppen» in Sundern, im Hochsauerlandkreis, gefallen sind. Merz habe gegen Söders Auftritt im Tempodrom am Samstag gewettert. Auch Merz waren die kleinen Spitzen gegen Laschet aufgefallen. Also sprach er laut *Tagesspiegel*, er sei mit Söders Rede «nur eingeschränkt zufrieden» gewesen, Söder hätte «auf manche Bemerkung verzichten können». Was auf Deutsch heißen soll: Die Rede des CSU-Chefs war eine Frechheit. Merz fordert, «dass Markus Söder jetzt mal aufhört und dass er auch den gemeinsamen Wahlsieg mit uns will und dass er kämpft.»

Die miesen Umfragewerte und die Merz-Aussagen liest Markus Söder am frühen Morgen. Kein Wunder, dass seine Laune im Keller ist. Welche Signale soll er im Interview senden: erneutes Rummäkeln an Armin Laschet? Geschlossenheit im Wahlkampfendspurt? Söder entschließt sich zu beidem. Er würde Laschet ja voll und ganz unterstützen, sagt er. Aber dann spricht er freimütig davon, dass der Wahlkampf überhaupt nicht so läuft, wie er sich das erhofft hat: «Würde die Union die Kanzlerschaft verlieren, dann wird es eine sehr schwere Zeit werden. Für Deutschland, auch für die Union.»

Schließlich geht Söder in Gedanken verschiedene Koalitionsmöglichkeiten durch. Klar ist für ihn, dass es für eine Zweierkoalition nicht reichen wird. Wenn man die CSU als eigenständige Partei zähle, müsse man künftig sogar von einer Viererkoalition sprechen. Schließlich reden wir über das, was noch vor wenigen Monaten, ja vor wenigen Wochen, für die Größen von CDU und CSU unvorstellbar war – ein Wahlsieg der SPD. «Würde die Union in eine Regierung eintreten, die von Olaf Scholz als Bundeskanzler geführt wird?» Söder braucht nicht lange für eine Antwort: «Wenn Olaf Scholz die Nummer eins wird […], dann gibt es eine andere Mehrheit. Denn eines ist ganz klar: Ob Frau Esken, Herr Walter-Borjans, Herr Kühnert und viele andere, die lechzen danach, dass es ohne die Union geht […]. Die wollen eine Mehrheit jenseits der Union, egal wie. Und deswegen: Wenn die SPD vor der Union liegt, dann war's das mit der Union in einer Regierung. Weil die SPD etwas anderes will.»

Mitte September wird Alexander Dobrindt, der CSU-Landesgruppenchef im Bundestag, gegenüber dem *SPIEGEL* noch deutlicher: «Der Regierungsauftrag geht an die stärkste Fraktion im Bundestag. Für eine Regierung unter Führung einer zweitplatzierten Union fehlt mir gerade die Fantasie.»

Söder und Dobrindt erhöhen damit den Druck auf Armin Laschet noch weiter. Wenn sie ihre Sätze ernst meinen – und auch nach dem Wahltag noch zu ihnen stehen – dann engen sie den Handlungsspielraum des CDU-Chefs bei möglichen Sondierungsgesprächen zur Gründung einer Regierungskoalition entscheidend ein. Denn sollte Armin Laschet mit dem Gedanken spielen, auch bei einer knappen Niederlage ein Jamaika-Bündnis mit Grünen und FDP zu schmieden, dann weiß er jetzt: Die CSU würde bei diesem Versuch nicht mitmachen. Immerhin: Dobrindt baut in seinen Satz mit der Formulierung: «… fehlt mir gerade die Fantasie» einen kleinen Notausgang ein.

Markus Söder wischt solch düstere Gedanken im Interview lieber ganz beiseite und gibt sich optimistisch. Ein Wahlsieg der Union sei ja wahrscheinlicher. Aber er rechnet nur mit einem knappen Vorsprung von CDU und CSU. «Das wird ein Wimpernschlag-Finale»

MERKEL-LOOK-A-LIKES

Annegret Kramp-Karrenbauer hat ein paar Monate vor ihrer Rückzugsankündigung als CDU-Vorsitzende einmal erzählt, wie sie die tägliche Jagd nach Schlagzeilen im politischen Betrieb erlebt: «Berlin ist ein Ort, an dem sehr viele politische Akteure Tag für Tag morgens aufstehen und sich überlegen: Wie werde ich heute erkennbar? Und in dem fast noch mehr Journalisten jeden Tag aufstehen und für sich klar machen müssen: Wie werde ich heute erkennbar, wie schaffe ich Schlagzeilen und was kann ich dazu nutzen? Das ist eine Spirale, die sich selbst beschleunigt.» Als Kramp-Karrenbauer von der sich selbst beschleunigenden Spirale erzählte, klang sie angestrengt. Dabei hat sie nie einen Bundestagswahlkampf als Kanzlerkandidatin erlebt.

Der mediale Verdrängungswettbewerb und die Hatz nach Aufmerksamkeit nehmen an Intensität zu, je näher der Wahltag rückt. Und jetzt, drei, vier Wochen vor dem Tag, auf den alles zuläuft, zeichnet sich ein doppelter Wettbewerb ab. Beide Disziplinen scheint Olaf Scholz besser zu beherrschen als seine Konkurrenten.

Die erste Disziplin lautet: Fehlervermeidung bei maximaler Lautstärke. Nach den folgenschweren Patzern von Annalena Baerbock und Armin Laschet ist allen Beteiligten klar, dass dieser Wahlkampf nicht von der Partei gewonnen wird, die das schlüssigste Programm präsentiert. Am Ende wird voraussichtlich die Partei die Nase vorne haben, deren Kandidat oder Kandidatin in Massenmedien und sozialen Medien die größte Kanzlertauglichkeit attestiert wird. Um dieses Testat zu erlangen, dürfen den Bewerbern im Wahlkampf keine schwerwiegenden Fehler unterlaufen.

Die Produktion von Aufmerksamkeit war monatelang das Problem der Scholz-Kampagne. Bis zum Juli schien der SPD-Kandidat so weit abgeschlagen, dass sich kaum jemand für seine «Respekt»- und «Zukunftsmissionen»-Sprüche interessierte. Die Grünen und die Union waren lauter, auch weil sie mit ihren späten Entscheidungen über die jeweilige Kanzlerkandidatur mehr Spektakel boten. Jetzt aber, in den letzten Wochen des Wahlkampfs, haben sich die Bilder der unsicheren, fehleranfälligen Kandidaten Baerbock und Laschet in der öffentlichen Debatte festgesetzt. Annalena Baerbock gelingt es immer weniger, mit ihren Slogans «Kein Weiter so!» und «Wir stehen für Veränderung, die anderen stehen für Stillstand» durchzudringen. Armin Laschet vermag es kaum noch, seine Trümpfe «Maß und Mitte» und «Stabilität» auszuspielen.

In dieser kritischen Phase des Wahlkampfs gelingt es der SPD-Kampagne, das Negativ-Image ihres Kandidaten («Langweiler») in ein Positiv-Image («Nervenstärke») umzudeuten. Während die Wahlkampfleitung der Union durch hektischen, nahezu panischen Aktionismus auffällt und kurzfristig ein Klima-Team und ein Zukunfts-Team präsentiert, ändert die Wahlkampfleitung der SPD ihre Strategie nur geringfügig. Sie konzentriert sich darauf, Fehler zu vermeiden – und im zweiten Wettbewerb zu punkten.

Er heißt: Wer ist der beste Merkel-Look-a-Like? Dieser Vergleich ist in der Schlussphase des Wahlkampfes möglicherweise entscheidend. Er läuft bereits seit mehreren Monaten. Im April versuchte noch Markus Söder, den Contest für sich zu entscheiden, indem er sich in der Corona-Krise als wahrer Erbe Merkels inszenierte («Merkel-Stimmen gibt es nur mit Merkel-Politik»). Doch als Söder ausschied, blieben nur noch Laschet, Scholz und Baerbock übrig. Die grüne Kandidatin hat es am schwersten. Eigentlich kann sie nur darauf verweisen, dass sie ebenfalls eine Frau ist. Und auch den Hinweis, dass Angela Merkel anfangs ebenfalls unterschätzt wurde und erst allmählich ins Amt hineinwuchs, hört man gelegentlich. Weil jedoch zwei andere Kriterien – Nervenstärke und Gleichmut – beim Merkel-Look-a-Like-Wettbewerb mehr Gewicht haben, schafft es Annalena Baerbock nicht in die Endrunde.

So konzentriert sich der Vergleich auf Armin Laschet und Olaf Scholz: Wer ähnelt Merkel am meisten? Der CDU-Kandidat kann wenigstens darauf verweisen, Chef der Partei zu sein, der auch die Kanzlerin angehört. Er kann für sich reklamieren, Angela Merkel während der Flüchtlingskrise unterstützt zu haben. Aber natürlich sind der deutschen Öffentlichkeit die Spannungen zwischen dem Regierungschef von Nordrhein-Westfalen und der Regierungschefin im Bund während der Corona-

Krise nicht verborgen geblieben. Und Laschets peinliches Lachen während der Flutkatastrophe zeigt, wie sehr sich die Politikertypen Laschet und Merkel letztlich unterscheiden. Hätte Angela Merkel hinter dem trauerredenden Bundespräsidenten derartig die Kontrolle über sich verloren? In ihrer drei Jahrzehnte andauernden Karriere als Politikerin ist keine vergleichbare Situation überliefert. Auch dass Armin Laschet den alten Merkel-Gegner Friedrich Merz in sein Zukunfts-Team holt, zeugt nicht gerade von einem harmonischen Miteinander zwischen Kandidat und Kanzlerin.

Die Scholz-Leute spüren, wie leicht der CDU-Kandidat in diesem Wettbewerb zu schlagen ist – von Scholz, dem Vizekanzler. So stimmen sie zu, ihren Kandidaten mit der berühmten Merkel-Raute für das Cover des Magazins der *Süddeutschen Zeitung* fotografieren zu lassen. Auf einem Anzeigenmotiv schreiben die SPD-Werber über dem Gesicht von Scholz: «ER KANN KANZLERIN». Und beim ersten TV-Triell bei RTL beginnt der Finanzminister einen Satz mit «Die Kanzlerin und ich …» Mehr Merkel-Look-a-Like geht kaum.

Die Scholz-Merkel-Zitate treiben die Gegenseite zur Weißglut. Markus Söder schimpft aus München, Scholz betreibe «Erbschleicherei». Schließlich wird es auch Angela Merkel selbst zu bunt. Bei einer Pressekonferenz wettert sie: «Mit mir als Bundeskanzlerin würde es nie eine Koalition geben, in der die Linke beteiligt ist. Und ob dies von Scholz so geteilt wird oder nicht, das bleibt offen.» Merkel spielt darauf an, dass Olaf Scholz beim ersten TV-Triell eine rot-grün-rote Koalition, also mit den Linken, nicht grundsätzlich und glasklar ausschließen wollte. Im Übrigen sei es laut Merkel «so, dass da ein gewaltiger Unterschied für die Zukunft Deutschlands zwischen mir und ihm besteht».

Angela Merkel watscht den SPD-Kandidaten ab. Es böte sich jetzt eine gute Gelegenheit, auch ein paar lobende Worte über den CDU-Kandidaten zu verlieren. Aber die Kanzlerin denkt gar nicht daran. Noch nicht.

Ein paar Tage lang verhält sich Angela Merkel in dieser Angelegenheit weiter ruhig. Sie äußert sich weder zu Olaf Scholz noch zu Armin Laschet. In diesen Tagen, Anfang September, sinkt die Zustimmung für die Union in einigen Umfragen von 22 auf 21 und schließlich auf historisch niedrige 20 Prozent. Die SPD schießt überraschend auf 25 Prozent hoch. Eine Wahlniederlage von Armin Laschet und der Union wird wahrscheinlicher. Einige Zeitungen schreiben schon vom nahen «Ende der CDU als Volkspartei».

In dieser für die Union hochgefährlichen Situation entscheidet sich Angela Merkel, doch ein klares und deutliches Zeichen pro Laschet abzugeben. Natürlich hat sie die Kommentare in einigen Zeitungen gelesen, die ihr mangelnde Unterstützung für Armin Laschet ankreiden. Sie will sich später nicht eine Mitschuld an der Niederlage der Union durch unterlassene Hilfeleistung vorwerfen lassen.

Also besucht Merkel am 5. September gemeinsam mit Armin Laschet wieder das Hochwassergebiet in Nordrhein-Westfalen. Im Märkischen Kreis geben beide eine gemeinsame Pressekonferenz und versuchen halbherzig den Eindruck zu vermeiden, dass sie wegen der dramatischen Lage der Union einen Wahlkampf-Termin in der Katastrophenregion wahrnehmen.

Merkel beginnt ihr Statement dann auch entsprechend vorsichtig: «Ich will vielleicht an dieser Stelle, auch wenn kein Wahlkampf ist, einfach sagen ...» – und dann macht Merkel doch Wahlkampf – «... Armin Laschet führt das größte Bundesland der Bundesrepublik Deutschland sehr erfolgreich [...]. Wer so ein Land führen kann, der kann auch die Bundesrepublik Deutschland als Kanzler führen.» Reicht das als Unterstützung? Werden Merkels freundliche Worte Laschets Negativ-Trend drehen? Die Kanzlerin hat jedenfalls in den Merkel-Look-a-Like-Wettbewerb eingegriffen. In den kommenden Tagen wird sie den Spruch «Wer NRW regiert, kann auch Deutschland regieren» bei verschiedenen Gelegenheiten variieren. So leicht und für alle sichtbar will sie Olaf Scholz den Sieg nicht überlassen.

AUTOPILOT

Am Dienstag, 7. September, findet die letzte Bundestagsdebatte der laufenden Legislaturperiode statt. Mit der Bundeskanzlerin. Mal wieder ein letztes Mal. Wird es auch die letzte Bundestagssitzung von Bundestagspräsident Wolfgang Schäuble werden? Schäuble kandidiert im Wahlkreis 284 im baden-württembergischen Offenburg wieder für ein Abgeordnetenmandat. Seine Chancen auf ein Direktmandat stehen bestens. Ob er auch, wie von ihm erhofft, erneut Präsident des hohen Hauses werden wird, hängt davon ab, ob seine Union die Wahl gewinnt oder nicht. Selbst wenn die Union die Wahl gewinnen sollte, ist da noch Markus Söder. Der CSU-Chef wird bei der Frage, wer Bundestagspräsident oder Bundestagspräsidentin werden wird, ein gewichtiges Wort mitreden. Er hat Schäubles harte Einmischung bei der Auseinandersetzung um die Kanzlerkandidatur im April nicht vergessen. Viele in der CSU kreiden es Schäuble an, dass er Söder verhindert und Laschet durchgeboxt hat. Ohne Schäubles Intervention im Frühjahr, so heißt es, würde die Union jetzt im Bundestagswahlkampf mit einem Kandidaten Söder viel besser dastehen. Warum also sollte sich der CSU-Chef für eine erneute Amtszeit von Wolfgang Schäuble als Bundestagspräsident stark machen?

Wolfgang Schäuble, der kurz vor seinem 79. Geburtstag steht und seit beinahe einem halben Jahrhundert Mitglied des Bundestages ist, eröffnet an diesem Dienstag also die letzte Plenarsitzung vor der Wahl. Eine halbe Stunde lang leitet er eine Diskussion, ob die Tagesordnung, wie von der Opposition gefordert, um eine Debatte zu den Fehlern beim Rückzug aus Afghanistan erweitert werden soll. Die Regierungsfraktionen sind der Meinung, dies sei nicht nötig, zum Thema Afghanistan sei im Bundestag schon vor zwei Wochen erschöpfend gestritten worden. Der Antrag wird abgebügelt, keine weitere Afghanistan-Debatte. Nun beginnt die auf drei Stunden angesetzte Aussprache zur «Lage Deutschlands» – es kann um alles und nichts gehen.

Als Erste tritt Angela Merkel ans Pult. Nachdem sie sich ein paar Minuten lang warm geredet hat, wird ihre Stimme zur Überraschung aller Zuhörer spitzer und schärfer. Die Kanzlerin greift wieder in den Wahlkampf ein, diesmal entschiedener als zuvor: «Die Bürgerinnen und Bürger haben in wenigen Tagen die Wahl: entweder eine Regierung, die mit SPD und Grünen die Unterstützung der Linkspartei in Kauf nimmt, zumindest sie nicht ausschließt ...» Wütende Zwischenrufe im Plenum. Ein Abgeordneter schäumt: «Schämen Sie sich!» Die Opposition und natürlich auch die Mitglieder der SPD-Fraktion sind erzürnt, weil die Kanzlerin ihre allerletzte Rede im Bundestag für eine parteipolitische Einmischung nutzt. Dann spricht Merkel weiter: «... oder eine von CDU und CSU und Armin Laschet als Bundeskanzler geführte Bundesregierung. Eine Bundesregierung, die mit Maß und Mitte unser Land in die Zukunft führt.» Noch mehr Tumult.

Wie sehr muss die Union um eine historische Klatsche bei der Wahl in knapp drei Wochen fürchten, dass Angela Merkel – entgegen ihrer früheren Absicht und auch entgegen ihrer Gepflogenheiten – ihr Rederecht als Bundeskanzlerin nutzt, um so massiv, ja plump, in den Wahlkampf einzugreifen? Merkel verlässt ihre über sechzehn Jahre antrainierte Rolle als nahezu überparteiliche Regierungspräsidentin und begibt sich als gemeine Parteisoldatin dorthin, wohin sich Annalena Baerbock bereits im Juli verirrt hatte – in die Schützengräben der Politik. Verliert die Kanzlerin am Ende ihrer Amtszeit selbst den Merkel-Look-A-Like-Wettbewerb? Es dauert lange, bis wieder Ruhe im Plenum einkehrt.

Als Christian Lindner spricht, spickt er seine Rede mit ein paar Bezügen zu früheren Bundestagswahlen und schießt gegen Olaf Scholz: «Herr Kanzlerkandidat, eine gewisse Siegesgewissheit kann man Ihnen nicht absprechen. Allerdings geht es nicht darum, Umfragen zu gewinnen, sondern Wahlen. 1976 hat Helmut Kohl sogar die Erfahrung machen müssen, dass man Wahlen gewinnen kann und danach trotzdem keine Koalition hat.» Lindner bereitet vorsichtig Gespräche über den Eintritt in eine Jamaika-Koalition aus Union, Grünen und FDP vor, falls die Union die Wahl nicht gewinnen sollte. Jedenfalls will er sich eine Tür offenhalten. Man weiß ja nie.

An diesem Vormittag treten auch die beiden Kanzlerkandidaten und die Kandidatin ans Rednerpult. Scholz, Baerbock und Laschet nutzen die Gelegenheit, um Versatzstücke ihrer hundertfach abgespulten Wahlkampfreden vorzutragen.

Auch als ich sie später zu Einzelinterviews treffe, setzen die Drei ihre Antworten aus einstudierten Parolen neu zusammen. Es fällt ihnen in dieser Schlussphase des Wahlkampfs spürbar schwer, neue, originelle Sätze zu sprechen. Armin Laschet warnt in dramatischen Worten vor einem Linksruck und einer wirtschaftlichen und sozialen Katastrophe, sollten SPD und Grüne tatsächlich mit der Linken koalieren: «Rot-Rot-Grün würde uns außenpolitisch, innenpolitisch, wirtschaftspolitisch wirklich in eine Katastrophe führen. Und das muss verhindert werden.» Auf die Zwischenfrage, wie man sich die Katastrophe vorzustellen habe, antwortet Laschet im Stakkato: «Massenarbeitslosigkeit, Abwanderung von Industrie, Unverlässlichkeit im westlichen Bündnis, anti-europäische Partner plötzlich in einer Bundesregierung.»

Für einen Moment drängt sich die Erinnerung an das Gespräch mit Armin Laschet im sechsten Stock des Konrad-Adenauer-Hauses Mitte April auf. Als Laschet über den zu erwartenden Bundestagswahlkampf sprach. Nein, einen Lagerwahlkampf würde es nicht geben, meinte er damals. Das würde ja schon an dem Problem scheitern, das Wort «Lager» im aktuellen Wahlkampf zu definieren. Und er selbst wolle keinen polarisierenden Wahlkampf.

Jetzt, viereinhalb Monate und viele Umfragekrisen später, hat Armin Laschet seine guten Vorsätze vom Frühjahr über den Haufen geworfen und betreibt: Lagerwahlkampf, eine Angstkampagne. Olaf Scholz und Annalena Baerbock haben natürlich eher eine Koalition mit der FDP im Sinn und tun Laschets Warnung als Panikmache ab.

Aufschlussreich sind auch Körpersprache und Mimik der drei Kandidaten beim Interview. Armin Laschet wirkt angespannt – kein Wunder, um 9 Uhr hat das Forsa-Institut den Parteien vorab das Ergebnis einer neuen Sonntagsfrage zugeleitet. Jetzt, am Mittag, laufen die Zahlen auch über Twitter und Online-Medien. CDU und CSU werden bei Forsa mit nur noch 19 Prozent geführt, die SPD mit 25 Prozent. Der Union steht im Endspurt das Wasser bis zum Hals.

Annalena Baerbock wirkt entspannter als in den Wochen zuvor, auffällig gut gelaunt. Sie hat ihr Ziel, Kanzlerin zu werden, vermutlich längst aufgegeben. Jetzt muss sie den Wahlkampf nur noch ordentlich zu Ende bringen – und dann Verhandlungen zur Gründung einer neuen Koalition führen, mit ihr als Ministerin. Einige Personen, die Annalena Baerbock seit langem beobachten und gut kennen, meinen, von der Kandidatin falle gerade eine zentnerschwere Last ab. Nicht nur, weil der Wahlkampf bald vorbei sei. Sondern auch, weil sie endlich Gewissheit habe, nicht Bundeskanzlerin zu werden. Weil ihr und ihrer Familie all die zerstörerischen Zumutungen, die mit diesem Amt untrennbar verbunden sind, erspart bleiben werden. In Wahrheit habe Annalena Baerbock zwar die Kandidatur gewollt, nie aber die Kanzlerschaft. Sie habe auch nicht fest an ihre Chance geglaubt. War ihre Kandidatur also nur ein Spiel? Ein sehr aufwendiges Spiel, aber ein Spiel?

Olaf Scholz weicht auch im Gefühl des nahen Triumphs nicht von seiner stoischen Grundhaltung ab. Er spricht von «Demut», faltet die Hände und macht sich nicht größer als er ist. Aber Scholz lächelt milde und siegessicher. Er will. Und er glaubt fest an seine Chance. Die Umfragewerte von heute geben seinem Selbstbewusstsein einen weiteren Schub.

Alle drei Kandidaten fiebern dem Wahlsonntag entgegen, die letzten Wochen haben ihnen alles abverlangt – körperlich und seelisch. Aber das dürfen sie jetzt nicht laut sagen.

Ganz anders und viel offener sprechen ihre Mitarbeiter, die Männer und Frauen aus den Wahlkampfteams. Ein Vertrauter von Olaf Scholz klagt, er selbst würde kurz vor dem Kreislaufkollaps stehen. Eine Mitarbeiterin von Robert Habeck stöhnt, sie habe ihre Familie seit vielen Wochen nicht mehr gesehen. Ein enger Mitarbeiter aus Laschets Team prophezeit ein «Blutbad», sollte die Wahl für die Union mit deutlichem Abstand verloren gehen. Armin Laschet und Paul Ziemiak würden dann wohl noch in der Nacht des Wahlsonntags von ihren Parteiämtern zurücktreten.

Alle – ob Kandidaten oder Wahlkampfmanager – durchstehen diese Schlussphase mit gewaltigem Schlafmangel, vollgepumpt mit Adrenalin, und warten auf den Richterspruch der Wählerinnen und Wähler. Sie haben auf Autopilot geschaltet. Es sind noch neunzehn Tage.

DIE LETZTEN METER

«Wenn es noch eine Chance gibt, den Trend zu brechen, dann an diesem Wochenende», ruft Markus Söder halb fordernd, halb drohend den Wahlkämpfern der Union und allen voran Armin Laschet per dpa-Interview zu. Und Markus Blume, sein Generalsekretär, sagt dem *SPIEGEL*: «Natürlich stünden wir mit Markus Söder besser da.»

Das sind die Signale, die die CSU gut zwei Wochen vor der Wahl ins Land sendet – wenige Tage vor dem angeblich entscheidenden Wochenende. In Nürnberg findet der CSU-Parteitag statt, am Sonntagabend das TV-Triell bei ARD und ZDF. Der Abstand zwischen SPD und Union hat sich verfestigt, die Unions-Politiker und -Politikerinnen wissen, dass sie sich nicht mehr mit feinen Argumenten Gehör verschaffen können. Sie bringen jetzt schweres Geschütz in Stellung. In Nürnberg beruft sich Armin Laschet mal nicht auf Helmut Kohl, sondern, na klar, auf die CSU-Ikone Franz Josef Strauß und spricht vom Rednerpult erregt in die Parteitagshalle: «Irren ist menschlich, immer irren ist sozialdemokratisch. Und er hat ...» – Laschet meint Strauß – «... er hat es auf den Punkt gebracht: In all den Entscheidungen der Nachkriegsgeschichte standen Sozialdemokraten immer auf der falschen Seite.» Laschets Stimme senkt sich kurz. Dann fügt er hinzu: «... in der Wirtschafts- und Finanzpolitik.»

Laschet weiß, was er mit diesen Sätzen auslöst: Die CSU-Mitglieder jubeln – die Sozialdemokraten toben. SPD-Wahlkampfleiter Klingbeil schimpft: «Die Union hat unter Laschet echt Anstand und Würde verloren. Sie gehört in die Opposition!» Und: «Das ist eine Partei in purer Panik.» Am Tag danach geht der Streit um die Frage, ob die Aufregung um Laschets Strauß-Zitat sachlich begründet ist, weiter. Laschets Leute weisen darauf hin, der Kandidat habe sich ja nur auf die Wirtschafts- und Finanzpolitik bezogen. Sie sagen es etwas anders, aber meinen: Man möge bitte nicht so zimperlich sein. Die Sozialdemokraten wollen sich aber nicht beruhigen, verweisen auf ihre 158-jährige Geschichte und posten in sozialen Medien Fotos von Willy Brandt, Helmut Schmidt und anderen Parteiheiligen.

In dieser gereizten Stimmung kommen Olaf Scholz, Armin Laschet und Annalena Baerbock am Sonntagabend in Berlin-Adlershof zum zweiten – und wegen der enormen Reichweite wohl wichtigsten – TV-Triell zusammen. Scholz und Baerbock sind als Erste an ihren Plätzen im Studio, Laschet kommt etwas später und schlendert – aufreizend gemütlich, eine Hand in der Hosentasche – durchs Studio. Zum Bild der demonstrativen Gelassenheit fehlt nur ein Zigarillo in der freien Hand. Aber um Punkt 20:15 Uhr ist es mit seiner Ruhe und Gelassenheit vorbei.

Die Studioleute haben ein paar Schritte weiter ein großes Zelt für Gäste und Presse aufgebaut. Die Anhänger der jeweiligen Parteien sitzen in Grüppchen zusammen, hier die SPD-Leute, nebenan die Grünen, draußen sitzen die Unions-Anhänger vor einem riesigen TV-Bildschirm. Eine Stimmung wie beim Fußballspiel. Sätze des eigenen Kandidaten oder der eigenen Kandidatin werden mit Applaus bedacht, Statements der Gegner mit höhnischem Lachen. Es kann nicht darum gehen, die Konkurrenz zu überzeugen. Es geht darum, sich selbst in Stimmung zu bringen, nach den harten Wahlkampfwochen auch ein wenig Dampf abzulassen.

Armin Laschet geht Olaf Scholz am Anfang der Sendung hart an. Die Razzien der Staatsanwaltschaft Osnabrück im Berliner Finanzministerium und Justizministerium ein paar Tage zuvor haben dem Kandidaten der Union reichlich Wahlkampf-Munition geliefert. Die Durchsuchungen richteten sich gegen die Sondereinheit zur Bekämpfung von Geldwäsche FIU (Financial Intelligence Unit), die beim Zoll und somit beim Finanzministerium angesiedelt ist. Schon seit dem Vorjahr war gegen die FIU wegen des Verdachts ermittelt worden, Hinweise zur Geldwäsche nicht oder nicht rechtzeitig an Justiz und Polizei weitergeleitet zu haben.

Im Triell nutzt Laschet den aktuellen Vorgang, um ihn mit den Cum-ex- und Wirecard-Affären zusammenzubinden und Scholz Versagen als Bundesfinanzminister vorzuwerfen. Für einen kurzen Moment verliert Scholz seine Contenance und setzt sich vehement gegen Laschets Vorwürfe zur Wehr. Die Durchsuchung richte sich nicht gegen sein Ministerium: «Herr Laschet, Sie haben absichtlich einen falschen Eindruck erweckt.» Und: «Man merkt, wie unehrlich Sie sind.» Gejohle im SPD-

Teil des Gästezelts. Scholz spricht schnell und aufgeregt, so wie man ihn nur sehr selten erleben kann. Das Fernsehpublikum verfolgt den verbalen Schlagabtausch vermutlich eher verwirrt. Wer kennt sich schon mit den verwaltungsinternen Zusammenhängen bei der Geldwäsche und Zuständigkeiten in Behörden und Ministerien aus? Der Streit hat immerhin den Vorteil, dass die offenkundigen Missstände bei der Bekämpfung von Geldwäsche in Deutschland nicht mehr im Verborgenen, sondern in aller Öffentlichkeit diskutiert werden.

Nach dem 95-minütigen Triell stehen alle in der lauen Spätsommernacht wie bei einer großen Gartenparty zusammen und diskutieren über kleine Landgewinne, Blitzumfragen und die Verdrehung von Wahrheiten. Wolfgang Schmidt, Scholz' langjähriger politischer Begleiter und Staatssekretär im Finanzministerium, wird vor dem Gästezelt von ein paar Journalisten umringt. Er ist außer sich. Kraftausdrücke fallen. Laschet habe bei seiner Attacke die Fakten bewusst wahrheitswidrig verdreht, er habe absichtlich von Fachaufsicht und nicht von der Rechtsaufsicht des Finanzministers gesprochen. Olaf Scholz habe mit den Vorwürfen gegen die FIU im Kern nichts zu tun, die Razzien seien überzogen, man habe ja auch schriftlich nachfragen können. Überhaupt, Laschet und die Unions-Leute sollen den Wahlkampf nicht dazu missbrauchen, Unwahrheiten zu verbreiten. Das sei ungehörig. Der zuständige Staatsanwalt sei CDU-Mitglied. Ein Komplott? Schmidt belässt es bei Andeutungen. Und so weiter und so fort. An diesem Wochenende wird viel Gift verspritzt.

Das Thema spielt auch in den folgenden Tagen eine Rolle. Die Staatsanwaltschaft Osnabrück und auch das CDU-geführte Justizministerium von Niedersachsen weisen jeden Vorwurf zurück, aus parteipolitischen Motiven in den Bundestagswahlkampf eingegriffen zu haben. Doch Wolfgang Schmidt weist per Twitter auf auffällige Unterschiede zwischen der Presseerklärung der Staatsanwaltschaft und dem Durchsuchungsbeschluss hin. In der Pressemitteilung würde die Aktion mit dem Ziel begründet, zu untersuchen, «ob und gegebenenfalls inwieweit die Leitung sowie Verantwortliche der Ministerien» eingebunden gewesen seien. Dieser Satz sei durch den Durchsuchungsbeschluss nicht gedeckt, will Schmidt deutlich machen. Um das zu illustrieren, zeigt er auf seinem

Twitter-Account einen Ausschnitt des Durchsuchungsbeschlusses. Und handelt sich prompt ein Ermittlungsverfahren der Staatsanwaltschaft Osnabrück wegen des Anfangsverdachts von «Verbotenen Mitteilungen über Gerichtsverhandlungen» ein.

Razzien, Vorwürfe der Unehrlichkeit, böse Unterstellungen, Ermittlungsverfahren – in den letzten Tagen vor der Wahl liegen die Nerven bei einigen Beteiligten blank. Wenn abgeschriebene Buchseiten und ein deplatziertes Lachen das Zeug haben, dem Wahlkampf eine neue Richtung zu geben, haben dann nicht auch zwei Razzien das Potential, die Wahlaussichten des führenden Kandidaten zu bremsen – und ihm auf den letzten Metern den sicher geglaubten Wahlsieg zu kosten?

Bei der Union ist die Nervosität noch größer. In den Tagen vor der Wahl beginnt angesichts der drohenden Niederlage bereits das Blame Game. Wolfgang Schäuble spürt, dass viele in der Union, vor allem in der CSU, ihm eine Mitschuld an dem historisch schlechten Abschneiden geben werden, weil er Armin Laschet im April gegen massiven Widerstand durchgesetzt hat. Also gibt er dem *Tagesspiegel* ein Interview und leitet die Fehleranalyse in eine andere Richtung. Der entscheidende Fehler, so legt Schäuble nahe, sei an jenem 29. Oktober 2018 begangen worden, als die Kanzlerin erst gegenüber der Parteispitze und dann gegenüber der Öffentlichkeit ihren Rückzug auf Raten verkündete.

«Angela Merkel ging 2018 ein Risiko ein, als sie vom Amt der Parteichefin zurücktrat», erklärt Schäuble. Und dann: «Ich bin fest davon überzeugt, dass beides in eine Hand gehört: Parteivorsitz und Kanzleramt. Das war jetzt über fast drei Jahre nicht der Fall, und deshalb gibt es auch keinen Amtsbonus. Im Gegenteil: Der CDU-Vorsitzende und Kanzlerkandidat steht neben der langjährigen erfolgreichen Bundeskanzlerin. Er kann nicht sagen, ‹Wir machen alles neu›, kann aber zugleich auch nicht sagen ‹Wir machen einfach weiter so›. Das ist jetzt nach 16 Jahren Kanzlerschaft von Angela Merkel ein Problem für meine Partei.»

Wolfgang Schäuble will sich den Schwarzen Peter nicht zuschieben lassen. Angela Merkel soll ihn bekommen.

DAS ZIEL VOR AUGEN

Samstagnachmittag, 25. September, der Sturm der letzten Wochen und Monate kommt zur Ruhe. Endlich. Dann herrscht eine Nacht und ein paar Stunden des folgenden Tages lang Stille. Keine Reden, keine Interviews, kein Gebrüll. Die Wahlkämpfer ziehen sich in ihre Heimatorte zurück. Armin Laschet nach Aachen, Olaf Scholz und Annalena Baerbock nach Potsdam. Alle haben ihre Abschlusskundgebungen hinter sich gebracht und wollen die kurze freie Zeit nun mit Familie und Freunden verbringen. Durchatmen.

Robert Habeck kehrt in seine Heimatstadt Flensburg zurück. Wir sind zu einem Telefonat verabredet, es soll sein letztes Interview in diesem Wahlkampf werden. Und es entwickelt sich zu einer allerersten Wahlnachlese. Denn aufgrund der Umfragewerte der letzten Zeit hat Habeck Gewissheit, dass seine Grünen weit abgeschlagen ins Ziel kommen werden. In unserem Gespräch nimmt er das zu erwartende Ergebnis vorweg.

Er kommt vom Grünen-Wahlkampfstand in der Innenstadt und schiebt sein Fahrrad nach Hause. Anfangs, so erzählt er, begleiten ihn noch die LKA-Sicherheitsleute. Auch für sie geht eine harte Zeit zu Ende. Der Politiker und die Bodyguards sind sich bei der wochenlangen Tour kreuz und quer durchs Land menschlich nahegekommen. Sie haben nachts in Autobahnraststätten gemeinsam Pizza gegessen, in Hotelbars abgehangen und sind sich frühmorgens in Fitnessräumen begegnet. Inzwischen duzen sie sich. Eine lustige Reisetruppe ist das wohl gewesen. Ansonsten hat der grüne Co-Parteichef nicht viel zu lachen gehabt in den letzten Wochen. Er musste vor allem: kämpfen.

Für Habeck wird sich die Heimkehr nach Flensburg nach langer Irrfahrt ein wenig anfühlen wie die Heimkehr des Odysseus aus dem Trojanischen Krieg. Jaja, es stimmt schon, niemand ist zu Tode gekommen auf der Reise des Wahlkämpfers. Und seine Irrfahrt dauerte auch nicht zehn Jahre, sondern nur sieben Wochen. Aber abenteuerlich war sie auch, auf ihre ganz eigene Art.

Doch der literarisch bewanderte Politiker hat heute Nachmittag nicht die Epen des Homer im Sinn. Er denkt an andere Überlieferungen der griechischen Mythologie, an Tragödien. Auf sie wird er noch zu sprechen kommen.

Längst ist ihm klar, dass der Kampf ums Kanzleramt, zu dem Annalena Baerbock und er Anfang des Jahres aufgebrochen sind, verloren ist. Verloren wurde der Kampf in den Sommerwochen des Juni und des Juli. Tapfer hat Habeck die Wahlkampftour hinter sich gebracht, loyal zu der Frau gestanden, die sich im März gegen ihn im parteiinternen Machtkampf durchgesetzt hat. Auch voller Anerkennung für die Kandidatin, die ihre Form nach einem langen Tief wiedergefunden und sich durch diesen Wahlkampf gebissen hat.

Wir spekulieren an diesem Samstagnachmittag ein wenig über den wahrscheinlichen Wahlausgang für seine Partei. Habeck meint, 18 Prozent seien möglich, aber auch weniger als 15. Das sei viel besser als vor vier Jahren, also keine Niederlage, aber natürlich nicht das, was in diesem Jahr drin gewesen sei: «Wir haben unser Narrativ verloren. Und damit die Deutungsmacht, die wir gebraucht hätten», gibt er zu. «Was sollte denn Ihr Narrativ sein?» «Optimistisch sein, positive Leidenschaft ausstrahlen und eine lernfähige, zwischen Demut und Optimismus oszillierende Ansprache finden. Das wäre die Erzählung gewesen.»

Seit Wochen denkt Habeck darüber nach, wann und warum die grüne Kampagne das Momentum verlor. Öffentlich konnte er nicht darüber sprechen. Im Wahlkampfendspurt will man die eigenen Leute ja nicht demotivieren. Aber jetzt, während er sein Fahrrad nach Hause schiebt, will er offen seine Sicht darlegen.

Die Kampagne sei auf ein ehrgeiziges Ziel ausgerichtet gewesen: 25, 26 Prozent. Um in diesen Bereich vorzustoßen, habe man auf die Wechselwähler der Union, auf die Merkel-Wähler, gezielt. «Die SPD-Wechselwähler hatten wir ja schon im Sack». Aber im Sommer drehte sich das Spiel. Und die Grünen mussten den Kampf um die Unions-Wähler aufgeben und sich anstrengen, die sichergeglaubten SPD-Wechselwähler nicht wieder zu verlieren.

Die Fehler der Kampagne, auch die der Kandidatin, sind allseits bekannt. Eine erneute Aufzählung ist nicht nötig. Vielmehr grübelt Robert Habeck immer noch – oder schon wieder – über die grüne Antwort auf die K-Frage, über die Entscheidung für Annalena Baerbock und gegen ihn als Nummer eins. Sein Schmerz sei längst vergangen, beteuert er. Es geht ihm um etwas anderes, um künftige Spielregeln. Es brodelt in ihm.

Zunächst hört er sich meine Frage an: «Sie sind mit dem Anspruch angetreten, das Land künftig zu führen. Und mit der Einsicht in die Notwendigkeit, bestimmte Dinge grundlegend verändern zu müssen. Machen Sie sich einen Vorwurf, diese Chance nicht ausreichend genutzt zu haben?» Dann holt Habeck weit aus: «Demokratie funktioniert ja im Kern so, dass man sich bereit erklärt, einen Job zu machen und Verantwortung zu übernehmen. Und andere entscheiden darüber, ob das richtig ist, ob man das machen soll.» Bei den Grünen hätten letztlich nur zwei Personen – Annalena Baerbock und er – über die Kanzlerkandidatur entschieden. «Vielleicht überfordert man jeden in solch einer Situation, wenn man sagt: das muss man zu zweit klären. Das nicht gesehen zu haben, in 2018 und 2019, dass eine solche Situation entsteht und man das breiter aufstellen muss, das ist ein Gedanke, den ich habe.»

Robert Habeck spricht jetzt, nur wenige Stunden vor der Bundestagswahl, schon wie ein Historiker: «Diese Entscheidung in der Art des Zustandekommens – was Annalena und ich probiert haben: nicht gegeneinander zu arbeiten und die politischen Konkurrenzmechanismen zu durchbrechen – ist ein singulärer Moment. Nicht nur in der Parteigeschichte der Grünen. Das entspricht der Dimension ‹Merkel fährt zu Stoiber›. So etwas wiederholt sich natürlich nicht so häufig.» Parteiengeschichte, so sieht er das. In diesem Fall eine – zumindest für ihn – unglücklich verlaufene Geschichte. Eine, die sich möglichst nicht wiederholen soll.

Sein Blick schweift jetzt in die Zukunft, eine grüne Zukunft: «Es ist natürlich so, dass wir zunehmend mehr und in zehn Jahren spätestens in Situationen kommen, wo wir Ministerpräsidenten stellen können, Oberbürgermeister, vielleicht mal den Bundespräsidenten, vielleicht mal wieder ums Kanzleramt kämpfen. Da geht es um singuläre Positionen. Da gibt es halt keine Doppelspitze. Und der Umgang damit ‹Wer entscheidet darüber?› müsste aus der Erfahrung von 2021 geklärt sein. Also: Wer nominiert oder wer bestätigt eine Bundespräsidenten- oder Kanzlerkandidatur oder Ministerpräsidentenkandidatur? Wie findet man das? Gelten da die Regeln? Oder gelten da andere Regeln? Das muss man sich mal anschauen».

Der Co-Parteivorsitzende, das ist deutlich zu spüren, will in dieser Angelegenheit eine Reformdiskussion bei den Grünen anstoßen. Und möglicherweise bereitet er bereits jetzt schon eine eigene Kanzlerkandidatur für die nächste Bundestagswahl vor. Heute ist nicht nur das Ende des alten Wahlkampfs, sondern auch der Anfang des künftigen parteiinternen Machtkampfes. Schon sehr bald wird es um Spitzenposten in der neuen Regierung gehen. Zum Beispiel um das Amt des Vizekanzlers.

Habeck hat ein großes Interesse daran, die viel beschworene Geschlossenheit der Grünen in diesem Wahljahr nicht zu gefährden. Er weist wiederholt darauf hin, dass er niemandem in seiner Partei einen Vorwurf mache. Und deshalb reichen seine Gedanken bei der Fehleranalyse hilfsweise bis zur Antike zurück, bis zu den Geschichten von großen Unglücken und Helden: «Das Jahr 2021 hatte schicksalhafte Dimensionen. Wie bei einer griechischen Tragödie. Da gibt es Wirkungskräfte, die bringen Menschen in Positionen und rufen Entscheidungen hervor. Und dann muss man damit leben. Das ist größer als das, was man planen kann.»

Der grüne Wahlkämpfer ist mit seinem Fahrrad zuhause angekommen. Nachbarn begrüßen ihn. Zum Schluss sprechen wir darüber, was ihm in den nächsten Tagen und Wochen bevorstehen wird: «Die Wahrscheinlichkeit, dass Sie Bundesminister werden, ist ziemlich groß, ja?» «Ja. Davon gehe ich aus.» «Was bedeutet Ihnen das persönlich?» «Im politischen Leben – alles. Deshalb bin ich da hin gegangen. Ich wollte die Grünen in die Regierung führen.»

Robert Habeck ist fast am Ziel. Auch wenn sich sein Ziel im Laufe des Jahres verändert hat.

TAG DER WAHRHEIT

Es gibt viele Sprüche von Politikern, die ihre Arbeit mit Sport vergleichen. Wahlkämpfer vergleichen sich gerne mit Läufern, nicht mit Sprintern, sondern mit Marathonläufern. An diesem Sonntag kommen sich die Welt der Politik und die Welt des Sports tatsächlich sehr nahe.

Durch Berlin, auch mitten durchs Regierungsviertel, führt heute, am Wahltag, ein Marathon. Überall sind Straßen gesperrt, zigtausend Menschen feuern die Läufer an, die sich durch die Innenstadt quälen. Wer am späten Nachmittag zu den Parteizentralen will, nimmt besser U-Bahn und Bus. In den Bahnen stehen viele verschwitzte Menschen mit Laufschuhen und kurzen Hosen. Einige tragen Medaillen um den Hals. Sie haben ihr Rennen bereits hinter sich. Die meisten sehen erschöpft, aber glücklich aus.

Auch die Wahlkämpfer in den Parteizentralen sind erschöpft. Aber richtig glücklich sieht jetzt, am Nachmittag, niemand aus. Eher aufgewühlt. Und unsicher. Olaf Scholz hat sich mit ein paar Vertrauten im Helmut-Schmidt-Saal im sechsten Stock der SPD-Zentrale eingeschlossen. Personen, die ihn in diesen Minuten kurz vor der Veröffentlichung der ersten Prognosen um 18 Uhr erleben, beschreiben ihn als ungewöhnlich unruhig. Jetzt, ganz am Ende der langen Wegstrecke, zeigt Scholz doch Nerven. Aber nur im kleinen Kreis. Und auch nur für einen kurzen Moment. Denn dann kommen die ersten halbwegs verlässlichen Zahlen. Und die sehen für die SPD gut aus.

Armin Laschet verbringt diesen späten Nachmittag einige Kilometer weiter in der Nähe des Tiergartens im Konrad-Adenauer-Haus. Seine Leute haben ganz oben im sechsten Stock, im kleinen Foyer vor dem Büro des Parteivorsitzenden, ein paar Bistrotische hingestellt, Servicekräfte servieren Speisen und Getränke. Hier oben stehen Laschets Frau und Kinder und wenige langjährige Freunde zusammen. Ein Stockwerk tiefer versammelt sich der Inner Circle der Partei vor einem großen Fernseher. Auch Angela Merkel ist dabei.

Der CDU-Chef verbringt viel Zeit in seinem Büro, seine engsten Mitarbeiter sind bei ihm. Ab und zu eilt er heraus zu seiner Familie. Auch die paar Treppenstufen hinunter in den fünften Stock läuft er, dort wo Merkel und die anderen auf die ersten Zahlen warten. Ab 16 Uhr geht es Schlag auf Schlag. Drei Umfrageinstitute vermelden unabhängig voneinander erste Trends: Union 24, SPD 26 Prozent. Ein Vertrauter des Parteichefs beschreibt dessen Reaktion als abwechselnd niedergeschlagen und trotzig. Die vergangenen Monate haben deutliche Spuren bei ihm hinterlassen, er wirkt fahrig, angespannt. Mitarbeiter bemühen sich, seine Laune aufzuhellen. Die Zahlen könnten sich noch drehen, spekulieren sie, die Auszählung der Briefwahlstimmen beginne ja erst später.

Um kurz vor 18 Uhr zieht sich Armin Laschet wieder in sein Büro zurück. Er telefoniert mit Markus Söder. Der CSU-Chef verbringt den Nachmittag mit Alexander Dobrindt in der Berliner Landesvertretung seiner Partei. Laschet und Söder stimmen ihre Pressestatements für den Abend ab. Immerhin ziehen heute beide an einem Strang. Und das ist für das politische Überleben des Kanzlerkandidaten von größter Bedeutung. Denn noch vor kurzem hatte Söder ja gedroht: «Wenn die SPD vor der Union liegt, dann war's das mit der Union in einer Regierung.» Und Alexander Dobrindt hatte angekündigt, dass der Regierungsauftrag an die stärkste Fraktion im Bundestag gehe: «Für eine Regierung unter Führung einer zweitplatzierten Union fehlt mir gerade die Fantasie.»

Jetzt ist doch die Fantasie der CSU-Spitze gefordert. Und ihre Geschmeidigkeit. Vielleicht auch ihre Prinzipienlosigkeit. Zu der noch frühen Stunde und lange vor einem amtlichen Endergebnis ist der Abstand zwischen SPD und Union noch gering. Möglicherweise schließt sich die Lücke im Laufe des Abends ja tatsächlich. Noch will niemand die Hoffnung aufgeben. Also räumt Söder dem CDU-Chef eine Gnadenfrist ein und wird ihn bei den TV-Auftritten in den nächsten Stunden mit unverbindlichen Worten im Spiel halten.

Aber Armin Laschet muss nicht nur auf den schwer auszurechnenden Markus Söder achten. Als um 18 Uhr die ersten Prognosen und etwas später die ersten Hochrechnungen veröffentlicht werden und die Niederlage der Union wahrscheinlicher wird, durchstöbern Mitarbeiter von

Laschet das Internet. Sie wollen erfahren, ob sich erste Parteifreunde kritisch über den Vorsitzenden äußern, womöglich sogar dessen Rücktritt fordern. An diesem Abend finden sie keine solche Forderungen, nach außen steht die Unionsfamilie geschlossen zusammen. Das wird sich nach einer unruhigen Nacht am Tag darauf ändern.

Unten im Foyer reagieren die weniger prominenten Parteigänger und Gruppen der Jungen Union auf die Veröffentlichung der 18-Uhr-Zahlen mit Schrecken und Schweigen. Einige Mitglieder von Laschets überhastet zusammengestelltem «Zukunftsteam» sind dabei. Ihre Zukunft, ja die Zukunft der ganzen Partei sieht gerade düster aus.

Durch das menschenvolle Willy-Brandt-Haus der SPD gehen hingegen Wellen der Euphorie. Die aktuellen Zahlen fallen so aus, dass sich die Sozialdemokraten als Wahlsieger feiern können. Es wird gejubelt und zugeprostet. Etwas später am Abend spielt eine Band zum Tanz auf: «Happy», von Pharrell Williams. Ein angetrunkener Staatssekretär fällt seinem Minister lallend um den Hals. Die Sozis sind berauscht von ihrem Glück. Das letzte Mal, dass sie bei einer Bundestagswahl über die Union triumphieren konnten, liegt neunzehn Jahre zurück. Es hat sich viel angestaut in diesen zwei Jahrzehnten.

Noch vor wenigen Wochen mussten sie befürchten, bei der diesjährigen Wahl nur Platz drei zu belegen, weit abgeschlagen hinter Union und Grünen. Jetzt rufen sich in der SPD-Zentrale und draußen an den Bierständen Menschen im Überschwang Satzfetzen voller Stolz zu: «Politisches Wunder», «Regierungsanspruch» und «Denen haben wir es gezeigt».

Als der erste Glücksrausch ein wenig verflogen ist, bekennt eine Mitarbeiterin der Wahlkampagne: «Eigentlich ist nichts entschieden. Wir haben keine Ahnung, wie es weitergeht, ob wir wirklich eine Regierung bilden werden – oder nicht. Ich weiß es nicht.»

MACHTGEWINN UND MACHTVERLUST

Am nächsten Morgen ist das Foyer des Willy-Brandt-Hauses wieder voll mit Menschen. Olaf Scholz betritt die Bühne. Minutenlanger Applaus. Jubelrufe, wie am Vorabend. Saskia Esken drückt ihm einen Blumenstrauß in die Hand. Er weiß nicht so recht, was er mit ihm machen soll. Wohin mit dem Gebinde? Außerdem kann er sich seiner Gefühle nicht ganz sicher sein. Ja, seine SPD hat einen überaus überraschenden Wahlsieg errungen. Aber darf er sich schon ein wenig als Bundeskanzler fühlen? Oder wird ihm Armin Laschet die Kanzlerschaft doch noch wegschnappen? Dann spricht Scholz in den Applaus: «Man sieht hier eine sehr glückliche SPD.» Noch mehr Jubelrufe.

Viele Journalistinnen und Journalisten aus dem Ausland sind angereist, um bei der ersten Pressekonferenz des Wahlsiegers am Mittag dabei zu sein. Skandinavier, Engländer, auch der deutschstämmige CNN-Reporter drängeln sich vor Scholz. Sie wollen wissen, wie der Wahlsieger über die Europäische Union denkt, über den Brexit, über die transatlantischen Beziehungen, über die NATO, über China. Scholz antwortet, etwas holprig, auf Englisch. Natürlich sind auch deutsche Kolleginnen und Kollegen neugierig. Hinter den allermeisten Fragen steht die Vermutung, dass dieser Olaf Scholz, dieser politisch totgeglaubte Sozialdemokrat, der nächste Bundeskanzler sein wird.

Das Foyer der CDU-Zentrale ist am Montag deutlich schlechter besucht. Hierhin haben sich keine ausländischen Teams verirrt. Zu den Sitzungen von Präsidium und Vorstand kommen traurige und auch einige wütende Parteigrößen: Michael Kretschmer, der sächsische Ministerpräsident, schimpft schon auf der Straße, seine Partei habe die Wahl verloren, jetzt weiterzumachen wie bisher würde «ins Verderben» führen. Noch-Wirtschaftsminister Peter Altmaier ist resigniert: «Wir haben ein Ergebnis, das ich mir vor wenigen Monaten noch nicht einmal in den schlimmsten Albträumen vorstellen konnte.» Auch er fordert eine Neuaufstellung. Verderben, Albträume – die Worte der CDU-Politiker klingen nach Untergang.

Wolfgang Schäuble, der vor wenigen Tagen 79 Jahre alt wurde, lässt sich in seiner gepanzerten Limousine in die Tiefgarage des Konrad-Adenauer-Hauses fahren. Er blickt nervös ins Nichts. Seitdem die Niederlage der Union feststeht, ist klar, dass er sein Amt als Bundestagspräsident verlieren wird und künftig in den hinteren Reihen des Parlaments Platz nehmen muss. So wie vor fast fünfzig Jahren. Eine Nebenwirkung: Ein geschwächter Wolfgang Schäuble kann den angeschlagenen CDU-Vorsitzenden nicht mehr kraftvoll unterstützen.

Als Armin Laschet und Paul Ziemiak am Mittag vor die Presse treten, sind ihre Gesichter bleich. Sie wirken abgekämpft, sogar ein wenig orientierungslos. Diese Situation ist völlig neu für sie. Während der CDU-Chef umständlich zu erklären versucht, ob seine Union nun einen Regierungsanspruch erhebt oder nur gesprächsbereit ist, blickt sein Generalsekretär einen Meter neben ihm ausdrucksstarr in die Ferne.

Ein äußerst beschwerlicher Weg liegt vor der CDU-Führung. Und es ist völlig unklar, wohin dieser Weg führt. Kann Armin Laschet doch eine Koalition mit der FDP seines Freundes Christian Lindner und den etwas desillusionierten Grünen schmieden? Es ist ja auch so: Die SPD hat nach der Wahl 2017 einen schweren Fehler begangen, als sie kurz nach der Wahl verkündete, in die Opposition gehen zu wollen. Diesen Fehler will Laschet nicht begehen. Und: Würde die SPD nicht auch versuchen, ihre Restchance zu wahren, wenn sie mit knappem Abstand Zweiter geworden wäre?

Aber natürlich steht die Frage im Raum: Wird Armin Laschet diese kritische Phase politisch überstehen und eigene Sondierungsgespräche führen können? An diesem Mittag werden erste Stimmen aus der CDU laut, die den Gang ihrer Partei in die Opposition fordern – und den Rücktritt von Armin Laschet.

Der CDU-Chef kann nach der Wahl nur die nächsten Tage und Stunden planen. Er ist abhängig von Christian Lindner. Wenn der FDP-Chef Koalitionsverhandlungen zur Gründung einer Ampelregierung aufnimmt, schwindet Laschets politischer Handlungsspielraum auf ein Minimum. Der CDU-Chef ist auch abhängig von den eigenen Parteifreunden. Wie lange kann er dem wachsenden Druck standhalten? Vor allem hängt

Laschet von der Gnade – oder dem Machtkalkül – Markus Söders ab. Am Dienstag nach der Wahl rückt der CSU-Chef öffentlich von Laschet ab: «Die besten Chancen, Kanzler zu werden, hat derzeit Olaf Scholz.» Das stimmt. Und es ist ein heftiger Tritt gegen Laschets Schienbein.

Markus Söder stützt den CDU-Vorsitzenden nicht mehr. Aber er will ihn auch nicht stürzen. Jedenfalls nicht für alle sichtbar. Ursprünglich hatte Laschet vor, sich nach der Bundestagswahl zum gemeinsamen Fraktionschef von CDU und CSU wählen zu lassen. Dies würde ihm einen mächtigen Posten selbst dann sichern, wenn die Union die nächsten Jahre in der Opposition verbringen muss. Doch da ist noch der amtierende Fraktionschef Ralph Brinkhaus, der nicht weichen will. Und auch andere schielen auf die Rolle als künftiger Oppositionschef im Bundestag. Immer wieder werden die Namen Friedrich Merz, Norbert Röttgen, Carsten Linnemann und Jens Spahn genannt.

Laschet scheut eine Kampfabstimmung. Eine Niederlage würde das Ende seiner Laufbahn in der ersten Reihe der Politik bedeuten – ein Absturz von weit oben nach weit unten innerhalb weniger Monate, so wie bei Martin Schulz im Jahr 2018. Und er vereinbart mit Markus Söder einen Kompromiss: Ralph Brinkhaus soll zunächst für ein halbes Jahr Fraktionschef bleiben. Dann will man weitersehen.

Armin Laschet hat nicht mehr die Kraft, sich bei seinen eigenen Leuten durchzusetzen. Reicht seine Kraft, bei eigenen Sondierungsgesprächen die Verhandlungsführer von Grünen und FDP auf seine Seite zu ziehen – und sich selbst zu retten, ins Kanzleramt?

Nach der ersten Sitzung der stark geschrumpften Fraktion von CDU und CSU erzählt Alexander Dobrindt, der wiedergewählte Chef der CSU-Landesgruppe, im kleinen Kreis, es ginge jetzt darum, den aktuellen Prozess sauber zu Ende zu bringen. Er meint den Weg in die nächste Regierung. Aber mehr noch den Weg in die Opposition. Auch Dobrindt wirkt kraftlos, ratlos.

Während die Unions-Leute von «Überleben» und «Ende» sprechen, sprechen Olaf Scholz, Robert Habeck, Annalena Baerbock, Christian Lindner und ihre Parteifreundinnen und Parteifreunde in den Tagen nach der Wahl viel von «Brücken bauen», «Vertrauen» und von «Neuanfang». Alle drei Parteien haben, zum Teil deutlich, Stimmen und somit Abgeordnetenmandate gewonnen.

Eine große Lust ist zu spüren. Eine Lust auf Macht. Es ist jetzt zunächst an diesen drei Parteien, den Grundstein für eine neue Regierung zu legen. Und die Spannungen zwischen ihnen in positive Energie zu verwandeln. Energie, die das Land dringend benötigt.

EPILOG: DER AUFTRAG

Zurück im Zug zwischen Berlin und Hamburg. Auf der Strecke, die ich in den letzten Monaten unzählige Male gefahren bin. Der Abstand zur Hauptstadt tut gut. Vor allem, wenn man der Aufgeregtheit der Berliner Blase entfliehen will. Wenn man über dieses verrückte Wahljahr nachdenken will – und auch darüber, was aus diesem Bundestagswahlergebnis folgt.

Beim Schreiben der letzten Sätze dieses Buches steht die neue Bundesregierung noch nicht fest. Sie nimmt gerade in langen Verhandlungen Konturen an. Verhandlungen zwischen Parteien, die sich viele Jahre lang sehr misstrauisch, beinahe feindlich beäugten. Fest steht jedoch, wie die Politik in Deutschland in diese ungewöhnliche Situation geraten ist. Und fest steht auch, welche großen Aufgaben auf die künftige Bundesregierung warten.

In den letzten Monaten fiel auf, wie fremd sich das Spitzenpersonal der Berliner Politik und die Bevölkerung geworden sind. Wie falsch in Machtfragen geübte Strategen die Wahrnehmung von Wählerinnen und Wählern einschätzten. Oder wie leichtfertig und überheblich sie diese ignorierten. Die Gremien der CDU setzten mit Armin Laschet einen Kanzlerkandidaten durch, der die eigene Parteibasis der Union nicht überzeugte und von den Wählerinnen und Wählern mehrheitlich nicht für kanzlertauglich gehalten wurde. Ein gravierendes Missverständnis. Armin Laschets Bild in der Öffentlichkeit war oft verzerrt und entsprach nicht ganz seinem Wesen. Aber es gehört zu seinen Aufgaben und denen seiner Wahlkampfmanager, Kandidat und Image zur Deckung zu bringen und eine schlüssige Erzählung anzubieten. Wer ist dieser Mann? Warum will er Bundeskanzler werden? Bei beiden Antworten sind Laschet und seine Leute krachend gescheitert.

Natürlich liegt die Schuld für das historisch schlechte Wahlergebnis der Union und für den folgenden Überlebenskampf als Volkspartei nicht alleine bei Armin Laschet. Der Niedergang der Union setzte schon früh in der Regierungszeit von Angela Merkel ein und beschleunigte sich durch das Desinteresse der Kanzlerin gegenüber einer tragfähigen Nachfolgeregelung.

Auch Markus Söder hat kräftig mitgeholfen, Ansehen und Position des neuen CDU-Vorsitzenden und Kanzlerkandidaten massiv zu beschädigen. Der CSU-Chef, der sich so gerne auf Umfragen beruft, hat großen Anteil daran, dass die Union erst in Umfragen und schließlich bei der Wahl abstürzte.

In den Tagen nach der Wahl wird bei vertraulichen Gesprächen außerdem deutlich, wie enttäuscht selbst enge Mitarbeiter des Konrad-Adenauer-Hauses von Armin Laschet sind und was in der Wahlkampagne alles schieflief. Bereits im Mai, lange vor dem missratenen Auftritt im Hochwassergebiet von Erftstadt, machte sich bei einigen Teammitgliedern das Gefühl breit, ihre Kampagne würde «gegen die Wand fahren». Sie erlebten den Kandidaten als sprunghaft, wegen der Doppelbelastung als Ministerpräsident und Kanzlerkandidat überfordert. Und sie gewannen den Eindruck, dass Armin Laschet nur seinen langjährigen Weggefährten in der Düsseldorfer Staatskanzlei vertraute, nicht aber seinem neuen Team um Generalsekretär Paul Ziemiak in Berlin. Die Kampagnenplanung hatte unzählige strategische und handwerkliche Schwächen. Die Organisation von Reisen und Auftritten und der so wichtigen Pressearbeit verlief oft chaotisch.

Das größte Problem war jedoch: Selbst im eigenen Team war nicht allen klar, für welche Themen der Kandidat steht, wofür er brennt. Die Grünen haben das Thema «Klimawandel», dic SPD hat das Thema «soziale Gerechtigkeit». Welches Thema hat Armin Laschet? Er wirkte selbst auf sein Team beliebig. Wie sollten die Mitarbeiter des Konrad-Adenauer-Hauses da mit voller Überzeugung Wahlkampf führen?

Die Organisation der grünen Wahlkampftour lief zwar reibungsloser. Aber in den entscheidenden Sommerwochen war die Mannschaft um Annalena Baerbock, Robert Habeck und Michael Kellner zu lange mit sich selbst beschäftigt – mit der Aufarbeitung und dem Ausbügeln grober Fehler und Pannen der Kandidatin. Auch die Krisenkommunikation offenbarte schwere Abstimmungsprobleme und handwerkliche Unsicherheiten.

Ein Kernproblem schleppten die Grünen von Anfang an durch die Kampagne: Den Verdacht, mit der falschen Kandidatin angetreten zu sein, haben sie nie abschütteln können. Annalena Baerbock setzte sich im internen Machtkampf gegen Robert Habeck durch, nicht nur, aber auch, weil sie eine Frau ist. Ein Mann als Nummer eins war den eigenen Parteifreunden und Parteifreundinnen nicht vermittelbar. Die Grünen haben sich bei der so wichtigen K-Frage für ihre – aus guten Gründen – hochgeschätzten feministischen Prinzipen entschieden. Und wohl gegen bessere Wahlchancen. Sie kreisten mit ihren Debatten zu sehr um sich selbst und blickten nicht weit genug über den eigenen Tellerrand hinaus.

Ob die Deutschen Robert Habeck zum Kanzler gewählt hätten, bleibt Spekulation, natürlich. Aber er hätte den grünen Wahlkampf als Nummer eins vermutlich weniger aus der Defensive heraus geführt und ihm einen anderen Schwung verliehen. Die Visionen der Grünen zum Umbau der Industriegesellschaft blieben in der entscheidenden Wahlkampfphase auf der Strecke.

Selbst Annalena Baerbocks parteiinterne Kritiker erkennen an, dass die Grünen mit ihr als Kandidatin das beste Wahlergebnis ihrer Geschichte erreichten. Aber der Zeitgeist des Wahljahres ermöglichte mehr, viel mehr. Insofern bleibt bei den Grünen ein Gefühl der Enttäuschung wegen der vergebenen Chance.

Bei Olaf Scholz und seiner SPD liegen die Dinge anders. Die frühe und – im Gegensatz zur Konkurrenz – reibungslose Festlegung auf den Kandidaten ermöglichte dem Wahlkampfteam eine gründliche Vorbereitung der Kampagne. Die Sozialdemokraten traten als geschlossene Mannschaft an. Und sie erhoben – anders als die Union – eine markante Forderung: 12 Euro Mindestlohn! Scholz konnte sich zudem in den langen Corona-Monaten als kühler Krisenmanager profilieren und später bei Verhandlungen zur globalen Mindeststeuer glänzen.

Aber man sollte nicht vergessen, dass der Mann, dem die SPD das größte Wahlkampf-Comeback seit zwei Jahrzehnten zu verdanken hat, bei der Wahl zum Parteivorsitzenden zwei Jahre zuvor nicht das Vertrauen der eigenen Partei erhielt.

Außerdem lag Scholz' Aufholjagd im Bundestagswahlkampf nicht nur an ihm selbst. Wie würde Scholz heute dastehen, wenn Annalena Baerbock kein Buch geschrieben hätte und Armin Laschet zum Lachen in Erftstadt nur den einen Meter zur Seite gegangen wäre? Immerhin: Olaf Scholz und sein Team waren so professionell, dass sie die Patzer der anderen ausgenutzt haben. Und dass sie es bei ihrem eigenen Marathon seit Bekanntgabe der Kandidatur im August 2020 nahezu fehlerfrei ins Ziel schafften. Vor allem diese hohe Professionalität haben die Wählerinnen und Wähler belohnt. Genau wegen dieser Professionalität wird Olaf Scholz so oft mit Angela Merkel verglichen – ein wesentliches Motiv dieses Wahlkampfes.

Aber der Merkel-Vergleich weist auch auf Risiken hin. Angela Merkel war ja an jenem 29. Oktober 2018 von ihrer «tiefen Überzeugung» abgewichen, «dass Parteivorsitz und Kanzleramt in einer Hand sein sollten.» Eine folgenschwere Teilung der Macht. Nach seinem im Herbst 2019 gescheiterten Versuch, SPD-Chef zu werden, musste Olaf Scholz den Parteivorsitz anderen überlassen. Das kann künftig für erhebliche Spannungen sorgen.

Wie Angela Merkel ist Olaf Scholz ja nicht gerade als reformfreudiger Politiker bekannt. Die notwendigen Veränderungen werden daher vermutlich eher von anderen Politikerinnen und Politikern vorangetrieben werden – aus seiner Partei, auch aus den anderen Parteien. Vielleicht auch mit Unterstützung von Bewegungen außerhalb der Regierung. Wenn Olaf Scholz dauerhaft Erfolg haben will, wird er sich angesichts des Veränderungsdrucks selbst verändern müssen.

Dass die Grünen und die FDP in der künftigen Regierung in einer sehr starken Position sein werden, ist angesichts der weit über die nächste Legislaturperiode hinausweisenden Probleme sehr angemessen. Denn junge Wählerinnen und Wähler haben weitaus häufiger diese beiden Parteien gewählt als die übrigen Parteien. Es ist gut, dass die Interessen der jüngeren Generation in besonderem Maße vertreten werden. Die jungen Deutschen werden die Konsequenzen etwa der neuen Klima- und auch der Rentenpolitik viel stärker und länger spüren als die Alten.

Dies ist die eigentliche Herausforderung, vor der die künftige Bundesregierung steht: Die Interessen zwischen Jung und Alt, zwischen Ost und West, Stadt und Land, Arbeitgebern und Arbeitnehmern so auszubalancieren, dass die schleichende Entfremdung zwischen Bevölkerung und Politik gestoppt wird und möglichst viele Menschen von der Dringlichkeit der notwendigen Veränderungen überzeugt werden. Allen voran bei der Umstellung unseres Wirtschaftslebens auf die angestrebte Klimaneutralität. Bei der Reform des Gesundheitswesens, um weitere Pandemien schneller in den Griff zu bekommen. Bei der Sicherung des Wohlstands. Bei der Beseitigung von Armut. Bei der Verbesserung der Bildungsstandards. Bei der Bekämpfung von Hass, ob auf der Straße oder im Internet. Bei der Modernisierung unserer Infrastruktur und der Digitalisierung. Kurzum: Die neue Regierung wird vieles aufholen müssen, was in den Merkel-Jahren liegen geblieben ist. Und sie muss sich gleichzeitig neuartigen Aufgaben und Krisen stellen. Sie wird zeigen müssen, wie ernst sie die eigenen Reden von der «Generationenaufgabe» oder der «Jahrhundertaufgabe» wirklich nimmt.

Das Votum der Wählerinnen und Wähler bei der Bundestagswahl war ein entschiedenes Sowohl-als-auch. Die Deutschen wollen Stabilität – daher haben sie vor allem SPD und Union, die beiden Parteien der alten Großen Koalition, gewählt. Und sie wollen Veränderung. Daher die Stärkung der beiden Oppositionsparteien Grüne und FDP. Das zeigt auch das Ergebnis einer neuen Umfrage, die die Bertelsmann Stiftung kurz vor der Wahl veröffentlichte. Das Verlangen nach einer anderen Politik war im September 2021 noch höher als vier Monate zuvor – als der stärkste Wunsch nach einer grundlegend anderen Politik seit dreißig Jahren gemessen wurde. Die neue Regierung muss die wachsende Wechselstimmung im Land für die anstehenden tiefgreifenden Reformen nutzen.

Die Deutschen wünschen sich also gleichermaßen Stabilität wie Veränderung. Ein Paradox? Man kann sich dieser Frage anders nähern: Adenauers Wahlslogan «Keine Experimente» entspricht der Mentalität der

Deutschen mindestens seit den fünfziger Jahren. Das Bedürfnis nach Stabilität steckt geradezu in der DNA der Deutschen.

Aber jetzt ist das Land wegen der großen Herausforderungen gezwungen, neue Wege zu beschreiten, also zu experimentieren. Mit großen Schritten, die weit führen müssen. In der Geschichte der Bundesrepublik folgte auf das Wählervotum schon zwei Mal ein mutiger Machtwechsel mit anschließendem Regierungsexperiment. Nach der Bundestagswahl 1969 lautete der Auftrag: Aussöhnung mit den ehemaligen Kriegsgegnern in Osteuropa. Den Auftrag erhielt eine neuartige, sozialliberale Koalition. Nach der Bundestagswahl 1998 lautete der Wählerauftrag: Modernisierung der Gesellschaft nach sechzehn Jahren Kohl. Den Auftrag erhielt eine neuartige, rot-grüne Koalition. Jetzt lautet der Auftrag: Umbau des Landes zur Klimaneutralität. Den Auftrag erhält eine neuartige Dreierkoalition. Die Deutschen sollten der künftigen Regierung eine Chance geben. In ihrem eigenen Interesse.

DANK

Bei der Arbeit für dieses Buch wurde ich von einem wunderbaren Team unterstützt – Menschen, auf die ich mich voll und ganz verlassen kann und zu denen großes Vertrauen gewachsen ist. Zuerst ist da Matthias Hansl, mein Lektor, der einen scharfen Blick hat und der mich unermüdlich antrieb und auch inspirierte. Sein freundlicher, ruhiger Ton ist wohltuend. Ich danke Jonathan Beck, den ich als sehr engagierten Verleger und präzisen Ratgeber erlebe, und Ulrike Wegner und Katrin Dähn, die eine erstklassige Öffentlichkeitsarbeit machen. Ihnen allen danke ich stellvertretend für das gesamte Team des Verlags C.H.Beck. Ein besonderer Dank gebührt Franziska Günther, die weit mehr als eine hervorragende Agentin ist. Sie hat das Entstehen des Buches vom Beginn bis zur Endfertigung mit klugen Ratschlägen und Ideen begleitet. Sie war immer für mich da. Friederike Mayer-Lindenberg hat das Buch gewissenhaft auf Fehler durchforstet. Ihr genauer Blick hat mir sehr geholfen.

Vor der Idee zum Buch gab es ein Filmprojekt. So habe ich im Herbst 2020 angefangen, im Auftrag von SWR und RBB erste Aufnahmen für die ARD-Dokumentation «Wege zur Macht – Deutschlands Entscheidungsjahr» zu machen. Auch hier gibt es ein wunderbares Team, mit dem ich seit vielen Jahren eng zusammenarbeite und dem ich von Herzen danke. Da sind zunächst der SWR-Redakteur Thomas Michel und die RBB-Redakteurin Ute Beutler, die RBB-Intendantin Patricia Schlesinger und der SWR-Chefredakteur Fritz Frey. Ich danke meinem Team von ECO Media, vor allem Julia Umlandt, Nele Koch und Jochen C. Müller, Jan Holtz und Thomas Schuhbauer. Sie sind das Rückgrat der Filmproduktion, ebenso Kameramann Knut Muhsik und die Editorin Silke Olthoff. Sie alle helfen mir, neben den richtigen Worten auch die richtigen Bilder zu finden.

Ich danke auch meinen zahlreichen Gesprächspartnern, die mir in offenen Interviews oder bei vertraulichen Hintergrundgesprächen geholfen haben, hinter die Kulissen des Machtwechsels zu blicken. Vor allem danke ich den Journalistinnen Kristina Dunz und Melanie Amann sowie den Journalisten Michael Bröcker und Gordon Repinski. Ebenso bedanke ich mich bei den Pressesprecherinnen und Pressesprechern der Parteien, die, oft selbst unter großem Druck, meine Arbeit stets sachkundig und freundlich unterstützt haben. Mein Freund Werner Knobbe hat immer wieder Entwürfe zu diesem Buch gelesen und mir wertvolle Ratschläge gegeben, vielen Dank dafür. Er kennt sich in der Geschichte der deutschen Parteienpolitik hervorragend aus. Auch bei Klaus Brinkbäumer möchte ich mich für seine Inspiration und ein ermunterndes Gespräch bedanken, von ihm konnte ich einiges lernen. Ebenso danke ich Michael Rutz. Mit ihm habe ich vor vielen Jahren ausführliche Interviews mit Helmut Kohl führen können.

Zuletzt möchte ich mich bei meiner Familie bedanken, bei meiner Frau Maria Laura Aráoz, bei meinen Söhnen Lucas und Nicolás und bei meiner Mutter. Nicht nur, dass sie mich in den vergangenen Monaten geduldig ertragen haben. Sie haben einzelne Kapitel gelesen und mir ein hilfreiches Feedback gegeben. Mit ihrer Liebe und ihrem Humor haben sie mir die Arbeit am Buch leichter gemacht.

REGISTER

BIBLIOGRAPHIE (AUSWAHL)

Robin Alexander: «Machtverfall – Merkels Ende und das Drama der deutschen Politik», Siedler Verlag, München 2021

Annalena Baerbock: «Jetzt – wie wir unser Land erneuern», Ullstein, Berlin 2021

Carl Bernstein, Bob Woodward: «All the Presidents Men», Simon and Schuster, New York City 1974

Tobias Blasius, Moritz Küpper: «Der Machtmenschliche – Armin Laschet», Klartext, Essen 2020

Ralph Bollmann: «Angela Merkel – die Kanzlerin und ihre Zeit», C.H.Beck, München 2021

Anna Clauß: «Söder. Die andere Biographie», Hoffmann und Campe, Hamburg 2021

Martin Debes: «Demokratie unter Schock», Klartext, Essen 2021

Kristina Dunz, Eva Quadbeck: «Ich kann, ich will und ich werde: Annegret Kramp-Karrenbauer, die CDU und die Macht», Propyläen Verlag, Berlin 2018

Markus Feldenkirchen: «Die Schulz-Story – ein Jahr zwischen Höhenflug und Absturz», DVA, München 2018

David Goodhart: «The Road to Somewhere: The Populist Revolt and the Future of Politics», C. Hurst & Co, London 2017

Robert Habeck: «Von hier an anders, Eine politische Skizze», Kiepenheuer und Witsch, Köln 2021

Nils Minkmar: «Der Zirkus – ein Jahr im Inneren der Politik», S. Fischer, Frankfurt am Main 2013

Moritz Schularick: «Der entzauberte Staat», C.H.Beck, München 2021

Peter Siebenmorgen: «Franz Josef Strauß, Ein Leben im Übermaß», Siedler, München 2015,

Hans-Peter Schwarz: «Helmut Kohl. Eine politische Biographie», Deutsche Verlagsanstalt, München 2012

Frank Stauss: «Höllenritt Wahlkampf – ein Insiderbericht», dtv premium, München 2013